高世名

主编

万后隆

行动之书

A Book in Action

上海文艺出版社

| 总 序 |

解放的艺术

策展作为行动之书

高世名

一

现代艺术史同时也是现代展览的历史。作为艺术现代性的根本标志之一，艺术展览在20世纪逐渐形成了一种独特的展示文化，勾连着多重意义领域和生活空间。近几十年来，各种替代空间、各类实验性展示方式在渐次展开，策展作为一项综合、激进的艺术实践，其文化动员力和社会塑造功能也日益发显。

策展的第一现场是博物馆。博物馆是一个现代性的社会器官，它保存历史，也不断地制造"过时"。不断发展的现代性，也是不断创造"过时"和"过期"的现代性。其实，"过时"这个观念本身就是现代性意识形态的产物。然而，博物馆的困境不在于过不过时，而在于缪斯离席之后的空缺如何填补。缪斯离开了，由18世纪以来的美学／感性之学所构造起的那个高雅艺术的世界坍塌了，成为"现代"的艺术开始了主体化、形式化、观念化、政治化的进程……策展正是在这"四个现代化"的过程中展开自身。

博物馆不但是保存的空间，而且是展示的空间，更重要的还是建构意义的空间。在我看来，20世纪以博物馆为枢纽的艺术史的核心问题，是历史主义的双重焦虑——在收藏艺术的同时批判艺术，在瓦解历史的同时建构历史；既反对它的时代，又创造它的时代。策展人不只是博物馆中珍贵物品的看护者和保存者，而且还是破坏者和生产者。他不断地投入、挑战、批判博物馆的意义建构，向我们展示所谓历史和当代，都不过是一片流沙，而所有历史意义的构造只是不断地在沙上建塔。

据说，最早的策展人是 18 世纪欧洲那些贵族沙龙的组织者。在这个意义上，我愿意半真半假地说，在中国历史上那些"没有展览的时代"，雅集的组织者，园林的主人，甚至唐宋礼部那些组织国家庆典和社会仪式的官员，都是古典世界的策展人。当然，这多少只是玩笑话，现代意义上的策展人是伴随着博物馆体制的建立而出现的，在很长一段时间，策展都只是博物馆行政的一个环节。20 世纪 70 年代，当哈罗德·齐曼（Harald Szeemann）把卡塞尔文献展的"百日博物馆"改成"百日事件"的时刻，策展才真正展现出了它独立的意志与能量。它不但深度地介入艺术生产和艺术史的发生，而且以激进的行动参与社会意识的塑造。

博物馆中除了静态的"物"，还有思考和活动着的"人"。经过半个世纪的斗争和演进，今天的博物馆已经是一个魔方般的场所，其中发生的不只是个体"观者"和凝视"对象"的关系，还有自我和他人的关系，不只是人和物的关系，而且还有人与人的关系。所以，博物馆中的作品不只是凝视的对象，还可以是胡思乱想的起点，是折射出公共交往和社会关系的一面镜子。

博物馆可以是社交场所，可以是论辩之地，可以是闲逛之所（在本雅明的意义上），也可以是思想斗争的场域，甚至是政治协商空间。关键是如何改变其中的观视关系（spectatorship），这是策展的根本任务。

二

1924年，以林风眠、林文铮、刘既漂、王代之为首的20余位旅法中国艺术家在斯特拉斯堡的莱茵宫策划了首个中国美术展览会，集中展示了近500件中国古今艺术品。这次展览作为次年巴黎万国工艺美术博览会中国馆的预演，成为那个年代振奋国人心志的一次文化宣言。正是通过这次展览，林风眠及其艺术群体进入中国现代教育先驱蔡元培先生的视野。四年后，蔡先生力邀林风眠组建国立艺术院并担任首任院长，中国高等艺术教育的历史由是展开。

"中国美术展览会"可以说是中国美术学院的一段"前历史"，而此历史正是从一群青年艺术家的"策展工作"开始。在那个时代，组织展览是为了"艺术运动"。从1924年被称作"海外艺术运动社"的"霍布斯会"开始，国美的创立者林风眠、林文铮、李金发等人就以推动艺术运动为志业，"介绍西洋艺术，整理中国艺术，调和中西艺术，创造时代艺术"。

对以林风眠为首的这批艺术青年而言，艺术学院不独像蔡元培先生所言"为研究学术而设"，而且是为艺术运动而设。林风眠时期的国立艺专与"艺术运动社"是同体共构的。直到20世纪30年代，"艺术运动社"成员已经遍布全国，他们策划举办全国美术展览会，组织西湖博览会，成为现代中国艺术创造和社会启蒙的重要力量。他们的艺术运动构成了国美策展的先声。就当代艺术而论，中国最早的策展活动始自20世纪80年代后期，因另一场艺术运动"85新潮"而发生，一方面是由当时的批评家们推动，另一方面则是出自艺术家们的自我组织。20世纪80、90年代的"策展"特别质朴、直接，没有花哨的话语，没有玄奥的理论，但是充满了行动的激情与能量。直至今日，艺术界已经到处都是策展人，但是其中的大多数，都只是艺术消费机制的执行者或者中间人，作为展览的组织者和张罗人，他们甚至没有意识到自己在社会系统内的位置。

中国当代艺术真正为国际艺坛所知是在1993年，那一年的两个展览奠定了此后十余年间西方对于中国艺术与社会的论述基础。首先是在中国香港总督府和香港艺术中心举办的"后八九中国新艺术"大展，由张颂仁、栗宪庭策划；其次是在柏林世界文化宫举办的"中国前卫艺术"大展，我院校友施岸迪（Andreas Schmid）参与策划；再加上那年"第45届威尼斯双年展"上的专题展览"东方之路"，中国当代艺术在国际舞台上首次整体亮相并备受关注。

在这个过程中，张颂仁所推动的"后八九中国新艺术"尤为重要。在西方，其影响力波及艺术、政治、市场、意识形态各个领域；在中国，它创造了一个新的艺术时代，打造出了中国当代的文化表征。从1993年至1998年，"后八九中国新艺术"巡回5个国家、9个美术馆；展览图录两次再版，数度重印，国际报道数不胜数。"后八九"作为整体形象，先后登陆威尼斯双年展、圣保罗双年展等国际上最重要的艺术大展，取得巨大成功。"后八九"中的艺术家们更是赢得了中国当代艺术几乎所有的荣耀，在相当长的时间里成为中国当代艺术界的执牛耳者。"后八九"应时而动，以其深刻的社会文化洞见以及强有力的图像学创造，表述出20世纪90年代的国人心事，创造了国际社会认识中国的一面镜子。随着"后八九"在世界范围的传播，中国当代艺术成为全世界理解中国的一个必要的中介。从这个意义上说，"后八九"不但引发了国际艺术界对于中国艺术的关注，而且触发了一种文化解释的机制。在这一机制中，当代艺术成为中国社会政治文化的面相和征候，也正因此，它被关注程度之深远，它的影响范围之大，都远远超出了艺术本身。

20世纪90年代，当代艺术的策展人在国际艺术舞台上的功用日趋重要。一方面，美术馆的系统化、艺术的市场化强化了策展人的学术权力；另一方面也相应地激发出独立策展人在新环境、新理论前提下的反向动作。世界各地大型双年展、艺术节的兴起，画廊界对艺术策展的重视，实验性替代空间对策展人的倚重……所有这一切使策展人在艺术系统中扮演着越来越重要的角色。20世纪末，这个博物馆的世纪最终成就了一个策展人的时代。

在世界范围内，中国美术学院的策展实践是非常独特的。从来没有哪个艺术策展机构如此深地卷入到文化政治的论述与社会思想的运动之中。2002年，卢杰、邱志杰策划的"长征计划"上路了。与此同时，许江、高世名、吴美纯等启动策划了"地之缘计划"。这两个几乎同时发生的策展计划不约而同地展示出了与当时惯常的策展迥然有异的思想姿态和实践路径——对全球文化政治的批判意识，面向历史和田野的思想能力，与知识界的跨领域互动，以及行动者的立场和姿态，更重要的，是一种超出艺术界推动艺术实践的决心。

2003年，中国美术学院正式设立国内第一个策展专业，机构名称定为"展示文化研究中心"，院长许江亲自担任中心主任，高世名、邱志杰、张颂仁担任副主任，卢杰、陆兴华等担任研究导师。可以说，这个中心是"长征"与"地之缘"两个策展计划的结果。它以"展示文化研究"为名，就是希望超出现行的当代艺术领域来探讨当代社会的视觉制度与展示文化，继而在更广阔的视野中谋划和推动策展实践。从一开始，策展专业的学科基础就被确定为文化研究、话语实践、媒体研究和意识形态批判。

从狭义上说，国美策展研究从一开始就聚焦"展示"问题，其目的是去探讨：一件艺术作品如何与它所处的物理空间和意义空间互相作用？策展人如何通过博物馆内外的策展实践参与到艺术史的书写之中？从广义上说，展示不只关乎艺术品的陈设与展览的历史，它还让我们重新梳理展示在艺术史进程中的结构性作用，重新思考艺术在不同历史时期、不同文化语境中的社会能量。

艺术展示在过去的五十年间发生了翻天覆地的变化。博物馆不再仅仅是艺术品的库房加展厅，随着策展力量的强势介入，这个传统意义上的缪斯栖息地，正在变成艺术自我颠覆和自我生成之所——它似乎已然变身成为一个剧院、电影院、教室、车间、议会和广场的综合体。同样，展示也不再只是为了陈设博物馆的丰富收藏，它本身就意味着情境的展开，公共性的构建，社群的生产。在这个意义上，展示文化通向展示的政治。所谓"展示的政治"，不是那些控制着展览策划和历史叙事的身份政治或者多元文化主义的治理术，而是指向劳动与作品、灵光与拜物、著作权和所有权、物体性和事件性、生产和消费之间复杂纠结的关系。

21世纪，德波（Guy Debord）所谓的"景观社会"具有了全新的内涵：通过我们每时每刻不可或缺的手机，以及谷歌、百度、GPS、Facebook、Twitter、淘宝和优步……我们的日常生活正在以大数据和真人秀的形式被展示和消费着。在这个网络时代或者"后网络时代"，人们逃脱了"老大哥"的显在监控，却陷入隐形的"全景监狱"，陷入"全流程备份""踪迹学治理"的社会机器之中。在这一状况下，艺术当然就不再只是博物馆、双年展、博览会、拍卖场中的那些物件，更重要的，艺术是我们从消费主义的 Matrix 中自我解放的行动，是自我构造的路径。同样，"展示"也不只是某种现成艺术物的呈现和表述，更涉及我们每个人的"此在"和"在此"。在这个到处都是定位监控装置的"被展示"的时代,如何重新理解艺术、艺术展示以及艺术的历史?如何通过更激进的展示寻回主动,克服我们被展示的真人秀状态?从这种问题意识出发,所谓"展示的政治"就成为与我们的存在息息相关的生命政治。

三

经典艺术史学常分为"内部艺术史"与"外部艺术史",从策展的眼光看,艺术的历史并无所谓内、外之分,因为艺术史与社会史从来都不曾分离。策展是艺术实践同时也是社会实践。策展人不只穿梭游弋于艺术家、观众、美术馆、画廊这些有形的事物之间,同样连接贯穿着艺术史、媒介、制度、意识形态这些看不见的事物。这些有形之物和无形之物共同构成了艺术史、博物馆、大众媒体与艺术市场的大循环,而置身其中的策展正是要追问:在这个大循环中,艺术之"意义"坐落于何处?艺术之"价值"溯源于何方?艺术之"作品"与"创造"从哪里开始,又到哪里结束?

循着这种追问,我们会发现,策展人与艺术家的身份差别只是一种虚妄。艺术家是一个社会位置,而策展人不过是个媒介。通过这个媒介,我们将获得一种目光。这种目光可以穿透艺术作品的拜物教,穿透艺术创造的个人主义神话,穿透艺术—价值—资本的社会循环系统,进入到这种被名之为"艺术"的社会时刻。这是艺术起作用的时刻,也是艺术发生的时刻。在这个意义上,策展可以被视为九十年前"艺术运动社"的世纪回声。

正是出于这种思考,2010年中国美术学院的策展专业改组为"当代艺术与社会思想研究所",纳入新成立的跨媒体艺术学院。当时主要考虑两个原因:一方面,在跨媒体艺术学院,学习策展的同学们可以接触到张培力、耿建翌、姚大钧、邱志杰、牟森、杨福东这些最优秀的艺术家老师，而且他们还可以跟同辈的艺术家同学一起成长，他们的思考和工作跟艺术家的实践彼此交织、互相砥砺；另一方面，在这个教育系统中，策展甚至当代艺术或多或少地被当作一种社会思想的路径。为此，研究所邀请了一批学术界、思想界的同仁如陈嘉映、陈光兴、孙歌、陆兴华、黄孙权、贺照田、许煜和约翰·哈特勒（Johan Hartle）等一起参与教学。他们跟艺术家们一样，成为国美策展教育的同行者和重要支持者。在他们的影响和帮助下，历史脉络、问题意识、发言位置成为每位同学自我批判的框架；社会感知、历史经验和现实感觉成为研究所中最常提及的话题。策展成为连接当代艺术和社会思想的一个智性枢纽，在感性与思想的激荡中时常转化出奇想和行动。

这套丛书由四册组成，系统梳理了国美策展的几条实践脉络：

第一册是《后万隆》，梳理了国美策展的文化脉络。自"地之缘"开始，探讨亚洲的地缘政治结构中当代艺术的发生与迁徙；经过第三届广州三年展"与后殖民说再见"、第八届上海双年展"巡回排演"，直至亚际书院知识网络的建立，以及对"后万隆"时代第三世界思想运动的提案，呈现出国美策展研究是如何在全球文化政治的话语批判中确立起自身的思想坐标与精神向度。第二册《感觉田野》，旨在梳理国美策展超出"艺术界的艺术"，在田野工作中汲取现实感觉的诸种方法和路径，探讨艺术策展实践是如何通达于社会意识和现实感觉，如何养成历史的感与观。一、二两册合起来是为"感知现实"的工作。

第三册是《把可能性还给历史》，重点解析从"后八九中国新艺术"，直到"八五·85"，再到"三个艺术世界"的一系列展览线索，探讨国美策展自20世纪90年代起是如何参与中国当代艺术的历史论述和形象建构，近年来，又是如何推动"中国当代"的历史批判和意识形态解构。第四册《未来媒体》，从"现象/影像：1996中国录像艺术展"、"后感性"系列到"未来媒体/艺术宣言"，展示了20世纪90年代以来国美策展对于新媒介、新现场、新感性的持续兴趣和激进实验。三、四两册合而为"重构当代"的意义。

通过十多年的实践和教学，国美策展专业共培养了上百名青年策展人、艺术家和批评家，慢慢地凝聚出对策展实践的一种理解，形成了一条独特的策展道路。在这条道路上，策展工作大致可以分为三个层面：

用作品建构议题，形成问题意识。这种问题意识或者说议题不只是在艺术圈子里的，而且是社会性的。策展人要学会在社会空间中将艺术作品展开，以艺术作品构造社会叙事。

建构批判性、创造性的生产情境。艺术的批判和创造是互为条件的：一方面，一切创造都是建立在批判之上；另一方面，唯有所创造，才能够超越政治、伦理的批判，成为艺术批判。策展的第二个层次，就是构造语境，或者说构造策展情境。艺术的生产与动员在此策展情境中得以展开。

开展艺术运动，推动社会进程。策展人的最高目标是以艺术创造向社会、向时代提案，继而催生一种社会进程。在这个层面上，策展是一种心灵的社会运动，一种社会性的精神生产，一种推动社会创新的行动。

策展是要构造出一种局面。在这个意义上，策展从根本上是社会性的——在今天，只有先政治而后才能社会，正如我们只有先成为艺术家而后才能真正成为主体。策展人的公共行动不是政治宣传式的，也不是商业推广式的，而是要在整合化、自动化的社会中生产出歧见和异质的空间。在这个意义上，策展是当代社会的解剖工程学，是要把单数的社会（society）重新切分成复数的社群（societies），把逐渐同质化、观念化的抽象大众重新变成异见丛生的分众。

在这里，要区分两种展览：一种是构想出某个主题，拉艺术家的作品进场，安置在现成的观念框架之内，让作品在主题、分主题的等级化单元中各得其所，在主题性分类中各安其分；另外一种策展，是让作品得以完成的生产程序和社会程序暴露出来，让作品在动态的临时的集结中骚动起来、斗争起来，让感觉激荡，让意义暴动。用政治哲学术语来说，前者是policy，是治理，后者是politics，是政治。

要想摆脱治理状态而进入政治状态，策展人不但要介入艺术生产和艺术史的演进（这种演进非但是后设的，还相当虚幻），而且要以艺术行动参与现实感觉和社会意识的塑造。这就是"排演"，就是用事件性（event-hood）去拆解、改造艺术作品的物性（object-hood），就是使作者与观者、个体与群体之间，形成符号和欲望、思想与感觉的交错撞击，凝聚起感知、制作与行动之间折射回荡的洪流。

海德格尔提醒我们："对于行动的本质，我们还远远没有充分明确地加以深思。"在海德格尔看来，行动的本质乃在于完成（Vollbringen），而完成意味着：把某种东西展开到它的本质的丰富性中，即生产出来。在这里，行动就是生产，就是让被锁定在各自社会阶层、各个历史阶段、各个关系单元中的消费主义个体，重新焕发出生产的潜能，催生出改变的愿望，生产出一种重新去想象自我、想象未来、发动社会的可能，一种自我更新和自我解放的力量。

在这个意义上，策展就是"排演"。而排演首先意味着缺席、反复、集结与狂欢，它通过身体、语言的连接和行动，开启一个公共之场所（arena），在这个场所中，人们可以获得生活的诗意和斗争的能量，可以重新定义自我和现实的关系，可以"无所畏惧地在一起"——格洛托夫斯基说，这就是节日。作为排演的策展，是一部"行动之书"。这部"行动之书"所书写的一切，不是关于拜物的艺术，而是为了开展出解放的艺术，召唤出未来的节日。

2017年12月

目录

	总序
i	解放的艺术——策展作为行动之书 / 高世名

	缘起
1	"全球概念"与中国当代艺术的境遇
	——写在卡塞尔文献展艺术策划人访华之际 / 许江、高世名

19	**导言**

23	**第一章　地之缘**
26	地之缘——亚洲当代艺术的迁徙与地缘政治 / 高世名
34	大地之缘与天时之间 / 许江
49	亚洲谜结——一种非西方的经验与表述（节选）/ 高世名
64	多个历史世界中的亚洲与东亚文明圈 / 汪晖
87	亚洲：共同塑形的身份标识 / 酒井直树

101	**第二章　与后殖民说再见**
104	与后殖民说再见：第三届广州三年展
115	"后殖民之后"的观察和预感 / 高世名
141	在业火中升华——亚洲喧嚣札记 / 萨拉·马哈拉吉
178	现代中国与当下的机遇 / 张颂仁
196	桃花源记（421—2008）/ 黄永砅
206	即将到来的历史——论"本土"的拆解与重建 / 许江、高世名

221	第三章	排演
225	第一节	巡回排演
226		何谓排演?——第八届上海双年展的策展思考 / 高世名
239		第一幕:胡志明小道
243		"胡志明小道"札记 / 高世名
247		走在胡志明小道上——途中讨论(节选)
267		第二幕:指路明灯
268		致利亚姆·吉利克和安东·维多克的信
273		第三幕:巡回排演——主体展
281		第五幕:从西天到中土——印中社会思想对话
287		"从西天到中土"缘起 / 张颂仁
290		作为方法的印度 / 陈光兴
298		我从"印中对话"中学到了什么? / 高世名
312		论离散艺术——关于意义错置的思考 / 霍米·巴巴
327	第二节	排演之后
328		"排演之后"系列工作坊
330		通过马塞尔·杜尚去思想 / 萨拉·马哈拉吉
357		资本论:电影行动——为了一部尚未出现的电影
362		回复——把可能性还给历史(讨论节选)
373	第四章	后万隆
376		"后万隆"时代的愿景与方案 / 高世名
385	第一节	亚洲思想界上海论坛
386		变动中的世界 变动中的想象——2012 亚洲思想界上海论坛
390		帝国主义存活无恙,但依然在进化中
		——"9·11"之后的全球化与东亚 / 周莫·夸梅·桑达拉姆

413	第二节	**亚洲思想运动报告**
414		《人间思想》发刊词 / 高世名
416		亚洲思想运动报告——2014 人间思想论坛
420		在思想中运动，在运动中思想 / 高世名
429	第三节	**亚际双年展论坛**
430		2014—2017 亚际双年展论坛
435		"生产"，作为艺术批判性的关键词 / 黄建宏
449	第四节	**万隆·第三世界六十年**
450		万隆·第三世界六十年：杭州论坛
452		独立自主：作为一种思想的方法 / 许江
457		从万隆（1955）到 2015——亚非拉的国家、民族和人民面临的新旧挑战 / 萨米尔·阿明
471	第五节	**第三世界行动计划**
472		2016 第三世界行动计划
480		在公共知识分子与学者之间——瓦解殖民与非洲高等教育在独立后的行动方案 / 马哈茂德·马姆达尼
507		异世界中心 / 另一个世界中心 / 高世名
515	第六节	**思想第三世界**
516		思想第三世界：艺术、翻译与媒体国际工作坊
519		站在万隆的肩膀上思考中国与世界 / 王智明

| 缘起 |

"全球概念"与中国当代艺术的境遇

写在卡塞尔文献展艺术策划人访华之际

许江　高世名

"全球化"在西方激起了一种广泛的反应，它引发人们重新发现特殊性、地域性与差异性，建立真正意义上的"全球概念"，从而对西方现代性尤其是其中所包含的种种形式的普世主义进行反省。

然而，在"全球概念"所宣扬的文化多元主义中，仍然存在着用后殖民主义的文化理论对中国当代文化艺术进行阐释的策略性误读。

中国艺术正面临着前所未有的发展机缘，也正经历着一个空前复杂、充斥着悖论的文化境遇。中国艺术家必须致力于在当前世界文化多元化的图景中建立一种富有想象力和创造性的中国新艺术，而非一个单调的文化他者的标志。

2000年4月中旬，由中国美术学院邀请，在梁洁华艺术基金会的配合下，身为2002年"第十一届卡塞尔文献展"艺术总指导的奥奎·恩维佐（Okwui Enwezor）在六位国际著名艺术批评家、策划人的陪同下来到杭州——这也是他此次赴华考察的第一站。这个颇具实力的策划人团体的来访颇具象征意义。从1955年迄今，五

以卡塞尔文献展策展团为主的国际策展人考察团一行人于 2000 年造访中国,在杭州西子国宾馆合影。从左至右:陈泱、杰西卡·布莱德利(Jessica Bradley)、萨拉·马哈拉吉(Sarat Maharaj)、奥奎·恩维佐、琳·库克(Lynne Cooke)、洛柿田(Sebastian Lopez)、王梁洁华、苏珊·格兹(Susanne Ghezt)、余小慧和郑圣天(克利斯·德孔和林荫庭没有出现在照片中)

年一届的卡塞尔文献展已持续举办了十届。上一届文献展的策划工作被交给了法国人卡特琳娜·大卫(Catherine David),她那公开标榜的西方中心主义的策展构想在国际上引起了尖锐的反响。作为策略上的反驳,"第十一届卡塞尔文献展"选择了尼日利亚裔黑人艺术策划人奥奎·恩维佐,这使得他成为卡塞尔历史上乃至西方重大展览的历史上第一位黑人策划,他的当选本身就是国际艺术界文化多元主义倾向的一个重要征候。1999 年,奥奎·恩维佐于纽约皇后博物馆推出了他的研究主题:"全球概念"。面对他竭力鼓吹的这一概念,非西方国家的艺术家寄托着众多的希望。

在杭州的短暂逗留中,奥奎·恩维佐等七位艺术策划人与中国美术学院的艺术家、学生进行了多层次的交流和热烈的讨论。通过这三天的交流与讨论,当代艺术领域中的几个重大问题浮出水面。

"西方"的含义与"全球概念"

"西方"意味着什么？当我们随口说出"西方"这个语词时，是用来指称什么？奥奎·恩维佐刚刚抵达就提出的这个问题，自始至终地渗透在这三天的讨论之中。事实上，这个恼人的问题早已根植于中国近现代的百年历史之中，甚至中国近代史的起点就是依据1840年那次令人难忘的中西"接触"。"西方"的来临惊醒了中国的酣梦，也将它拽入近代化的滚滚洪流。从此，中国的一切问题都将在中西关联这个背景下被思考、被实践。"西方"包含着过于沉重的含义和太多复杂的情感。一百多年来，对西方的学习与接纳总是同时伴随着抵抗与拒斥，与西方的抗争又始终期待着西方的确认和回应。在艺术问题上，这种中西关系的双重性体现得分外明显——西方艺术从一开始就被营造为一个纷繁复杂、彼此矛盾着的话语迷梦。

以1979年"星星画展"为始点的中国十年美术新潮运动是对西方现代艺术史知识的一次快节奏的演练。西方现代艺术是作为某些风格的集合、某种既成的艺术模式、某种反叛的行为方式被接纳的，因而它并没有在中国文化的深厚土壤中扎下根。作为一个复杂的整体，它成为现代性的象征、成为思想解放运动中的一个重要表征。在20世纪80年代的中国，"现代性"这个概念与西方也有着巨大差异，它更多地是一面旗帜，召唤着民族的新生。

20世纪90年代初，中国当代艺术出现了一个重要的转变。一些批评家将这种转变描述为"从理想主义转入折中主义，从意识形态关怀转向个人现实情境的关怀"。单从绘画方面讲，这个说法或许可以勉强成立，然而从整体上说，它遮蔽了一个重要事实，即新媒体的引入。20世纪90年代的艺术家逐渐开始纷纷摸索装置、影像、多媒体等新媒材的技艺与可能性。一方面，当代艺术似乎更多地指向中国当下的生活景观，与西方无涉；可另一方面，在这一现象背后隐藏着的一个重要事实是：1989年中国现代艺术大展之后，西方艺术机构与艺术市场发现了中国当代艺术，中国当代艺术开始越来越多地在国际展览中亮相，越来越多地被收藏、研究。这种趋势逐渐增加，直至当代艺术的知识不断丰富，中国当代艺术已成为国际艺坛上一个不容忽视的文化现实。

正是在这一背景下，奥奎·恩维佐等诸位策划人来到了中国，并且在他踏上中国大地的第一天就问道："西方意味着什么？"

的确，西方意味着什么？是那伙不断在近代中国历史上、在我们心头上烙下深重的历史之痛的强权强盗？是近代中国在国势衰微的时刻向近代科学和进步思想负笈求知的理性对象？是带着根深蒂固的文化优越感、视非我族类为无物的文化霸权？是那已经渗入我们社会生活乃至思维方式之中的、与进化论国际化有关的价值取向？从中国近代以来的历史和现实境遇中，我们可以找到对此问题的诸多沉重而复杂的答案。然而今天，来自"西方"最重要的大展的这位非裔策划人的这个简单的疑问却向我们透露了关于"西方"的一个重要信息，暗示着一个西方文化界所密切关注的重要主题——"全球化"问题。

全球的理念可以追溯至较早的历史，但作为一个现实，它始于20世纪中叶之后。1961年，《韦氏大词典》收录了"全球化"这个词，次年，它又被收入《牛津大词典》，从而确立了在语言世界中的合法性。近二三十年来，科技发展将一些发达国家带入资讯化社会和后工业社会。"全球化"进一步展现出它的物质图景。冷战结束之后，跨国资本开始急切地建立所谓世界"新秩序"或"世界系统"，"全球化"更成为炙手可热的宣传口号。1992年，罗马俱乐部出版了《第一次全球革命》,指出"我们正处于一个新形态的全球社会的初期阶段"。

这个处于初级阶段的"全球化"或"后国族的全球主义"(post-national globalism)给我们带来了两方面的影响:首先,全球化是一种经济一体化的倾向,但在经济实力分布不均匀的情况下,所谓"全球化"往往就是发达国家向发展中国家的渗透,即"西化"。西化的过程本身成为一个以进化论(在某种特定历史情境中,甚至是反进化论)为其精神旨归的消除差异的过程,正如乔治·索罗斯(George Soros)在其《全球资本主义的危机》中所指出的"市场原教旨主义今天对开放社会的威胁已远远大过任何极权主义的意识形态"。其次,全球化的过程中,西方话语也不断激发出来自各方面的反作用力,这主要是指非西方各国的文化抵抗,如本土化、民族主义,甚至原教旨主义等等,在这反作用力的影响下,后殖民主义、东方主义、多元文化主义等各种反权威话语也从西方内部脱颖而出。这反权威话语自20世纪60年代末以来在欧美诸"西方"国家内部日益壮大,表现为种种"他者"的干预主义话语实践,如黑人民权运动、女权主义运动……由此,"西方"已经在现实上进入一个日益复杂多元的文化境况(换言之,多元文化主义已成为一个不容置辩的现实)。"西方"这个概念呈现出一种"解中心"的趋势。在"西方"这个光怪陆离的舞台上,越来越多地活跃着种种文化"他者"的身影。奥奎·恩维佐就是其中的一位,作为一位非裔策划人,他一直致力于非洲现代艺术的研究和组织工作,他的"全球概念"在很大程度上是对一体化的"全球主义"的抵抗。而此次陪同来访的其他策划人,除两位美国籍的女士,苏珊·格兹(Susanne Ghezt)和琳·库克(Lynne Cooke),之外大都不是来自传统意义上的西方发达国家,即所谓"第一世界"。萨拉·马哈拉吉(Sarat Maharaj)出生并受教于南非;洛柿田(Sebastian Lopez)是阿根廷人,现为荷兰籍;杰西卡·布莱德利(Jessica Bradley)是出生于英国的加拿大人;克利斯·德孔(Chris Dercon)是比利时人。可以说,这个团体本身就向我们展示了一个改变了的多元化的西方,代表了一个"非西方的西方形象"。

"根"与后殖民主义文化观念

奥奎·恩维佐提出的"全球概念"是对"全球化"的西方话语的抵抗。但这个概念本身也具有另一种向度,对非西方文化而言,必须将自身纳入到同一个"全球性"的体系之中进行对话与交流。正如他本人所言:"文献展的目的,正是在'全球概念'的基础上搭建起一个各种文化都可以进行对话,展示多元景观的平台。"就此,奥奎·恩维佐极为强调艺术家对本民族文化身份的自我认同,以及体现在作品中的身份表征——因为只有这样,才能形成这个平台上的多元景观。面对中国艺术界的西化倾向,奥奎·恩维佐和他的朋友们忧心忡忡,在反复追问"西方含义"的同时,他又在4月15日中国美术学院的一次公开讲座中,特别援引了美国作家亚历克斯·哈利(Alex Haley)的名著《根》中的一段叙述。奥奎·恩维佐动情地叙述了主人公追寻祖先之根,最终回到那个遥远的非洲村落时却得不到同族认同的情景:

> 七十来个村民紧紧围住了我,围成一个马蹄形,足足有三四层;要是我伸出手臂,我的手指就会碰着这边或那边的人。他们都盯着我看。他们的眼光在我身上探索,由于聚精会

神地瞪着眼看而在额头上隆起一条条皱纹。我内心深处产生一种内脏在搅动和翻腾的感觉;我茫然不知所措[……]过了一会儿,又好像有某种强劲的大风向我袭来,使我猛然醒悟:在我一生中,曾多次身处于人群之中,但是从没有在周围全是乌黑的人群中待过。

我感情激荡,垂下了双眼,正像我们在心中荡然、把握不定时往往会出现的情况那样,我的眼光落在我自己肤色棕褐的双手上。强烈的感情又一次向我袭来,这一次来得比以前更快、更猛:我发现自己原来仍是个混血儿[……]在血统纯粹的人群中间,我觉察到自己并不纯粹,这种察觉令我无地自容。

《根》是一部被西方权力话语与殖民历史扭曲了的现代版的《奥德修斯》。在长达三百多年的漂泊之后,这位现代的返乡者遭到了比奥德修斯更为残酷的命运,后者为了不被识出,有意识地装扮成一位行乞者,而前者却早已无可选择地被现代文化中的漂泊所改变,以至于等待着他的同胞们紧紧地围着他,看着一个"黑皮肤的美国人"。他只能紧紧握着几个残存的母语词汇,除此之外,一无所有……

作为一位非裔美国人,奥奎·恩维佐必定对这段描写感触良深。然而,这段感人至深的故事是否能适用于中国当代艺术呢?

奥奎·恩维佐关于《根》的叙述展现了当代西方他者族群的文化认同心态,但当他将叙述之网撒向中国当代艺术界时,他面临着一个西方学者通常难以避免的危险,即用后殖民主义的文化观念分析和阐释中国当代艺术和文化的复杂现实。

毋庸讳言,中国当代艺术尤其是以新媒体形式进行实验的先锋艺术,在很大程度上是西化的结果。然而,中国的"西化"却包含着多方向、多层次的艺术实践。在积极吸纳国际艺术新形式、新媒体时，中国艺术家们正在进行着一种"非西方的西化"（none-western westernization）。这与许多非洲和拉美国家的"反西方的西化"（anti-western westernization）是不同的，后者的现代化与殖民历史密切相关，在其惨烈的现代化进程中，"根"的问题首先表现为人权和族权的尊严。后殖民主义与本土化运动正是这一问题的真切反映。而中国社会虽经历过沉重的半殖民地时期，但在文化内部却始终保持着一种积极性，这种文化的积极性并不仅仅指我们近现代历史上曾出现和正在不断出现的种种"反现代化"思潮，而是指这样一个事实：中国文体界对西方的接纳从一开始就是积极的，引入西学是以反省本民族文化为目的，甚至连胡适那样的西化派也真诚地认为——"西学东渐"必将促进"中国的文艺复兴"。因而，尽管历来都存在着民族主义、国粹主义等反现代化思想，现代化依旧是中国发展的一个基本倾向。由于从未有过殖民性的强加的现代化，中国当代也不会出现许多后殖民地国家普遍存在的那种"反抗的现代化"甚至"原教旨主义"。中国的现代性不是所谓"防御的现代性"（defensive modernity）而是一种"反思着的现代性"，其本质是对本土文化进行的深刻批判与再认识。中国的现代化具有一定思考的品质，这也正是中国当代文化的精神实质。相应地，传统之"根"在我们的文化中也同时发挥着正反两方面的作用。它不是一个已逝去的遥远的神话，中国艺术家也绝不是那个被命运惩罚、漂泊异域的还乡者。

"共同的知识学基础"与"沉默的声音"

从上文的论述中，我们可以看到，全球化过程在其初始阶段便显示出一种张力。它既显示为一种"一体化"倾向，又在一定程度

2000年以卡塞尔文献展策展团为主的国际策展人考察团访华,在杭州与中国美术学院师生交流,奥奎·恩维佐(左一)、许江(右三)和吴美纯(右二)在讨论会现场

上导致了多元的结果——只有在一定程度的全球化境遇,才会出现"他者"的声音。这种看似有几分吊诡状态,真切地廓出了这些相悖的向度却又彼此比照地存在着的实况。全球化在西方激起了一种广泛的反应,就是重新发现特殊性、地域性与差异性,建立真正意义上的"全球概念",从而对西方现代性尤其是其中所包含的种种形式的普世主义进行反省。可以说,西方文化正处在一个特定的转型阶段,从20世纪80年代奥利瓦(Archile Bonito Oliva)提出的文化"游牧主义"到20世纪90年代被广泛讨论和宣扬的"身份与他性",再到当下形形色色的"多元文化主义"论调,国际艺术界一直在标榜差异,鼓吹身份认同,身份政治已渗入西方文化的每一个细胞。在西方学术时尚的吸引下,急于国际化、急于接轨的国内理论界(或更广义地说是知识界)也急不可待地大谈后殖民、本土

化、东方主义……而不去想想,这些用来针对拥有沉痛殖民历史的第三世界国家的西方话语是否适用于中国的文化语境?

在杭州期间,印裔英国批评家、哥德史密斯学院艺术史与艺术理论教授萨拉·马哈拉吉反复提及一个当前国际艺坛最为关切的问题:"在全球化的境遇中,我们如何为21世纪的世界新艺术寻找和确立一个共同的知识学基础?"这个颇具学术水准的问题,貌似思辨,实则直接指向行动本身。同"西方的含义"一样,它是在"全球概念"基础上衍生出的又一个设问,其预定的答案隐含在《根》的故事里,也隐含在马哈拉吉先生的另一个疑问之中:在文化多元的全球视野中,日益频繁的交流使共享同一个文化资源成为可能(无疑这同一个文化资源也正是他所期待的知识学基础);然而,在这种交流的同时,比如在中国20世纪80年代以来的艺术家们分享西方现代艺术资源的同时,必定有某种东西被压抑了。那么,那个被遮蔽的、沉默的声音是什么呢?

十分显然,马哈拉吉先生所意指的那个沉默的声音正是所谓中国本土文化的声音——一个西方社会的文化他者的声音。

事实上,这种声音在中国理论界并不匮乏,艺术实践上也颇有其典型。在活跃于国际艺坛的"海外中国艺术家"的作品中,我们可以目睹中国文化符号和政治图像五花八门地被巧妙运用;在出过几趟国,对西方人的猎奇胃口心领神会的众多国粹派和民族主义者的慷慨陈词中,我们也可以听到后殖民主义的隐隐回声。栖居于这个众语喧哗、族群林立的艺术世界,身份至关重要;在西方文明的自我反省以及后盎格鲁-撒克逊主义日益兴盛的今天,他者的自我认同(或想方设法把自己认同为他者)至关重要。

奥奎·恩维佐和马哈拉吉们的问题是善意的。作为西方文化体制中的他者，他们希望中国艺术界（同样是他者）能够积极参与到艺术世界"全球概念"的建构之中。然而，与此同时，他们也面临着两个实际上的危险。其一，在"全球概念"与"文化多元"的旗帜下，不加批判地弘扬差异，并由此建构起一个片面的他者形象以充实一个"全球化的文化想象"，在这种危险的话语实践中，多元主义、全球主义实难区分于文化分离主义，而事实上这种分离主义与原教旨主义不过是同一枚硬币的两个面。其二，由于头脑中存在着一个他者的建构机制，这些非西方的策划人在面对中国艺术作品时，进行着一种文化性解读。这种解读方式在西方由来已久，20世纪中叶以前的大量中国艺术作品都是被当作人类学的知识景观来看待的。在今天这个"世界图像时代"（饶有兴味的是，海德格尔这个思想性的表述在当下国际理论界竟被按字面解释为"The whole world as a show"），世界本身就是一个充斥着意义与图例的庞大展厅，文化性解读甚至（按马哈拉吉的说法）人类学知识基础上的解读似乎是不可避免的。而由于缺乏足够的中国历史文化知识，更重要的是缺乏必要的"中国经验"，这种文化性解读就很容易沦为寻找、辨识文化符号和身体印记的"征候式阅读"，甚至成为一种别具针对性的误读。事实证明，大量国外学者、批评家、策划人正在以这种令人尴尬的方式阅读中国当代艺术，他们从中辨识出的是"中国"，准确地说，是他们关于中国的种种想象（当然，今天已是"全球化文化想象"中的中国部分），而非中国艺术。可悲的是，在以市场为权威的今天，有需求就必然会有生产。西方话语的权力源自其艺术操作机构那旺盛的购买力。它吸引（而非迫使）着不少中国艺术家投入到展示中国独特政治境遇的大规模文化生产之中，随着中国经济的发展，随着冷战后中国国际政治地位的特殊化，这种暴露狂式的生产早已成为跨国资本运作不可或缺的资源。中国的政治、民俗以及反映着他们的艺术文化产品都被纳入后冷战的全球化体系之中，成为表现中国之"他性"的走俏商品。

在此，我们不禁要反问，在"全球概念"体系中的中国概念之中，那个被遮蔽着的、沉默的声音是什么？

显而易见，"全球概念"这座文化舞台上表演着的"中国性"是一个早已被设定好的角色，它所佩戴的是一个扭曲了的他者的面具。这个面具既是西方化的，又表现为反西方的，我们甚至可以用"反西方的西方性"来描述它。然而"中国的非西方性"并非"中国性"。中国艺术自身的传统源远流长，中国历代无数创造性的心灵所建造起的这个伟大的文化世界，既是复杂的，又是独特的。诚然，这种独特性只有在与另一个世界的碰撞与比照中才得以显形。一百多年来，由于"西方"这个重要的参照系，我们的观念中已形成了一个较为恒定的中国艺术的形状。但每一次意义的固定都同时是一个遮蔽。在近代史上，与"西方"相对立的"东方"遮蔽了"中国"，中国文明被称作是静态的，以对立于西方的动态文明；中国艺术被解释为写意的、形而上的、感性的、直感的、理想的……以对立于西方艺术的写实性、形而上学、理性、分析性和现实主义……在当代，在后冷战的今天、全球化的今天，在西方文化本身已开始转型之时，"中国的非西方性"又遮蔽了真正意义上的"中国性"。

中国性与中国当代艺术

当我们尝试着发掘那被遮蔽的声音的时候，必须认识到：一个民族的文化绝不仅仅是一种声音——不管这种声音在说"是"，还是说"不"。它存在着更加沉重的意义，沉积着无比丰富的内涵，推动了一个民族的发育和进化,完成了人群的联系和组织,同时更重要的是,它塑造了一个成员的性情和思想世界。古老的中国,在重重磨难中进行了一场文化重造的百年苦斗。尽管在今天她已受到越来越多的目光的关注,然而,危机尚存。一方面,只要我们的当代文化还少有推动世界文化发展的巨人,少有任何其他民族都无法忽视的当代历史丰碑和文化创造力,我们就很难令人信服地描述出一个文化上的东方强国;另一方面,全球主义的西方话语正在以新的热情关注着中国当代艺术,并力图将它构建成西方可借以反观自身的一面镜子、全球化文化拼盘中的一道风味小菜。而即使中国艺术家有足够的勇气去审视这种关注,恐怕也很难抗拒那随之而来的巨大的被承认的诱惑和购买力。

过去的 20 世纪是一个令人异常难忘的世纪。在这个世纪中,中国经历了封建社会,经历了民族解放的斗争,甚至经历了"文革"这样的年代。现在,又正在经历着一个经济一体化、全球化的现实情境,在这个漫长的发展过程中,有一个值得注意的倾向,这就是权威话语的逐渐消解和多元语境的现实在场。事实上,中国艺术正是在与种种非艺术因素、种种强加其上的意义的抗争中塑造了自身的性格和本质。中国文化界渴望在一个宽松的环境中去寻找、思考和创造,而这一切都必须依托对本民族文化遗产的反思、对当前文化境遇的洞察以及对那个日益多元化的世界文化资源的体认。在此,形式的借取、语言的转挪现象确实存在,但真正重要的是如何借用这些形式和语言去面对中国的文化问题,去透视中国人的生存本质。这种面对和透视既需要上述的"知识学基础",更需要中国当代文化情景中的境域体验,而后者体现着艺术创造中更为本源的关联和意蕴,是真正文化意义上的被遮蔽的"沉默的声音"。

今天，中国艺术界与世界的关联是历史上最密切的，世界对中国艺术的关注也是有史以来最热烈的，这一点从近年来国际艺坛不断升温的"中国热"中即可得到证明。中国艺术正面临着前所未有的发展机缘，也正经历着一个空前复杂的、充斥着悖论的文化境遇。中国艺术如何与世界艺坛建立一种健康的互动的关系？这是摆在我们面前的一个重要问题，而在追问这一问题之前，我们还必须严肃地思考：怎样在当前世界文化多元化的图景中建立一种富有想象力和创造性的中国新艺术，而非一个单调的文化他者的标本。

在这里，"身份问题"从来就是中国艺术家的首要问题。身份是自明的，中国性是深植在我们心头的从未失却的民族之根，它不但是昨天留下的长长投影，更是今天弥漫在我们四周的现实，绵亘在我们脚下的土地；甚至，它还是一种未来，一个明天的热忱的希望，滋养着我们的心灵，激励着我们去创造。

2000 年

许江、高士明《"全球概念"与中国当代艺术的境遇》发表在《美术报》，2000年4月29日

11163 Scarborough Dr. Delta, B.C. Canada V4C 7S1
Tel: 604-649-8187 Fax: 604-591-8392
E-mail: shengtianz@hotmail.com

Sheng Tian Zheng

Fax

To: 宁京，别院发   **From:** 三个小子代表团
Fax: 86571-7070037   **Pages:** 5页
Phone: **Date:** May 2, 2001
Re: **CC:**

☐ Urgent ☐ For Review ☐ Please Comment ☐ Please Reply ☐ Please Recycle

● **Comments:**

许江：你好.

谢谢你在美国时来电话。基金会我
暂时联系不到 他们写给我，有关文件中，我常用一个较
封面寄给你。你们去解有兴情况。当
时因你人不在国内，文件又都是英文的，何
以我没有给你寄了。

此次春给你的是关于我举办人员讲习班的
报告。由去年和吴湖旋生在纽约成立了一个
基金会——亚太基金会，目的和成果像作华基金会
做这些相应。希望推动中外艺术交流，特
别是促进中国美术在国际上的地位。他们
邀请我也参加董事会。最近也很有实施的

MSN 主页(英文)   Hotmail   搜索   Passport 通信

msn
花 素 术 设 计 频 道   **msn** Hotmail

Hotmail shengtianz@hotmail.com

| 收件箱 | 撰写 | 通讯簿 | 文件夹 | 选项 | 文件夹: 收件箱 | 即时消息 | 日历 | 帮助 |

发件人: "jie lu" <tripylujk@hotmail.com> 保存地址 - 阻止发件人
添加 tripyljuk@hotmail.com 到"我的 Messenger 联系人"。
抄送: shengtianz@hotmail.com 保存地址
到: shengt@telus.net 保存地址
日期: Tue, 24 Apr 2001 03:04:56 -0000

答复发件人 | 全部答复 | 转发 | 删除 | 上一封 | 下一封 | 关闭

郑老师：

最实在太忙, 今我开夜本月就这于方案. 不知可行否，或任何些东西在目前不必那么详细，而有些东西又
不够详细，你比较有经验，应马上阅读我再修改，或修我改 下，如果有时间，可以发周阅 吗，现在
是第一步，急就章 将来当然重要请抽加等更有经验者共商 关于典藏的事我只能明天给你答复了

EMAIL 上我认为以AOL 直接发中文给你是不行的，但用ATTACHEMENT 你应该没问题，如期架我用
HOTMAIL 直接给你写中文信或发 e, 应马上问题，因为你也是用HOTMAIL 你的信我今天在AOL打开就乱
码，我 FORWARD 到HOTMAIL, 打开就没问题

策展人讲习班计划

引言

当代艺术的展览策划人在国际艺术舞台上的作用日益重要. 一方面随着美术馆的系统化，市场化和社会职代
面貌化(体制内策展人的道德需求和艺术的定位), 另面也相应地激发了策展人在新的环境和理论阎ด下
的行动, 再者既与行之，又有重要、合作的趋向、现有国际大学双年展，艺术节的不断有人和新的双年
展,艺术节的出现， 面使界对市场和策展人的集合. 另 实验性展览空间对策展人的培养. 所有这一切
和策展人概念的出现，是一种似的自的发生，可以说，正是策展人的工作把变了艺术创作和展示的有机联系，
反过来又给策展人领域重要更了的新和构成

值得注意的是，在数满了传统的美术馆但说这 "概念之后，有无展策划的理论研究和实践总结，和 "策
展人"这一概念挡踱的具体实践"一样，都是一门新的课题, 与此相关的举术会议和出版已基于不太了。而
展览策展人的教学, 刚管了门时归在发展的新学科 以欧美为例，与艺术交前， 艺术创作或艺术界界的
教学以起来，策展人课程可算是先生一毛，而在不多的几个策展人课程中，既有对立、也有统一纽约巴
德学院和英国字会美术学院的课程均以两年制的硕士学位课程，前者的教学者大多为纽约艺术圈的成就人
上，后者注重学生毕业以达入体制的入门，学生的毕业作品是金具词字的合作展览 两者均立注体策内的
运作 而还比起来，浩的巴特儿美术馆的 "独立计划" 的策展人且日与轮敏大学进德斯堡学院的策展
人课程有相似之处，不同之处是都是以不提供学位，它们两都是以邓者的提供的艺术管理的学生、提供理论上共
同探讨 思相的场所. 尤其是曾德斯著思学院，有鉴了当地建不以该是后的真人的目标，因而课程主要
造理论上的探讨 而非功能性的训练

亚洲、尤其是华人艺术市中的新发展，是艺术家努力的成果、也是后殖民主义时代新的理论地平线的出现带
来的契遇。其中海外策展人的努力功不可没。 无论是锄海内外、华裔或多华人，结合他们的个人学术取向和
实践中的觉会, 他们的工作给从上艺术的阅评展示，为他们自身的工作带来实证的同时，也为华人艺术的
原创带来重新的年动 同时, 华人地区水上策展人的研论，更是艺术生命中的新新动力

在此面前, 以中国大陆为主的年中青一个策展人课程概必需要有助的 作为区域中心, 尤其是其艺术上它
还处于某种难题的转变期，选择在中国大陆主办，面联合台湾港以及杂洲其他国家协办，具有以下的意

义。为期一，这样的课程有助于海外的策划人对人中华地区的艺术现状的了解。通过请他们来上课，策划把对本地区艺术的领和修示提在本上的语境中来检验。而同时中境台课和素借其他地区的学目标和效果可以在课程中加深并拉近之间的交流。这样一个国际性、跨地区性合作的设计，既能使学生通过某本上又的此识协议，又能使参与者真正了解本土艺术现实文化及国际板界中是如何整合的，从而学生迈进港立自己的艺术体系。在中国和各自的一个课堂复习上课程。另一个整体性的工作，不但能作为课题某些个人身角色，和对别的课题操作，它将能是一个课代表，同时又是一个生主个的理论领的层面。而不是一个封闭人村的请作业，关注的是如何使有限的国外的参与。为策展人今后工作作参考提供的空间

计划

1、在试验阶段，先举行一个月到半年的课习班，只收予招念证书。学生后以本科艺术创作或艺术其他的学校。超材在"面二十年"的实践经验。如吾林士学位套赞性。如该和加以汁么，半年课程。可有在"论据"的性格。以节主课、开放性的研计会和小结等部分入。策标与题讲述。在术家终结后，可以用展或研究生课程。规学在安设基型

2、全民上为他是十五个，大陆学生八人。台湾四个人，港澳各一人，未来国家知留四人，世界其他国家台学从事当代中国艺术工作表四人

3、师复上以请师（包括台湾、海外华人）策展人、史论学家、艺术管理人员、艺人家和国内外相对应的专家共同组成

4、以生上由国内的主办者提供该和设备，台港华境以协会看提课推分性费由学习地区参加的学生和特别的使用。其他国家的学生负责也自行申请救助。要署参的主要付费为由海外特邀学的质量和请证费

课程设计

1、锋金、分之艺术创作/艺术理论/艺术策展一部分。然之，套球系起来。以使出就展入的的当受参与面后去、作理论和这教由这场同时和起融合色。请国外特邀策划策展人以上大请的形式上课

2、个案分析

A、请国外的策划人所其独个人策划的报告（大请），如米国表、保雅桩、史泽曼。某千器导对华人艺术的领跟经验

B、请国外的策划人对本华人艺术和的个人策划性的报告（大请）

C、请大陆策划人作他们工作的报告（大请）

*个案分都有各个小结讨论和个人对某一个展览的分析和批评的论文作业重集

3、专题

以课组形式，提出理论问题和实践上的课评

* 理论

*001 LD年代之后的艺术概述

*002 LD年代之后的策展及艺术巨人变化的几个主要理论和面的实践

*003 展示文化与政治一 美术宁国（美术馆政治）（画脑图等）（独立空间的语境感）

http://lw2fd.hotmail.msn.com/cgi-bin/getmsg?curmbox=F000000001&a=1c336802ecb42l... 29/04/2001

*004 关于展览一文化/修辞/空间/权力 的谍构

B 实践

*005 展览与展览之间一 展览形志的分析一 从军策事人题/美术馆人题/其学术性商业画廊剧/另类替之挑展和立面艺术展

*001 艺术家/批评家/策展人一 策展人的肯定以及相关的理论困境和实践识识

*007 体制内外一 机构策置人和独立策展人

*008 展览的生成一 意向/现念/学理/可行性/操作的流程

*专题讲座课程之后学生分组选择理论和实践各一个课题写一份论文提交个人讨论

4、艺术工作室个展览请问

直接到知阿边中本地和上海、北京，地组织进行艺术家工作室和展览的学话间

5、最金作品

提交一份展见书，从理论的定位到实践的计划，从概念到艺术家、空间、文本、推广的具体策划

2001/4/25 草拟

Get New Hotmail Notifications and Free Instant Messaging at http://messenger.msn.com:

附件：策展人学习计划书.doc (34k) -- 查看附件

(c) 2001 Microsoft Corporation. 保留所有权利。 使用条款 TRUSTE 隐私保险的声明

http://lw2fd.hotmail.msn.com/cgi-bin/getmsg?curmbox=F000000001&a=1c336802ecb42l... 29/04/2001

中国美术学院
CHINA NATIONAL ACADEMY OF
FINE ARTS HANGZHOU 310012
THE PEOPLES REPUBLIC OF
CHINA

郑胜天老师：

您好！来信及关于举办艺术策划人员习班的传真均收悉。学院十分赞同您的这 设想 为了使该活动能成功进行 我请外事处您了 个初步的预算 我想只要能收支平衡 我们就可以试着做这件事 现在我们担心的是是否有人来学 如果没有 定的人数 那么就有些麻烦了。

学期即将结束 工作很忙 有空再聊！匆匆 祝

好！

6.28

导言

2003年左右开始至今，中国美术学院策展专业的一个最重要的工作方向便是将艺术与社会思想打通，深入历史脉络的肌理与社会现实的深处，不断拓展问题界面，厘定发言位置。

"地之缘——亚洲当代艺术的迁徙与地缘政治"计划借中国美术学院七十五周年校庆的契机在2002—2003年间启动。"地之缘——亚洲当代艺术考察团"以伊斯坦布尔、德黑兰、东京-京都、曼谷以及杭州为考察点，将各地所见社会生活现场和当代艺术面貌与其历史、政治及文明的脉络相结合，分别析厘各地的问题与经验，提出"相交的平行线"、"器物之复活"、"理念之墙"、"入境/越境"、"可见与不可见的生活"的讨论主题，之后于2003年邀请亚洲各地艺术家共同会聚"双重时间"展，呈现与西方主流艺术理路不同的、在亚洲文明脉络下生发的特殊体验与思考，并鼓舞自信去发展这些独特的多元的充满生机的艺术实践。

"与后殖民说再见"是第三届广州三年展的主题，整个计划从2007年6月启动，历经八站"流动论坛"与一个主体大展，策动全球艺术与思想各界众多同仁，分阶段于伦敦、广州、杭州、上海、北京等地多个艺术机构，在文化政治层面、艺术策展与创作层面、创作与生存论层面，就"通过视觉来思考"、"创造的焦虑与可能世界"、"与后殖民说再见/后西方社会？"等议题共同展开深入探讨，对后殖民主义及其限度进行入里剖析。大展于2008年下半年在广州举办，设立行进中的计划、思想屋、自由元素、特别计划四个板块，展出来自40多个国家和地区的178位艺术家的最新作品。"与后殖民说再见"不但是从后殖民"出走"，而且是"重新界定"和"再出发"。

"排演"是第八届上海双年展的主题词，强调展览作为一种文化生产的实验性和开放性。整个计划从2010年6月开始，共展开五幕："胡志明小道"、"指路明灯"、"巡回排演——主体展"、"社会主义自我管理理论及实践——南斯拉夫"、"从西天到中土——印中社会思想对话"。该计划希望改变展览作为表演空间而成为创作空间，使艺术家成为开放的主体，成为创作-交往并行过程中不断更新的"跨主体"，以摆脱被艺术系统雇用的感觉和生产"社会订件"的命运。

2012年亚际书院成立，联合了中国、日本、韩国、印度及东南亚等亚洲多个国家和地区的学者、思想家、艺术家共同开展工作，旨在为亚洲思想界创造新的互动空间，寻找新的知识方式，克服殖民、战争与冷战在区域内造成的沟通障碍和思想困境，推动亚洲思想界在知识生产层次上的连带和合作。亚际书院成立之际即举办"变动中的世界，变动中的想象——2012亚洲思想界上海论坛"，以此搭建起亚洲思想界思想碰撞、精神联结的平台；之后于2014年启动"人间思想论坛"和"亚际双年展论坛"，从思想运动与艺术运动两个方向开展工作，力图创造精神生产的新境界；2015年春以纪念万隆会议六十周年为契机联结亚非拉第三世界多个地区的学者、思想者共同举办了

"万隆·第三世界六十年"的北京、杭州、东京等多站论坛；2016 年冬接续举办"第三世界行动计划"北京站、杭州站、上海站，成立万隆书院，开启并稳固与亚非拉各地区第三世界的思想者及其思想组织进行交流与合作的渠道；2018 年亚际书院举办"思想第三世界"国际学术工作坊，检视第三世界思想资源，理解艺术、文学与媒体所形塑的第三世界的意义与形象，追索其现形的历史方式。并且，亚际书院以 *Inter-Asia Cultural Studies: Movements*（《亚际文化研究》）、《人间思想》集刊（繁体与简体两版）以及《亚洲现代思想》几本学刊，及"人间思想丛书"、"亚非拉现代思想文丛"、"西天中土"等出版项目为平台累积知识成果、展现思想变化，串联起冷战／后冷战、革命／后革命、帝国／新帝国等多重历史结构的视角，深化对自身与世界的理解，揭示形塑我们的政治无意识的艺术、文学与社会机制，以思想–文学–艺术运动的方式展开工作，为从政治、知识、心理等多重层次上真正地瓦解殖民、去除帝国、争取人的解放与全面发展而同心勠力。

| 第一章 |

地之缘

"地之缘"亚洲当代艺术考察 特洛伊古城遗址 2003年

地之缘

亚洲当代艺术的迁徙与地缘政治

高世名

从2003年2月份开始,"地之缘"亚洲当代艺术考察活动选择了亚洲当代视觉文化发展的几个重要城市,即伊斯坦布尔、德黑兰、东京-京都、曼谷以及杭州展开考察,考察团成员包括艺术史家、艺术策展人、艺术家、设计师与文化学者,每个城市派遣五到十人,形成一个多层次、跨学科的学术团体。他们与这些城市的美术馆、美术学院、艺术策展人以及艺术家进行接触,对不同文化空间内产生的形形色色的当代艺术版本进行采样调查,力图检验当代艺术在各地区纷繁复杂的文化现实中的认同与差异化方式。

在访问期间,考察团针对每个城市的地缘文化特征设置了不同的讨论主题。曼谷是"相交的平行线",探讨当代泰国的世俗社会及其精神想象,观察艺术家如何表达当地消费文化衍生出的杂糅、纷乱却充满活力的感性,如何呼应着被旅游文化异化的欲望。东京和京都的主题是"器物之复活",关注日本这两个截然不同的城市中日常生活与当代艺术的造物技术;讨论"家"的器具、空间与经验、东亚的生活仪式于诗学、传统生活的魅力及复兴之可能;进一步考察日本当代艺术家如何发展其传统图像,如何使之成为创造的资源。德黑兰的主题是"理念之墙",关于伊朗当代社会生活中的波斯记忆与伊斯兰革命记忆共同构成的"传统的复调式"及其在当代艺术中的体现。本站主要以传统的艺术形态书法以及深受国际社会关注的伊朗电影作为考察对象，探讨伊斯兰世界中文字与图像的政治。在伊斯坦布尔，考察团以"入境/越境"为着眼点，探讨这座"亚欧桥头堡"的身份认同与自我想象的世界体系——作为国际地缘政治的交错点，伊斯坦布尔如何在欧亚历史之间打造自己的身份与神话？在这个"东方的西方"与"西方的东方"，我们进一步讨论欧—亚、东—西之间的观看制度，考察东方作为西方话语与欲望的客体如何进行自我表述。亚洲之旅第一阶段的最后一站是杭州。杭州是我们所在的城市，所以这个单元也就呈现为一个返回的步伐——当我们经验了不同的亚洲城市之后，如何切近自己的家园？杭州的主题是"可见与不可见的生活"，探讨杭州的历史记忆与视觉消费，包括西湖十景中的四季与天时，时间的消逝与把玩，中国文人的时间经验，杭州这座城市所包含的诗意的延异与公共性，它所体现的中国传统文人生活的内在意韵，以及作为"天堂"的杭州在当代文化视野中的新的表述——它的陌生性和可经验性。

2003年底，"双重时间"展在中国美术学院举办，汇聚此次亚洲当代艺术考察的问题意识和视觉思考，作为学院七十五周年校庆学术活动核心内容。

曼谷

相交的平行线——世俗社会及其精神想象

考察团成员：陈海燕、雷达、邱志杰、吴美纯、高世名问题与经验：

1. 文化编织的被殖民化与西化：泰国和西方的交往经验是主动的，因而未经历惨痛的殖民记忆。

2. 泰国历史上始终存在一个外在文明想象，从中华到欧洲，而非来自对自我黄金时代的想象和记忆。

3. 相应于 1 和 2，泰国的近代化过程中没有发生强烈的传统与西化——现代化的对立，这一事实深刻地影响了泰国当代艺术的生态，与中国全然不同。

4. 泰国当代社会存在着两条平行线，构成了当地人的精神空间——平民社会与僧侣生活、国王与公民自我，世俗-民主国家的地平线上浮现出高度精神化的想象，宗教作为现代生活中的一种必要的精神历程依旧保持着自足的空间，呈现为一种日常生活仪式。同时，世俗-消费社会的力量同样强大，禁欲与纵欲交迭，东南亚式的消费文化衍生出一种杂糅、纷乱却充满活力的感性，呼应着被异化的欲望。

东京-京都
器物的复活——日常生活与当代艺术中的造物术

考察团成员：张颂仁、宋健明、顾黎明、钱麒儿、邱志杰、吴美纯、高世名

问题和经验：

1. 传统工艺作为一种造物技术如何在现代化的过程中留存？从传统工艺的命运看日本脱亚入欧的反向战略。

2. 传统工艺美术如何对应于现代生活？传统器具如何成为当下平民社会的一个精神空间？生活仪式是器具发生作用和产生意义的

生存论环节,仪式的生活化与生活的仪式化。

3."家"的器具、空间与经验,庭院与神社等空间对家园意义的支撑;东亚的生活仪式与诗学,传统生活的魅力及复兴之可能?

4. 本土的记忆与生存经验——全球化生活图景中的乡愁意象;京都-奈良作为日本的乡愁。

5. 反记忆与健忘症——文化"遗产"——被保护的与被损害的?在当代的历史意识中存在着一种"博物馆化的想象",这种想象将原本为生活形态的事物变成传统,继而成为遗产,日本在近代以来如何实现其传统之留存?而中国又如何将传统激活,使其成为当代文化创造的资源?

6. 日本当代艺术家如何发展其传统意象,使之成为创造的资源?村上隆、奈良美智和中村哲也的当代浮世绘与卡通文化的结合,卡通偶像的创造与传统造物术的关系。"去魅时代"的魅力——新一代日本艺术家的商业化倾向,村上隆与路易威登的合作,商场中的艺术展览。

7. 新一代日本艺术家在西方的成功说明了什么?本土文化生产必须伴随着新的解读经验,艺术创造同时也是解读方式的创造。

德黑兰

理念之墙——影像与文字的政治

考察团成员:张颂仁、杨参军、吴晓琪、邱志杰、吴美纯、高世名

问题与经验:

1. 被压抑的记忆——波斯传统及其焦虑,伊朗历史、文化内部的紧张与冲突;伊朗近代化过程中的伊斯兰化以及现在的反抗;对伊斯兰化的抵触与青年文化的关系。

2. 革命的图腾与禁忌——伊斯兰艺术对 1979 年革命的表现；伊斯兰革命对摄影、绘画、书法和电影的影响。

3. 伊斯兰当代艺术中的文字与图像（与中国传统视觉文化比照），书法与图形设计，伊斯兰书法强大的造像功能使其具有巨大的煽动力量；书法家的西化实践。伊斯兰世界强大的书法传统与对图像的禁忌，这种现实对当代艺术意味着什么？

4. 电影作为皇家推动的艺术对伊朗现代历史表述的贡献；1979 年革命前后伊朗电影的变化，伊朗电影中的本土记忆与民族话语，叙述速度与伊朗风格的形成。

5. "后东方主义"的穆斯林世界：变化中的世界体系与政治的正确性。

伊斯坦布尔

入境/越境——亚欧桥头堡的身份谜结与世界体系

考察团成员： 许江、张颂仁、吴宪生、邱志杰、韩绪、吴美纯、高世名

问题与经验：

1. 地缘政治的交错点，伊斯坦布尔如何在欧亚之间打造自己的神话？伊斯坦布尔的身份认同与欧洲情结。

2. 东方的西方与西方的东方，东方作为西方话语与欲望的客体如何进行自我表达？对望与焦灼，欧亚、东西之间的观看制度，伊斯坦布尔理论界对东方主义话语的超越。

3. 伊斯坦布尔的历史积累与当下记忆，多种文化的层层印迹与城市的传奇。多源头的文化历史对其城市人群的生存状况产生如何的影响？城市的记忆如何呈现？

"地之缘"亚洲当代艺术考察团在土耳其 2003年

4. 伊斯坦布尔丰厚的文化遗产对双年展的作用，资源与压力。伊斯坦布尔双年展的文化策略和世界想象，伊斯坦布尔的主体意识与自我解释机制。

5. 诗学的公正——本届伊斯坦布尔双年展在诗学与政治之间的话语动作如何展开？全球化展览体系中的原创观念和批评标准，文化间性和诗学的政治，现代艺术叙事中的主体设定和非公正性。

6. 国际展示中的身份政治与观相术；话语的两岸；作为跨文化生产的非西方当代艺术；创造与差异，误读与误置——国际当代艺术写作中的语境分析。

杭州

可见与不可见的生活——视觉文化中的历史记忆与消费

问题与经验：

1. 中国本土历法与经验，西湖十景中的四季与天时。

2. 双重时间的中国方式及其生存论意义。时间的消逝与把玩，中国文人的时间经验，他们如何度过时间？

3. 山水、天堂、市井——杭州在中国传统文化生活中的内在意蕴；"乌托邦"信仰与"天堂"的人间性——"天堂"在中西文化记忆中的不同意义。

4. 杭州这座城市体现出典型的传统文人气息，滋养着一代代文人艺术家，在当代它又孕育出一种的新的感性方式，一种被都市文明异化了的新的文人情调。这种情调弥漫在新一代文学与艺术的创作中，营造出一个如梦幻般陌生的天堂。

5. 诗意的延异与公共性：西湖改造计划与旅游业的空间政治，西湖的古典记忆与现代改造（以西湖新天地作为案例），杭州当代文化自我的建构在视觉上的可能性。

双重时间——亚洲当代艺术邀请展

几乎所有亚洲国家都同时存在着两种方法——本土历法和西历（基督纪年）。人们的劳作、息止和节日被纳入这两条平行的时间线索之中，这重叠的时间经验构成了亚洲各国平行、交叠着的时间组织形式和记忆形式。这双重时间的交叠是亚洲现代生活的一个值得深思的征候，体现出一种跨文化的异质形式对亚洲本土生活的改造。这种改造的后果和意义尚待深入反思。在此，"双重时间"可以被视为亚洲现代性的一个重要象征，我们以之作为在杭州举办的这个亚洲五国当代艺术邀请展的主题和学术框架，希望在当代艺术的平台上探讨亚洲自我表达的多种可能性，并试图追问：在亚洲现代化的过程中，在当代亚洲人的生活世界中，何者被压抑、被日渐消磨，以至于遗忘。

"双重时间——亚洲当代艺术邀请展"现场 2003年

大地之缘与天时之间

许江

公元 2003 年 11 月 22 日，中国历癸未年十月廿九，正值新校园落成之际，中国美术学院举办建校七十五周年庆典活动。美院校庆向来在每年的早春四月。七十五年前，正是春雨绵绵，国立艺术院拉开了与中国艺术教育同生共行的帷幕。今年，因校园整体改造工程历时三年方成，校庆改在秋季，群楼新立，运营尚需时日，定下的日子就已过秋深冬至。这春秋的迁徙，是否道出美院发展道途的辛劳和凝重呢？又 11 月 22 日是美院首任院长林风眠先生诞辰，林先生诞生在 1900 年，那个著名的庚子年，距今已整整一个甲子又四十三周年。以林先生之诞辰设典，含纪念创业先师之意，蕴共谋美院未来之机，诚然是今天努力着的一代人营造当代艺术发展机缘的一番特殊的心意。

"地之缘"亚洲当代艺术考察活动的创意始于 2001 年冬，我受新加坡国家美术馆之邀做艺术讲座。在新加坡温暖冬季的一个上午，时任德国卡塞尔文献展策展人的奥奎·恩维佐（Okwui Enwezor）先生演讲全球性的命题；下午，由我演讲本土性和地域性的命题，并互为评评人，进行了一番别开生面的对话。我当时演讲的题目是：当代艺术——想象和构建亚洲文化地图的一种方式。

许江《水土的表情》装置　2003 年

去年春，吴美纯、高世名明确提出以校庆为契机进行文化亚洲考察活动的宗旨和详备的计划，其核心是跳出西方—非西方的定式，展开亚洲国家之间积极的对话。这个计划进行了较长时间的准备，得到学院和各方的重视和支持。时至今日，考察活动克服了"非典"和动荡时局的影响，实现了对曼谷、东京-京都、德黑兰、伊斯坦布尔四城的考察，加上我们所在的杭州，暂作五城的格局。现在我们把五城的考察展现在这里，并刊出各城参与活动的亚洲艺术家的参展计划。在梳理和编辑的过程中，我们深切地感受到：亚洲文化命题的研究如此富有挑战性，我们所做的还仅仅是开始。

地之缘

当我们面向旋转的地球仪，开始对世界有了初步的认识，并渐渐产生兴趣的时候，在我们众多的问题中，一定有着这样的一个发问：地球真的是这样的吗？

赤道并不是一条天然的"线"，它是以地球之轴南北极的距离而计算出来的一条切分线，一条全球性的标志，由此地球有了纬线。经线的切分要难得多，而且晚得多。旧有的耶路撒冷是地球中心的观点并不能让各个国家信服，那0°的经线是靠海上的强力和强权——当然也包括航海学上的贡献——来确定的。1884年，英国伦敦东南的泰晤士河南岸的格林尼治成为本初子午线的诞生地。在格林尼治公园的子午馆里，一条镶嵌在大理石地面上的铜线，标志着这条本初子午线，线的端头的墙体上写着："世界本初子午线，北纬51度28分38秒2，经度零度零分零秒。"作为特殊的经线，这条本初子午线将世界分为纵向的两部分：它的东边是东经，它的西边是西经。世界从此被确定在这个构架之中。

这个地球的故事远未结束。早期的航船是沿海岸线小心翼翼地蜗行，那高耸的教堂塔楼是大陆的召唤。现在，他们大胆地驶入远洋，这格林尼治经线以东或以北多少英里标志着他们实际的方位。这种方位最早的确认，却是依赖精确的计时器来区分当地时间与格林尼治时间之间的距离，由此推算出航船在地球上的实际的位置。也就是说，在这个框架中，时间是判断空间位置的基本的依据和尺绳。

这个并不浪漫的航海故事告诉我们两个基本的道理：第一，地球的观念是被建构起来的，是被人类的航海历史及其相关的世界发展史建构起来的；第二，地球的空间观念历来与时间相关。世与界、宙与宇所包含的时间与空间的交叠并存，现实地构成我们生活其中的天地。

现在，让我们再一次面向地球仪，将球体停在以爱琴海、达达尼亚海峡、马尔马拉海、博斯普鲁斯海峡、黑海、里海、乌拉尔河、乌拉尔山脉到东亚大半岛的尽头和波涛万顷的太平洋的位置，我们所对的正是亚洲，是地球上人口最多、幅员最辽阔的洲。与人们对这个地球的认知相同，亚洲的观念也是建构起来的。"亚洲"的名称来自外部，是西方启蒙主义者用以区别欧洲的一种设定，而非亚洲人自我表达而使用的概念。亚细亚一词显然与 Asia 有关，如果我们有机会站在亚欧相交的博斯普鲁斯海峡的峡口，站在那座在各种潜潮和激流交织冲击下的贞女塔之上，看着朝阳如何从东岸的群峦上升起，夕阳如何落入西岸的山岚，将会对东方与西方有着一份真切的感受。但这种感受与亚洲辽阔大地牵连在一起，与亚洲概念牵连在一起，却是 19 世纪以后的事情。据说，Asia 这个词根中确有"光明"的含义。让我们回到这片生动的版图，这个巨大的陆地的北端是莽莽一片的西伯利亚大平原。从西缘的小亚细亚向着中亚的高原，从东缘的华北平原和华东山地向着黄土高原、青藏高原，整个亚洲大陆向着这片陆架的深处不断隆起，仿佛两个地壳板块互相冲撞着，奔向同一个高点，最后褶皱而成巨擘般的帕米尔高原。从那里几座巨大的山脉辐射开去：喜马拉雅，这世界的屋脊正横亘在万山之上。这地缘上的"金字塔"，让我们想到了"亚"这个字的结构上的特点，这个特点显身在这个古陆架之上，呈现着"地之缘"的某种箴言般的特征。这"金字塔"的东坡上的江河向东流，远端是华北平原、长江中下游平原，那山山水水滋养着亘古常新的中国文明。南坡上的江河向南流，远端是恒河平原、印度河平原，那山山水水孕育了辉煌的印度文明。"金字塔"的西坡群峦叠嶂，那远端的小亚细亚平原之上，流淌着幼发拉底河和底格里斯河，正是著名的两河流域文明的诞生之地。这就是亚洲的大陆，就是被建构起来却有着内在因缘的大陆，就是那片人类文明摇篮的古陆。今天，这些文明已经融进了世界的整个文明进程之中，孕育着各个历史时期的灿烂文化，其本身有些从整体上已经衰没，有些却仍然传承而日新。喜马拉雅仍在增高，这些文明古国今天的文化正面临怎样的境况呢？

我们的考察正是集中在这片古陆之上，并选择了这座地缘"金字塔"周边的相近纬度上的五座城市：南坡上的曼谷，东坡上的位于长江三角洲的杭州，北坡高原上的德黑兰，以及太平洋上的亚洲最东的东京-京都和地中海旁亚洲最西的亚欧之城伊斯坦布尔。

亚洲因素

"地之缘——亚洲当代艺术考察"从2003年3月开始，第一站是泰国的曼谷；4月到日本，考察了东京-京都一路；6月西向伊朗的德黑兰；8月中旬在伊斯坦布考察十天。这座著名的古城横跨亚欧，我们曾经乘轮船渡过博斯普鲁斯海峡，以跨洋登岸的方式，来强化"回到亚洲"的感觉。那海峡的峡口更像一条江湾，但当我们心里揣着亚欧陆架的版图，想着巴尔干与亚细亚之间错综复杂的关系，那个征战不断的触目惊心的历史，并将这个布满潜流的洋面与地中海、印度洋、太平洋、北冰洋的万顷波涛联系在一起的时候，心情不由得像这海水一样鼓荡起来。

今天，亚洲的艺术界和文化界中，关于建构亚洲当代艺术形象的呼声日显强旺，但回应这一呼声的实质性力量还薄弱。实际的情况是亚洲当代艺术还处于一种策略性的思考，甚至更多的来自亚洲外部——西方对于区分他者的要求——的尖锐的批评和督促的力量。

亚洲当代艺术的发展正面临两方面的基本困境：一方面，全球化的经济浪潮、消费文化以及形成的价值观，深刻地影响着亚洲各国固有的文化价值，那种关于现代化、国际化的渴望普遍地塑造着人们的，尤其是都市人群的文化需求。以西方为主导的知识体系与价值体系，长期以来形成了一种普世的基本语境，渗入亚洲各国的文化领域之中，对其中的开放界域影响尤深。在亚洲普遍的现代化热潮之中，这种价值标准又被功利性地转挪和取用。那种"后殖民"语境更使得这种取用往往发生错位，以至于或者一厢情愿地按西方中心框架和文化定势来自我思考，制造欧美文化在亚洲的翻版，或者虚拟一个西方之"非"的形象，将亚洲传统作为一种符号来简单地体现所谓的"亚洲形象"。

另一方面，由于强烈意识到传统文化在这个全球境域中所面临的冲击，而过分夸大它与西方文化之间的对比，没有看清世界文化互动互融，并在这种互融中体现各自创生力量的历史事实，甚至产生狭隘的民族情绪，将传统视为僵化不变的既成事实，而忽略传统在今天所发生的深刻迁变，以及传统本身在历史各个时期所体现出来的转换和创生的机能。

所有这两方面的现象，都源自一个基本的情结：在西方与非西方的比较定势中判定自身。其直接结果就是亚洲文化失去了对亚洲内部的互相关注，使得亚洲各国对文化传统的根源的把握十分有限。而亚洲国家历史和现实的地区性紧张局势，民族和宗教的差异，使得这种关注和把握以及文化上的亲和力的建立变得更为艰难。因此，在亚洲，简单地追问："亚洲是什么？"将引起许多相对的诘问。亚洲国家之间的差异性，尤其东亚与西亚之间地缘与历史上的距离如此明显，要将亚洲这些文化渊源十分不同的国家和区域拉在一起，给出一个解答和描述，这种发问本身就蕴藏着危机。更重要的是我们不希望这种简单发问所引起的亚洲关注只是一种表面热潮，它并没有建构起亚洲当代艺术与其多元文化母体之间、亚洲当代艺术互相之间的互动共生的关系；并没有建构起亚洲当代文化的内在机缘及其独特的自我表述和创生机能。潮汐过后，对亚洲当代艺术发展并没有形成实质性的影响。甚至，"亚洲是什么"之"什么"，将会虚拟出一个僵化的"亚洲"形象，将亚洲当代艺术限制在其表象的描述，限制在文化身份的界定之中。因此，深入亚洲各国各城市肌体的内部来认识亚洲多元文化发展的实况，在彼此沟通交流中把握亚洲当代艺术与其社会母体之间的牵连的共相，由此把握那种既区别于亚洲各民族传统表象中的纯粹自我，又体现亚洲的内在精神的那些因素，即亚洲因素，这是亚洲当代艺术建构所应首先思考的整体性问题。

"地之缘"的考察活动，就是要通过亚洲国家之间的对话，感受各区域文化艺术的差异和特色，理出本土资源在当代艺术建构之中的意义，由此来寻求亚洲文化之间的亲和性，构造可能的亚洲当代艺术的自我表述和创生的机能。简单地说，就是要提出亚洲当代文化中所蕴含的亚洲因素，以及这些因素如何在各个地区的当代艺术的表达中显身。这种特性表达，来自本土的传统，也来自地域的当代生活，它们彼此塑造（各地的当代生活本身受着全球境域的深刻的塑造），并被一定的文化视域所建构。亚洲因素牵连着东西方或比东西方更为复杂的文化命题。在这次文化考察中，我们将这一命题表达为"双重时间"，亚洲国家都有着公元历法和本土历法并置共用的现象。正是这一"双重时间"的命题，描述着亚洲国家的文化共相，将两种历法如何交错地潜入每个社会、每个社群甚至每个人的生命刻度之中，共同支配人们的日常生活，悄然改变着亚洲当代文化的实况，拉入公共的视野，并让全球和本土的资源还原在活生生的"双重时间"的框架之中，从而赋予我们一种新的文化视野。依着这种视野，我们得以审视亚洲国家或者亚洲文化在历史上被侵的事实以及那不可见的"入侵"所带来的迁变，反思我们包括亚洲艺术家自己"身在其中"、身不由己的时间意识以及重叠并置的时间假象背后某些渐趋消逝的生存事实。

交错的共生与血腥

在近代历史上，亚洲国家大都有过殖民地、半殖民地或是附属国的历史，这个历史并不可能随着这些国家的独立而戛然中止，它的根梢已经深深地扎入这片土地之中，深刻地塑造了这些国家的现代形态。即使在泰国，这个南亚半岛上唯一没有过被殖民的历史、没有过惨痛的殖民记忆的国家，其社会形态更是呈现出交错的姿势和投面而来的西化的痕迹。泰国的近代史进程并没有出现强烈的传统和现代化的对立，这传统和现代化的现象被交织在平民社会与宗教社会、世俗生活与僧侣生活的两条社会的平行线之中，此隐彼伏，彼此守望，从而形成自持而又自足的空间。世俗与僧侣、民权与王权、消费与戒守、禁欲与纵欲，所有这些因素互为交错，东南亚半岛那丰沛的雨水、交织的水网、热带和亚热带的气候使之形成生动的感性和杂糅的创生力量。这种交错而又共生的状态正成为曼谷当代艺术基本的精神背景，催生着艺术生态的多元和彼此间的诘问。事实上，这种交错而又共生的状态也正在成为亚洲许多国家的文化共相，它消解着那些关于殖民历史的记忆，消解着相关的对立因素，并在现代城市的土壤上，迅速繁衍着都市新一代主体的自我表达的"快意恩仇"。在这个交错的格局之中，十分重要的是有着一种相交却从不相"错"的、始终没有被改变的"壁垒"，一种毋庸置疑的归宗。它满足着关于精神家园的想象，满足着传统自持而又自足的需求，满足着这个深刻迁变中的自我根源的守望。在曼谷，这是僧侣和相关的宗教制度；在东京，是天皇皇权和以其为代表的神权以及各类神社、器物、祭祀；在伊斯坦布尔，是高耸的清真寺和伊斯兰世界的信仰；在中国，也许是一种深刻的文化记忆及这种独特文化根源体系的认知和常在常新的自持。这些坚固的"墙体"，经过不断的打量，渐渐变为一种路牌，依着这种路牌，我们得以潜入社会的深层，去把握地域的文化特性。更重要的正是由于这些"壁垒"在发散着巨大的精神能量，维持着根源性的因素，不断地形成某种自足的精神空间。它们有着某些"不变"的根性，因而使得其他的社会变迁染上了"有所不为"的色彩，那社会织体的各种因素在这里领受了现实而常在的精神黏膜，吸取了民族的、地域的生存基因，并有可能活化而为某种变异和催生的机缘。正是在这里，亚洲国家所共同面对的两个老问题：西方的优势和国内的保守势力，被化解为一种互为牵制的组织形式。而在文化领域中，当代艺术虽往往受到这两方面的箭矢而腹背受敌，却仍然可能在传统的原生思想和当代艺术形态的大胆的结合中寻找新的发展。

与喜马拉雅这巨大的"金字塔"的东坡和南坡相比，西坡的历史要复杂得多。那亚欧相接的犬牙交错的地缘，那种族和宗教之间多少世纪以来往复争战的历史，使得那里的许多国家和城市受着多种文化的冲击，也受着这些文化的养育。在地中海和阿拉伯海之间的阿拉伯半岛上，耶路撒冷这座古城，是犹太教、基督教和伊斯兰教三大宗教的圣地，犹太教的哭墙、基督的"受难和升天"之地、穆罕默德"夜行和登霄"之所，这些根源性的记忆将整个世界的神经钉牢在这座城，直至今日，这同城的血腥争伐使之成为地球上的火药库。即使在伊斯兰世界内部，由于历史上波斯帝国、阿拉伯帝国和奥斯曼帝国的交错争伐的历史影响，教派与教派之间、学派与学派之间、宗派与宗派之间也充满了对待宗教信仰理解和阐释的不同、政治态度的不同，甚至造成互相间的仇视和杀戮。

八月夏季的地中海，我们在伊斯坦布尔又真切感受到这样一种历史的交错。在影响世界历史的几条主要的线索之中，我们总可以触摸到这样一根轴：君士坦丁堡、拜占庭帝国、突厥民族、十字军东征、奥斯曼帝国。这根轴关联着世界历史的基本走向，关联着东西之间、宗教之间的争霸历史，这轴的原点就在伊斯坦布尔。带着沉重的铁马金戈，带着惨烈的血光剑气，历史一次又一次交叠地在这里投入浓浓的身影。这座城的历史身份那样的错综复杂，决不是博斯普鲁斯海峡所能轻易分开的。欧洲的快车在这里成了终点，那西方的东方却又从这里开启肇端。这里是东方和西方的错体，东西方的征战和文明的历史共同塑造了这座城。这里的文化就像被世界历史浸染透了的布帷，要找出它的底色是困难的。因此，在这里出现对西方、对现代化的仰慕和热情的普遍情绪就不足为奇了。但这种脱亚入欧的渴望总是遭遇"欧洲属性"、宗教信仰和民主人权等"欧洲标准"的障碍，伊斯坦堡总被作为一种"非欧"风情在地中海上漂荡。在这种情形之下，伊斯兰世界根深蒂固的地缘政治的焦虑和意识形态化的倾向被迅速点活。与亚洲其他国家的当代艺术相比，这里的当代艺术乃至整个中亚、西亚的当代艺术都有着更多的历史与现实中的冲突和血腥的滋味；更多的不同宗教教义的苍茫而殷切的呼唤；更多的关于地缘政治的关注和焦虑。这种焦虑甚至成为当代艺术突起的一种策略，渐渐渗入城市肌体的内部，转而成为新一代创作主体在国际格局中自我表述的基本姿态。今年的第八届伊斯坦布尔双年展的主题为"理想的赏罚"，以诗性与正义两个看似矛盾的概念，直指文化深层的交错状态，直指这个交错状态中的精神本质。获得今年 IMPAL 都柏林文学奖的名著《我的名字叫红》，更带着深刻的地缘政治的挑衅性，揭示着这种交错状态的血腥历史。

如果说伊斯坦布尔是伊斯兰世界中倾向两世吉庆、渴望世俗生活现代化的文化代表，它体现了共和政体国家的特色。那么德黑兰则是强调伊斯兰复兴、开展伊斯兰文化革命的精神代表，它体现了神权政体的特色。在霍梅尼（Ruhollah Khomeini）提出的"不要西方，不要东方，只要伊斯兰"的口号指引下，伊斯兰革命将整个意识形态伊斯兰化，视所有非伊斯兰因素为异端。但即使在这里，巴列维（Mohammad Reza Pahlavi）的"白色革命"与霍梅尼的伊斯兰革命之间的历史缝隙中，依然留下文化发展的奇特的空间，伊朗电影正是这奇特空间中的代表。那延伸百米的电影院街，那作为伊斯兰复兴而输出，却又不失动人力量的电影制作，带着"黑色长袍"后边的严厉的训示，带着非资本主义和非共产主义的第三条道路的神化讯息，带着对安拉的热忱、强烈、浓郁、虔敬的宗教气氛，成为奇特的文化交错的产物，成为不可忽视的、具有强烈的自我纯化的战斗气息的当代艺术潮流。文化的交错在这里呈现出另一番深义。

双重时间——亚洲时间

时间是历史的刻度，也是生命的刻度。中国传统称纪时纪年之法为"历法"。以时间的刻度为基本的法度，足见"时"对于传统

许江《葵园十二景·六叟图》　布面油画　180×200 cm　2005年

中国的天文地理人事的重要性。中国人对造"历"至为重视,可以说:一部关于造历的历史,就是一部民族的文明史。

中国的古人仰观天象,太阳的出没、昼夜交替为"日";月相变化、月轮盈亏为"月";禾谷成熟的物候、寒来暑往的周期为"年"。中国古代的历法是阴阳合历,很早就知道并重视"置闰"。《左传·文公六年》说:"闰以正时,时以作事,事以厚生,生民之道于是乎在矣。"古人不仅把一年分为春秋冬夏四时,在长期的生产实践中还逐步认识到季节更替和气候变化的规律,把周岁365又1/4日平分为二十四个节气,以反映四季、气温、降雨、物候等方面的变化。

二十四个节气系统体现了农事季节的经验总结，是我国传统历法特有的重要组成部分。二十四节气由太阳的不同的视位置而定，因而与天文天象相通，逐渐发展为"天人合一"思想之中的一个重要体系。以天为镜像朗照地上万物变迁，中国历法就成了集天文、历法、人事于一休的、"大到成为上古帝王之头等大事，甚至是唯一要事的地步"（江晓原，《天学外史》，上海人民出版社）的根源之学。

中国历的另一特点在于以干支纪日、纪月与纪年。十天干，十二地支，组合成六十甲子，这是十分中国化的数字系统，这个系统牵连着中国传统的自然观和生命观。以十二时辰的十二进制配地，以百刻的十进位制配天，使人类生活于天地交谐的时间场中。甲子之历，正是以干支之数来树立天地合一的思想，来镌刻人的生命刻度。

今天，不仅我国，亚洲各国几乎都同时使用两种历法，两种关于时间和人事的刻度。一种是各国都通用的公元纪年，实际上这是基督纪年，以基督耶稣的诞生之日为始端。基督纪年由恺撒规定的居鲁士历发展出来，几经改动，在1582年由教皇格里高利八世完全固定下来，1912年正式传入中国，与中国本土历法并行。另一种历法则是各国、各民族或各种宗教的传统历法。在日本是天皇纪年，天皇纪年有两个含义，其一是皇道纪年，今年为皇纪2663年；其二是年号纪年，今年为平城十五年。对于星期的表述，日本按五行系统称之，曰火日、水日等。佛历目前仍为泰国、缅甸等东南亚国家所用，自释迦证法起，至今2543年。伊斯兰则以太阳历为纪元，以先知穆罕默德由麦加出走为肇端。在伊朗，现用的教历分为太阳历和改良过的太阳历。西元2003年7月4日，当赴德黑兰考察小组登上这座高原之城的时候，正是当地教历太阳历的1382年4月13日和改良太阳历的1424年5月3日。

两种历法同时使用，并行不悖，形成一种常常被人们忽略却又发人思索的亚洲的文化现象。这一文化现象指向亚洲每个民族国家的日常生活和时间记忆的深处，带出某种传统与现代、区域与全球的思维定式。公历与各国的社会生活密切相关，它支配着人们的日常生活，尤其是都市化的日常生活。它像一只只标准的笼子，将各种社会生活规范地捆装在一起：生日、入学、上班、放假、婚嫁、签约、展览、比赛、徒刑、战争等。各民族之间的交流与这个历法分不开，全球化的经济和政治与这个历法分不开，这个历法正成为全球共时性的最基本和生动的征候。

传统历法在各个国家的遭遇并不相同，但有一点是一致的，那就是它在现实生活中的意义正在渐渐地衰微和削弱。中国历的重要特征在于将节令化入其中，道出日子，就已道出这节气的天象地气，风冷水暖。这是农耕社会的特征，所以中国历在中国又被称为农历。在今天，在我们如此习惯和依赖公历的今天，节令的意义正在淡去，农历之中所包含的人天相谐的思想随之发生着迁徙，节令渐渐转变为节庆。中国历的干支之数越来越让人们陌生，渐成书画家和诗词家在画角文末点缀风雅的简便方式。整个农历越来越失去日常现实的意义，越来越从人们的现实生活中抽离出来，而成为传统记忆中渐渐远去的模糊框架，成为习惯中的吉庆佳节的载体。

实质上，亚洲各国的传统历与公历并用的时间框架是当代亚洲各国的一种精神框架，它描绘着全球境域与本土资源交错互动的亚洲共象，承载着迁变中的亚洲社会的基本定式，揭示着亚洲各国的传统所面临挑战和沦失的危机，以及以转换和迁徙作为化解和创生方法的不同国家的精神特点。"双重时间"也刻写出了那种看不见的文化"入侵"对传统文化销蚀的实况，使我们在基本的共时的架构中，反思传统时间中所包蕴的内涵，不断地自省亚洲当代文化自我表述和阐释的精神诉求。所以我们说："双重时间"的共相，是文化上的亚洲因素之一。"双重时间"是文化精神上的亚洲时间。

"地之缘——亚洲当代艺术考察"活动的研究仅是开始。我们都希望用那条红、黄、兰、绿、灰的交织的时间之轴，作为展现亚洲当代文化的无限延伸的地平线。那大地之缘与天时之间深厚而博大的脉动，一再令我们怦然心动而又由衷敬畏。

这是一份谜一般神秘而又充满生机的案卷，它让我们追溯历史那沉厚而跌宕起伏的踪迹，追赶时代紧张而不安的步履，从那交错繁复的变幻中判定当代民族国家和亚洲的文化归宗。这是一份自省中的不断的警醒，它让我们在全球境域与本土资源之间静思，并借此审视当代艺术与现实政治之间的深沉而常在的联系，及其在民族的发展格局中所起的作用，从一个新的层面上思考传统的执守和拓新的问题。这是一份生机勃发的文化视野，它使我们得以在审视整体的文化生态的深刻迁变的同时，把握与时俱进的时之所宜的机缘，瞻望当代民族文化的发展。这是一份深厚而殷切的呼唤，它希望亚洲当代艺术在积极面对各自命题的时候，加强彼此的对话，建立可能的共同的创生机制，强化当代亚洲艺术整体上的自我表述的能力。这是一份交织而又多彩的图卷，亚洲艺术家以一种特殊的方式走在了一起，在故乡与他乡的遭遇中，进行一次直观互动的融合，并努力地展现当代艺术构建亚洲文化地图的想象力。

2003年9月30日，即癸未年九月初五，于西湖南山

亚洲谜结

一种非西方的经验与表述（节选）

高世名

> 探险家寻求尚未被发现的东西；旅行者寻求历史上已发现的东西；游客要看的则是由公众技艺为他准备的、由承包人所展示的东西。天才的旅行者通常是在两种极端之间的中立人士。如果说探险者朝着未知的危险前进，游客朝向纯粹熟识之物的稳靠和便利而去；那么旅行者的目标恰在这两者之间，既保留着探求不可预料之物的兴奋，又兼有心安理得的从容自若。
>
> ——保罗·福塞尔（Paul Fussell）

今天我们称之为"理论"的东西，在古希腊人那里并不存在。希腊语中的 Theorein，指的是一种旅行中的观察和游历。如詹姆斯·克里福德（James Clifford）所说，"'理论'是一种置换和比较的产物，是某种距离"。在古典古代，获得"理论"的人们都是旅行家，是讲述远方异地经验的人。正如当时的"历史"也跟旅行相关，原指四处旅行的游吟诗人们讲述的故事。那时，无论"理论"还是"历史"，都是由"异地"和"讲述"共同构成，都指向一种非临场状态下的经验，也即"再现"（representation，使不在场者在场)。然而在近代，"理论"与"历史"日益走向这种异地经验的反面。理论成为普遍的，不但超出了异地，而且超出了经验。它甚至成为经验的先决条件——那些原初语境中的事物，只有经过跟某种"普遍形式"即"理论"的连接，才会具有可理解的意义。理论成为世界的解释系统，一面无边际的镜子，世界-事物需经由它才得以显像。理论不再是来自远方异地的旅行家们的经验，相反，它自身成为了旅行者——向着远方、向外在的外在、远方的更远处迁徙。同样，原本来自异地的历史，也逐渐被赋予了纯粹时间性的涵义。由不同空间（在古希腊，"空间"总是牵连着不同区域的人群，因而是"地点"）之间的交往而形成的经验历史被转化为一个围绕着线性时间轴的进程。复数的时间、牵连着不同人群的生活情态的时间，逐渐成为纯粹、单一、绝对的时间锁链。相应的，复数的历史也就被归化入单数的、中心叙述的历史，成为讨论一切非西方历史（在中心历史看来，所有地方性事件仅仅是某种"准历史"）的前提。时间的纯粹化过程同时也是空间同一化的过程。随着时间的纯粹化和空间同一化，世界变得日趋坚硬起来。

交互绘图：东西之间的边缘与界限

近代世界的划分主要依据地理学的和民族国家的标尺和框架，20世纪的人们开始用意识形态的或者经济地位的差异与差距来规划全球地图，对之进行多种意义的分化。这是一个逐渐将地球解释为世界的过程，一个世界化的过程。在东方—西方、南方—北方，以及冷战双方这诸种划分方式之间，地图上的世界与世界地图随着世界历史的风云变幻不断地变异、转化。

对世界的划分仍将持续地进行下去，即使世界是一个"远中有近"的全球村。如第11届卡塞尔文献展策划人奥奎·恩维佐所言，今天这个"后殖民的世界是一个邻近的世界，而非在别处的世界"，然而我们必须同时看到，这个邻近的世界正在日益拢聚，成为各种紧张关系汇聚其中的矛盾空间，从而产生出越来越难理清的关系和越来越难解决的冲突。在此，怎样的划分方式才具有意义，才是对于我们目前这个转变中的世界的恰当表述？

地图首先意味着疆域，意味着分化，其次它反映出地形以及气候特征。地图的意义不仅在于呈现差别，而且还显示关联。面对世界地图，我们疑惑，它究竟是如何构成世界的？剥除人为的分界线，我们会看到一个完整的世界的示意图，那里只是山脉与河流、海洋与荒漠。而从最通行的世界地图上，我们可以看到"现代世界"空间化的历史线索——世界化的过程同时也是一个历史化的过程。非洲与美洲的国界线是横平竖直的，而在文明历史悠久的亚洲和欧洲，国家的形状则远为复杂。山川阻隔，是历史人群生活和交流的自然疆界，文化的确定与传播是以历史人群的实际生活和交流为依据的。只有在现代生活的地平线上，文化才开始以无数种形式彼此交织：旅行、文本、传媒……于是，世界的文化地图也呈现出多种绘制方式。对世界空间最具决定性的重整是现代资本主义的普遍性规划，地理学的许多命名都体现出这种资本主义的普遍化过程。这种普遍化是根据"领土"来区分民族空间的，资本主义在全球建立起来一个客体化的自然和空间，这是一种地理上的暴力行为，通过它，世界上每个空间都受到勘测，被画入地图受到控制。通过这种全球性的绘图行为，本地生活变成了展示，地方性日常经验成为文化资源，无数人群成为被注视的表演者。正是因为有了一种外在的观测的眼光，"文化"的概念才得以展露容颜。

"地之缘"考察团在途中　2003 年

16世纪开始的地理大发现改变了世界的形状，而亚洲是这次航行的最终目的。从一开始，亚洲就不是一个单纯的地理名词，一开始它就是文化上的和象征性的，是一个充满传奇的遥远传说。在由欧洲人规划出的世界地图上，亚洲被划分为五个区域：西亚、南亚、东亚、中亚（欧亚）、东南亚。它们各自有着不同的文化涵义：西亚同时涵盖着近东和中东，是当前亚洲乃至世界上最为敏感的区域，尽管在泰晤士历史地图中，直到16世纪它才被划归亚洲名下。那里是"丢失了地图的伊斯兰世界"，是"原教旨主义与恐怖主义的发生场"，那里同时也是所谓"东方学"的地缘主体（欧洲对伊斯兰的"东方"的表述在历史上早于对东亚和南亚的经验）。南亚是最古老的文明之一，此地有古老的种姓制度、错综复杂的信仰形态以及近代的殖民历史、当代的印巴冲突，同时也是近来备受瞩目的"公共文化"（Public Culture）研究的话语主体和对象。在此，我们发现，西亚和南亚都已经产生了相应的解释模式和理论话语与之对应，尽管有时是被动地被反映，有时是主动的自我表述，但无论如何，它们是在一个全球性流通的话语体系内被讨论、被争辩的，并且已经为所谓"国际的"理论更新作出了实质性的贡献。对这两个区域的研究改变了西方学术的言说方式，然而，对于亚洲的其他区域来说，却还没有找到一种强有力的、自我表述的话语模态。以东亚为例，人们始终缠绵于习以为常的东方—西方二元论的话语框架之内，难以产生新的理论经验。诚然，这种框架在历史上曾经为欧洲和亚洲之间的互相认识和自我体认做出贡献，但是随着历史涵义的日夜积累，无论是东方还是与之相对的西方，都已经变得面目不清。

　　"东方"与"西方"的意义在世界历史的进程中不断延宕着：在"古典古代"，东西对立的概念初步确立。此时期有希波战争、亚历山大东征、屋大维与安东尼的对抗、东西罗马的分裂、君士坦丁堡的建立……这一系列的往事为东方和西方的对立奠定了基调。而在中古时代，东西之间的对立日益加剧。日耳曼帝国（西欧）与拜占廷帝国（东方希腊化文化 Hellenistic-Oriental）的对立、基督教世界与伊斯兰世界（奥斯曼帝国）的对立、十字军东征、阿拉伯世界的兴起，等等，东西方的对立和对比都逐渐加深。直到现代时期，东、西之间的故事呈现出戏剧性的变化，也展露出前所未有的复杂性和持续性，这主要表现为以下几个方面。

世界欧洲化与欧洲世界化。15 世纪地理大发现同时也是欧洲的发现，随着欧洲在世界范围内的殖民活动，西方的范围逐步扩大，由传统的西欧（包括中欧），扩展到包含东欧、美洲、大洋洲以及高度西化的亚洲地区，如日本。西方已经不再是地理上的西方，而是文化上的中心。"欧洲"成为"西方"，继而成为"现代"——空间范畴开始向时间范畴转化，人类历史的时间建构与人类世界的空间形式彼此渗透支持。与此同时，"东方"的范围也比 17 世纪以前扩大了很多，包括中亚、印度、东亚、东南亚（"远东"虽然在西方的知识中早已存在，但是在东西接触的历史中，其实质性的出现乃是在 18 世纪）。

随着欧洲世界化的深入发展，西方对东方进行了大量研究与表述，东方逐渐成为一个西方的客体和话语构造。西方的表述造就了一系列产物，如人类学、东方学、亚非学院以及各种类型化的文本与图像……从神秘的异国风情到欧洲自我想象的批评性异质空间，东方对于西方的感性与世界图景的建构起着极为重要的作用。在以西方经验为中心的知识王国中，18 世纪兴起的东方学是西方对于东方最主要的知识形式。然而，作为一种西方话语，"东方学"特别注重呈现东方与西方的差别性，其终极目的是在于阐释西方文明的"本质"，而不在于认识东方本身。因而，东方学的产生在很长一段时期并非出于学术因素，而是基于贸易、宗教冲突以及军事对抗的需求。可以说，"东方学"的出现从一开始就是功利主义的或者主导性的；而"东方"作为一个客体的确立则从一开始就是辩护性的，它表征着一个与欧洲对抗和对立的世界。因此，西方知识地图中所谓的"东方"就包括东欧、北非（也就是东地中海世界），以至东亚，其中尤以与西方冲突最为剧烈的伊斯兰世界为中心。

20 世纪的国际共产主义运动逐渐造就了一个意识形态的"西方"与"非西方"（或者"反西方"但绝不是"东方"）对立的新形式。这场"世界历史"上的意识形态运动缔造了"两个阵营"与"第三世界"，在相当长的时间里替代了传统的东西对立。苏联解体之后，欧盟在新的国际政治格局中重新界定了一条东西分界线，并由此确定该组织以及北大西洋公约组织在主观与主动立场上所欲扩张的地理范围。事实上，这条分界大致保持了 15 世纪以来，以奥斯曼土耳其帝国与俄国的西界为东西分界线，即沿今天俄罗斯与芬兰的交界南下，经波罗的海三国以及波兰、捷克的东界，至罗马尼亚中心西折，接波斯尼亚北界，至亚德里亚海南行至北非。这大地的边缘、这条人为的分界不仅标志了基督教与东正教、伊斯兰教的地理范围，而且从政治制度、文化特征和经济发展程度等各个方面在大地上制定出一个意义深远的界限。至此，东方与西方的当代版图大致成型。

"非西方—亚洲"与观看的政治

亚洲并不是一个给定的文化事实，它是建构中的，有待填充的，它必须在人们的欲望和行动中、在存在学意义上当下化地实

现。然而，长期以来，亚洲被笼罩在东—西二元论及其话语变体的理论框架之内，在这些话语变体中，近年来最为通行的就是所谓"西方—非西方"的文化写作模式。在"西方—非西方"的新二元论中，亚洲被过于轻易地建构为西方的他者、非西方的代表……从而丧失了自我解释和自我体认的可能。这一新的二元论与东西方的二分法一样，极大地简化了我们身处其中的世界。二元世界是排他性的世界，关系双方互相援引、参照，把其他部分排斥在彼此的视野之外，仿佛一对遥遥相望的镜子。彼此对视，不计其余。以中国而论，我们可以比较轻易地获得威尼斯双年展、卡塞尔文献展等西方大展的最新讯息，却对孟买、曼谷、德黑兰发生的事情所知甚少，对于更加"偏远"的区域如斐济、巴厘岛甚至一无所知。究其根源，这种无知是因为长期以来对"西方"之外的世界的忽视和冷漠造成的。一个过于强大的西方的幽灵徘徊在我们的意识之中，它的阴影遮蔽了西方之外的世界——而当我们把这个西方之外的世界称为"非西方"的时候，它被想象为一个含糊的虚幻的同质性的共同体。这是个不稳妥的身份认同，我们以之作为针对西方进行自

"地之缘"考察见闻 2003 年

我表述的名义,却不清楚或者说很少在乎它的实际内容和它所笼罩的地理范围。

对亚洲实质内涵的漠视和无知背后,有两个原因:其一是我们时常使用的那个现代化理论的二元图式,这个图式把世界化简为西方和非西方、文明与他者。其二是"非西方"知识分子对这个图式的使用和对抗,即用本文化主体去阐释和填充"非西方"的容器,并且以这种对立性的、彼此区分性的二元模式对自身的文化系统进行重新编码和想象。在中国,从 19 世纪开始,人们就越来越习惯于把世界区分为东—西或者中—西。这种二元区分是中国"天下"观与"中央之国"的理念在近代破碎后的一种自我安慰。这种二元区分模式在中国以外的非西方国家同样存在,在"地之缘"第一阶段所考察的泰国、伊朗、日本、土耳其都有不同程度的体现。可以说,在这种二分法之下,"西方"成为了所有被命名为"非西方"的地区和国家的共同世界,它既是一个当然的中介,同时又阻断了西方之外的文化之间的交流。尤其重要的是,这种二分法构成了一种向心性的文化解释模式,只有在西方这面镜子中,所有"非西方"的文化"他者"才得以成形显像。

以"西方—非西方"二分世界的思维定式已极大地扭曲了我们对世界以及自身的认识。更为可怕的是,在它的笼罩下,非西方文化不得不面对自我阐释能力失落的痛苦事实——事实上,这才是身份/认同危机的真正意义。身着唐装、娴熟地搬弄木地的民俗、政治符号,在国内与国际之间指东打西并不是自我身份的确认——相反,这恰是认同危机的佐证,其实质是向西方认同和试图赢得西方的认同。正如民族主义只会在民族真正危机的时刻兴起,身份/认同危机也暴露了自我阐释能力的失落。因此,在蓬勃发展的"全球主义"如愿以偿地把所有"非西方他者"纳入其文化想象之前,我们面临着一个艰巨的任务,即重新确立对当代文化现实的独立的自我阐释能力。

我相信,这种能力的获得,第一个前提就是要打破既有的"西方—非西方"的观看与写作模式,寻找一种"西方之外的国际经验"(international experience beyond the West),对这种经验的召唤跟"全球化"理论相关,然而这种召唤也同样呼应了一种"非西方的国际化"(non-western internationalization),是对全球化理论所隐含的问题的回应。正如德里达所说,全球化是对某种狭隘的关于人的偏见的普遍化,是由于过分张扬某一种人的基质,而对人自身中必须含有,并必须自恋地加以尊敬的自己的无限丰富的他性的压抑。在一个所谓的"后殖民空间",在这个杂糅的、漂浮的、去离原位(dislocation)的世界上,潜在的读者不再是一个稳定的群落,读者与作者、读者与读者、作者与作者之间的关系不再是相互参照,而是相互拆解和反复重构的。与古典古代的众人世界、异国他乡不同,今天这个全球化的世界处于一种一体化的程序之中的，这个一体化的全球程序如同一台发动机，当今世界上的同一与差异都由这个程序发动起来。它不可能贯彻到底，它反而促生了种种"民俗学景观"或说 ethnoscapes。这种景观是对这个多元化世界的一种新的图像化，一种文化表象主义，一种文化间的（"culture in between"?）旅游业和会展经济的综合体。在艺术领域，这一切是以越来越多的国际大展为其制度基础的。在早期现代主义时期，西方或者欧洲所思考的主要是如何将世界带回自身，如何将自我的历史确立为世界的中心叙事。在此种目的的推动下，欧洲人逐渐确立了一个相当完备的表述体系，即博览会制度。早在 19 世纪，世界博览会就已经成为欧洲人表象世界、表述非欧洲世界的重要平台。世界博览会的意义除了炫耀和控制之外，还承担着聚集和纵览的认识功能。从最早的世界博览会到今天形形色色的国际大展，欧洲人都在寻找一种 visualization，一种"视-见"的技术。世界博览会的体制是以代议制的表面化形式为其组织模型的，其实质不是要代表世界各族群的权益，而是在最空洞的意义上使各族群经由表述而在场，此在场仅仅是为了见证欧洲中心的光亮。在早期现代主义者（欧洲的启蒙主义者）看来，世界在其黑暗中被欧洲的启蒙之光照亮。直到上个世纪末，西方学者才逐渐意识到：对世界的照亮只是一种特定的观看，那启蒙之光（Light of En-lighten-ment）、那来自欧洲的视线同样是一种遮蔽。欧洲人的世界发现，是通过东方学、人类学等客体化的技术把模糊不清的世界转化为一幅可观看的世界图像——而所谓"视-见"的技术也即一系列探照灯般的投射与成像手段。然而，我们所要追问的是：在这光亮的照耀下，是什么被遮蔽了？在习以为常的光照中，如何使阴影中那不可见的成为可见？

地之缘：亚洲的根与翼

在当代艺术领域，这种"视－见"技术体现为几个国际大展所制造出的文化镜像。无论是西方大都会式的展览，还是所谓"地方性的国际展览"，都已经招致了许多批评。在此，我无意讨论这种"表象政治"（representational politics）的得失。只想指出，国际当代艺术展览的"表象政治"及其对"身份"的诉求反映的是全球化的一个客观后果——主体的弥散和松动。在超国家主义（transnationalism）消解了民族－国家之后，接下来需要面对的是主体的匮乏。

谁来担任叙事的主体？基于对主体确切说是公共主体的需求，人们不约而同地把眼光投向了一些地缘性的、区域化的文化共同体。亚洲的话题就是在这一背景下展开的。

亚洲是一个大于国家、小于全球的地缘－文化共同体。其主体性的确立与其现代性的确立是同一过程，有着同生共构的关系。亚洲主体的确立是地理的亚洲被纳入欧洲化的世界地图的后果，这同样也是其现代性的一个重要表征。它的地理内涵和其实质意义并不相符。它甚至是被给定的，是被命名的一个"对象"。它不是一个静态的、坚固的实体，它更像是一个容器，可以容纳各种想象和记忆。在世界现代史上，亚洲长期被诸种争端性世界框架所遮蔽，其主体性淹没在冷战的两大阵营之中，覆盖于"东方"、佛文化圈、伊斯兰文化圈之类文化模式之下。相应的，以往的亚洲论述既无力成为对抗西方的思想单位（它本身就是西方的话语），也无能成为自我肯定的工具。在知识论的意义上，亚洲叙事是西方知识的一个部分；而在实践中，对亚洲的认同常常成为本土知识分子回应西方后殖民理论的一种方式。因此，无论从哪方面说，我们都面临一个难题：如何确立亚洲叙事的必要性与正当性，同时又不陷入文化特殊论和本质主义的泥沼？

"地之缘"亚洲当代艺术考察可以说是解决这一问题的一次初步尝试。这个计划萌芽于 2001 年 11 月。经过一年多的构思，克服了种种困难，这个活动得到文化部的大力支持，在 2003 年终于初步实施。该计划的标题为"地之缘——亚洲当代艺术的迁徙与地缘政治"（Edges of the Earth: Migration of Contemporary Art and Regional Politics），其宗旨在于展示亚洲各区域当代艺术的差异，寻求亚洲艺术自身的亲和性与创造力，重新构造非西方式的亚洲文化共同体的自我表述机能。

事实上，英文中的 edge 只能表达出"缘"的部分含义。在中文语境中，"缘"的意义极其复杂，既表示"命运的关联"（predestinable pertinence/relativity），又隐含着某种"命定的偶然性"。大地的边缘、此地与彼地之间的因缘……这些都远超乎通常所谓"地缘政治"的涵义。这就需要我们跳开以西方为主导和对应物的多元文化表象，在一种原始意义上的"理论－旅行"中去努力地了解当代艺术在亚洲的发展状况，考察它在流动与迁徙过程中与亚洲各区域的地域性视觉文化传统发生了怎样的关系？作为一种产自欧洲的文化生产形式，它又如何在亚洲现代性的发生中组构起亚洲文化的主体性和多义性？

［……］

在对不同国家和城市的访问中，我们发现，几乎所有亚洲国家都存在着两种历法——本土历法和西历（基督纪年）。这种双重历法的平行与交叠是亚洲国家现代性的一个强烈象征，体现出一种异质生活形式对本土生活的切入和改造。这种改造的后果和意义尚需深入反思,在此,我们谨以"双重时间"来暗示出亚洲当代日常生活的内在结构,并以之作为在杭州举办的这个亚洲五国当代艺术邀请展的主题和学术框架,意在通过来自不同文化背景的艺术家们的创作,来探讨在亚洲主体性也即其现代性形成的过程中,在当代亚洲人的生活世界之中,何者被压抑、被日渐消磨以至于遗忘?

最后,让我们再次回到前面的问题——亚洲叙事的必要性何在?对于亚洲艺术家说来,对"亚洲性"的认同往往是与一定的国际经验联系在一起的,依托于那种在当代艺术领域已经声名狼藉的,伪代议制的国际展览政治。在亚洲内部,"亚洲"只是一个知识性的概念,并没有进入我们的日常经验。更直接地说,对亚洲人而言,"亚洲"是无法体验的。对于亚洲身份的争论也处处是陷阱。一方面,宣称亚洲的独特性是不稳妥的,因为亚洲叙述只有在"亚洲—非亚洲"或者"亚洲—世界"的层面上才生效。但是在这个层面上的独特性是依据差异化的互文性组织起来的,缺乏实质内容,因而无法构成亚洲认同论者所期待的本体论叙事。另外一方面,宣称亚洲的同一性是危险的。因为它无法回避亚洲内部在地理、宗教和制度上的多义性,也无法摆脱文化相对主义的无穷后推——亚洲与非亚洲不同,亚洲内部各个国家不同,中国的南方、北方、东部、西部不同,具体到最后,文化间的差异照样可以在你我之间找出。在这个意义上,所谓同一与差异不过是同体异面。

亚洲的主体功能被追求亚洲本体性的喧嚣所遮蔽。亚洲在种族性的水平上,在ethnoscapes(种族景观)的意义上被议论得过久,在西方人带着惊奇和谅解的观察、凝视中,亚洲似乎始终作为一个被动的、匿名的对象沉默着。亚洲的本体似乎始终是在亚洲人经验之外的。所以,"地之缘"当代艺术考察计划其实是一次寻求亚洲体验的旅行。每一次旅行都有无数令人感动的瞬间,而我们在此呈现的,是在此次旅行中邂逅的部分瞬间所留下的残像。或许在今天,乘飞机旅行的我们已经无法再像古代的旅行家那样真切地经历修远的路途中那一个又一个的地点,因而在很大程度上丧失了对于亚洲之"根"的深入领会;但是,在一次次的启程与返航中,我们却时时瞥见亚洲飞翔的翅膀。亚洲共同体的这种飞翔的特质来自我们对它的反复想象。对于亚洲人来说,亚洲并不是一个当然的、既有的本体,更加不是一个可经验的外在客体;关于亚洲的论述只能够在其机能性的层面上支持着"亚洲主体"的自我建构和想象,因此,作为一次关于亚洲主体性的旅行中的表述,"地之缘"所面对的是一个"根"与"翼"的结合体,它既不是关于起源的,也不是关于某种本质的,它是机缘性的和辩护性的,并且乐于在绵延不断的机缘和辩护中延展自身。

2003 年

多个历史世界中的亚洲与东亚文明圈 *

汪晖

19世纪以降,伴随着亚洲国家的民族自决运动,亚洲叙述也经历了从文明论向地域论的转变。这一转变是从欧洲中心主义的"世界历史"框架向一种真正的世界史框架转变的必由之路。地域论注重的是地域内部的历史演变、互动关系、文化多样性和历史活动的主体。地域论模式所采用的历史叙述方法不同于黑格尔的"哲学的历史",它对具体历史关系的叙述构成了"亚洲没有历史"这一欧洲论断的拒绝和驳斥。然而,亚洲概念的欧洲性质使得所有的现代编史学都碰到了极大的难题:这一概念带有先天的含混性和目的论特点,从而为亚洲寻找历史的努力也经常被纳入到一个先验的模式内部。在一定的程度上,亚洲概念总是与亚洲能否有自己的"现代"或者能否通过内在的力量转向"现代"这一带有目的论特征的问题密切地联系着。

基于不同的理由,福泽谕吉、列宁和中国现代思想史上的大部分思想家对此给予了否定的回答,但最近二十年来的思想风气发生了微妙的改变,许多历史学家试图从亚洲社会内部发现亚洲的"现

---

* 本文为作者发表于《地之缘——亚洲当代艺术的迁徙与地缘政治》(许江主编,中国美术学院出版社,2003年)一书的文章《亚洲想象的谱系》的第五节。

代"的多元动力。在中国研究界,这种改变主要表现为地方史的取向,它注重于中国社会的内在条件及其促进现代转变的因素,而在日本学术界和我所知有限的韩国学者中,这种取向更倾向于从中华帝国周边地区的视野理解日本和朝鲜社会内部的现代转变,特别是民族主义和民族－国家规划的动力。立足于边缘或周边的视野,日本和朝鲜半岛的民族独立运动被界定为从中华帝国的朝贡关系中分离出去的过程,因而这一边缘或周边视野构筑起来的亚洲观与中华帝国的世界体系存在着紧密的联系。立足于中国中心观的历史视野看,中国的转变被界定为主要由内部的动力推动完成的社会转变,外部条件(殖民主义、资本主义,等等)仅仅扮演了催化剂的作用,从而中国向现代的转变没有遵循欧洲民族－国家从帝国中分解出去的模式,是以革命的形式(而不是民族独立的形式)对整个帝国社会进行现代规划和激烈改造。这个在帝国的革命和改造的视野中建立起来的亚洲观具有落后与先进、封建与革命的双重性:作为帝国,中国是落后的,作为新兴的国家,中国是先进的;作为民族关系含混的帝国,中国是封建的,作为追求民族自决的国家,中国是革命的。事实上,在列宁的使用中,落后的、野蛮的亚洲概念不就是古代帝国的代名词吗?他所呼吁的民族自决权不就是要摆脱这个古代帝国的藩篱吗?他所说的先进、革命不就指一种从帝国时代蜕变出来的国家形态吗?

在上述意义上,亚洲的空间概念也是置于时间的轴线之上的,这为现代编史学规定了欧洲中心主义的宿命。无论对于研究中国问题的史学家,还是对于关注中国问题的马克思主义者来说,这一问题都是如此。"二战"以来,中国历史研究逐渐形成了两个不同的主要流派:一个是起源于 1930 年代有关中国社会性质讨论的、以

中国大陆的马克思主义史学家为代表的社会史学派，其特点是研究生产方式的变化与社会形态的关系，进而在与欧洲历史的平行关系中勾勒一条有序的中国历史的进化模式。另一个是战后形成的以费正清学派为代表的"挑战—响应"模式，它把中国的近代变迁看成是中华帝国对欧洲资本主义挑战的响应。前者是革命叙事的延伸，后者则可以说是"脱亚入欧论"的翻版。1970年代以来，在这两个学派内部都产生了变革的要求。针对上述两种叙事内含的欧洲中心论和目的论的时间观，许多学者致力于发掘中国社会内部的变革动力和文化独特性，从而在美国中国研究和一部分中国学者的带动下，出现了一种可以称之为"内部发展论"的取向，它与费正清的挑战—响应模式大相径庭。如果说老一代中国学家致力于研究中国在应付外来挑战过程中的变化，活跃在1970—1980年代的史学家们却更愿意去开掘中国社会内部的现代因素及其发展的可能性。在这一方法论的转变中，"内在的发展论"与"地方性知识"的观念相互配合，导致了从"地方史"的角度寻找现代转变的动因的大规模尝试。

内部发展论或地方史取向不仅在中国研究中蔚成风气，而且也

"地之缘"考察见闻 2003 年

在其他地区的历史研究中获得发展,但由于各自的历史条件不同,表现的形态并不一样。例如,中国研究领域中的学者关注沿海与内地、中央与地方之间的互动关系,并从明清社会内部的运动中分析中国近代转向的内在动力,而日本、韩国的一些历史学者则更加关心日本、朝鲜与中华帝国的关系。对于他们而言,地方史取向不仅意味着回到日本和朝鲜的社会关系内部,而且还意味着回到亚洲地区——尤其是东亚地区——的互动关系之中。"内部发展"的含义不能仅仅从欧洲中心的视野退回到作为民族-国家的日本或朝鲜历史之中,因为日本、朝鲜的近代发展既得益于它们与中国的贸易和文化关系,也得益于从与中华帝国的朝贡关系中摆脱出去的离心倾向。在这个意义上,这个超越民族-国家的亚洲视野一方面与传统帝国的视野相互重合,另一方面又是对各自的民族-国家地位的历史肯定。与民族主义史学有所不同的是,这一取向以传统帝国时代的中心/边缘关系而不是民族-国家关系为历史运动的轴心。现代国家建设(nation building / state building)包含着对欧洲殖民主义的响应,国家内部的区域关系(如沿海与内地,或者别样的地域关系)可能是重要的——所有这些都不能取代亚洲社会内部的互动关系对于中国、日本、朝鲜和其他亚洲国家的影响。这个亚洲视野结合了传统帝国与民族-国家的双重观点，用以观察日本、朝鲜民族主义的产生条件，并把朝贡贸易、儒教主义、汉字文化和政治上的藩属关系看作是"亚洲"地区或东亚地区向现代转变的前提。一个最为明确的结论是：亚洲地区的近代民族主义及其现代规划不是欧洲殖民主义的产物，而是亚洲社会内部的中心与边缘的关系的结果。很显然，这一"亚洲主义"视野不是全新的视野，我们可以从日本帝国时代的史学、马克思主义学派和"挑战—响应"模式中发现它的诸多因子，但我们同时也需要承认：在布罗代尔的贸易理论、沃勒斯坦的"世界体系"和当代殖民主义研究的影响下，这一亚洲主义的内部视野已经与交通史的取向、多元文化观和民族主义／超民族主义的背景等密切地联系在一起。在这一历史语境中，殖民主义和革命的历史叙事是否已经穷尽了亚洲概念的含义呢？在当代全球主义和民族主义相并而行的情境中，作为一个不同于全球主义也不同于民族主义的观念，亚洲概念是否还包含了别的可能性呢？

在殖民主义和帝国主义战争的背景条件下，亚洲知识分子基本上是在一种东方／西方或东洋／西洋的二元论中解释历史，这一意识形态的假定也深刻地影响了人们对历史的看法。那些拒绝欧洲中心论的学者，把近代以前的世界理解为多个独立自主的文明，其中最激进的看法认为近代之后的历史也仍然包含着"文明圈"的轨迹。从战前到战后，尽管存在若干不同的看法，但许多历史学家仍然接受"自律性的东亚世界"概念，并把中国和日本的历史划入这个世界。例如，西嶋定生认为这个"东亚世界"是一个自我完成的文化圈，在这个文化圈内，诸文化又具有独自的和相互关联的历史结构。具体地说，这样的"东亚世界"是以中国的中原地区为中心，包括其周边的朝鲜、日本、越南以及蒙古高原与西藏高原中间的河西走廊地区东部诸地域。但是，这个历史的世界的边界是流动的，不是固定的。其中有些地区，如西藏高原、中亚诸地区，以及东南亚诸地区，即使也是中原的周边地区，由于不具备"东亚世界"的性质，因而属于另外的历史世界。构成这个"东亚世界"特征的因素包括：汉字文化、儒教、律令制、佛教四项。这一东亚视野明显地具有文化上的排他性。

"东亚意识形态"与近代日本帝国主义的国家政策的关系极为密切，至今没有得到彻底清理。这一意识形态的特征是把日本纳入到以中国为中心的东亚体系中来，并在日—亚、日—欧的双重关系中重新界定日本的特殊地位。这一学术和思想上的努力包含了两个前提：第一，重新建构日本与亚洲的内在联系；第二，在这一联系的基础上确立日本作为海洋国家的特殊地位，即改变以中国大陆为中心的亚洲地缘关系，建立以日本为主导的"大东亚共荣圈"。日本的特殊地位是在海洋理论的背景上建立起来的，它直接地从欧洲资本主义的海洋扩张中获得了对于大陆的优越地位。"亚洲有机论"并不是一个理所当然的命题，而是在这两个前提下建立起来的。按照前田直典的介绍，日本学者的传统看法并没有把日本包括在东亚世界内部，"亚洲有机论"显然是一个新的现象和新的理论建构。

一般以为，在近代之前，世界各地的历史尚未有共同性时，中国是一个世界，印度又是一个世界。从文化史的角度来看，中国的世界可以视为一个包括满洲、朝鲜、安南等在内的东亚世界，这也是过去大家的看法。把日本放进这个世界中虽然多少有些犹疑，但我们亦曾考虑过这个可能性。不过，这只是文化史上的问题。究竟

朝鲜、满洲等社会的内部发展和中国有没有关联性抑或平行性，我们近乎一无所知，日本更不必说。在欧洲的世界中，例如我们知道英国社会的发达与欧洲大陆有平行性，彼此相关。但在东亚方面，特别在日本和中国之间，是否有类似情况，除近代史的领域外，至今不仅仍未解释清楚，甚至可以说近乎未成为问题。一向的想法是，日本从古代至中世、近世的发展，在社会基础构造上与大陆全然隔离。

这种将日本从亚洲范畴中疏离出去的做法密切地联系着日本开港前独特的历史处境，以及此后产生的日本特殊论。在这一视野中来看待"脱亚论"也许更能说明"脱亚论"的历史含义：亚洲意识是通过脱亚意识才得以确立的，亦即从属于亚洲的感觉产生于决定脱离亚洲的意愿。

从这个角度看，滨下武志关于亚洲朝贡体系的研究既是对"脱亚论"的批判，也是对特殊论的反驳。他在经济史领域重新建立了一个以朝贡体系为纽带、以中国为中心的东亚世界体系，并以此确认了亚洲内部——包括日本与中国之间——的历史联系。与此同时，他明确地指出这一世界体系的基本规则必须修改，其基本的方

"地之缘"考察见闻　2003年

向是建立以海洋为中心的、不同于西方贸易体系的新东亚体系。日本作为最早以平等贸易的条约体制向朝贡贸易体系挑战的海洋国家居于时代赋予的特殊地位。他的研究受到费正清有关朝贡体制论说的影响，但取向截然不同，因为他不仅否认朝贡体制是中国进入现代世界体系的障碍，而且把它看作是"亚洲"（东亚）概念的基础。滨下武志对朝贡关系理解是全面的，他概括说："朝贡国以接受中国当地国王的承认并加以册封，在国王交替之际以及庆慰谢恩等等之机去中国朝见；是以举行围绕臣服于中央政权的各种活动，作为维系其与中国的关系的基本方式。"根据他的划分，朝贡关系中的宗属关系包含了各个不同的层次，大致可以区分为六种类型：1. 土司、土官的朝贡；2. 羁縻关系下的朝贡（明朝时期的女真及其东北部，清朝时期的西藏和新疆等）；3. 关系最近的朝贡国（朝鲜、越南等）；4. 两重关系的朝贡国（琉球等）；5. 位于外缘部位的朝贡国（暹罗等）；6. 可以看成是朝贡国，实际上却属于互市国之一类（俄罗斯、欧洲诸国）等。滨下承续了那种关注区域性关系和对象的内在结构的特点，但又试图在体系上挑战布罗代尔和沃勒斯坦理论中存在的欧洲中心主义。如果把他的视野与半个世纪前京都学派的某些问题意识相比的话,他们都强调东亚民族的内部动力,但滨下绝不像他的辈前(如宫岐市定)那样认为古代东亚世界存在着欧洲式的"国民主义"(即民族主义),因为东亚是一个具有自己的内在整体性的历史世界。

在一篇讨论亚洲问题的文章中,孙歌对滨下的研究做出了如下评论:通过勾勒一个以经济活动为中心的、区别于欧洲世界体系的亚洲贸易体系,滨下"揭示了一个重要的事实,那就是转变期的近代东亚不存在西方意义上的民族-国家,它所固有的地域的历史是由跨越国家的朝贡体系网络构成的,它的内在活力也是由这种朝贡关系激发的;甚至日本的脱亚和近代化,也是在这一朝贡关系的历史制约下所发生的,它不是目的,而仅仅是摆脱自己朝贡国位置的手段而已"。在这样的视野中,"亚洲有史以来第一次被刻画为一个具有内在机制的有机整体,通过以中华文明为中心的朝贡网络,东亚、东南亚、南亚和西亚以朝贡或贸易等多种方式构成了一个有序的地域,它拥有与欧洲近代完全不同的内在逻辑,这就是与'国家'相对应的'中心—周边'地域机制和与此相应的朝贡—册封关系"。例如,鸦片战争之后,以中国为中心的朝贡网络没有立即被资本主义的世界关系所冲毁,这一事实被用来解释"作为一个世界体系的亚洲"即使在近代也仍然存在。滨下的论述是富于启发性的,他不但发现了连接亚洲世界的一条内在纽带,并以此为线索勾勒当代世界的图景,而且也从周边的视野揭示了中国正史中的大陆中心论和王朝正统主义。对于那些拒绝承认日本与亚洲的历史联系的特殊论者来说,这是一个有力的批评;对于习惯于从中国内部视野来看待中国的中国学者来说,这一论述提供了一个从周边观察中国的历史视野。

但是，东亚整体性这一"事实"是以"东亚"这一范畴为前提建立起来的预设或建构，而滨下的论述又侧重于朝贡关系中的贸易方面，尤其是与东亚相互重叠的海洋贸易关系，从而值得我们再做补充性的讨论。下述五个方面的补充论述并不是对滨下武志的观点的反驳（他对其中一些因素有着明确的认识），而是一种平衡和扩展，目的是丰富我们对这一以朝贡关系为中心形成的亚洲的"近代契机"的理解。首先，西欧式的民族国家只能产生于西欧，但这并不意味着构成欧洲民族国家的那些基本因素在其他地区就不存在。在这里，我们需要摆脱在欧洲思想中建构起来的那种帝国与国家的二元论及其衍生形式——朝贡体系与条约体系的二元论。早在17世纪，清朝国家就已经以条约的形式在某些区域（如清俄边境）划定明确的边界、常设巡边军队、设定关税和贸易机制、对行政管辖范围内的居民行使主权，并与欧洲国家建立朝贡/条约关系，而在现代社会理论中，所有这些要素被视为民族-国家的特点。在这个意义上，清朝既是一个民族状况复杂的帝国，也是一个国家制度极为发达的政治实体。如果照搬欧洲历史的经验，将国家与帝国、条约与朝贡放置在简单的对立关系中来理解清代社会，就会忽略这一历史中帝国建设与国家建设相互重叠的过程，从而也无法理解近代中国民族主义的基本特点。正是由于朝贡体系与国家体系具有某种复合关系，从而朝贡关系并不能单纯地被描述为一种等级化的中心/边缘关系。例如，俄罗斯与清朝建立了朝贡关系，但在一定程度上，它们从未将自己放置在低于对方的等级性关系之中。如果它们之间存在朝贡关系的话，那么，它们实际上互相视对方为朝贡国。朝贡关系的等级性的礼仪体系之中包含了不同形式和不同程度的对等原则，这在有关中亚与中国的关系的研究中已经有所涉

及。另一方面,欧洲条约体系的形式平等并不能遮盖这一体系的实质性的不平等,鸦片战争后西方列强为了逼迫中国签订不平等条约,不得不承认中国是一个形式平等的合法主体。这是欧洲国际法体系或条约体系向世界扩张过程中经常使用的手法。因此,在朝贡与条约、帝国与国家的二元论前提之上,通过反转二者的关系来反击上述欧洲中心论的观点,很可能简化了亚洲内部的历史关系的复杂性。

其次,用朝贡贸易网络来界定亚洲的"整体性"提供了区域内部经济互动的历史描述,也反驳了欧洲中心主义的现代性叙述。但是,这一叙述与欧洲资本主义论述中的经济主义逻辑和海洋理论框架有着呼应关系,简化了朝贡关系所内含的政治、文化、礼仪等内容。在由朝贡网络结构起来的"海洋东亚"的图景中,亚洲内陆的历史联系及其变化明显地被置于从属的和边缘的地位。滨下是在与欧洲中心的对抗之中形成自己的亚洲论述的,他的描述集中在贸易、白银流通等方面,描述的重心是中国与东亚和东南亚的历史联系,亦即主要通过海洋联系形成的贸易交往。在他后来的论述中,海洋理论作为一种近代性的理论越来越居于观察亚洲问题

"地之缘"考察见闻 2003 年

的中心地位,因为这一理论处理的是一种与近代条约体系完全一致的政治经济关系。也正由于此,这一"具有自己的内在整体性的历史世界"以东亚和东南亚为中心,突出了文化、距离、海洋、政治结构在形成区域关系、尤其是贸易关系时的重要性;但这一整体性的亚洲观对于在朝贡体系中长期居于支配地位的大陆关系(中原与中亚、西亚、南亚和俄罗斯的关系)缺乏深入地描述,对于海洋贸易圈的形成与大陆内部的动力的关系涉及甚少,对于早已渗透在亚洲内部的"西方"的显著存在未能提供更为清晰的勾勒。

从中国历史的视野来看,西北、东北和中原的关系是中国社会体制、人口结构和生产方式发生变化的更为根本的动力,即使在所谓"海洋时代",内陆关系也具有至关重要的作用。1857 年,马克思在讨论中国对海洋霸权国家的态度时观察到一个现象,即当西方国家用武力来扩展对华贸易的时候,俄国没有花费多少就获得了比任何一个参战国更多的好处,原因是俄国没有同中国进行海上贸易,却独享以恰克图为中心的内陆贸易,仅 1852 年买卖货物的总价值就达到了一千五百万美元,由于货物价格低廉,这一总价值所代表的实物贸易量是极为可观的。由于这种内陆贸易的增长，恰克图从一个普通要塞和集市地点发展成为一个相当大的城市和边区首府，并在它与九百英里之外的北京之间建立了直接的、定期的邮政交通。马克思在《中国和英国的条约》和《新的对华战争》，恩格斯在《俄国在远东的成功》等文中，不止一次提到中英、中法在沿海的冲突如何为俄国在内陆获得黑龙江流域的大块土地和利益创造了条件，预言俄国作为亚洲头等强国的崛起将"在这个大陆上压倒英国"，批评英国媒体和内阁会议在公布中英条约内容时掩盖俄国在中国、阿富汗和中亚其他地区取得的更大的利益。因此，如何理解亚洲大陆与海洋时代的关系，如何理解亚洲的内在整体性与亚洲地区的文化多样性和历史联系的多样性，仍然是一个有待进一步研究的课题。简言之，东亚中心的亚洲观和儒教主义的亚洲观之间的复合关系难以解释亚洲大陆和中国范围内部的宗教、民族、文化和制度的多样性。朝贡关系不是单纯的经济关系，它包含了不同文化和信仰的社会群体之间形成的礼仪和政治关系，因而有必要进一步阐释朝贡关系的多重内含，并从这一多重性中发现其与现代资本主义相互重叠或相互冲突的部分。

其三，"中心—周边"的框架适用于"前西方"时代的区域关系，但"中心—边缘"关系的不断滑动恰恰构成了现代资本主义世界不同于传统帝国体系的最为重要的特征之一，从而以中国为中心的"中心—周边"构架无法揭示出19世纪以降发生在亚洲内部的权力关系的变更。由于欧洲工业革命、海洋军事技术的长足发展和欧洲民族-国家体系的形成，传统的大陆—海洋关系发生了重大的、结构性的变化，欧洲殖民主义通过海洋军事、长途贸易和国际性的劳动分工决定性地改变了传统的历史关系：贬低大陆的历史联系和社会关系，使之从属于海洋霸权和由海洋信道连接的经济关系。正是在这个意义上，如果将"周边—中心"的框架延伸到19、20世纪，并用以描述亚洲内部的权力关系，势必掩盖某些传统的"周边"范畴在新的世界体系中所居于的实际的中心地位。这个"中心—周边"框架无法描述日本在近代亚洲扮演的历史角色，无法解释为什么恰恰是"周边"（日本、韩国、中国香港、中国台湾、新加坡等）先后成为19、20世纪的亚洲资本主义的中心或亚中心区域，而中国大陆、印度和中亚等大陆区域却长期沦为真正的"边缘"（中国经济的崛起毕竟是一个晚近的、尚未完成的事件），也无法解释当代中国正在发生的沿海地区与内地（尤其是西北）的深刻分化和沿海经济对于内陆经济的支配性。如果按照这一传统的"中心—周边"构架解释清朝与日本在朝鲜半岛的冲突和甲午战争，就会遮盖19世纪发生在亚洲区域的权力关系的重大转变。早在20世纪30年代，宫崎市定就曾从经济史的观点对中国历史做出如下区分：古代至中世是内陆地区中心的时代，宋至近世转变为运河地带中心的时代，晚清以降则是海岸中心的时代。海岸中心的时代是在欧洲影响下发生的新事态，清朝虽然拥有广阔的市场，但并不居于资本主义生产和金融的中心地位。在这个意义上，只有将传统的"中心—周边"框架放置在"大陆—海洋"的变动的历史关系之中，才能有效地说明19世纪以降在亚洲地区发生的"中心—边缘"关系的持续变动及其历史驱动力。

其四，如果说中国历史中的朝贡关系与条约关系并不是截然对立的范畴，那么，欧洲国家在展开跨越边界的贸易、政治和军事关系的同时，也以不同形式确立国家与国家的关系，其中也包括朝贡关系，例如，俄罗斯、葡萄牙、西班牙、荷兰、英国等国家与清朝的关系既被称为朝贡关系，但也是实质上的外交关系或条约关系。滨下武志在划分朝贡类型时曾经指出过最接近于后来所谓外交关系和对外贸易关系的"互市类型"，而在朝贡圈内部又有所谓朝贡—回赐的关系，这一关系或者是等价的，或者是回赐超过朝贡的价值，从而朝贡关系具有经济贸易往来与礼仪往来的双重性质。在这一情况下，礼仪形式上的不平等与实质上的对等关系、朝贡关系的礼仪性质和朝贡贸易的实质内容相互重叠。更为重要的是，英国与印度、北美之间的贸易关系不也是一种不同于中国朝贡模式的朝贡关系吗？清朝与欧洲国家、尤其是英国之间的区别很难在帝国与民族－国家、朝贡体制与条约体制的范畴内加以解释。鸦片战争以后，魏源等人就已经意识到，在贸易领域，中国与英国的主要差别不在朝贡体制与条约体制，而在中国并不依赖朝贡物品来支撑自身的经济，从而也没有一种内在的动力将帝国的军事和政治关系与对外贸易直接关联起来；与此相对照，英国本土的经济广泛地依赖它与北美、印度或其他殖民地区贸易关系和朝贡品，从而英国经济内部存在着将国家体制与贸易关系直接连接起来的动力。因此，如果说中国华商的海外贸易是一种"没有帝国的贸易"的话，那么，英国商人从事的则是一种有组织的、兵商结合的、在国家保护下的贸易。从这一视野出发，如何界定亚洲的"中心—周边"机制与欧洲的"国家"机制之间的既重叠又区别的关系成为一个值得认真思考的问题。

其五，用"朝贡体系"来结构东亚和东南亚的历史关系还需要特别关注"朝贡体系"这一范畴的限度和变化。在19世纪初期，中国的海外私人贸易网络成功地将官方的朝贡体系转化为私人贸易体系，这也是长期历史互动的结果。许宝强在他的博士论文中说：

"当欧洲人在 16 世纪初来到东亚的时候曾试图与官方的朝贡体系联系起来促进贸易的发展，但他们发现他们日渐依赖于广大的中国海外贸易网络，因而有意识地鼓励这种网络的发展。特别是在 19 世纪初期以降，以中国为中心的官方朝贡体系仅仅是一个从未真正实现的有关控制的官方幻想，因为中国面对着帝国主义列强的不断增长的霸权和侵略。因此，在很大程度上，不是官方朝贡体系，而是私人的中国海外贸易网络把东亚地区整合到内在相关的历史体系之中。"按照他的论述，不是朝贡贸易，而是私人海外贸易（包括走私活动），构筑了连接东亚和东南亚的贸易网络的更为重要的纽带。在19世纪，东南亚的市场发展与其说是朝贡贸易的结果，毋宁说是打破朝贡体制的结果，走私、武装贩运和欧洲国家的贸易垄断构成了 18—19 世纪东南亚贸易形式的重要特点。中国与东南亚地区之间的联系的这种非官方性质，特别是通过走私、贸易和漂流而形成的东南亚华人群体及其与中国的特殊的联系方式，提供了晚清中国革命的海外基础和当代中国与海外华人经济的特殊的联系方式。换言之，中国与南洋的这种非官方联系为近代中国革命提供了一种特殊的亚洲动力。

日本的亚洲论是在寻求自主性的过程中发生的，这一特殊的视野对于我们理解日本的亚洲想象有着极为重要的意义。相对而言，亚洲从来不是中国认同问题中的重要范畴，列宁和孙文的表述证明，中国认同问题在很大程度上是在社会革命的范畴中建立起来的，而这个社会革命的范畴又是在一种全球性的资本主义关系中确立的。在很大程度上，前述日本的东亚观是对海洋时代的回应：一方面，它正面评价以民族-国家为基本单位形成的贸易和政治关系，另一方面，它从海洋的动力角度看待传统的朝贡关系，试图重新界定自身与亚洲的关系。在这一海洋中心论视野中,不是广阔的大陆与中华帝国的复杂的政治结构及其内部互动关系,而是周边(日本)与中心(中国)的关系模式,构成了真正的中心问题。在一篇讨论日本民族主义与书写语言的论文中,柄谷行人认为日本民族主义的萌芽首先而且主要地表现为按日语语言来书写汉字的文化运动。18世纪日本国学家的语音中心主义包含着反对中国"文化"统治的政治斗争,或者是对武士道的资产阶级批判,因为中国哲学是德川幕府的官方意识形态。如果日本的文化民族主义与"西方"没有什么关系,那么,摆脱中华帝国的支配就成为日本现代国家形成的历史动力。柄谷行人的立场与滨下武志的有机体的亚洲概念完全不同,他反对过分地谈论日本的特殊性。但前者试图把日本民族主义解释成为一个区域内部的事件,而后者也试图在以中国为中心的贸易网络中揭示近代日本的活动逻辑,二者的研究视野存在着明显的重叠,而重叠的核心部分实际上在于重新界定现代日本与西方、日本与亚洲大陆的历史关系。这些研究从不同方面证明,主权国家观念、市场体制、现代法律体系、文化教育制度以及相应的知识谱系是在特定社会的基础和条件之上形成的,从而不能简单地看作是欧洲文明刺激的结果。这一针对欧洲的批判意向为建构一个整体主义的亚洲观提供了前提,而对长期以来支配亚洲内陆关系的那些动力和政治形式不予重视,这显然与近代日本的历史意识和历史视野密切相关。

  作为一个分析范畴,亚洲概念似乎更易为那些研究跨区域的经济贸易活动的学者所接受。在思想史和文化史领域,这一概念是否具有一定的解释力呢?沟口雄三用图表方式说明朱子学近世东渐的情况,并以朱子学的传播为线索观察中国、日本和朝鲜社会的变化。

他力图摆脱"中国中心"的描述和潜藏在这一描述背后的中/西对比模式，转而以文化传播以及与此相应的政治地理观念（东亚/儒教文化圈）作为叙事的基础。像布罗代尔一样，沟口采用了长时段的历史方法，并根据地区间的交往关系（经济、政治和文化）来解释"亚洲近代"的产生。但是，与布罗代尔、特别是沃勒斯坦的"世界体系"模式相区别，沟口氏没有把"亚洲近代"的产生看作是以欧洲为中心的世界体系扩张的结果，相反，他认为这一过程主要是从以中国为中心的亚洲交往体系中发展出来的。沟口氏以朱子学的传播为线索勾勒近世东亚的文化特征，这与其他学者侧重从经济史的角度勾画亚洲地区内部的中心与边缘关系有所不同。在他看来，东亚地区的某些转变是和东亚文化的传播过程具有内在联系的，从而这一地区的近代过程具有区别于欧洲近代化过程的"文化原理性"。在一定程度上，这是对西嶋定生的观点的回应。例如，他把10世纪的宋朝、14世纪的李朝和17世纪的江户时代分别看作是这三个社会进入"近世"时期的开端。对于中国而言，"朱子学是在贵族制崩溃、历史向着科举官僚拥有实力的时代转换的过程中形成的。它一方面具有合理主义的宇宙观、世界观；另方面，较之法制又更主张德制的政治原理；而且其基础在于乡村的地主制"。此后，李朝和江户时代分别出现了贵族制崩溃并向平民社会过渡的过程，它们或者颁行科举官僚制，或者形成了新的农民阶级以及武士阶级，在不同的历史条件下构筑了一种以道德教化为主的秩序。朱子学的传播是促成这一社会变化的重要因素。因此，沟口断言：朱子学是"一种与近世相适应的近世儒教"。这与近代中国摆脱朱子学的历史恰好相反。

从朱子学传播的角度考虑东亚的历史演变，修正了跨区域研究中的欧洲中心主义以及方法论上的经济主义。我们不难发现沟口的叙事与日本近代编史学中的"东亚文明圈"概念的关系。如果把沟口氏的叙述与布罗代尔和沃勒斯坦侧重从区域间的交往关系来理解资本主义的动力的方式加以对比,我们可以看到他的两种修正:第一,中国和其他亚洲国家的内部转变并不完全是遭遇欧洲力量的结果,亚洲地区内部的文化交往(如朱子学的传播)和朝贡贸易关系,以及中央帝国与边缘地区的分化趋势,都为亚洲民族主义的兴起提供了内在的动力。也许更为深刻的挑战在于:自中古以来发展起来的亚洲贸易促进了欧洲资本主义的发展,当代世界体系是漫长历史过程中多个世界体系相互冲击的结果。第二,长途贸易理论不关注文化的传播及其对社会演变的影响,带有深刻的经济主义倾向;"世界体系"理论则突出了民族-国家作为世界体系的政治结构的意义,但也不重视文化的意义。正是在这个意义上,沟口雄三的观点值得我们重视:他把研究的视野从单一社会的内部变化转向了亚洲地区内部(主要是东亚)的互动关系,并认为中国的近代变革是和它的伦理世界密切地联系在一起的。因此,首先,亚洲的"近代"包含了自身的文化价值;其次,亚洲概念与一种伦理的观念或文化具有内在的联系。这一研究视角对世界体系理论中内含的欧洲中心主义提出了挑战。

沟口氏对近世东亚的描述是扼要的和提纲式的,他的大胆勾勒并没有与之配合的相应的实证研究。这一描述的重要性与其说是发现了建立一个"亚洲体系"的文化模式的可能性,毋宁说是提供了一个以东亚地区的文化传播关系为描述线索的对于中国和亚洲的"现代"的理解。在沟口的视野中,社会的结构性变迁不是在一个短暂的时刻确定的,早在现代时期之前的16—17世纪就已经是一个经历着巨大转变的时期。这一观点本身并不是全新的：中国马克思主义史学一直关注明清之际的社会变化，认为这一时期田制（如明代的一条鞭法和清代的更名法）、城市手工业和市场以及思想的变化（地方自治、权利意识以及自我的观点）构成了历史转变的关键环节。在这个意义上，沟口与中国学者的研究一样，都带有内部发展论的倾向。例如他把朱子学和阳明学看作现代思想的起源，并认为这一与"乡约"和田制论密切相关的思想传播构成了东亚地区的总体变化的一部分。沟口的独特方面在于：他援用滨下武志有关朝贡贸易的研究，把长途贸易和跨区域的文化传播看作是理解亚洲的"近代"的关键环节。如果说前一方面认为一个社会内部的生产关系的变化是社会变迁的关键动因，那么，后者在解释现代性的产生时则更为注重交换与流通（包括经济与文化的交换与流通）。从长远的历史视野来看，这两个不同的方面交互影响和渗透，很难在单一的视野中解释社会的变迁及其动力。很明显，如果没有日本的"近世"概念及其独特的亚洲视野，沟口的描述就无法建立起来。与许多人的看法不一样，沟口的描述既没有把朱子学看作是与现代截然无关的东西，也不认为朱子学的衰败是现代发生的前提条件。"近世"概念与亚洲概念密切地联系在一起，微妙地把朱子学及其体现的社会思想作为向现代过渡的桥梁来看待。沟口特别注重宋代以降中国思想中的"天理"和"公/私"等范畴的意义，认为这两个概念贯穿于由宋代至清代的思想史和社会史之中，并进而指出：中国近代革命的若干命题——如孙文的民生主义和社会主义革命的土地制度——与16—17世纪的田制论、君主论及其价值观存在内在的连续性。如果我们不仅把"公"或"天理"看作是历史延续的形式特征，而且看作是实质性的存在，我们就需要考虑构成传统社会与现代社会的制度上的关联和差异。

沟口认为孙文思想——特别是三民主义——的平等主义特征建立在传统的"公"观念之上,建立了一种连续性的历史解释:从黄宗羲的田制论到孙中山的民生主义,以至毛泽东的公社制,一脉相承。但是,上述历史中的相似现象究竟是某种"原理"(如天和公的观念)的延续,还是国家/地方、地主/农民的不断变化的关系的结果呢?如果这是一种原理的延续,那么,我们如何理解现代思想对程朱理学的批判,又如何理解平等主义的不断变化的社会内容?天理世界观及其公观念蕴含的平等意识经历了历史的变化,很难仅仅在观念的层面加以说明:如果说天理概念所内含的平等意识起初反映了瓦解和批判贵族等级制的意向,那么,此后又与地主士绅反对皇权的过度扩张存在联系。与其把这种平等主义看作是一种"文化原理",不如把它的内含理解为以政治权力、土地和劳动力的再分配为中介的等级制度的再编制问题。正是在这个意义上,我们才能理解如下悖论:天理观既可能成为反对等级制的平等主义意识形态,又可能成为维护等级结构的意识形态;现代革命的平等主义与天理观的平等主义既相联系又相冲突。正是通过这一悖论,我们看到了极为深刻的历史现象:针对王权的革命最终指向了以乡绅分权为特征的地主制。在这个意义上,沟口氏的"近世观"的困难在于:一方面,它建立在诸如贵族/平民这样的二分法基础之上,是特殊的历史进步意识的产物;但另一方面,它又不断地追问平等主义的"公"观念在再造等级结构和身份等级制过程中的作用,揭示天理、人欲等概念与新的秩序的再编制的复杂关系,从而蕴含了瓦解这种进步观的内涵。因此,更为切近的问题是:"公"观念是如何被组织到新的社会体制合法性的论证之中的?

沟口的思想史研究的最具启发性的部分是他把天／理、公／私等问题置于观察中国思想的核心地位。这两组范畴沟通了思想层面和社会层面，从而那些关键性的观念不再是一些僵固不变的哲学概念。如果沟口从宋明时代的截然不同的思想中发现了"理"概念的连续性，解释了李贽的反叛性思想为什么包含着一贯的"理"观，那么，这种断裂与连续的辩证法是否也能够为我们理解现代思想的发生提供有益的启发呢？从思想史的角度看，这些观念及其变化恰好成为我们进入历史情景的独特途径。正是在这个意义上，我认为天理概念与现代公理观之间的关系值得我们认真探究，它可能成为我们理解现代思想兴起的特殊通道。现代思想的兴起是在各种纵横交错的历史关系中展开的，因此，不是发现思想变动的唯一的最终动因，而是发现思想指向的多重性，各种思想因素的组合方式，它的内在矛盾和实践中的困境，才是最为重要的。沟口雄三对公观念的研究致力于从历史中发掘对于今天而言仍然有效的平等价值，那么，这个价值如何才能从民族主义的语境中转化为一种更为广泛的平等主义，这种新的平等主义的社会基础又是什么呢？沟口没有给出明确的回答。在他的描述框架中，这一以天为中心的儒教主义世界观可以视为以中国为中心的亚洲的原理。如前所述，这个作为整体的亚洲实际上指的是东亚，一个以中国儒教文化为内涵的亚洲与一个以朝贡网络（尤其是海洋朝贡网络）为纽带的亚洲的复合体。在这个作为整体的东亚视野中，对亚洲腹地和中国历史的形成起着关键作用的大陆关系——联系中国与中亚、西亚和北亚的战争、贸易、迁徙、混居、宗教传播、文化交流，等等——显然不居于中心地位。但是，沟口的论述出现了一种可能性，即摆脱19世纪欧洲思想所奠定的那种帝国—民族-国家二元论的可能性。这一可能性的根源建立在一个基本前提之上：沟口没有将中国这一范畴融化在亚洲这一概念之中，相反，他的亚洲理解建立在他对中国历史的肯定性的理解之上，而没有像上文提及的那些欧洲作者那样用帝国、政治专制主义、农耕文明等范畴将中国锁定在一种自我否定的目的论历史观的框架内。

2002 年改定于北京

亚洲：共同塑形的身份标识*

酒井直树

所有的身份，不管是文明的、国家的、民族的，还是人种的，首先是个身份标识的问题。亚洲，只要它被理解成某个集体身份，在这一点上就也不例外。只有在下述情况下，某一个人或团体才能要求别人承认他是亚洲的：与外部相参照时，该个人或团体与某个非亚洲的实体有区别且相冲突；同时，当他在内部要还原自身时，又是以亚洲为身份标识。在这一点上，亚洲应该跟任何集体身份是一样的，如文明身份或地理身份（西方、欧洲、美洲、非洲、东方、新大陆）、国家身份（中国、英国、俄国、印度尼西亚、美国、南非、巴西）和人种或种族身份（白人、黑人、黄种人、闪族人、蒙古人）等。正如艾蒂安·巴里巴尔（Étienne Balibar）说的，就一般的集体身份问题而言，所有的地理身份从根本上说都是模糊的。[1] 亚洲身份这种固有的模糊性并不是独一无二的。在讨论亚洲身份以及这一身份所处的转型困境——这一点我们很容易看出——的时

---

* 本文选自《地之缘——亚洲当代艺术的迁徙与地缘政治》（许江主编，中国美术学院出版社，2003年）。

1 Étienne Balibar, "Ambiguous Identities", Chris Turner trans. in *Politics and the Other Scene*, London & New York, Verso, 2002, p. 57.

候，引起争论的不是这一身份的模糊性或者复杂性，而是这一身份被标识出来的模式和形态，那在历史上是特有的。

全球通行的一般共识指定了亚洲首先是四个主要地理区域（如果包括大洋洲，就是五个；把南北美洲分开，或者加上南极洲，就是六个）中的一个。它经常被错误地视作世界的一块大陆，但是只要稍加留意，就会立刻发现它并不是一个大陆，正如欧洲也不是。在地理学认识的范围内，大陆的概念是极其不确定的，已遭到质疑。[2] 所以亚洲甚至还没有资格成为一个地理学上可标识的地球某一地区的名称。可是假定照样通行：亚洲本来就是地理学上一个广阔而封闭的陆地。在实际操作中，这一假定通过地图想象形成了一个信条，即亚洲身份是某种与一片土地的位置牢牢相连的东西。

不用说，在欧洲列强把世界的许多部分变成殖民地之后，这一假定就开始为地球各处不同共同体里的精英所接受。今天，"Asian"——或各地语言中与之对应的词——这个词，尽管实际上其用法在世界各地千变万化，人们还是能立即理解它的含义。下面的说法得到了广泛认同：亚洲是一个特定的合适的名称，指一个广阔的居住着众多人口的地理区域。一些人还会由此认定，生活在这个叫作亚洲的地理区域里的人被派定为亚洲人是很自然的，而且对这群居住在叫作亚洲的这片广阔地区上的人来说，一定有某种共同历史和文化品质是他们内在固有的。这种看法的结果，当然，并不必然就推出，这群由此被称作亚洲人的人能够通过某种行动，某种

---

[2] 关于对大陆概念和地理学知识的批判，参见：Martin W. Lewis and Karen E. Wigen, *The Myth of Continents*, Berkeley, Los Angeles & London: University of California Press, 1997. 该书作者对涉及地理学范畴的基本假定都做了彻底的考察，尽管如此，他们仍然认为"西方"一词在某种程度上是可以理清的。

"地之缘"考察日本见闻 2003 年

以宣称"我们"而作出的自我代表（self-representation）和自行决断，把他们自己凝聚在一起，并在他们自身当中建立起某种团结。这群人其实是由某些局外（outside）的——在下面我们会查究这种"局外"或外在性在概念上的专门含义——观察家描述为亚洲人的，这与这些人自己根据归诸他们的名称来做出的自行宣称（self-assertion）之间，显然有着巨大的鸿沟。从被某些局外代言人描述成亚洲人这一状态，到作为一个主体自为代表，这之间就需要某种跳跃。历史上真实的情形是，这样一种状况直到 19 世纪晚期才出现，因而在那之前，亚洲居民的主要部分尚不知道他们生活在亚洲并被欧洲人称作亚洲人：这一点我们不应该忽略。直到那时，总的来说，存在着被指定为亚洲人的客体，但是，并没有任何以自称亚洲人来表示自己的主体。只是到了 19 世纪晚期，一小部分知识分子才开始严肃地想到，把客体"亚洲人"变成跨国家的和区域性的亚洲主体，有其表面的合理性。在这个问题上人们决不能忽视亚洲的特殊谱系学：亚洲这一名称来源于亚洲之外，即使不能把它当作一个地理学或地图学上的地点，这种受之于他者的起源，也肯定在关于亚洲的观念上留下了深刻的印迹。

众所周知，亚洲一词是由欧洲人在他们的方案中杜撰出来的，在这个方案里，欧洲人为了把欧洲与在它东边的其他地区分别开来，将自己标记为一个领土整体。后来亚洲成了一个为了建立欧洲的自我代表及其特殊地位而服务的词语。对于欧洲来说，亚洲是必要的，因为不给亚洲一个位置，欧洲就不能被标识为一个与众不同的、可以识别出来的实体。在这里，人们看到的是共同塑形的大体布局（the schematism of configuration）的一个最能说明问题的例子。靠着这种大体安排，在对"他们"的形象的投射性想象当中，"我们"的形象建立起来了。当那个叫作亚洲的想象中实体的形象被固定下来之后，"我们"的形象——在这里是作为欧洲人的"我们"，更近一些时候是作为西方人的"我们"——就作为一个整体得到安置。而因为这个推定的欧洲整体本来就是不稳定的和不断变化着的，所以亚洲就根据偶发的历史状况——欧洲与它的他者之间的关系之沉浮变幻的历史状况——得到界定和再界定。

从19世纪以来，在越来越多的地方，"西方"差不多被当作欧洲的同义词来使用。当欧洲－美国的统治在世界上许多地方越来越显得是一个不可阻挡的现实的时候，作为神话（mytheme）的西方也开始僭有了全球通行的地位。很显然，西方既不指代也不意味着跟欧洲一词所指相同的东西。但是西方在这种共同塑形的大体布局中有其示范性的鉴别功能，由此西方开始像欧洲那样被使用。换句话说，亚洲就像它曾经被置于欧洲的对立面那样，被放到了类似的与西方的对立面上。

对于类似的征服和殖民化历史——人们正是根据这些历史养

成他们集体标识身份的习惯——还有其他许多名称和身份。因此，我们无法坚定不移地认为，人们会仅仅因为用了当初由统治关系杜撰的称谓来为自己集体标识身份，就一直屈服于一开始的统治关系之下。今天西方的统治并不一定就压服了亚洲。许多亚洲国家至少在理论上独立于它们以前的殖民者。然而，亚洲是靠着西方或日欧洲的殖民化才达到它的自身意识，由这一事实而来的历史遗留问题仍然制约着我们，忽视这些问题是不对的。亚洲在历史上遭受的西方列强的殖民，对亚洲的本质来说，不是什么西方的东西；只要人们不把后殖民性（postcoloniality）的那个"后"与按年代顺序后来发生的"后"相混淆，殖民化对亚洲称谓之可能与否来说就是本质性的。亚洲从一开始就是一个后殖民的实体，后殖民的说法是在这样一个意义上提出的：亚洲身份因为内嵌着一种空想的殖民结构，所以它促成了从一个没有形态的人群中建立起一个主体。

或许，我应该提到近来日本大众媒体在发现朝鲜的绑架计谋之后所做出的反应，以此为例来解释我的"后殖民性"究竟何指。像许多人知道的那样，朝鲜政府官方承认了他们从 20 世纪 70 年代以来所实施的诱捕行为，这合乎情理地引发了一连串事件，在日本公众当中激起了强烈的情感。那些被绑架的日本人——他们在朝鲜政府的允许下回到了日本——成了所谓凝聚过程的临界点，围绕着这个点，不仅是公众对他们成为牺牲品的同情，以及基于对殖民罪恶的集体抵赖而产生的同胞间的爱国情谊，还有对居住在日本国内的朝鲜人的复仇热潮，都像变戏法似的被召唤出来了。

许多日本人，提防着一种恐惧——不管什么时候，他们一在朝鲜人面前显出自己是日本人的样子，就必然会遭遇对方控诉般的注视——投射性地把自己与被诱捕者标识为同一身份，并由此相信自己已经得到保护,不再会受到与日本的殖民罪责有关的可能谴责。请允许我提醒你们,在这样的语境里,"诱捕"、"诱捕者"和"被诱捕者"这一套词语有其特定的历史意味。且不管单个的日本人是否了解日本殖民主义的历史和战后东亚的历史,日本成年人的主流在今天都有这样的担心:直面与朝鲜人的关系将自己定型为一个日本人,就意味着接受殖民者、压迫者、牺牲别人者的角色,特别是在"慰安妇"和强行征派劳力这样的事情上,要接受"诱捕者"的角色,而非被殖民者、被压迫者、牺牲品和"被诱捕者"的角色。不过,指出下面这一点很重要,这样一种自我定型也暗示着那些专归日本人所有的属性:更现代化、理性的、启蒙了的和军事及科学上较优越的,而非前现代的、非理性的、传统的,以及军事和科学上较低劣的。在这种圆转的二元塑造(binary configuration)中,对于品性的分配无疑是殖民想象的典型做法。我绝不认为,在过去,在把当时具有日本民族背景的人和朝鲜民族背景的人做对比时,人们有办法根据这种二元的属性配置把二者的差别描述清楚。这种描述不如说是为殖民想象服务的投射性的描述。

可是,如果不诉诸这种二元手法,日本身份就是不可想象的,因为身份标识的法则必然包含着这种二元塑造,而没有这一法则,一个人就不能把自己定型为日本人。当然,这里我说的是与朝鲜身份相联系的日本国家的假定身份。当我们把日本身份与其他民族、国家、文明或者种族身份——比如,与假定的美国的国家身份——相联系起来来谈它时,这种法则就与问题全然不相干了。我注明一下,我不考虑把日本身份与其他身份相联系起来谈,并非是要给出一个一般的日本身份。倒不如说,我所谓的日本身份是诸种日本身份的集合,这些身份是在空想中建立起来的,是在不同的、变化着的关系中被标识出来的。

第一，应该强调的是，当一个人根据与朝鲜人的关系将他/自己定型为日本人时，那些在他心里引发某种罪恶感的日本属性，必然与那些使同一个他为自己是日本人而感到自豪的品质紧紧联系在一起。这就是对殖民罪恶的承认为什么常常伴随着隐秘的自负的原因。"我们很抱歉曾经殖民过你们。但是让我们承认吧，我们强大得能够轻易地征服你们。"有了这种二元塑造的结构，如果一个人把那些跟令人难堪的品质有关的日本特性——如牺牲他人者、"诱捕者"等——公开地抵赖掉了，或者如果他被允许忽略这些东西，那么，把他/自己定型为日本人就远不是一种折磨，而甚或令人愉快。在我看来，被诱捕的日本人的形象为日本公众提供了一个最便利的赖账借口，不仅抵赖他们的殖民罪恶，而且抵赖那些可能引发这种罪恶的特性。许多日本人在对被诱捕者的同情当中，把他们自己置于牺牲品、被诱捕者和被压迫者的地位，这种空想的定位方式让他们可以享受一种不带殖民罪恶的二元殖民塑造。这就解释了，为什么公众爆发出来的对被诱捕的日本人的同情会如此方便地导向一种对国家团结的动情誓词，会如此方便地给出一个不受殖民罪恶阻碍的、为身为日本国民而自豪的宜人机会。这是某种与 2001 年 9 月 11 日我们在美国所目睹的非常相似的爱国情感。

第二，这样建立起来的日本身份在总体上有赖于一种殖民想象。这种想象在回溯往昔时，会在日本本土的日本人和日本帝国统治下朝鲜半岛的日本人之间的关系上也投射下一种二元塑造。我强调一下，我关注的焦点并非殖民时期身份标识的模式，而是今天的日本身份。正是因为日本人与朝鲜人的身份是在日本帝国败落之后基于二元塑造而建立起来的，所以二者间那种想象中的关系必须不断地诉诸殖民想象。今天一个人把自己定型为日本人时应当为之自豪的那些品质，不可分解地包含在殖民想象之中，恰恰出于这个原因，日本人根本不能使自己从过去遗留的问题中摆脱出来，这些问题保存在殖民的二元构型中，并且与身份标识的法则融为一体，而他们正是靠这一法则将自己的身份标识为日本人。"身为日本人之自觉"中所表现的自信，在殖民构型中一直延续着，以至于人们要摆脱集体身份标识模式中的殖民遗毒，就不得不忍受这么一种自信的丧失。战后日本无论是进步的还是保守的知识分子都认可这样的一般假设，即存在某种实质性的日本身份，它不受历史沉浮变幻的影响，而且，一旦殖民统治的外部殖民条件消失，这一实质就会回复它原初的样子：对此我们绝不同意。相反，一个人如何是一个日本人，对此殖民经验有着不可救赎的、决定性的影响；成为殖民者，立足于开启蒙昧的姿态来看待事情，就日本的主体态势而言，这并非偶然的特性。这些使日本人觉得比其他亚洲人更优越的品质，甚至在他们的帝国败落之后，还是日本的主体态势之本质的主要部分；只要一个人拒不质疑这种身份标识的模式——通过这种模式他能享受那种作为日本人的集体自信的感觉——他就仍然陷在殖民的过去当中。

因此，后殖民性与殖民统治终结之后产生的东西没什么关系。它表明了对殖民关系的空想是如何决定性地和不可救赎地铭刻在我们的身份标识中的，且不说这种空想是不是充分涵盖了对过去的集体经验。也就是说，后殖民性的"后"意味着殖民经验的不可救赎性，不可救赎是因为不可能给出某种先于殖民统治的原初身份——一种尚未被殖民权力关系的强暴所污染的集体本质身份。

我关注的正是这一身份——也就是亚洲——的后殖民方面的

问题。即使亚洲从地理学上看还保留着殖民结构，我也会毫不迟疑地承认，它完全能够从殖民关系的空想中解放出来。为此，请让我来审视一下，当代对亚洲事物的评判是不是针对这一身份的后殖民性。我的审视不从亚洲而从西方开始，正是在与西方的示范性的关系中，亚洲维持了它的身份。

西方（the West）是一个神秘的构成物，在历史上直到相当晚近才流行起来，而它的整体性越来越受到怀疑。这个词——或者在其他语言中对应的某个词——的一般用法，与其他旧用法（按这些用法，西方指的是罗马世界分裂为两个帝国之后西边的那一个，所谓的新世界［New World］，或者位于中央王国［the Central Kingdom］最西端的海洋）相比较，是在全球殖民时期人们感到起源于西欧的资本力量遍布世界之后才出现的。

西方被假定指一个特定群体，它由一群根据其居住的地理位置、传统、种族和血统而被称作"西方人"的人组成。它看上去或许是个合适的名称，其合适经常通过首写字母的大写得到标明。既然小写的西方 west 让人想到的是一个方向，那大写的西方"the West"（Occident）的一贯词义便是日落方向的一块地理区域。相应地，亚洲（东方）有着日出一方的方向上的意义。虽然这个词只是从方位副词演化而来，而且因为地球是个球体，所以并不存在可以派定为西方的固定地域，世界上任何一个地点实际上都可以这样称呼。西方（the West），作为对"西边地方"（west）的圈定，就必须鲜明地与非西方也就是世界的其余部分（the Rest）区别开来。只有当它与其余部分相区别且相分离，它才能意指某种不仅仅是西边地方的东西。在这个问题上，西方取决于如何确定其余部分，西方和其余部分的二元对立规定了这个词的意义。这样，只有当其余部分——特别是亚洲、东方（the East, the Orient）——被认为是固定之物的时候，西方才能够被想象成固定的、可标示的，在地图上得到指代的东西。

不过，作为一个地图上的标记，它没有内在的连贯性。常常为人所忽视的是，在这片被想象着建立起西方的地理学区域上，在经济、社会、文化、民族和宗教诸方面一直存在着无可辩驳的多种成分。西欧各国居民大体上都认为自己是西方人，但同时一些住在南非和澳大利亚的人也会坚持说他们是"西方人"。相反，北美的有色人种很少会被承认是"西方人"，即使北美居民中的主体部分也已然——自第二次世界大战结束以来，越来越频繁地——声称他们也属于西方。所以，西方看上去或许主要是个种族标记，而不是地图标记；它与对白种种性（whiteness）的种族空想紧密地联系在一起。但这个估计又与历史事实相矛盾：不仅在冷战期间，而且在整个20世纪，东欧都曾经普遍地被排除在西方之外。一般而言，关于白种种性的种族观念编排得相当宽松，足以让世界其他地区那些会被排除在白种人之外的人，比如中东的某些群体，也得到承认，就像在东亚或北美发生的那样。当人们从一个地方迁徙到另一个地方，他们的种族身份也可以发生变化。进一步说，我们现在知道，不仅一般的种族观念，而且连作为社会范畴的白种种性，在历史上都是随意形成的，从而不是一种稳定的身份的标记。

正如关于白种种性的种族观念一样，西方并非一个经验知识里的连贯概念。西方的整体性的单一化程度还远没有到能够根据经验确定下来的地步。因此说，西方是一个神秘的构成物，当它在自身周围聚集了众多彼此抵触的道具之后，就有了强大的力量，能对我们产生影响。而重要的是别忘记，我们自以为通过这一神话所把握的那些东西，正越来越模糊，越来越不合适：我们再也容不下它那被过度地重复界定的性质了。这并不是说，西方不再是个现实——这一现实的假定客观性被全球所接受；我们对世界的认识仍然受这一历史构成物的指引。这就是为什么西方必须首先被理解成一个神话的原因，这一神秘之物规整了我们对于如何把世界地图上的人和制度加以分级塑造的想象，而且，作为西方与亚洲的二元对立里的一项，它也发挥着强大的功效。

直到数个十年之前，人们才确定无疑地觉得，西方既是一个地理学的也是历史学的标记，人们认为可以通过这一标记来衡量，某个特定的社会形态与另一个相比较有多么的现代。它过去曾经、现在依然作为一个转喻（trope）发挥着作用，通过这一转喻，地理学上的地区被映射到了进步的历史主义编年史上去了。对世界上许多地方所谓"发达国家"中的许多人来说，现代化就是西方化。这一公式使得他们能够完全忽视，在这样的陈述里——某些社会跑在其他一些社会的前头，这些社会就位于西方——有着刺眼而棘手的自相矛盾。

今天，作为分析性概念的西方已经崩溃，总的来说已经无用，在世界的许多场合都不能指导我们对某些社会的构成方式和某些人群的行为进行观察。它阻碍我们的观察，误导我们的比较，特别是我们所遭遇的社会构成方式和文化现象不仅是像香港、洛杉矶、汉城、上海、伦敦、悉尼、墨西哥城、北京、开罗、曼谷和雅加达这样的世界性都市的，而且也有北美平原的穷乡僻壤、日本东北部人口急剧减少的村庄、英国的中部，以及班加罗尔郊区这些地方的。还有日本，它习惯上处于西方之外，这么一种同西方的笼统比较能不能道出东京文化的独特之处呢？日本电影诠释了某种非西方的特有品性或习俗，但是有更多的意义吗——会不会个别研究者以为某些东西是非西方的，只不过说明他恰巧不熟悉这些东西罢了？不过，我们不能一时冲动就马上放弃使用西方与亚洲这样的说法，因为，一个种群的身份不是客观的，而是主观的现实，就此而言，无论是西方还是亚洲，都是主观的说法。[3] 某些人群会一直依赖于这些神秘之物，因为他们不得不在这样的范畴下，通过他们彼此之间的迥然不同来为自己定型。他们把西方定位成与"此处"（this side）的亚洲拉开距离的"别处"（over there），由此发明了一个棱镜，东方学就是从棱镜的另一面看过来的。跟东方学的棱镜会把西方作为此处而把东方作为别处一样，这个只窥视阴私的棱镜，再次激活了某种关于亚洲与西方之间差异的瞬间感觉，再次鼓励了一种苟且的开脱——找借口不把亚洲事物跟现代的和西方的事物一样放到相同的分析领域以供调查；仿佛在某个恰当的时候，对亚洲事物——出于某种不可思议的原因，它们几乎都立即被断定成"传统的"——的欣赏能够把我们从现代性的罪恶中拯救出来似的。

在 20 世纪 90 年代盛行一时的对亚洲价值的讨论，和以多种形式回潮的亚洲文化主义，这些不用说都提供了最好的证词，证明在人们借以将自己定型为亚洲人的那种身份标识模式中，后殖民性一直存在着。这些例子告诉我们，在西方—东方这样的文化主义的二元塑型布局的背景之下，亚洲还会不断在这些身份标识模式被召唤出来。而为了确认"我们亚洲"的团结一致，我们就不得不再次坚

---

[3] 根据田边元（Tanabe Hajime）的"物种逻辑"（Logic of the Species, Shu no Ronri），并以东条英机（Hideki Tojo）政府建立"大东亚共荣圈"的努力为前提，高坂正显（Kosaka Masaaki）认为，民族性或者国家性（minzokusei）在黑格尔哲学的意义上说是主观性的。见 Minzoku no tetsugaku, *Philosophy of the Nation*, Tokyo: Iwanami Shoten, 1942。

定假定的西方的整体性，并继续臣服于欧洲中心主义之下。

在前面所提到的西方与亚洲的大体布局之下，"我们"怎么可能把自己的身份标识为亚洲人呢？我想拿出来挑衅的最后一个问题是：我们如何能够使"我们亚洲人"这样一种自我指涉的说法不陷落到这个二元说法或日后殖民的分类法中去？

第二章

与后殖民说再见

2008年9月6日第三届广州三年展"与后殖民说再见"开幕现场

与后殖民说再见:第三届广州三年展

主办: 广东美术馆
协办: 香港艺术发展局
策展人: 高世名(杭州)、萨拉·马哈拉吉(伦敦)、张颂仁(中国香港)
研究员: 朵若希·阿尔布莱希特(Dorothee Albrecht)、索帕婉·布尼米特拉(Sopawan Boonnimitra)、斯蒂娜·艾德布洛姆(Stina Edblom)、塔玛·吉马雷斯(Tamar Guimaraes)、郭晓彦、林司律(Steven Lam)、加里德·拉马丹(Khaled Ramadan)
展期: 2008年9月6日—11月16日
展览场地: 广东美术馆、广东美术馆时代分馆

主体概念

本届广州三年展拟定的主体概念是"与后殖民说再见",这是策展工作的理论出发点,同时也是策展团所欲呈现的一个批评性视野。

"与后殖民说再见"并不是对于后殖民主义的简单否定。一方面,作为一种现实处境,后殖民远未终结;另一方面,作为艺术策展与批评领域的主导性话语,后殖民主义已经高度意识形态化与政治化,不但日渐丧失其批判性,而且已经成为一种新的体制,阻碍了艺术创作新现实与新界面的呈现。所以,"与后殖民说再见",不但是从后殖民"出走",而且是"重新界定"和"再出发"。

半个世纪以来,多元文化理论和新社会运动已经把社会与日常现实解构为一幅不同观念相互冲突的镶嵌画,而国际当代艺术实践也大多聚焦于身份、种族、阶级、性别等尖锐的社会、政治问题。在今天,那些曾经作为革命力量的理念,已经在"政治正确"

广州三年展策展人萨拉·马哈拉吉（左）、张颂仁（中）与高世名（右）在一起工作　2007年

的口号保卫下转化成为一种主导性的权力话语。而这些理念和话语的核心，是始终纠结在当代艺术－文化领域中的种种形态的后殖民主义话语。三十多年来，后殖民主义不但构成了一个理论批评与策略的集合体，一个无所不包的话语场，而且已经构成了一种"意底牢结"。在后殖民主义话语场中，多元文化主义、身份政治与后殖民主义理论共同建造的"他者政权"及其权力游戏已经导致了一种"漫无边际的正确性"。这种话语政治所打造出的是一种形式上自由却无法实现的社会，一个赞颂差异却无从创造的社会，一个被代理机制、管理学技术驯化的社会，一个被围困的社会。在这个被围困的社会中，如何在一种差异的生产中确立起差异的伦理？如何在对他性的保持中预防"他者的暴政"？这是目前国际策展界必须面对的重大问题。

长期以来，众多的国际艺术大展致力于构造所谓"众语喧哗的话语现场"以及"不同价值的协商空间",强调文化身份与政治的正确性,而忽视了创造力的探索以及艺术家对于可能世界的追求。"种族"、"性别"、"阶级"、"身份"、"多元"、"差异"这些意识形态化的概念共同编织出国际大展中的"伪代议制",一种"多元文化主义的管理学",共同打造了对于艺术—文化—政治的漫无边际的表述,并且建立起一种泛政治-社会学的话语意识形态。国际当代艺术创作中更是遍布着种种"意识形态的现成品",种种"未经消化的现实"。对于日渐尖锐的现实政治来说,对于我们置身其中的生活世界来说,这是一种过于轻易的滥用和过于肤浅的消费,是对于艺术和政治的双重贬低。由此,2008广州三年展的策展工作首先就要提醒大家注意多元文化主义的限度,并且勇于"与后殖民说再见"。

这就要求三年展的策展实践主动刷新理论界面,从目前主导性、泛政治-社会学的话语意识形态中出走,通过一系列学术动员与视觉组织工作,与艺术家共同思考、研究、合作,从当下的现实经验与想象中共同孵化出艺术创造的新的话题与气象。

流动论坛

本届三年展是一个学术研究和艺术创意的国际性平台,是艺术家与学者深入思考、创作的现场。为深化相关议题的研究,本届三年展以"流动论坛"的形式,发起了一系列学术论争与研讨。流动论坛将三年展的议题带到伦敦、广州、杭州、上海、北京、黄山、香港等地的重要艺术-学术机构,在一次又一次的现场论争中检验和拓展三年展的问题视域。流动论坛已经在7个城市的10家重要文化机构成功举办,参与讨论的艺术家、学者、策展人超过300人。

三年展流动论坛就像一次长途行军，一场漫长的旅行，按照内容划分为以下八站：

第一站：2007年6月21日，第三届广州三年展"开放日暨招待会"在英国伦敦泰特现代美术馆召开。这是第三届广州三年展经过历时一年半的筹备工作，首次正式对外公布讯息，抛出了主要话题"与后殖民说再见"。

第二站：2007年11月19—20日，针对2008年9月的亚洲群体性大展，广州三年展举办了题为"亚洲再出发：美术馆策略与策展实践"的国际学术论坛，探讨"多元文化主义的限度"。

在过去的四十年中，多元文化主义的诸种模型帮助我们认识到了一系列变化中的社会现实及社会运动。这些模型构成了一个概念与阐释的视野，这些概念和阐释涉及当代艺术所呈现出的社会政治性——在全球化的舞台上，文化的多元、差异与冲突愈演愈烈，解构着艺术-文化中的欧洲中心主义，并且孵化出他性、附属关系、主题疆域、身份、迁徙、离散、宽容以及世界主义等一系列新的问题。而后殖民主义分析致力于拆解文化权力的内在结构，分析从属以及反抗，探讨自我和他者的建构。后殖民主义将当代艺术空间置于一种审查之下，这种审查是依据文化杂糅及其确实性、原教旨主义及纯粹主义的自相矛盾的强制力。

今天我们有必要探究这些观点的强力和虚弱，以及它们所施加给艺术生产的意义，点出其限度以便超越它们。这些观念是否已被制度化了？是否已经形成了一种普遍深入的"多元文化的管理机制"，并成为一种把所有差异均质化的政治性工具？它是否会演变成为另一种陈规陋习？它是否会成为一种文化多样化的意识形态，一种全球化的同一化和标准化驱动？关于身份、多样性及差异性的

"与后殖民说再见——第三届广州三年展"流动论坛现场
① 进行中的计划　黄山　2008 年 4 月
② 开放日　伦敦泰特现代美术馆　2007 年 6 月
③ 艺术家提问演习　尤伦斯当代艺术中心　2007 年 11 月

观念是否已经失去了批判的锋芒？这为争取政治公正的原本生机勃勃的斗争是否已使自己陷入一种机械、呆板的"漫无边际的政治正确性"之中？而对于今天来说，问题就在于——怎样从这些观念的界限出发进行批判、反思，以便在当下的全球空间中刷新这些观念，并进一步使其可能性与潜力得以更新？

第三站：2007年11月23—28日，"通过视觉思考"广州三年展流动论坛在中国美术学院（杭州）和北京大学举办。

第四站：2007年11月25—29日，广州三年展发起"艺术家提问演习"，邀请艺术家向三年展以及现行国际艺术体制发问，"提问演习"在比翼当代艺术中心（上海）和尤伦斯当代艺术中心（北京）举行。另外，"提问演习"的海外部分由本届广州三年展研究员林司律与塔玛·吉马雷斯主持，在纽约进行。

第五站：2008年4月13—18日，"行进中的计划：第三届广州三年展学术工作坊"在黄山举行，策展人与艺术家、研究员一起，就15个"行进中的计划"进行了深入分析，并从中发掘出三年展的一系列问题界面，作为2008年第三届广州三年展的"思想库"。

这15个"行进中的计划"由世界各地的艺术家和策展人共同提出并执行，从不同方面回应和延伸本届广州三年展所提出的学术议题"与后殖民说再见"。它们共同呈现出后殖民话语和多元文化主义覆盖下吊诡的现实，现行文化-政治话语无法抵达的领域，阶级、性别、部族、文化杂糅等现行观念所无法描述的艺术实践。作为一个贯穿广州三年展始终的重要学术平台，"行进中的计划"不仅关系到本届广州三年展学术视野的形成、学术主题的建构，并且关乎艺术家的动员、展览的先期呈现等一系列重要问题。它汇集了30余位国内外著名思想家、艺术家的社会调研和社会实践。

第六站：2008年7月6—7日，广州三年展与香港艺术发展局共同组织的"创造的焦虑与可能世界"国际学术论坛在香港艺术中心举行，探讨艺术创造在当前的生存境遇与可能性。

在今天，后殖民主义语境、多元文化政治、历史的多线索叙事、个体内部的多元世界、网络生存的幻象疆域……凡此种种，构成了我们身处其中的生存境遇，同时，也构成了我们思考艺术"创造性"问题的新的语境。一方面，多元文化的价值协商、社会观念与理想的冲突，这一切都促使当代艺术深深地纠缠在种种社会、政治议题之中，艺术介入性、艺术参与社会的压力与责任变得日益重要，而艺术创造性的问题被长期搁置。另一方面，网络媒体、虚拟技术的发展给人类带来了一系列全新的激情与生存经验，超级现实、架空历史、第二人生……这一切逐渐组织起一个新的经验"主体"，一种替代性的生活世界。在今天，日常生活正以前所未有的丰富性和想象力挑战着艺术创造的神话。多元化的生存处境不仅体现为形形色色的族群—文化差异，而且是指在每个个体生命中都存在着多重的生活世界和生存现场。在今天，"异质生存"不只于"生存在他者中间"，而且还是落实在每个个体身上的"差异化生存"，是个体内部的思想实验和生存实验，是朝向陌生领域的一次次进军。

有感于此，我们邀请来自世界各地的30余位学者、作家和艺术家齐聚香港，共同思考在当前错综复杂的文化-生存论语境中，我们何以可能讨论"创造"？在超级现实与网络生存的时代，当我们通过媒介和虚拟技术可以轻易获得替代性现实或者另类生活世界的时候，艺术家对于现实的超越意味着什么？创造性意味着什么？可能世界又意味着什么？我们应该如何重新厘定艺术与现实的关系?

第七站:2008年7月9日,广州三年展邀请艺术家在上海十乐会所举行"当代艺术:表述、介入还是创造?"研讨会。

黄永砅、吴山专、汪建伟、邱志杰这四位艺术家的个展相继在2008年举办。这四个展览呈现出中国艺术家的另一种形象,与国际艺术界所熟知的形象迥然有异,与由市场以及市场化的媒体所炮制的当代艺术家的形象也全然不同。他们在工作中承担了许多观察与思考,他们都有一套复杂的系统,都有一以贯之的创作线索。在他们的创作中,都埋伏着政治议题,其方式却完全不是大家最习以为常的那种做派,他们非左非右,他们不再是一望可知,而是一言难尽。

第三届广州三年展试图以这四位艺术家的个展作为讨论和批判的对象,从中发掘出纠缠着中国当代艺术家创作的一些观念与议题,在轻松的气氛中进行自由、集中、细致的讨论,不求得出结论,但求提出问题;不求大鸣大放,但求细腻深入;不求取得共识,但求坦诚相见。

第八站:2008年11月15日至16日,值展览闭幕之际,三年展与歌德学院共同举办题为"与后殖民说再见/后西方社会?"的国际论坛,这是本届三年展的最后一站,邀请海内外学者与艺术家对广州三年展以及同期在亚洲发生的多项国际大展进行了深入、坦诚的批评与反思。

在这一漫长的旅程中,本届三年展渐次发展出一系列议题,这些议题的提出大致分为三个阶段,三个层次:

第一阶段:2007年6—12月,在文化政治层面,提出"与后殖民说再见"、"多元文化主义的限度"、"他者的暴政"等议题。

第二阶段：2008年1—6月，在艺术策展与创作层面，提出"话语的奇观"、"意识形态的现成品"、"未经消化的现实"等议题。

第三阶段：2008年7月开始，在创作与生存论层面，提出"围困的社会"、"世界中的世界"、"可能世界的当下方式"等议题。

广州三年展流动论坛采取了多样化的形式，从严肃的学术研讨会到艺术家群体性自由辩论，从大学讲堂到艺术中心，从系列讲演到工作坊，地点和方式灵活不拘，既有策展人与哲学家、人类学家的理论争辩，也有对艺术计划的集体性"厚描"与精读，以及艺术家向策展人、展览体制的自由发问。"流动论坛"是贯穿本届三年展始终的一个重要平台，它不仅关系到本届三年展学术视野的形成和学术主题的建构，而且关乎艺术家的动员、展览的先期呈现等一系列重要问题。通过三年展流动论坛，策展团希望与艺术家、学者们共同探讨当代艺术创作的文化处境，清理出一些纠缠在艺术界的伪问题，同时使艺术家关心的最新的问题界面浮现出来。

主体展览

第三届广州三年展于2008年9月6日—11月16日在广州举办，以广东美术馆、广东美术馆时代分馆作为主展场。本届三年展展出来自40多个国家和地区的178位艺术家的最新作品。特别设立四个专题板块，分别为：

行进中的计划。三年展特别邀请17个艺术计划，从不同方面回应和延伸策展团所提出的学术议题"与后殖民说再见"。作为本届三年展的研讨伙伴，这17个计划大都是艺术家近年来自发进行的长期计划，呈现出艺术家挖掘社会议题、介入社会的不同角度和方式。在此，艺术家既是创作者，同时也是研究者和社会参与者。行

"与后殖民说再见"策展人与研究员等,从左至右:郭晓彦、索帕婉·布尼米特拉、葛楚德·桑奎斯特(Gertrud Sanqvist)、王璜生、张颂仁、萨拉·马哈拉吉、高世名、塔玛吉·马雷斯、林司律、斯蒂娜·艾德布洛姆、朵若希·阿尔布莱希特、加里德·拉马丹

进中的计划是一个讨论和分析的平台,通过这个平台,策展人与艺术家共同发掘、检讨三年展的议题框架,共同探讨:调查和研究对于艺术创作意味着什么?艺术家所关心的社会政治问题在创作之中发生了怎样的转变?他们如何使用、消化其现实材料?"行进中的计划"是未完成的和开放的,也是复杂的和一言难尽的。

思想屋。三年展特邀19位(组)国内外著名思想家、艺术家、作家展示他们的思想现场和创作模态。作为本届三年展内部的一个跨领域创作系统,"思想屋"旨在呈现当代艺术的创作情境,探讨艺术作为一种知识生产方式的潜能与意义。在此,参与者打开他们的工具箱；在此，当代艺术成为一种思想方法，艺术创造显示出它的台前与幕后。

自由元素。本单元展示 55 位（组）个体艺术家的最新创作，涵盖影像、装置、绘画、摄影、声音、写作与现场表演等多种艺术形式。这些作品从不同角度回应三年展的学术议题，共同呈现出当代艺术在后殖民语境中的创作现状，突显出后殖民话语和多元文化主义等流行话语所无法抵达的领域以及难以呈现的现实。

特别计划。三年展设立 7 个特别计划，由来自世界各地的艺术家和三年展研究员提出并执行，它们呈现出不同语境中对于三年展议题的不同角度的思考，展示后殖民话语所开启、所遮蔽的复杂的现实。特别计划包括：

1. 中东频道，由加里德·拉马丹策划。

2. 东南亚剧场，由索帕婉·布尼米特拉策划。

3. 消失的现场，由郭晓彦、崔峤策划。

4. 会饮居计划，由朵若希·阿尔布莱希特策划。

5. 墨西哥的早晨，由林司律与塔玛·吉马雷斯策划。

6. 广州三年展原始档案，由斯蒂娜·艾德布洛姆与亚洲艺术文献库策划。

7. 组织变异，由 Para / Site（梁志和与伯格［Tobias Berger］）策划。

"后殖民之后"的观察和预感

高世名

在描述我们是什么之前,我希望首先说出我们不是什么,我们拒绝什么,我们想要放弃什么。

"与后殖民说再见"是第三届广州三年展策展的起点,一个批判性的出发点,也是三年展给自己出的一道难题。这个话题提出之后,我们受到来自不同立场的指责:在国内,许多艺术家不以为然,对他们来说,中国没有惨痛的殖民史,连殖民都谈不上,何谈后殖民,何谈与后殖民说再见?[1] 而在国际艺术界的许多权力人士看来,这是明显的"政治不正确",是右派抬头;甚至,多元文化主义者会断然指出,这是一种向殖民主义的回归,一种新的"大国沙文主义"。

我想说的是,这种把后殖民简单地对应于殖民史的观念,以及这种讲求立场、壁垒分明的政治化论调,恰恰是我们试图拒绝的东西。在后殖民主义及其话语实践被"政治正确性"护卫得刀枪不入

---

[1] 中国艺术家对于后殖民话语大都持无所谓的态度,这在非西方国家是非常独特的。究其原因,我个人认为与20世纪中国经历的"双重殖民"有关:我们不但经历了"西方"的殖民,而且还经历了"反西方"的殖民,不但经历了技术的殖民,而且经历了乌托邦的殖民。1950年代开始的社会改造不但根除了中国"传统社会"的遗产,而且也阉割了19世纪末开始的国际文化交往的历史和经验。在20世纪的后半叶,中国人承担着一个比殖民记忆更加强烈沉重的历史伤痛,所以1980年代,中国当代艺术兴起的时刻,它在中国的使命与后殖民实践全然无关,所谓"西方"在当时只是一个不及物的对象,直接的"革命"对象是身边的社会体制,以及几十年来积累下的"新传统"。

的今天，它的意识形态特征已经表露无疑。我无意于对后殖民主义进行理论和政治上的论证，而只是对艺术的政治化给艺术和政治带来的显而易见的伤害表示不满。

当然，在此我们最好先区分开"后殖民"的不同"身份"。后殖民不但是一种体验，而且是一种语境；不但是一种视野，而且是一种眼光，一种话语，一种解释机制，一种观者的制度。作为机制，它就像一张网，只打捞起它能够并且愿意打捞的东西。有时候，它甚至转化为一种创作机制，渗透在艺术家的所思所想之中。

"后殖民"作为话语，是在策展的层面上说的，作为语境，则为我们所有人共有。但是，这个语境却不是所谓后殖民现实或后殖民历史经验的副产品[2]，而是一种体制经验，一种意识形态经验。同时，它不只是理论和观点，也不只是身份特性，而且是一种"观看制度"。不管艺术家有没有听说过后殖民，不管他是否在乎后殖民，在观看、参与国际展览的经验中，在与批评家、策展人的合作或对抗中，在被阅读、被展示、被观看、被描述的过程中，就已经身处这个语境之中了。在这个意义上，不存在什么特定的"后殖民艺术家"，我们所有的艺术家都已在后殖民语境之中。

"与后殖民说再见"这一议题的提出，来自一种深深的疲惫感。当然我们可以继续条分缕析地辨别出作为经验的后殖民、作为话语的后殖民、作为语境的后殖民、作为意识形态的后殖民……但是在这里，我只是想为这个主题的选择陈述一个简单的理由，一个或许

---

2 在中国，整个 20 世纪的主导话语可以说是东西方文化之争。在 20 世纪之初，中国知识界就创造出了国粹、学衡、新儒家等各类"自我他者化"的、杂糅的文化论述。而在毛泽东 1940 年的《新民主主义论》中，类似"后殖民主义"的论调比比皆是——可以说，中国的"后殖民现实"要远远早于"后殖民话语"的生成。

是主观的、任性的理由。

现在，我们不去讨论那些意识形态化了的后殖民话语，丢开国际大展中的"政治奇观"、庸俗化的身份表征、多元文化主义的空头支票……这一切，在过去一年中，在广州三年展的历次流动论坛中，已经被谈论得太多。我向自己追问的是——在第三届广州三年展即将开幕的时刻，我最想向艺术界的同仁们坦白些什么？

在此，我想要尝试着说出的，是对"后殖民之后"的一些散漫的观察和预感。

后殖民话语的意识形态化

后殖民主义从民族国家对历史-世界观的封闭与宰制中打拼出一方领地，这四十年来，它与种种社会运动结合，开辟出一个批评与叙述的空间，无论在文学、艺术还是政治领域，它的功勋都显而易见。然而，这些成就在短短二十年的时间内就已经迅速蜕变为一系列套路，在形形色色的国际大展上，在五花八门的研讨会上，我们到处听到、看到诸如"身份"、"他者"、"翻译"、"移民"、"迁徙"、"本土"、"差异"、"杂糅"、"多元"、"霸权"、"边缘"、"少数群体"、"另类现代性"、"压抑"、"可见—不可见"、"阶级"、"性别"、"种族"这些文化批评的关键词及其五花八门的符号形式。在今天，这后殖民的工具箱，这些曾经作为革命批判力量的概念和理念，已经在"政治正确"的口号捍卫下，转化成为一种主导性的权力话语；那原本是解构性的、反霸权的批评策略，现在却正在建立起自己的政权，一个学术圈子里的"他者政权"。数十年来，后殖民主义不但构成了一个理论批评与策略的集合体，一个无所不包的话语场，而且构成了一种"话语政治"。这种话语政治所打造出的，是一个形式上自由却无法实现自由的社会，一个膜拜差异却无从创造差异的社会。

多元文化主义、政治正确性……这些东西的本义是说，每个人都有权力捍卫自己，每个人都应该容忍他人。然而，一旦政治化，一旦成为意识形态，多元和宽容就迅速蜕变成为一种文化相对主义，甚至价值上的犬儒主义，这就导致了对于文化理想的阉割，政治和资本会迅速占据价值判断退场之后的领地，策略与操作就被很自然地提到台前，形成一种"经理人霸权"和"他者暴政"的结合体。不幸的是，正是这个"权-利"结合体在支撑着国际大展的艺术工业，不断打造出多元文化主义的、"后殖民主体"的类型化明星。[3]

我们不是反对某一种意识形态，而是反对意识形态本身，反对所有已经成为和正在成为意识形态的东西。尽管这实际上是个不可能的任务，新的意识形态总是会不断涌现。覆盖在生命主体上的意识形态，是认知的和表现的符号系统，是主体表述、感觉、想象和欲望的体系。意识形态将存在个体变为社会主体，是不可回避的现实本身的功能，因而意识形态是我们难以知觉的，时刻笼罩、浸泡着我们的。它是我们生存的背景，因而我们无法选择在"意识形态之外"，我们生来就在"意识形态之中"。它每时每刻都是既成事实的。而惟其既成事实，它才是被给予的；惟其是"主体表述、感觉、想象和欲望的体系"，它才是"意底牢结"（这个20世纪早期的中译揭示了ideology的本性）。它并非控制和提供一套狭隘的政治观

3　后殖民语境中，国际大展塑造出的这个新的族群，他们跳出了东方学—西方学的套子，他们拥有多重身份，他们身在何处？他们自由了吗？

念,而是我们界定现实与自我之关系的基本框架,它整合了现实,使现实在我们面前呈像。因此,意识形态是我们思维、判断、抒情背后的东西,是我们之为主体的背后的东西。意识形态就像拉康说的"大他者",区别仅在于"大他者"的隐喻是一双从极远处凝视的眼睛,而意识形态则是一张看不见的网。

在过去二十年中,后殖民逐渐编织起这样一张看不见的网。而本届广州三年展试图呈现的,正是这张网打捞不起来的东西,正是那些后殖民网络无从显示的"漏网之鱼",那同时也将是后殖民话语和多元文化主义等流行话语所无法抵达的晦暗领域。

后殖民的代价

在我看来,艺术的政治化、政治的意识形态化或者说"话语政治化",是后殖民主义及其社会实践带来的两大问题。后殖民主义继承了1968年"五月风暴"的批判精神和社会遗产,继承了后结构主义的思想方法,这是众所周知的事。然而,这一继承是有代价的,它还必须偿还某些东西。米歇尔·福柯对欧洲思想史内部的知识-权力结构进行批判,是对自我及其历史的解构和反省;而爱德华·萨义德及其后继者们则是在"文化之间"进行批判,是对自我及其历史的重访、再想象和塑造。且不说这二者在思想品质上存在着巨大的差别,同时,需要特别警惕的是,后殖民主义在揭示和抵抗"西方"叙述过程中的自我对象化倾向。事实上,这种自我对象化不但发生了,还诱发了最糟糕的结果——民族主义和原教旨主义。这正是萨义德在他辞世前最后一版《东方学》的序言中所说的最大的遗憾。

1968年的社会思潮在"西方"与"非西方"语境中产生了截

第三届广州三年展展览现场，刘大鸿《马上信仰》（空间）与杨科夫基（Christian Jankowski）《大芬村计划》（墙面）

然不同的影响。同样，后殖民主义在所谓"西方"社会的意义与在"本土"的意义也完全不同。作为一种理论话语和批评方法的后殖民涌入中国大约是在十五年前。那是大家抨击文化"春卷"的时刻、抨击身份政治所生产出的"异国风情"的时刻。值得注意的是：后殖民话语首先是作为西方话语进入中国的，它作为非西方或者反西方话语的意义在很长一段时间内隐而不彰，这种身份的暧昧性使它在中国的传播产生了奇特的效应。1995年2月，《二十一世纪》发表旅美学者赵毅衡的《"后学"与新保守主义》与徐贲的《"第三世界批评"在当今中国的处境》。赵文分析了后殖民、后现代话语与国内保守主义思潮之间的关系，徐文揭示了"西方"后殖民批评与第三世界批评在中国的蜕变。这是中国海外学者对于后殖民话语的一次深刻的剖析和批判。

德里克（Arif Dirlik）说过：后殖民主义产生自非西方知识分子进入西方话语圈之时。那么，为什么中国的旅外学者会对后殖民主义如此警惕？

1990年代初，国内学界正在忙着反思1980年代过于单纯的理想主义以及文化批判意识，而这场反思纠结着中国知识分子对20世纪思想史的基本认识的转换。这个时刻，后殖民话语的引入触动了中国当代文化的敏感神经。对"五四"新文化运动的重新反思，对学衡派、国粹派、新儒家的钩沉，文化民族主义的"东方文化复兴论"，等等，与刚刚进入中国的后殖民话语密切结合在一起，构成了一种意识形态上的"新保守主义"。正如陶东风指出的："后殖民话语在西方内部是一种激进的、边缘化的、反官方、反体制的政治-文化话语，但是这种批判性与激进性在进入与西方不同的社会文化语境之后，却不一定能够得以继续保留。相反，它有可能与主流文化以及现存体制处于一种暧昧不明、相互勾连的关系中。"

在中国艺术界,后殖民话语主要表现为1990年代末对所谓"西方"眼光的反抗,以及对本土性、中国性、特殊现代性的强调。正如徐贲所说的:"中国的后殖民批评的核心是本土性而不是反压迫,或者说它只反第一世界的话语压迫而不反国内本土的文化压迫。"后殖民话语在欧洲和美国知识圈中是一副"反压迫"的左派形象,而在有着一个世纪左派历史的中国,却转而成为文化"左派"的敌人。他者与左派、左派和右派、压迫与被压迫之间始终保持着暧昧关系,这一点,20世纪的中国有切肤之痛。事实上,不只是在中国,在"西方"当代历史中,传统的政治区分,无论左与右、自由还是极权,都已经不再明确了。极权主义与民主政治可以迅速地互相转化,曾经以普世主义为理想的社会主义可以迅速堕入种族主义的泥沼(塞尔维亚的清洗),欧洲"文化防御"名义下的新法西斯主义与沙文主义的复苏……这一切都说明了现代政治的复杂性远非现行理论所能解释。

回归的焦虑

当奥德修斯回到伊萨卡岛,当他醒来,没有人辨认出他的身份,他也认不出自己的家乡。雅典娜不得不现身,向他保证这就是他的伊萨卡。

后殖民主义批评的宗师爱德华·萨义德把自己的文化背景描述为一连串无法恢复的错置和流离失所,他始终处在两种文化之间。萨义德生前,曾多次提到回归。他说:对我来说,真正的回归是悬而未决的。的确,后殖民的重要主题就是离散和回归。对萨义德来说,回归意味着回到自己,也就是回归到历史,使我们了解真正发生了什么，为什么发生，而我们又是谁？回归在此表现为一种焦虑，寻根的焦虑。

在阿历克斯·哈利的小说《根》中，主人公追寻祖先之根，最终回到遥远的非洲村落，却得不到同族的认同。[4]《根》是一部被西方权力话语与殖民历史扭曲了的现代版的《奥德赛》。在长达三百多年的漂泊之后，这位现代的返乡者遭受了比奥德修斯更为残酷的命运，后者为了不被识出，刻意装扮成乞丐，而前者却早已无可选择地被现代文化中的漂泊所改变——他的同胞们紧紧地围着他，看着一个"黑皮肤的美国人"。他发现自己原来仍是个混血儿，在血统纯粹的人群中间，他觉察到自己并不纯粹，无地自容，他只能紧紧握着几个残存的母语词汇，除此之外，一无所有……

而在今天，《根》的故事被现实演绎为一幕喜剧。这幕喜剧被新西兰艺术家丹尼尔·马龙（Daniel Malone）记录下来，他在此充当了那个辨认不出家乡的回归者的角色。1999年到2001年，《指环王》系列拍摄完成，其中许多重要镜头是在新西兰拍摄的，这部电影深刻影响了新西兰作为一个国家对自身的认识。《指环王》电影公映后，新西兰整个国家开始"角色扮演"，从航空公司的广告到旅游手册，一切都成为《指环王》的现实延伸。在最新的旅游地图上，许多做过《指环王》外景基地的新西兰小镇按照电影里的情节重新自

---

[4] "七十来个村民紧紧围住了我，围成一个马蹄形，足足有三四层；要是我伸出手臂，我的手指就会碰着这边或那边的人。他们都盯着我看。他们的眼光在我身上探索，由于聚精会神地瞪眼看而在额头上隆起一条条皱纹。我内心深处产生一种内脏的搅动和翻腾的感觉；我茫然不知所措[……]过了一会儿，又好像有某种强劲的大风向我袭来，使我猛然醒悟：在我一生中，曾多次身处于人群之中，但是从没有在周围全是乌黑的人群中呆过。我感情激荡，垂下了双眼，正像我们在心中荡然、把握不定时往往会出现的情况那样，我的眼光落在我自己肤色棕褐的双手上。强烈的感情又一次向我袭来，这一次来得比以前更快、更猛：我发现自己原来仍是个混血儿[……]在血统纯粹的人群中间，我觉察到自己并不纯粹，这种察觉令我无地自容。"

我命名,而在独立后的去殖民时代,这些地点刚刚恢复了曾经的土著命名。

在我看来,这个事实可以用来回应那些试图继续纠缠于后殖民叙事与身份问题的人们。一部电影可以改变一个国家的身份想象,塑造出一种新的符号象征体系,这与都柏林市为乔伊斯小说中的虚构人物设立现实中的故居完全是两回事。新西兰全民性的"角色扮演"当然不只是一种对自我中心的确认,不只为了把这个地理上的"世界尽头"想象为电影虚构里的"中土",更实际也更加重要的,是为了获得《指环王》所引发的宣传效应、商机和旅游业的繁荣。这个《指环王》版的新西兰故事提示了"后殖民之后"的两种现实:其一,我们正处在一个现实模仿虚构的时代,今天的"殖民"不只发生在不同种族与文化之间,而且体现为媒体向现实的殖民,虚拟世界向实在世界的殖民;其二,这个故事显示出,在后殖民之后,所谓的文化身份是多么脆弱——它再也不是后殖民主体寻寻觅觅的文化之"根",也不止是德勒兹所说的不断延伸出新中心的"块茎"[5];在后殖民之后,"身份"只是文化资本和政治游戏的一条假肢,它本身就是虚构、模拟出的一个幻象,一种欲望,一个全球商业、大众文化和旅游业不断创造、更新的伪神话。[6]

策展人弗朗西斯科·波纳米(Francesco Bonami)在去年 11 月

---

[5] 在德勒兹看来,"块茎"没有基础,从不固定在某一特定的地点。"块茎"在地表蔓延,扎下临时性的根须,并借此生成新的"块茎",然后继续蔓延。

[6] 普遍媒体化的社会使一切传统意义上的政治角力和争端显得同样肤浅和虚假,因为在当下的现实中,多元性发生在每个个体内部,对每个当下生活的个体来说,身份标签的寻寻转换成了替代性体验的探求,差异的辨析转化为差异化地生存……那被兜售的或者有待辨认的身份,静态的、僵化刻板的标签,就转而成为一种欲望,成为我们自我开放、自我更新的激情和动力。

广州三年展的论坛[7]中提到：萨义德的东方学已经接近了生命周期的尾声。今天，"东方"作为已经被改变的东方再次出现，并且成为东方人自己的新发明。的确，从《根》到《指环王》，我们发现，在日常生活的层面上，后殖民的社会征兆已经改变，我们没有理由始终纠缠于那个并不可靠的历史根源，殖民记忆已经被汹涌前行的、不断更新的现实抛到脑后，曾经的"后殖民主体"正在建立起属于自己的新的当代文化（哪怕这种建立以一种"自我他者化"作为基础），那是介乎全球资本、公共文化、大众媒体与艺术实验之间的一种混合创造。

在后殖民之后，历史在未来中。只要摆脱了"根"的形而上学情念，我们就不在乎自己曾经是谁，只关心我们将会是谁。在后殖民之后，不再有回归的焦虑，因为生存已经在多个界面展开，我们无从回归也无需回归。

其实对艺术家来说，即使在日常生活的领域中，身份也可以是一种松动的可交换的体验。诗人肖开愚在赴青海采风途中写道："种族跟故土是个投生问题，原属偶然，继而习惯并认领为命运。[……] 然则我们何尝不属一个尚未命名的民族？出入伸缩不已的市街，我体内天然地活动着冰山、沙漠和野兽，寺庙、和解和梦寐。"

围困的社会或政治奇观

后殖民之后，艺术家的主要任务是要清理或者逃脱目前这个过度政治化的国际艺术现场。在我看来，后殖民主义、多元文化主义

---

[7] 此为第三届广州三年展流动论坛的第二站，主题为"多元文化主义的限度"，2007年11月19—20日在广东美术馆举行。

给当代艺术界带来的一个主要问题就是艺术的政治化。当然，这跟当代政治自身的嬗变有关。在最近四五十年内，政治逐渐从民族国家的框架中脱离出来，进入日常生活的领域。现实被分化了，社会与日常生活呈现出一系列争端，现实被解构为一幅不同观念相互冲突的镶嵌画。现实的表象之镜破裂了，我们再也无法抵达镜子的中心或边缘，我们眼前的首要图像是表象之镜内部的裂痕，那是日常生活的内部边疆。现实被新社会运动以及后殖民理论表述为一系列由中心—边缘、可见—遮蔽构成的意识形态运作，我们从这面破裂的镜子中看到的，不再是完整如一的现实，而是彼此交叠穿插的现实之裂隙，是女权主义和男权主义、西方与非西方、白人的和黑人、同性恋和反同性恋之间权力斗争的残骸。

当代艺术参与社会的历史，与种种社会运动相结合的这四十多年的历史，给我们带来的不止是政治的艺术，还有艺术的政治。在当代艺术领域，策略、权力等字眼被广泛地、暧昧地、爱恨交织地使用着。艺术的参与主义竟然沦为了国际大展政治选秀中的"伪代议制"，这种虚假、肤浅的代理人制度除了塑造出一种国际艺术大展的"政治奇观"之外，给艺术带来了什么？又给政治带来了什么？[8]

在生活高度媒体化的今天，我们的现实政治处境变得愈加复

---

[8] 这种运作在国家政治之外和文化场域之中确立了众所周知的"身份政治"。然而，身份政治的革命性就其本身而言是虚假的，在身份政治意义上对"政治正确性"的追求只是表现为对革命姿态即弱势立场的争夺。这种政治的虚假和病态在于，在这个伪革命情境之中，中立就是无立场，就是右派，而真正意义上的"反动派"如反女权主义、反反种族主义实际上是缺席的。于是，艺术的政治被简化为立场之争、他者之争。这种典型的"意图伦理"使新社会运动重新落入了一种独裁式的文化革命逻辑。跨文化的多元主义与身份政治依然是以一种虚假的"表述／代表"机制为其原则的。这种文化上的表述机制与政治上的"代议制"一样，是一种代理-中介制度。

杨福东《青·麒麟》录像装置 2008年

杂。社会学家鲍曼（Sygmunt Bauman）用"围困的社会"一词描述我们今天的现实境遇。"围困的社会"所指涉的，并不是纠缠着每个个体的社会政治学，不止是乔治·奥威尔、赫胥黎所叙述的极权统治的梦魇，也不止于汉娜·阿伦特、米歇尔·福柯所分析的无形的权力操控。在一个"围困的社会"，个体被赋予形式上的政治自由，却无从实现自由。因为个人心甘情愿地处于一套精密的管理学代理关系之中，政治、权力和自由都已经中介化了。《1984》中的"老大哥"已经变成了1999年的电视娱乐节目的主角，"老大哥"不再是一个神话般的统治者，他是无数隐形人的合力，是被大众传媒架空了的大众。政治不是被给予的、代表或者被代表的，而是指向性的和批判性的。政治是集体的、有效的、可见的行动，是一种群体性在场。然而，这种集体行动现在却导致对政治的娱乐化和贬低——政治原本带有的对于现实的批判性和实践性，现在却成为一种代表-表演的奇观，甚至蜕变为一种管理学，一种维持和保存的机制。

"围困的社会"，是一个被生活政治围困的世界，一个分不清个体和社会、自我与他者、作者与观者的世界；也是一个被系统化的知识表述的世界，一个没有远方和陌生之地、没有神话和未知领域的世界；同时，这还是被 Google Earth 和 GPS 全面呈现-监控着的世界，一个"没有外部的世界"。

那么，我们如何抗拒这个围困的社会、坚硬的现实？如何逃离这个审计学和管理学主导的世界，这多元主义的一潭死水，这张自由的空头支票？

大众媒体把一切人类带入全球生活的同时，也构造了一种多元的生存处境——在后殖民之后，多重现实和多元历史已经成为真正可感受的个体生存经验，这为我们打开了一个新的空间。

创造的焦虑

如果说后殖民的焦虑是回归的焦虑,那么后殖民之后的个体要承受的,是创造的焦虑。

简单地说,后殖民的"积极实践"是价值协商,是批判和谈判,是体制和政治层面的社会干预;后殖民的"消极实践"则是一种聆听,是要开启被文化差异阻隔的空间,是向他者学习,是自我启蒙。但无论积极还是消极,后殖民作为一种文化实践,远未将这些伦理的、政治的负担转化为艺术创作的真正能量(只是提供了堂而皇之的借口和理由),毋宁说,它取消、消解了当代艺术的创造性问题。恰恰是后殖民对于文化政治的迷恋,使它忽视了在生活世界中正发生着的变化,忽视了这种变化对于艺术经验和创造的潜在推动力。

在今天,日常生活正以前所未有的丰富性和想象力挑战着艺术创造的神话。网络媒体、虚拟技术的发展给人类带来了一系列全新的激情与生存经验,超级现实、架空历史、"第二人生"[9]……这一切逐渐组织起一个新的经验"主体",建构起一个替代性的生活世界。讨论多元和差异,早已不止于种族、文化、性别、阶级……不再是这些一望可知的身份区隔。网络生存、远程监控、实时技术早已改变了我们的身份体验,多元化的生存处境不仅体现为形形色色的族群-文化差异,而且是指在每个个体生命中都存在着的多重的生活世界和生存现场。在今天,"异质生存"不止于"生存在他者

---

9 "第二人生"与以往的游戏最大的不同在于,它提供了全然仿真的现实,以彻底的复制为旨归,而非以虚幻和迷人为尚,它的魅力似乎只是在于提供了另外一次机会。在此我们要思考的是:"第二人生"究竟复制了什么?是生活逻辑还是生活形式?我们的生活与它是什么关系?是观众席与舞台吗?是一盘棋与另一盘棋吗?"第二人生"是我们的生活世界一部分,还是某种"可能世界"?在"第二人生"所表征着的超级现实中,现实主义和超现实主义意味着什么?

中间",而且还是落实在每个个体身上的"差异化生存",是个体内部的思想实验和生存实验,是朝向陌生领域的一次次进军。

我们曾无数次感叹生活比艺术更有活力,更有想象力,更荒诞,更不可思议。在这个被媒介不断延伸、加补的世界中,现实呈现为多重现实;在网络生存的多重现实时代,多元与差异都已经内在化了,可能世界[10]也变得触手可及。兰波的"生活在别处"、布洛赫的"白日梦"、超现实主义者的"另类世界"、"超验体验"[11]……艺术曾经许诺的一切,在今天都可以通过虚拟技术、网络空间轻而易举地获得。那么,艺术家对于现实的超越意味着什么?深深地纠缠在种种社会、政治议题之中的当代艺术,能否重新启动艺术创造的探险之途?那是一种向早期现代主义理想的回归,还是后殖民之后的迷途?

巴别塔的废墟

在过去的一年多时间里,三年展策展团在不断地讨论(甚至争论)中一步步前行。从文化政治层面上对后殖民主义、多元文化主义的反思,到策展层面的,对"话语奇观"、"意识形态现成品"以及艺术创作中诸种"未经消化的现实"的剖析,直到在生存论的层

---

10 莱布尼茨最先提出了"可能世界"这个概念。他说:"世界是可能的事物组合,现实世界就是由所有存在的可能事物所形成的组合(一个最丰富的组合)。可能事物有不同的组合,有的组合比别的组合更加完美。因此,有许多的可能世界,每一由可能事物所形成的组合就是一个可能世界。""我们的整个世界可以成为不同的样子,时间、空间与物质可以具有完全不同的运动和形状。上帝在无穷的可能中选取了他认为最合适的可能。"我们或许可以用"可能世界"的观点来考察整个现代主义的艺术史,表现主义、至上主义与抽象艺术,未来主义、达达与超现实主义……都是在探究现实与"可能世界"的关系。改变生活、改造社会、创造与批判、白日梦和乌托邦……这种种现代主义冲动都与对"可能世界"的探寻有关。

11 梦是第二人生——超现实主义者内瓦尔的宣言。

面上,探讨我们在这个被生活政治和社会管理系统围困的社会中的生存处境,继而进一步探寻"可能世界的当下方式"。由此,我们逐渐把焦点聚集于"可能世界"、"当下创造性"的问题,这既是艺术家关心的艺术问题,也是我们每个个体在今日社会中遭遇的生存论问题,因为,唯有创造中的个体,才能真正把自我安置在这个生活世界之中。

实际上,本届三年展对后殖民话语及其意识形态的批判,主要是出于对当前大展经验及其"国际性"的反思。在今天,对于国际大展平台的质疑早已不再新鲜。2007 年,一本名为《下届文献展应由艺术家策展》的文集在卡塞尔文献展开幕的同时出版发行,在艺术家圈子里引起了广泛反响。这说明艺术家对于策展实践的不满已经到了难以抑制的程度。然而我们要追问的是,艺术家对于策展的不满究竟是在哪些方面?是国际大展机制,话语的奇观,还是策展领域中名目繁多却本质雷同的文化政治策略?[12]

这一切麻烦,似乎都来自这个恼人的"国际"。然而,对于当代艺术来说,所谓"国际"到底是一个怎样的空间呢?[13]

在当代艺术这个"国际"平台上,我们工作并生活在后殖民的历史效应之中,我们思考的起点是一种"现成的"多元文化主

---

12 问题在于,这些策展人惹出的麻烦是否可以由艺术家解决?众所周知,在这个彼此纠结着的复杂的艺术系统之中,无论策展人还是艺术家、作者抑或观者,在当代艺术实践中都已经很难判然区分和辨别。因为,在国际大展机制的驯化下,艺术家们已经娴熟地掌握了多元文化主义的表述技能,实际上每个艺术家身体内部都躲藏着一个策展人。

13 在今天的中国,"国际"不再是当年的"英特耐雄纳尔",不再与解放全人类的革命理想息息相关,而是呈现为一种发展的理念和欲望。从深圳的"世界之窗",到义乌的国际小商品市场,从上海外滩两岸相映成趣的景观(浦西是殖民时代的"国际"景观,浦东是当代中国城市发展的"国际化"宣言),到北京奥运的主题词"同一个世界,同一个梦想"……在当代中国人现实生活中,"国际"具有不同层次、不同版本。

语境，每种文化、每个艺术家身上都承担着不同版本的艺术史，而每种艺术史中的线索和叙事据说都是正当合法的。艺术史是多源头的，当代艺术在全球范围内迁徙播撒，并且在不断创造着不同版本的本土叙述，在这种情况下，我们如何在一个多元混杂的、非线性的历史观里重新界定什么是"创造"？后殖民主义在国际策展实践中的核心问题是"价值协商"，但这种协商最终是否会达成共识？[14] 或者说，是否需要达成共识？达成共识会不会消解差异？

赫拉克利特说过："清醒者分有一个世界，沉睡者各有其世界。"在赫拉克里特的判断中，沉睡者是游离于逻格斯（logos，包含"聚集"、"对话"之意）之外的人，他认为思想的使命就在于唤醒那些陷入个体迷梦的沉睡者，把他们召唤聚集到这个共同的逻格斯的世界。在今天，所谓国际大展据说就是这个聚集、对话之所，身份与差异都在此地显像。然而，在个体被媒介和制度架空的今天，更具有诱惑力的似乎是在遍布清醒者的世界上努力成为一个沉睡者。甚至，在这个 internet 取代 international 的情境中，生活世界已经成为一中之多、多中之一，我们根本无法分清自己究竟是清醒的沉睡者还是沉睡的清醒者。

每一个国际展览都许诺要搭建对话的平台，可是为什么我们对话了这么多年，却依然还只是在对话？我们为什么总是要对话？我们是真的在对话吗？或者说只是在表演对话？对话的结果除了"话语的奇观"之外还有什么？一座由话语堆积的巴别塔的废墟？

---

14 多元文化主义所倡导的多元与宽容原则，接近孔子所说的"己所不欲，勿施于人"。然而，这个 negative 的原则是无实践力量的，因为"子非鱼，安知鱼之所乐"，你所不欲，或许正是我所欲也。这就正如二人对弈，按照"己所不欲，勿施于人"的原则，两人都不想赢，可是也都不能输，那么这棋难道永远是和局？

黄色飞行

1995 年的某日，法兰克福国际机场，吴山专和他的朋友们（王广义、王友身）在等候飞往香港的航班。在无聊的等候中，吴山专制定了一个狂热的飞行计划：从北京出发，在世界上所有的国际机场转机，在数年之后最终抵达香港。

在这次狂想的旅行中，香港是被不断推迟的欲望。在此，重要的不是抵达，而是转换。在最终抵达之前，是无穷无尽的中转。目的地被不断地中介化，被无限延迟。这将是一次漫长的属性不明的旅行，我们无法界定这是国内还是国际，这场从北京到香港的飞行穿越了国内与国际之间的界限。

这个旅行计划把我们流放在机场这个"国际空间"，与其说是流浪，不如说是流连。流连忘返，何况抵达？

国际机场并不从属于任何国家和政府，它是一个游离于所有国家之外的"共和国"，是民族国家之间的缝隙，身份政治的"飞地"，一个"国际"现场，永远的"之间"。在此，"国际"是一个断续又连接的领地，它同时存在于每个国家的外部和内部，是内部的外部，国内的国际。

存在于这个国际空间的，是叠合破碎的时间[15]、行色匆匆的过客，处处相同的跨国品牌，形形色色的地方特产。跨国资本在无数"本土"之间流动，符号、形式和观念在全球与本土之间流通。国际机场，这中转、逗留之地，同时也是购买的天堂，Duty Free, Identity Free！要国际有国际，要本土有本土！这一切与当代艺术的

---

15 这次旅行并未穿越任何民族国家所框定的既有边界，它穿越的是时间。旅行者进入全球时间的流动之中，在不同时区之间往来穿梭，时间于是呈现出它的多元与支离。

国际大展何其相似！重要的是，这二者之间存在着一种彼此相类的代理关系，一种被我的策展伙伴萨拉·马哈拉吉称作"多元文化主义管理学"的机制，一种全球和本土之间暧昧的联姻。

然而，让我们忘记目的地吧！一旦用转机取代抵达，我们就会发现，在这个机场共和国，身份问题被蒸发了，留下的只是无身份的躯体。在此，国际空间呈现出另一可能性，它不但是身份政治围猎之所，也可以是一个身份自由的漂流场域。

值得注意的是，香港在这次旅程中承担着复杂而独特的意义。对中国人来说，这是一次分不清国内还是国际的飞行，是一次 Visa Free 的环球旅行。而这只有在香港这个"特区-特例"中才有可能——一块需要办理特别通行证的本土，介乎国内与海外"之间"。

然而，这是否是一种对后殖民的呼唤？1995 年，距香港回归只有两年时间，这是归程前的短暂时光。吴山专把这次旅行命名为"黄色飞行"，不但标明了出发地和目的地的身份属性，而且暗示出一种特定的历史观，一种穿越"九七"、穿越身份归属的可能性。"黄色飞行"在不断的转机中轻松自如地跳过了那个被聚光灯点亮的时刻，那场全球瞩目的政治庆典。1997 年，在那个香港回归、政治交接、身份变换的年份，艺术家在飞向香港的途中。

"黄色飞行"中的过客为自己设立了一个不断被推迟的目的地——香港，曾经的殖民地，离去又归来的香港。那么，飞行的目的是后殖民的香港吗？

"黄色飞行"留给我们一系列问题：这场从 1995 年开始的旅行最终是否会抵达香港？后殖民叙述对香港真正有效吗？后殖民的香港如何重新确定它的"后殖民之后"？是所谓"亚洲国际城市"，还是百年不变的"特区"？是转换了地平线的边城，还是一个自我生长的"块茎"？[16]

就今天而言，"黄色飞行"的意义已经有所改变。1995年，中国艺术家刚刚开始在国际大展上亮相。那是身份政治和意识形态符号最得逞的时分，国际大展正在肆意打造着中国当代艺术的政治身份。刚刚获得"国际经验"的中国艺术家们，急切地希望在无穷无尽的飞行和转机中超越某种难以摆脱的身份界定，进入一个无归属的"身份自由"的空间。[17]

时过境迁，这场飞行的意义发生了位移，它的目的地已消失。[18] "黄色飞行"周转于不同的国际机场，它将持续不断地转机，反复循环于起飞与降落、离去与到来。这是一场无法结束的旅程，松散、流动，已经出发，尚未到达。于是飞行的主体被永远地挽留在"国际"这个中转空间[19]，中转站成为目的地，它溢出了历史和现实的容器，因而我们已经无法判断这究竟是归程还是去路，道路还是迷途。

---

16 如果在中国语境中讨论后殖民历史和体验，香港无疑是最适宜的检讨对象。2007年7月，适逢香港回归十周年之际，我们与上海当代艺术馆合作，策划了专题展览"地轴转移：艺术家对于香港回归十周年的回想"，集中探讨了香港艺术家如何适应后殖民身份，如何在艺术创作中超越后殖民语境。

17 当时的艺术家和批评家们对于文化自决以及自我表述的执着，在今天的我看来恍若隔世。问题在于，我们是否还可以用"东方"、"中国"之类的大词来进行总体化的表述和思考？对我这个反本质主义者来说，传统和本源都是不可靠的，传统是创造中的，历史在未来中，现实是意识形态，本源是一种神学。

18 南朝梁任昉《述异志》中记载："信安郡石室山，晋时王质伐木至，见童子数人棋而歌，质因听之。[……]俄顷，童子谓曰：'汝来已久，何不去？'质起视，斧柯尽烂。既归，已数百年，无复时人。"

19 这让我想起电影《黑客帝国》里的中央车站，那是实在领域通往matrix虚幻世界的渡口。

后殖民之后——归程还是启程？

奥德修斯从睡梦中醒来，他已经回到伊萨卡岛，但是没有人能够辨认出他的身份，他也同样认不出自己的家乡。

历经曲折漫长的旅行，归来的奥德修斯遭遇到尴尬的身份危机，这一遭遇这在当代艺术领域比比皆是。与国际机场一样，国际展览也是一块"飞地"。作为一个超越国家框架的公共平台，它早已形成了特定的文化认证机制，在这里，认同与差异被显现、被放大，同时也日益僵化。国际展览呈现为一个众语喧哗的话语场，它许诺"共享的地平线"，却助长了形形色色的文化分离主义；它许诺"跨国家的全球性文化生产"，制造的却只是全球化话语奇观和旅游业文化；它许诺一个价值协商的空间，却为跨国资本搭建了一个"价值免税区"，为世界主义打造了价值判断的豁免权。国际大展是一个个中转站，这里汇集着全世界的"本土"、不同版本的"国际"。艺术家们从各自的语境中来，在一个共享的平台上，获得短暂的释放。在这里，交流等于甚或大于创造。但是交流浅尝辄止，因为每个身份主体都已经自困于一座镜子的围城。于是，这个价值协商空间、这个共享的国际平台，就成了一连串自我繁殖的中转站。而国际、本土不同现场之间的差异，又构成了价值判断的双重标准。[20] 这就是为什么在国际舞台上大出风头的艺术家，在本土语境中往往难以获得广泛认同。就中国而论，我们看到蔡国强在国内外获得全然不同的评价。因为，在不断的逗留与延迟中，归程的消息早已断绝。

在1983年的一篇文章中，卡尔维诺提醒我们，"奥德赛"——

---

20 吊诡的是，本土艺术家往往注重"国际"，而国际舞台上活跃的艺术家则更加着意于本土表征。

那个奥德修斯归来的故事,在归来之前就已经存在了。也就是说,故事早于它所叙述的实际事件。必须寻找、思考、记住归程:因为真正的危险在于,这归程可能还未发生就被遗忘。于是归程就注定成为迷途,因为目的地已经失落。归程的寻回却不能够依托单纯的记忆,只有当记忆凝聚了过去的印痕和未来的计划,记忆才真正重要。归程必须在筹划之中,他必须被反复讲述,这讲述不是对于曾在者的回顾,而是对于未来者的预感。于是,归程就成为现实迷宫的出口,成为启程和去路。[21]

在 2008 年 11 月广州三年展的流动论坛上,萨拉·马哈拉吉展示了非洲舞者席渡·伯罗(Seydou Boro)的纪录片。影片中这位舞者问怎样才能去隔壁国家的首都布拉柴维尔(Brazzaville)。他得到的答案是:"先去约翰内斯堡,再到中非,再转巴黎,然后就可以到达。"萨拉教授希望表达的是殖民网络、殖民的空间组织形式对于非洲的宰制(这种宰制只要看一下那些横平竖直的国境线就知道了)。而在"黄色飞行"中,"中转"却是艺术家刻意为之的。就萨义德而言,生活在两种文化"之间"的处境使他的回归始终悬而未决;而在"黄色飞行"中,"之间"是足堪玩味流连之所,艺术家在永远的"之间"中享受游移与延宕的快乐。

"黄色飞行"所经历的国际空间是一个复数的世界,人们所遭遇的是一重又一重的世界。或者说,"黄色飞行"中的世界是没有边界的,它在边界之外。于是,无论出发地还是目的地,都变成了不可企及的远方。这国际空间中的漫长飞行是一个不断失而复

---

[21] 乔伊斯的《尤利西斯》中,迷失流浪之所也就是欲望中想要离去与归来的地方,日常生活的现实同时也是一个迷宫般的存在,生活本身就是一次回不去的归程,归程就是迷途,就是再次的启程。

吴山专《黄色飞行》装置　2008 年

得的过程，因为起点和目的地都已不复存在[22]，而每一次中转都将是一次抵达。

2008 年

22　奥德修斯注定永远无法回到他的伊萨卡岛，因为他的家乡从他启程之时就已经消失，那出发的原点，在离去与归来之间早已改变。

在业火中升华

亚洲喧嚣札记*

萨拉·马哈拉吉(Sarat Maharaj)

唐晓林 译

卢睿洋、李佳霖 校译

> 一树二鸟，
>
> 一鸟为食忙，
>
> 一鸟静观望。
>
> ——《梨俱吠陀》(*Rig Veda*)

今日亚洲这"与日俱增的叠架"(an ascending pile)——其概念形态若何？如何对待其声响、其"喧哗众语"？其蔓延的"观—思—知"的模式为何？其创造性的涌流为何？艺术实践又如何？我们该把它看作一块世俗之地，还是精神之所？看作一个可经验的形象，还是本体的形象？2008年第三届广州三年展有"与后殖民说再见"和"亚洲再出发"两个出发点，所以它充满了种种疑问和困惑：最显著的一例便是高世名向中国艺术界内外发出的"提问演习"。这些疑问和困惑为思考"世界之中的亚洲"提供了背景，也

---

* 仅以此文献给我的策展伙伴高世名与张颂仁，他们也是我非凡的导师，我从他们身上获益良多。感谢研究员朵若希·阿尔布莱希特、塔玛·吉马雷斯、林司律、加里德·拉马丹、斯蒂娜·艾德布洛姆和郭晓彦，感谢他们投入的智慧和提出的充满活力的问题。感谢瑞典隆德大学马尔默艺术学院博士生研究小组、柏林艺术大学独舞班，以及加拿大班夫新媒体实验室。

为拆解其核心难题提供了背景：它预示了一个别样理念的大洲？还是仅仅只想步"西方的后尘"，成为与之相似的竞争对手——用弥尔顿（John Milton）的话说就是，成为它的"冥府帝国"？

另一个疑问接踵而至："后殖民"听上去难道不像是一个包罗万象的词吗？从一开始，"后殖民"就预示了众多针锋相对的"批评和探究"。我们究竟要向它们中的哪些说再见？——是原初模式、初创阶段，还是1980年代的测试版本？是它们的跟随者、厄庇戈尼[1]、化身，还是第二人生的角色[2]？还是它们那些已经成为当前文艺工业的批评-策划术语的衍生物——正在出现的萦绕我们周围的"话语的奇观"？

还需斟酌的是，"后殖民理论"与艺术实践之间虚假的二分法——前者这具有篡夺性的局外人正把后者排挤出局。艺术家，作为较早参与到这场游戏中的一群人，产生出自己独立的对"后殖民情境"的批判性思考，他们的探究与洞察来自自身的艺术实践——一种内在的调查研究。他们有时会揭示出一些新颖的主题，这些主题当时并未成为理论对象或话题，被认为没有学术研究的价值——或者未被视为合适的艺术素材。这些主题与理论成果平分秋色，但又与之不同。哪一点才是我们要挥手作别的对象？

深情的告别

被置疑的"告别"一词其实语含双关。一方面，我们向后殖民说着再见，祝它好运，愿它好走；另一方面，我们又想快刀斩

---

[1] Epigoni，古希腊神话中与底比斯对阵的七位英雄之子，即指后辈英雄们。——译者注
[2] Second lifers，也有"第二次终身囚犯"的意思。——译者注

乱麻，分手，离开。这一定程度上回应了保罗·费耶阿本德（Paul Feyerabend）在 1987 年提出的"告别理性"（Farewell to Reason），他似乎怂恿我们卸下思想和逻辑论争的包袱。然而，这不过是费氏用以突出他真正的"靶心"的计策：那将自己安置为"理性"（reason）的脆弱的"理性主义原则"（rationalist principle）——一种排斥其他推理可能性的限制性观点。为了反对这种理性主义原则，他提出了一种更加开放的、外延更加广阔的理性概念。

费氏那煽动性的"告别"在这里稍有呈现。起初，我受到邀请加入 2008 广州三年展策展团队的时候，对邀请函里所述对后殖民的苛责所感到的困惑可不是一点点。它让我惊觉，我们在西方文化–艺术–学术圈面对"后殖民主义"这个概念过于泰然，而在"别处"，它可能并不这么令人满意。不过，这很难与我自己对英国如何在后帝国语境中注入文化多元性和世界主义理想来重新发明自己的经验相符。在这里，后殖民意味着不再成为殖民者的附庸，即便它还不太完善，其中的诸多权威尚未被破解。全面地与"文化多元"说再见也没有意义，因为它并不是一个强加于我们的现成的意识形态。"文化多元"锻造自两个方面：一是对欧洲中心论的批评；二是少数族裔和边缘人群所进行的艰苦抗争，他们以平凡的移民差异、以我们之中的"他者"来擦亮自己，以求获得显现。在这一点上，"政治正确"是日常抗争分泌出的一种粗糙但实用的有机的道德规范，同时也是规范民事交往的一种蹩脚的官僚主义策略——尽管它也难免遭人嘲笑或干脆自嘲为"发疯的政治正确性"。

在广州三年展的早期表述中浮现出的张颂仁对"漫无边际的政治正确"的批判，也应该根据中国的历史经验与现实状况来进行类似的拆解。"漫无边际的政治正确"对臣服于现状、紧跟党派路线、扼杀自主行动的从众心理敲响了警钟。这种漫无边际涉及政治阴谋、政治操控及政治"收编"。它让我们发现，我们不得不警惕作为意识形态舶来品的现成的后殖民主义。然而，对有些艺术家而言，"意识形态"关乎拥有有意义的生活的指导原则——一种"为生活而设计"。它的缺失（与过去的理想主义相对），正是当下之症结，也就是造成空虚的、自我为中心的生活的原因。

另一位作家的观点较之更为激进，他认为没有了意识形态运动，世界就会更好："没有主义既不是虚无主义也不是折中主义，既非自我中心主义也非唯我论。没有主义既反对极权独裁，也反对趋向于神和超人的自我膨胀。没有主义反对以诸如'人民'、'种族'或者'国家'等抽象的集体名词向个人强加某种政治观点。没有主义背后的意涵是我们需要向20世纪告别，并在主导着它的各种'主义'后面打上大大的问号。"我们或许要停下来问一问，反意识形态本身是否就一点不教条，不是一种"主义"。无论如何，从这个观点看，"后殖民主义"不过是一个操控性的议程——另一种"主义"——它凌驾个人的、无所拘束的表达。在此，"告别"无非是好听的驱逐。

英国人的特殊性

认为后殖民主义执念于殖民势力是没有前途的这一观点，与奈格里（Antonio Negri）所认为的全球化下的后殖民范式之限度[3]并无不同。但对于后殖民理论对中国的历史经验不适用抱以不满，认为它作为一种理论模型不能生搬硬套在"中国人的特殊性"

3　Michael Hardt, Antonio Negri, *Empire*, Harvard University Press, 2001.

中，这种说法也必须细加斟酌。这与 E. P. 汤普森（Edward Palmer Thompson）对"英国人的特性"的顽强维护可谓如出一辙——这是一种对具体的、经验的、可行的事物有所要求的知觉，它能避免过于自负的理论化。汤普森脑海中的"宏大系统"之一即是阿尔都塞（Louis Althusser）那可怕的抽象，那种马克思主义分析范畴。[4] 当前令人左右为难的困境在于，不用"后殖民主义"之类的任何理论或"主义"，我们是否可以掌握今日中国这"与日俱增的叠架"的"千丝万缕的特殊性"？这并非否认"从艺术中剥光"所有"后殖民主义"之类的意识形态是一种大快人心的练习——尤其是在这样一个全世界的治理手腕都越发把创造行为纳入其羽翼之下的时代。"剥光"是对规范艺术实践的驱力的抵抗：它重新肯定多种特殊性，即艺术事件那不可预见的奇思妙想——奇异性。

一些中国内外的同事对"多元文化主义"的不满，并不是关于"有些文化比其他文化更加平等"这一类幽灵般的种族主义逻辑（spook Apartheid logic），也不是基于简化的文化-种族刻板印象的"管理思想"。事实上，是因为多元文化主义不求达至普世理想——多元文化的差异只能分裂成敌对的势力。不过，多元性和异质性本质上是否会导致分裂和混乱？我们不要忘记，它们是由独特性、个体怪癖、变易性、丰富的可能性所共同形成的力场。同样，总体性和单一性也并不一定暗示极权的压迫势力：它也同样关乎团结协作、众志成城、建构"共同"。这些至关重要的区别组成概念的钢索，带我们走过今天的文化多元的慎思之路。

不过，仍有一些日常事例作为文化多元的扭曲的副产品，使人

---

[4] Edward Palmer Thompson, *The Poverty of Theory and Other Essays*, Monthly Review Press, 1978.

阿卡纳·翰德（Archana Hande）《www.arrangeourownmarriage.com》装置 2008 年

如鲠在喉。比如近期的两个案例：一个案例是，印度有一个处于社会最底层的深受压迫的种姓，这个种姓居然抗议更公正的新法律将他们的地位提升得太高，因为这使他们失去了处在先前的"低等社会地位"的好处。另一个案例是，在几个月前的一项法律案件中，有一批在后期移民潮中移民南非的华裔后代（主要是中国台湾人），先前被划定为"半荣誉白种人"，受惠于种族隔离制度，而今赢得了法定权利，被重新划定为黑人，这意味着在后种族隔离彩虹之国的法律下，他们现在有资格被纳入扶持计划。

后殖民，药（Pharmakon）还是万灵药（Panacea）？

把"后殖民主义"说成是一块骇人的概念巨石，会令人忽略笼罩其下的分歧重重的观点。由这些观点衍生出的观念混合物需要我们详加审察——在书中能时常翻到的具有"后殖民"模样的标语或简称有：再现、自我发声、身份、归属、"另类现代性"、东方主义视角、移民、公民/难民、离散、权威/附属、认知模块等等。这些术语在原来的纯理论领域并没有那么卖座。然而，捣碎混合在艺术、文化批评、策展领域构成的"话语的奇观"中，它们就需要加以深情的"告别"了。

后殖民药（Postcolonial Pharmakon, PP1）是一次解构性的探测，批评在其中就像振荡着的正—负电荷——用德里达的观点说："是毒药，也是解药。"它如同一只360度的旋转眼，不停地仔细分析殖民者/被殖民者、标准/庶民、都会/移民这些概念所划分的方方面面。不要简单地肯定后者鄙薄前者，这就凸显出两者的共谋与盲点。后殖民万灵药（Postcolonial Panacea, PP2）和PP1相矛盾，它是个倒置的策略，它把西方/非西方、欧洲/亚洲的权力划分颠倒，使那从属的、被压迫的一方获得"乌托邦"式的特权。它倾覆掉"天堂的"统治，变成其"冥府帝国"。

PP1里一个是时候与之"告别"的议题来自斯皮瓦克（Gayatri C. Spivak）猛烈的后殖民泻药，她在自己的药剂实验室里用东/西方的文本和观念混合配制而成，即1999年的《后殖民理性批判》（*A Critique of Post-colonial Reason*）一书，其中展现了在康德的批判中，"先验转向"如何同时产生了"启蒙空间"和"庶民"。前者取决于对后者的"排除在外"[5]。斯皮瓦克的治疗性解读包含对康德的毒药的以毒攻毒——直接给予的经验。这就像杜尚给视觉疾病开的处方——严控剂量的观看本身：《用一只眼（从玻璃的另一侧）近距离注视大约一小时》(*To Be Looked At [From The Other Side Of The Glass] With One Eye, Close To, For Almost An Hour*)（布宜诺斯艾利斯，1918）。

有没有出口能让我们逃脱"排除在外"的诡计呢？每一个历史阶段都会涌现出新的被排除者：从土著报道者，到殖民主体和庶民；从南方的妇女，到未被察觉的人们；从生活在非政府组织基准线下的悲惨境地的都市移民与难民，到"非西方的他者"——填入这看似没有尽头的序列中的被排除者的一个又一个的化身。这是在沉溺于"弱者"地位吗？对此我们已经斥责过 PP2。"先验性的困境"只不过是个概念构想：一个认识论的死胡同，在此分析性的思考使先天的体系臻于完美，却发现自己被困其中。

没法达至"先验性转向"，那么有什么别的办法、别的可能性来赢过它发出的牌呢？冒着被康德奚落的风险（他常常嘲笑那些把先验和经验混为一谈的笨蛋），我们也许可以直接回返到"原经验"。我指的是一头扎进日常经验当中——探察每天对"主流/边缘"、自我/他者之类概念的刷新，在一次次的交流努力中，逾越语言的障碍。

走出观念的囚笼，浸入这"与日俱增的叠架"千丝万缕的特殊性中。沉入话语—非话语的不期之遇，既有的自我/他者的术语或语法便破裂粉碎了。从这些碎片处，从"归零之处"，在笨拙

5　Foreclosure，本意为丧失抵押品赎回权，含有不承认某个东西曾经存在，而将之排除之意。该词是斯皮瓦克从拉康的精神分析中借用的术语，最初来自弗洛伊德的概念 Verwerfung（抵赖），拉康在 1956 年的研讨班上将其翻译为 forclusion（即 foreclosure）。——译者注

的接触中，在声音的碎屑中，原始的言辞便会喷涌而出——在语言隔离之下贯通一条隧道。要对此加以说明，我们可以看个极端的例子——2005年7月7日伦敦发生的一起凶残的爆炸恐袭。在这起突发事件当中，一些伤者有时会去照料陌生的其他伤者，在当时当刻生造出一种语言——交流工具在当场无中生有地冒出来。这不是在恐怖事件中相濡以沫，而是在极端状况下爆发出的本能的激情——越过自我/他者的藩篱，匆匆拼凑出观—感—思之方法的能力。特别是，这既挫败了极端主义分子，也打消了一些理论家关于"认识论的封堵"无法改变的假设。

应该"告别"的，是明星理论家与著名艺术家之间就"漫无边际的政治正确"进行的著名的口舌之争——明星策展人是缺失的环节。双方摊牌的原初场景是展览"我所知的关于他们的些许事"（One or Two Things I Know About Them，白教堂美术馆，1994）。他们相互争执哪一方把伦敦东区的孟加拉移民社区演绎得更生动、更准确。双方的争吵回溯到萨义德在《东方学》后记里所引用的马克思的话："他们无法再现自身，他们必须被再现。"萨义德树旗标示自我发声与自我塑造的可能性（PP1和PP2共同的基石），这一点处于这场论争的核心。

这位理论家毫不留情地暴露移民社区的内部矛盾：女性的从属地位、血汗工厂、肮脏的金钱、关于尊严与羞耻感的"落后"观念。这位艺术家比之较少倾向于用无情的社会学视角去看待，而是去体察人们的困境，对当地种族主义态度睁一只眼闭一只眼。他的影片通过一条穿过他人生活和地域的沉浸式曲径显现出来，令人仿佛身临其境，从这个社区的"千丝万缕的特殊性"中梳理出对其进行的再现。这和这位理论家在灌输她的批评时所使用的"外在于社区的""先验操作"相冲突。理论家是否就是发了疯的政治正确性的样本？或者是艺术家太过胆小，过度保护？理论家怀疑艺术家屈从于心胸狭窄的"本土主义"立场。艺术家觉得理论家被不加让步的分析一叶障目，致使这个社区愈加脆弱。

黄小鹏的"过度翻译"

理论家与艺术家的此类唇舌之争在全世界的艺文界都有发生。在中国，它具体表现为，艺术家关心自己的作品和思考是否能按照自己的本意得到展示，关心怎么逃脱"策展转向"预先给他们定好的脚本：比如把他们框定为"异议艺术家"、"后波普艺术家"或"商业概念主义者"之类。对此的一种反应是寻找"正确的再现"——让介于艺术家的"同一性"和对其表现之间的翻译保持为单纯的、字面上的转换，不让任何"沙子"被悄悄掺入。这样的想法低估了所有的翻译本质上都涉及的"曲解"程度——某物与其被翻译而成的内容相比，总是或多，抑或少。原文和译文之间的裂口突显了翻译的"不可能性"、令人为难之处，以及禁区。

黄小鹏的"过度翻译"有针对性地抓住了这个意思，即与原文相比，译文要么是意义过剩令人费神，要么是词未达意。他的有声录像作品是一首流行歌，他用"金山快译"软件把英文译成中文，又从中文译回英文。这个过程不仅有变形的再现，即草率的翻译、完全的误译，也有"创造性的误译"——这些"不同步的"翻译产生出新的洞见、新的语义。这些发散的表达和翻译的喧声哗语合在一起，用费耶阿本德的话说，就形成一种解放的"怎么都行"的情形。面对这些迥然不同的版本的冲突，我们可以对这一个个再现不断进行评估判断——而不是判断和规定唯一一个"正确的"表达。

谈论·奔跑

鉴于上述 PP1 和 PP2 两种药,对于"正确的"翻译和描述的焦虑——在身份政治中总是濒临险境——就演变为一种"再现主义"。用尼采的话来说,就是一种"反应立场",即艺术和思想与其所反击者关涉重大,以至于它们几乎就是由其规定。尽管解构模式(PP1)企图挣脱这个对峙的立场——PP2 的典型——PP1 还是局限在反应症状的范围之内。异轨(détournement)、倒置(inversion)或僭越(transgression)的模式也在不同的程度上受限于它们所批评者。对德勒兹而言,如果同时具备了既能收束能量又能释放能量的美学爆发力,冲破再现的硬壳是可能的。这是一种无障碍的表达能力,这种表达源于它自身的发生,只参照自身而成型——这是一次自我组织的事件,或者叫自我创生。这是否有点像中国美学中的流、"自发性"(气),或者像古印度哲学中的创造力之原初爆发(Sphota)?

对这种爆发的、非模仿的力量的知觉与村上春树在《当我谈跑步时我谈些什么》(2006—2008)一书里马拉松过程中的自得自若的事件(self-possessing event)形成共鸣。那折磨人的长跑"累得"他汗流浃背、身心紊乱,而身体那些高潮或低谷并不"再现"什么,让他着实难受的是脉搏、膝关节、韧带与氧气。这些削弱了象征性地"阅读"他的"漫长折磨"的冲动——仿佛这是艰巨的考验、牺牲、崇高的超越这类神话的"化身"。奔跑,是特殊的身心节奏循环的旅程,抵达充盈漫溢,又至清空见底。跨过每一道坎,就是在建构知、情、感,但就像印尼乐器加麦兰(gamelan)的声压线一样,只有渐强,没有顶点。"撞墙"[6]是煎熬的、痛苦的,士

---

6 撞墙(hitting the wall)是马拉松术语,指比赛中段运动员体能似乎到了跑不下去的极限。——译者注

气下沉,精力衰减,它既强化意识,同时又让意识一片空白。在忍耐过程中,会有身心受启的零星闪烁。不是被启蒙那么厉害,只有"晦暗的"大脑-肌肉的激流不断推动,奔跑到底。

在村上春树这里,奔跑者与写作者两者的特殊性鲜有交集。写作的奔跑拥抱语法跑道上的内道,那里有序、静止,虽动亦静。而马拉松则坚持无字的语法——无器官的身体。这样的对比出现在阮初枝淳(Jun Nguyen-Hatsushiba)的马拉松与绘画提案:《呼吸是自由的:奔跑中的绘画,12756.3 千米》之《杰克与广州菩提叶,193 千米》(Breathing is Free: A Running-Drawing Project, 12756.3 km—Jack and the Guangzhou Bodhi Leaf, 193 km)。他在广州的奔跑路线就是一张巨大的菩提叶的形状。也许没有比这"启蒙之树"更宏伟的东西了,它也是神话故事《杰克的魔豆》里有名的大树,这树势不可当,直冲云霄,直到巨人的天国。这让我们犹豫不决。阮初枝淳对于自己不能将此行为作品实施出来很是难过[7]:它总不只是再现,同时也少于再现。行为艺术比"简单的一出戏"或"演一个角色"更少"表演"。在此,奔跑的身心自行驱动这一没有脚本的事件。

时代诊断与沙恭达罗

紧随着"告别",我们来对"世界中的亚洲"进行一番初步的探察——以下是对当前事态进行准诊断的笔记:

> 关于发展落后的回忆

---

[7] 此处语义双关,也指阮初枝淳深受膝盖软组织磨损伤痛之苦,没法在第三届广州三年展实施此项计划。——译者注

灰质经济

通过视觉去思考

无明（Avidya）

非知识

有章法的知识 & 无章法的知识（Know How & No How）

亚洲之光

大学之道

主体性的启蒙

以上所列主要有两种线索：第一是马克斯·韦伯（Max Weber）的"时代诊断"（Zeitdiagnose），探听"现代性"和"世界中的亚洲"的全球力量之声——一份非一体化的乐谱；第二就是迦梨陀娑的古印度梵文戏剧《沙恭达罗》（沙恭达罗由于一个信物而被认出的故事）。国王豆扇陀与沙恭达罗在净修林相遇并一见钟情，但后来由于沙恭达罗宿命地丢失了戒指，国王豆扇陀没能认出她来，因为那戒指是"唤醒"他们重逢的信物。该剧以情欲的方式或韵味（Rasa），以爱、柔情、欲望以及狂喜与启蒙之盈亏的身心状态让我们沉浸其中。这个剧本曾在启蒙时期的欧洲沙龙流传，歌德就对其序言和丑角（vidhusaka）形象深深着迷，并在他的《浮士德》中进行了类似的创作。

韦伯的时代诊断关乎认知符号、社会事实、统计数据，这些必须加以配置，从而阅读当前状况、现代性的初期发展和新型载体。而另一方面，迦梨陀娑的戏剧则"体现"着身-心的充盈与衰减——非认知的感染力、感-知索引标记、情感痕迹、云、烟。令沙恭达罗被认出的信物不是需要"阅读"的抽象符码，而是她手指

英格（Inga Svala Thorsdottir）《BORG 21°W 64°N》装置 2008年

上戴着的戒指,是唤醒意识的穿透力。这里两种模式合成主客交互的基调。我们看一看泰国国王拉玛六世(1910—1925 年在位,曼谷,泰国国家艺术馆)描绘沙恭达罗系列画作的方法,他以未来主义的调子在边角上戳出棱角——这与纤细蜿蜒的印度画法大相径庭。这样的混合模式"预示"了一个探察原型,即时代诊断与沙恭达罗可以互为注解。

为什么以万魔殿形容亚洲的现状呢?在弥尔顿的长诗《失乐园》里,路西法/撒旦和他的同伙被逐出天堂,穿过令人发狂的无序和混沌的万丈深渊,陡然堕入腾腾喧闹的地狱。弥尔顿奏响了粗腔横调的"他者"之声,迥异于旧日"有序的和谐之音"——他的史诗正与当时英国内战所引发的新可能性的混乱产生共振。撒旦闹哄哄的队伍走过硫磺湖、烂泥地和毒气冈——这与当今"发展中的亚洲"那饱经创伤的环境不无近似之处。不过,崩坏的地貌也可以是一个促成发明创造的建构,万魔殿的建筑奇观就在此拔地而起:巨大的柱子、富丽堂皇的厅堂、魁伟的顶梁在这里形成"与日俱增的叠架"。撒旦的劳动大军像是给了我们一张快照,让我们看到今日亚洲建筑工程叠架攀升的伟业。这是一块正在发生嬗变的大陆:原材料和矿物质被疯狂送入这个"升华"过滤器;输出来的是未来主义风格的建筑、城市和亮晶晶的商品。

这个堕落的军团在万魔殿的智库里谋划着建立一个堪比天堂王国的"冥府帝国",重夺他们失去的权力。为了威胁上帝,他们寻找更邪恶的计谋来败坏他的新创造——伊甸园里那最初的一对。这万魔殿里充满着能量,这是一个实验室,产生别样的计划和未及创造的世界。事物放荡的氛围氤氲蒸腾,让这个充满着变化的、未知潜力的大陆显现眼前——这个万魔殿般的亚洲。

关于发展落后的回忆

我想以托马斯·古铁雷兹·阿莱（Tomás Gutiérrez Alea）的著名影片《关于发展落后的回忆》(*Memorias del subdesarrollo,* 1968）的标题作为起兴，来开始我的探察。该片回顾革命后的古巴，记录下长期未被"取代"的欠发达的痕迹。"落后、腐败、没文化"一直萦绕着古巴社会，而它自称现代，有着先进的社会主义理想。我想以此为背景引出席渡·伯罗（Seydou Boro）的《舞-非-舞》(*Dance-Don-Dance*)，作品以"如何去到布拉柴维尔？"这个问题开篇。一个女人用手指在地图上指着一条噩梦般复杂的路线：先要远远去到南方的约翰内斯堡，然后像走迷宫一样折返到中非，或者上行到巴黎，最后才能到达近在咫尺的邻国布拉柴维尔。

对于席渡而言，殖民旅行网络对移动的规范反映出"舞蹈"如何规训着身心运动。殖民的范畴用以组织空间-运动的方式类似于艺术风格分派创造性的方式。风格是作者权架构，把"身份"定义为殖民主体、"舞者"——甚至"当代非洲表演者"（用策展人的惯用语来说）。而当席渡扭动身体，打滚蠕动，冲出沙地，穿过货柜车的栏杆，走下一条长路，再横穿集市时，这样的再现就消融了。在马路上目瞪口呆的旁观路人看来，这是表演吗，是个疯子，是前卫舞蹈？这既不是"编排好的舞步"，也非全然随意的普通动作，这些动作无法确定为民间的、现代的、传统的，或"今日非洲"的。这些动作紧张、抽搐到极限。身-心发动自身推进力，奋力超越诸如"后殖民主义"之类既有的理论建构，对它说"再见，亲爱的"。

艾玛·马士基号（Emma Maersk）与过度发展

在后殖民概念的万神殿里，需要审视的一个关键是中心/边缘这一对概念。当现今世界上最大的集装箱轮船艾玛·马士基号满载着"中国制造"的圣诞礼物从中国抵达欧洲时，这一表述也随之引起我们的注意。对于站在蒂尔博里港口（Tilbury）被眼前的奇观震惊的人们来说，这艘船装载的是中国制造业的强大。这也意味着亚洲"与日俱增的叠架"中曾经属于"第三世界落魄国家"（basket cases）的那些区域在今日之崛起。要是我们不想笨手笨脚地用一张偏颇过时的地图的话，就必须重新定义古典的南北之分。

在早期对后殖民的讨论中，郑明河（Trinh T. Minh-ha）就曾提出，"第三世界当中包含着第一世界"，"第一世界当中包含第三世界"，她强调中心/边缘之间的共谋比表面看上去要多——这个观点后来在阿马蒂亚·森（Amartya Sen）的《以自由看待发展》（*Development as Freedom*, 1999）一书里以经验化的方式进行了鲜活的呈现。随着全球化的深入，由于在跨越发达/发展中（国家与地区）的边线时存在不断的翻译与融合，这些纠结复杂如迷宫。所以，在现代性的高潮，"发展的剧情越发扑朔迷离了"。发达世界也开始显露出衰落和弊病：出现"后发展的忧郁"效应，或者我们是不是应该说，"过度发展"后遗症？这不是说南/北划分不算是一条断层线：在"南方"仍然存在严重的差距和不平等。相反，横跨在旧的划分上，一个令人焦虑的"发展及其不满"的空间又打开了。

艾玛·马士基号内部结构显示出计算机化的存储标明了每件货品装载的确切位置。这编程过的堆叠方式不由得使我们马上想起18世纪贩运奴隶的船只，里面层层的隔间摆放着非洲人的身体。这个

"关于发展落后的回忆"提醒我们一个突出的事实:这个包装系统显示出中国多么好地深入到知识经济之中。不过,这不应当让我们对由来已久的那些基于体力劳动(依靠血汗工厂、自杀地带、工厂生活规则)的经济视而不见。一个发人深省的事实是:肉体的艰苦劳动还在血肉世界里继续,它不只是知识经济崭新的虚拟世界里的一个回忆。

"灰质"经济

> 二鸟:谁才是真正的工人:钢琴制造者还是钢琴演奏者?
> 马克思:《政治经济学批判大纲》。

为何要论及灰质?因为它让我们注意到,大脑就是一块灰白色的生产知识的肉块。它带回肉体的问题,与知识经济中的虚拟对应,而后者倾向于被认为是完全虚无缥缈的。当这一点"肉色"被悄悄抹除,大脑就被认为是脱离躯体的、纯精神的。把知识经济仅仅说成是"非物质的"或"无形的",这还只是故事的一部分。

这里的问题是:如果知识经济改变了工作、劳动和创造性之间的关系——那么,在艺术层面理解"创造性"时,它到底意味着什么?这些层面是互相折叠的吗?或者是不是还有一个特定的艺术创造性?据安德烈·高兹(Andre Gorz)在其1997年所著《向工人阶级告别》(*Farewell to the Working Class*)和《收回工作》(*Reclaiming Work*)所说,工作的"深层"概念是一个人类学-哲学建构,是一个黑格尔式回环的计划,在这个计划中,自我在塑造自我和营造世界的过程中与原始的自然相搏斗。今天工作日益变得寻常，仿佛是一连串可替换的职业的问题。[8] 它不再"仅仅是劳动"，而涉及创造性思维、想象、计划和创新的能力。这些品质曾经只与白领管理阶层相关，现在，特别是在互联网技术（IT）行业的有章法的知识的大环境下，它们越发成为普通劳动力的基本能力，还渗透到农业劳动的最怪异反常的缝隙之中。

在《资本论》的手稿中，马克思看到，要判断钢琴制造者和钢琴演奏者两者之中哪个是"真正的工人"，并不像扔个硬币任选一面那么容易。这需要建立严格的标准，判断资本主义生产中的"生产性劳动"，准确地指出被压榨出了最大剩余价值的那一组工人。假如钢琴制造者是最核心的这一组，那么钢琴演奏者就属于其他一类。就"客观来看"他们挤出的奶少，在这个意义上，他们就是"非生产性的"工人。对于"劳动价值理论"来说，这是个棘手的难题——这与旧式工业生产中对工人与计划者、体力与脑力、劳作与思想所做的区分相关。后福特状况是要超越这种区分。焦点现在落在钢琴演奏者身上，他们象征了创造性（加强意义上的灰质活动）何以不再与工作无关。这反过来给"生产"注入新的意涵。我们看到这个体系积极开发工人的"创造力和想象力"。不再把他们当成是"异化的机器人或体力劳动者"，而宣布他们是"知识工程师"，他们身上储存的发明能力变成了生产的关键。

知识-快乐之穹顶

世界上最先试图实现"知识经济"的，确切地说，是遥远的南方国家智利。智利总统阿连德（Salvador Allende）邀请控制论管理

8　Jeremy Rifkin, *The End of Work*, Tarcher, 1995.

约瑟夫·迪拉普(Joseph DeLappe)《甘地的盐税长征》装置 2008年

玛利亚·康珀斯-彭 & 尼尔·莱奥纳多（Maria Compos-Pons & Neil Leonard）《中国瓷器》录像装置　2008 年

学家斯塔福德·比尔（Stafford Beer）建立了"控制室"，借此，工人－管理者可以通晓国家经济状况。"控制室"颇具未来主义色彩，就像《星际迷航》（Star Trek）的总部，可以不断实时收到来自全国各地的数据更新。可惜 1974 年的皮诺切特（Pinochet）政变彻底毁掉了这个实验项目。

　　三十年多后，马里奥·纳瓦罗（Mario Navarro）带着他的"利物浦计划"（2006 年）重奏了这首智利的插曲。他建起了巴克明斯特·富乐穹顶（Buckminster Fuller dome），这个穹顶血红色，半透明，可说是位于城市图书馆中央圆形大厅版的控制室。这个大脑形状的穹顶周围是一圈靠墙的书架——正悄悄被淘汰的早先的知识体制。当时"控制室"主要是为监控整个经济，管理资源、劳动力与资讯。今天，这让我们联想到"老大哥"式监控，更不要说《1984》之类的反乌托邦。马里奥认为，"控制室"里那些著名的符合人体工学的扶手椅越看越像是对身心加以规训的机器。他邀请了一组人为他的主控室设计椅子，这些人因为经历了一些变故而体验过思想和行为的改变。他们提出的设计方案是要坐得舒服，要窝进去。他们喜欢合成革的罩子、艳丽的坐垫、俗气的装饰。扶手上装的不是电子按键和操纵杆，而是啤酒托和烟灰缸——是政治不正确的"为生活而设计"。马里奥取笑原来那个"控制室"的机器人似的功能，在这里它让位于个人品位、个人癖好的各种变数。与高效相反，脆弱的人类在做事过程中的犯错因素、失误、事故有时候也包含了创造性的新载体的幽微光芒。"知识的穹顶"是不是——用柯勒律治（Samuel Taylor Coleridge）的诗句来说——已经变形成了忽必烈下令在上都建造的富丽堂皇的"同乐园"？

　　马里奥睿智又幽默，他能批判性地看待比尔的基于脑自主系统与神经网络的概念模型。⁹ 杜尚曾经把玩过灰质的概念，做过大脑艺术，部分是应对当时艺术比较低的、"手工"的地位，集中体现在当时"蠢得像个画家"的说法。他还设想过，智性的概念的艺术实践——从"大脑皮层"涌出的艺术——会是什么样？今天讽刺的是，同一种机敏的"工作—创造性"思考已经成了灰质经济时代的制度。假如我们把这种"创意的大脑皮层化"称为"有章法的知识"（know-how），那么，向（贝克特所谓的）"无章法的知识"（no-how）敞开大门就变得更加紧要。

通过视觉去思考

"告别"这个词有两层含义，"通过视觉去思考"也一样：就是以视觉的方法来思考，在其黏稠与浓厚中思考——同时也是展开其种种特性，看它如何运转。它会产生"其他"种类的知识吗？这里思考既是思–知的推论形式，同时也是其非推论形式。在梵文中，"无明"（Avidya）涉及知识之"他者"——这是知识与其二元对立物无知之间的第三者。为了探测其晦涩不明的波涛，我们需要将顽固的有章法的知识（know-how）和流动的无章法的知识（no-how）加以区别。

"通过视觉去思考"并不是某种用言语说得清的东西。给它注入能量的是非语言的、身体的、氛围的黑暗，施行式的挥霍。它是一种"凝集"，不讲究语法——发挥联想性的合并、并置、非词形变换的（non-inflexional）省略。它把各种元素以碎片化的方式"反复不休"地粘合起来。正如费耶阿本德所记，对于消除和同

9　Stafford Beer, *Brain of the Firm*, Wiley, 1971.

化所有障碍的控制一切的辩证思维这个怪物，它是至关重要的替代物。我们会想起种种集合艺术（merz-assemblage）——库尔特·施威特斯（Kurt Schwitters）、劳生柏（Robert Rauschenberg）和托马斯·赫赛豪恩（Thomas Hirschhorn）。他们包含了非同化的力量，拒绝抹杀另类与差异。

我们也可以将"通过视觉去思考"与语法剖析进行对照，后者是把信息流截断而为可组合的许多比特，用来配置算法序列的典型做法。约翰·霍斯金（John Hoskyns）在著作《恰逢其时》[10]中所谓的"接线图"（Wiring Diagram）就倾向于这个模式——1970年代中期英国经济的凄惨故事的图谱，也即对1974年1月10日的"欧洲病夫"状况的时代诊断。这让撒切尔夫人想起"化学工厂"——这是她以铁腕拯救英国的一个脚注：如同进行一场"长征"，终止社会主义，进入自由市场。霍斯金的诊断有用，因为有几条法则在发挥作用，哪怕只是经验法则。它们可以被不断重复运用——一定程度的"可重复性"在艺术中不仅不可能，而且令人生厌，重复在艺术中会悖反地产生差与异：对原作的每一次重新演绎都会产造一个变体。这与计算性的持续稳定、"有章法的"校准的均衡不同，却更加接近"无章法的"变幻不拘的奇思妙想。

主体性的启蒙

> 二鸟：庞德（Ezra Pound）通过费诺罗萨（Fenollosa）的笔记翻译宋词时并不"懂"汉语。叶芝（W.B. Yeats）与普罗希

10　John Hoskyns, *Just in Time*, Kessinger Publishing, 2007.

（Shri Purohit Swami）一起翻译《奥义书》（*Upanishads*）时并不"懂"梵语。此二人到底是厚脸皮的殖民主义者，还是我们的时代出现的重要的"单语译者"的先驱？

邱志杰 1999 年创作的录像从对圆明园（意即"启蒙之园"）的思考开始。1860 年英法联军火烧圆明园，疯狂抢劫，并将邻近建筑夷为平地。邱志杰这件作品的调子和氛围让我们漫游其间，记下松散的联想。"文革"结束以来，圆明园变成了蜜月胜地、旅游景点，这么多年过去了，人们对待圆明园事件的态度为何？我们的沉思指向两个疑问：启蒙和暴力之间关系为何？启蒙到底是什么？

对第一个问题的探索已经在大屠杀的阴影下展开，特别是在阿多诺（Theodor Wiesengrund Adorno）的《启蒙辩证法》（*Dialectic of Enlightenment*）中——这是一个进步意识被不断更新的操纵、控制和侵犯的阴影笼罩的惨淡故事。随着帝国的终结，一种观点认为，暴力从一开始就内含于启蒙，因为启蒙就是通过征服"他者"的文化并在这个过程中成形的。一个更激烈的说法是，启蒙迎来了"灭绝的现代性"，在大屠杀的预兆中摧毁原住民的世界。后殖民的混乱和屠杀更难单独归咎于启蒙：这是殖民主似乎撤离之后，在后独立时代的流血和争端。我们可以汇编出一个无尽的清单：甘地的非暴力不合作运动接近尾声时爆发的血腥的印巴分治、中国的"文化大革命"、柬埔寨的元年大屠杀、朝鲜半岛分裂、越南战争，以及在斯里兰卡持续至今的冲突等等。今天，广泛的全球移民现象让人尤其疑惑：启蒙的宽容能好好对待我们之中的"他者"？由移民、非公民、外国人和其他边缘人群所组成的同化要求——使"他们"变得像"我们"——就是"强制性宽容"的推动力。这就意味着在使"他们与我们相同"的名义下清除一切差与异,意味着摒弃一切不一致,即一种"屠异"的驱力。

我们回到"什么是启蒙"这个问题上——从康德到福柯一直在讨论这个问题,延续至今。邱志杰的录像让我不禁怀疑,除了欧洲的启蒙外,在"其他"大洲有没有"其他"的启蒙?比如,佛陀对启蒙的探求就严重质疑"权威与正统":那么究竟"亚洲之光"重要吗?

抛开外在权威,进行独立思考,即发自思考活动本身动量的自主思考能力。胡塞尔(Edmund Husserl)于1935年10月5日在维也纳发表了题为"哲学与欧洲人的危机"(Philosophy and the Crisis of European Man)的划时代的演说,他把上述能力视为欧洲独有的力量。这种自我组织的思考力意味着人们平等地聚集在一起,辩论、交锋,公开表达观点和意见。这是欧洲独有的话语和知识生产的"友谊模式",一同磨砺的参与者是共同的交流平台上平等的伙伴。胡塞尔认为,这与亚洲的知识模式形成鲜明对比,亚洲的知识模式是一对一的智慧传授,从入门弟子到贤人、圣人或宗师这些更高级别的权威。这种关系是自上而下的、家长式的,与友谊模式那样横向的、兄弟姐妹式的关系相反。亚洲的净修林是潜移默化的传授场所,师傅扮演着传递者的角色,把认识过程传给弟子。它与希腊的广场不同——希腊广场是个论争的竞技场,知识经过地位平等的对话者之间反复激烈的争论在产生出来。

我们在胡塞尔的图画中可以挑出几个漏洞——其中一些是显而易见的吹毛求疵,譬如"希腊"一词是否适用于他脑中那些分散的小国,或者蓄奴对"友谊"理念有何影响。他似乎并未意识到亚洲有许许多多话语与知识模式:儒家、道家、藏传密教、阿维斯陀以及苏菲的辩论系统,在印度,有精妙的佛教逻辑、吠檀多派的理性主义,有正理胜论之类无神论的、挑剔入微的推理，凡此种种，不一而足。它们不能简单地一概而论为"神秘"——这个词常常是对"其他"的思想-认知模式的不当用词。时值大屠杀的前夜，纳粹剥夺了胡塞尔的公民权，他在这心酸的、危险的时刻概述了这些观点。在清洗掉"他者"的部落地界的篝火周围，纳粹的话语现场已经界定清楚。正是在这个崛起的"冥府帝国"的背景下，胡塞尔描绘了这张简陋的地图。

后来的思想家，特别是德勒兹，在《什么是哲学？》（*What Is Philosophy?*，1994）中把"友谊模式"的要素更新和修订为一个"连贯的平面"（plane of consistency），在此哲学思想只是概念的创造性。然而，一个疑问凸现出来：在平等的竞技场，为什么一些人会比其他人更平等？"平等中的首位"无可避免吗？为什么"朋友间的友谊"会败坏为愤怒和敌意，更不要说还有残杀？管弦乐配器师、指导员、引导者、专家，最后都无形中"说了算"——这一过程并不鲜见，我们在艺术院校、大学、合作社、公社、嬉皮社区的体制化的微观日常事务中都能观察到。在这些例子里，启蒙在倒退，权威和等级从背后偷偷溜回来——阿多诺在黑森州电台发表他最后一次讲演时，对此进行了认真的琢磨。友谊模式似乎注定在正反两面摇摆，从同舟共济到拔刀相向，从争胜到敌对。

这支抗毒剂是对启蒙理想更严格的理解吗——已经尽其可能地不予妥协？它似乎是阿多诺更加据不妥协的简短笔记里关于《奥义书》的一条的大意。他发现，佛界（僧伽）妥协了，因为有对加入者的限制条件。令人安慰的是默默无闻的局外人矜羯罗（Kankara）：他认为这是佛陀的左倾激进主义者，看作是"不妥协意识"的一个例子。然而，采取最进步的方案，坚定的"普遍的"法则或最具包容性的多样性政策，都不如付诸实践使之成为活生生的现实更为重要。否则，这就会变成仅仅是为完善而完善——就像是为自己擦亮政治正确的奖牌。

为支撑这种"友谊模式"，我冒险使用"主体性的启蒙"这个概念。这是指源于"自我"的反省力量。"自我"是个奇怪的意识建构，通常我们由此获得坐在驾驶座上"负责掌控"的感觉。特有的自我意识成形于大脑神经网络的混沌区域：奥利弗·塞弗里奇[11]曾在弥尔顿笔下的万魔殿里列阵的邪恶咆哮之力上建构了著名的神经网络模型。如何对付这个看上去既彻底虚幻又太过真实的"自我"？与"自我"既虚幻又实在的伪装相缠斗，这是为启蒙的种种客观理想——"存在于这个世界的日常竞技场上"——补充主观条件吗？

自我反省给予我们"内观之见"——以"第一人称"有意识地掌握意识的活动。自我反省是关于倾听自己具有攻击性和竞争性的不安宁的浪潮，与其巨大的起伏相搏斗。佛曰："以自灯明。"这是说带上一盏探照灯，照亮那在自我的困惑结构中抓住的"与日俱增的自我的叠架"。然而，从一开始，佛陀此说就不能被简单地当作另一个"权威"表达或命令，须加"遵循"。这是自我问询的开始，支撑它的是自省的过程中不断的实验和考验——意思是说，启蒙也是关于启蒙你自己，同时运用内在的心灯与外在的施用。这里不是要把佛法说成是一种万灵药、一种"方法"，或另一种"主义"，而是一种实验性的自我加工精神，在此，自我问询的方法不是既有的，而是在每个当下发明出来。

瓦雷拉（Francisco J. Varela）提到自我询问是"自省技术"的一部分。这些技术目的在于制造一个"正念"的状态，这指的是心

---

[11] 奥利弗·塞弗里奇（Oliver Selfridge），机器感知之父，模式识别奠基人，写出了第一个可工作的 AI 程序。

思随时警觉自己的活动过程。他提到的一个方法大全就是论藏里的《阿毗达摩》(Abhidharma) 文本，这是七个世纪以来亚洲各地有关身心活动的抄本、绘本和报告。他保留这类自省模式，作为替代不遵守理性主义原则的实证主义观点的另一条路。不过，"自了汉"的内涵却不易摆脱：这就是行动派们应用启蒙理想对自我完善的、自我陶醉的、淡泊无为的东方思想进行众所周知的指控的主旨。这与自省的目的相左，因为自省旨在创造与他者交往时的主观条件，拥有聆听和回应"外在的"他者的能力，目的在于克服压人一头、主导或控制他人的心理趋势，以便与他人共同思考和感受。在这个意义上，同情并非为别人感到遗憾，也不是"自上"对"下"者表现出慈悲心。这是与他者相连为一体的驱策力，是基于"友谊模式"的一种伙伴感。瓦雷拉曾用"自我技术"一词赋予自省以其他冷冰冰的科学程序所具有的方法论上的严谨性。如今，这似乎又和自我"技术化"的、应用现成的有章法的知识的驱力混同了——而不是随机应变的无章法知识。

亚洲觉醒

> 二鸟：阿南达·格马拉斯瓦米 (Ananda Coomaraswamy) 以印度哲学的眼光把尼采看作朝向无特殊性质的普世——和宇宙——状态的不断扩展的冲动。卢卡奇 (Georg Luckac) 透过马克思主义的眼镜把尼采看作陷入不断界定各种特质中的"法西斯主义的先驱"。

"亚洲再出发"，或是电脑语言中所谓的"亚洲启动"(Asia Start-

Up），像一通叫早电话。乔伊斯用"芬尼根的觉醒 / 守灵"（Finnegans Wake）这一题目的模糊性营造出一种身体的矛盾状态，既非死亦非生，既非腐化亦非觉醒。"世界中的亚洲"体现了这种二元状态——既非固步自封的大陆、毫厘不爽的部落领地、本质之地，亦非全球化大潮冲击下的一支逐流随波。这个地方有自身的独特之处，有朝向"别处"的涌流之力。用梵文中的形而上术语来说，此种状态既有属性（saguna）亦无差别（nirguna）。甘博（Sidney D. Gamble）在对天安门的解读中，间接提到这个逻辑区分在佛学中的词，即无相——将其用于"剥光了"所有特质的身份，或者也剥光了所有意识形态。

张韵雯（Amy Cheung）参加 2008 广州三年展的艺术提案援引了泰戈尔的《吉檀迦利》，触及这种双重状态：开篇"让我的国家觉醒吧！"是一个祈愿，祈求印度打破自身"狭隘的内墙"，打破古代的限制，摆脱殖民的统治，最终筑造起"知识自由"的世界之中的大陆。通过泰戈尔，我们在中印走向现代性的不同道路上的多波交流中，拥有了一个时段的路标。张韵雯引用的《吉檀迦利》总结了同一性与非同一性、存在与非存在的二元状态：

我潜入有形的深海，
期望收获无形的完美之珠。

爪哇安魂曲 [12]

在水底，两个大陆板块之间的拉扯僵持不住了。它们脱手了，分裂了，彼此错位，使海水倒灌。然后愤怒的洪水奔涌而

12　Garin Nugroho Riyanto, *Opera Jawa*, film, 2006.

出，猛烈地冲向岸边，淹没着亚洲的海岸。

埃兹拉·庞德的政治与反犹主义令人无法忍受，跌破底线。他的翻译激怒了学界，遑论他的《论语》（*Thoughts on the Analects of Confucius*）、《中庸》（*The Unwobbling Pivot*）等译作。他热衷于对汉语进行高谈阔论，让语言学家怒发冲冠。更有甚者，与他的"态度"不同，他顽固地死守着"东方的他者"不放手——自诩为他的"解码"。从他的"会意"法（"ideogrammic"method）的热切而具创造性的混乱中，有一个因素今天引起了人们的注意——他认为思维方式相反的儒家思想和笛卡尔主义。

这些标签与"后殖民主义"这个词一样笼统。庞德把笛卡尔模式与扫除一个实体的特殊质地、事件之独特性的能力相关联，试图使之成为普遍原则。与这种干巴的、抽象的模式相对，庞德挖出儒家的方式，它能同时包括特殊—普遍——一种被他归因为汉字的"具体"性的力量。对于"会意字"，我们处在历史悠久的东方主义的困境之中，或者说是以静电印刷的眼光（xerographic optic）来看待——从黑格尔谈论它的图像-象形形式，到莱布尼茨谈"代数性"，到德里达将它的非字母、非语音的潜力思考为对逻格斯中心主义、西方形而上学的反驳。汉字学者们一直煞费苦心地解释，这些思想与汉语的实际运用是毫不相干的。这或许告诉我们，要更多地反思西方理性与再现体系的局限性。

然而，如今笛卡尔式的符号与汉字之间不太靠谱的区分标志着与差异的争斗，即在自我与他者之间怎样跨越认识论的鸿沟。问题并不在于站在固定的后殖民立场上指出谁对谁错，而是肯定概念必须打混拼凑在一起这个方法，为了"跨越认识论"，有章法的因素和无章法的因素必须共同生效。今天，正是这个过程的创造性赫然凸显在人们眼前——在这个过程中，双方都确实表达自己。有了这个结合了抽象-具象的视觉-语言模式（庞德将之归因于孔子的）：它是否为越发占统领地位的视网膜-计算模式打开了一个另类可能性的关键裂口？

后海啸时期的觉醒

> 海潮汹涌，海水喷溢，淹没了亚洲的海岸。
>
> ——《爪哇安魂曲》

我们或许可以将电影《爪哇安魂曲》称为大洪水后的亚洲觉醒。尾章里海浪的汹涌起伏既具威胁性，也令人安慰：自然能以其残暴的吞噬力示人，也能仅仅按捺住即将到来的生态灾难。这部电影的背景是印度史诗《罗摩衍那》（Ramayana）中"悉多被劫"一章。这部史诗是关于罗摩和他的兄弟被流放到森林中，他的妻子悉多被魔王罗波那（Ravana）劫走的故事。悉多作为宇宙阴性能量的象征，她所面临的女性被侵犯的困境正和生态平衡遭到破坏相仿。在梵语中，"悉多"一词意为犁沟，即反复爬犁的土地。电影《爪哇安魂曲》中有一首歌曲表达出在父权社会中女性的真实状态，这和她们作为土地生生不息的创造能量这一宇宙角色正相悖反。作为对亚洲现状的时代诊断，《爪哇安魂曲》把当代男女的日常生活、爱与冲突编织进史诗式的神话故事，讲述了在当今商业贸易一片繁忙的印度尼西亚，希迪（Siti）、赛托（Seito）和卢迪罗（Ludiro）那致命的激情。

在史诗中，只有当悉多遇到正在为魔王进行领地侦察的猴神，辨认出猴神向她出示的罗摩的指环时，她才能得救。就像沙恭达罗一样，靠信物认出不是理解而是爱意，唤醒人的耀眼的闪光。通过乐—舞—色三者结合形成一种情欲或韵味十足的模式，我们被拖进并乐此不疲地沉浸在感情的光云、性高潮般的浓烟与情感的跌宕起伏之中。加麦兰的乐音，在其古典的强度与当代的（电子合成的）浪涌（surge）中，与街头流行音乐的喧闹嘈杂一起，带出这种氛围。苏菲教、天主教的影音元素一掠而过，与印度佛教的影音世界交错混杂。没有顶点的渐强的声线，千高原的源头，溢出组织的身体……

姜黄色的轻纱在海风中飘飞。这是希迪被刺死的海边树荫，一幕祭礼正在这里上演。身体与心灵急速狂奔，奔入苏菲教与印度教称为"Sur"的大海深处。我们在这深海的湍流中载沉载浮，在这亚洲万魔殿的喧哗与骚动中随波漂流。

2008 年

玛利亚·阿维(Maria Thereza Alves)《在广州苏醒》装置　2008年

现代中国与当下的机遇

张颂仁

自1990年以来,众多的中国艺术家以革命时代的遗产为题材进行创作,不少人由此发展出了复杂的图谱系统。这一现象反映出中国知识分子割舍不去的现代情结,哪怕是在经历了一个世纪的各种运动与改革后的今天。比如刘大鸿,通过经典的基督教画像叠上"文革"的元素,呈现了"文革"意识形态图式与基督宗教图式的内在秘密。而作为艺术教授,刘大鸿在教学上采用的却是一种根源于集体主义理念的方式。同时,他也不赞成极端个人主义,这使他与右派自由分子划清了界限。刘大鸿通过这种对启蒙与解放思想的回顾,重新评估了集体主义社会里自由与创造力的关系。他并非站在大中华主义的立场上,也没有应用后殖民的话语来维护本地文化。他仅仅以一种戏谑的方式,透过历史,映射出当下中国的困境。

像刘大鸿这样的中国艺术家为我们提出这样一个问题:我们真的从"文革"以及现代化构建的阴影中走出来了吗?这类历史与我们今天的文化、政治话语以及艺术创作有怎样的联系?是否也可以从这个立足点出发来"告别后殖民"?

现代性和革命

对于大多数非西方国家来说，进入现代社会是一个代价惨重的历史过程。而就中国而言，代价尤其重大，其中最令人扼腕者是中国现代化过程中一次次反复起伏的革命运动。尽管中国事实上没有真正沦为殖民地，但是进入现代纪元的这一过程却也充满暴力。对一个以传统和延续历史为傲的文明，尤其是拥有完整的制度和世界观的文明，革命的风潮更显惨烈。旧制度被彻底摧毁，旧的风俗习惯被销禁，最极端的时期更要泯灭祖先的历史记忆。

刘大鸿的绘画映射了现象的核心关键——世界观的剧烈改变引起的激进的政治运动。进入现代社会意味着背弃前现代社会的整套制度、价值观、知识体系和传统。其中主要原因是单线的历史观——它认为历史是有定律向前发展的，并且总是迈向一个既定的结局。这种带着目的论的单线史观是所有亚伯拉罕宗教系统所认同的观点，而这样的看法对于中国人是全然陌生的。由于中国文化的土壤没有孕育出一种抵抗这种一神论、历史目的论的基因，以致中国左派知识分子所确信的历史观得到全面发展，并持续推进对固有历史的攻击和清算。以学问体制来说，黑格尔哲学以及达尔文物种进化论等学说更带来了全新的话语，使知识分子在重构传统的认知时也泥足深陷。

正是在这样的"科学"理论指引下，19世纪至20世纪初的改良主义者和革命家们引领中国展开了一场对历史与经验的反叛。在中国传统中，历史的地位不容挑战。乾嘉的章学诚更直截了当地说"六经皆史"。对传统中国人来说，要应对不测的未来，就得求诸历史经验。未来不可预测，却是开放的、自由的，旧史的变数反而是真理的依归，而非恒定的理数。但来自西洋的新观念认为未来有既

① 陈界仁《军法局》电影 2007—2008年
② 汪建伟《人质》影像装置 2008年

定的目的走向，并非开放不测，在当时，这种目的论的历史观极大地鼓舞了追求变革的新知识分子。

如今，经历了整整一个世纪的革命运动之后，我们再来追问：我们走向现代的这条充满暴力的道路是必然的吗？另一方面，今日之中国俨然现代化的大国，显示出与其广袤国土相称的国际竞争力，这又引出其他疑问：我们有什么属于自身的思想资源，足以把我们带到下一个历史发展的阶段？如何应对垄断性的国际资本？过去我们为漫长的革命付出高昂的代价，这遗产给我们留下了什么？平等社会的前景如何？中国经验对世界有什么启示？今天的"第一世界"是否就是"第三世界"的明天？

左派与他者

中国革命提示了一种主动挑战殖民的模式。外敌一方面是侵略者，一方面也给固有体制打开新视野。压迫与被压迫的关系是复杂的，中国现代性的内部张力既吸收了殖民政治的发展方案，也吸纳了后殖民的拒绝性协商。

相隔一代之后，我们回顾"文革"，不由惊叹于毛泽东在实现其社会改造理想时的大胆与极端。为何这样一个拥有悠久历史、以礼乐自律的民族，竟然可以变得如此激进？其中一个解释是，"革命"观念系传统中国政治故有，但中国传统的"革命"是"天命"体系内的自我调整。然而一旦引入西方近代"革命"新义，历史的单向演进、历史阶段的更迭就成为革命之目的，摧毁旧有体制也就成为"进步"的必然步骤。

尽管中国的革命是殖民主义催生的后果，但是随后一百年对现代化的不懈追求（通常与西方化相混淆），则无疑是出于主动的向往，追求魅力诱人的"他者"。中国对于"西方"的想象古已有之：西王母昆仑山的传说，西天极乐世界和佛祖等都是。在近代，对于一个败弱的国家而言，能带来"富强"的科技更有着巨大的吸引力。除此以外，当然还有新的社会秩序、法制与平等的追求。1848年，不曾踏出国门的徐继畲编写《瀛环志略》，讲述西方的故事，盛赞华盛顿为西方最伟大的人物，堪与古代中国圣王之功绩相比，并提倡参考美国的政治制度进行变革。"他者"政治不仅呼唤激进的变革，也带动了人们的想象。最后，接受"他者"召唤的最激进的左派知识分子，动员社会底层（边缘的"他者"）为此憧憬而努力。而中国本土的制度，作为被改革的对象，则被定为反角，在启蒙活动家眼里，本土反而成了"他者"，等同于"异端"。而与此同时，"异端"的西洋概念，即指应被消灭的异见分子，也正是左派引进的。

新中国成立之后，所有的社会改造都刻上了清晰的目的论烙印。毛泽东希望消弭工农、城乡、知识与体力劳动者之间的差异，以达到消除剥削之目的，并最终把中国带到历史的新一页。自然，这样的计划并不能消除党内日益严重的官僚主义，但由于统一了全国上下的意识形态，反而为一种宗教式的世界观入主中国扫清了障碍，打开了方便之门（这一点反映于毛泽东称赞咸丰同治年间太平天国之乱为农民解放运动的里程碑）。持续革命和极左政治并没有实现解放的诺言，却加深了人们对于"西方"的想象和向往。

在后殖民时代谈论毛泽东

自1960年代的激进岁月以来，西方解放运动促使人们意识到现存的权力结构之下的隐藏结构。由此而兴起的社会（抵抗）运动扩展了自由的空间。后殖民政治掀开了殖民主义的内部矛盾。后殖民政治让西方社会承认和接受殖民者与被压迫者的互相依赖衍生关系，加上左派政治的努力，逐渐把西方的殖民宗主国改变为新的"后西方"社会，以致原来殖民地所对抗的"西方"已不复原貌。在中国，革命在毛泽东的领导下走上另一条不归路，也在这些年代形成了一个"后中国"的社会。在中国，毛泽东逝世以后出现的反暴力、反极权统治则俨然成为一场新的启蒙运动，1980年代的经济政治改革即建立在这样的基础上，并将中国带入市场经济时代。也是在这个时期，后殖民与其他的文化话语传入中国。可是，中国大陆后殖民时期的作家的基本立场却是对新启蒙持批判态度，认为全球化的时代已将理性启蒙扫进历史故迹之中。

中国不少后殖民主义者以大众媒体和消费文化作为后现代的社会表征，以单线历史发展史观推论那是紧随现代主义的一个新时代。于此，中国后殖民主义者不是把后殖民理论看作西方社会的一种自我反思，也没有应用此种理论对国内现状进行批判。相反，他们高举后殖民理论来批判欧洲中心主义，并强化了固有的中西对立的观念，背后隐伏的依然是现代主义的大论述。而对于资本主义化的中国以及当下中国社会改革的批评则多来自圈外人士。

说到底，在今日中国，后殖民话语还是不被接受，因为大家认为中国没有过真正被殖民的历史，认为国情与这样的话题无关。毛泽东若是还在世，准会为后殖民的话语感到困惑。但事实上，革命的中国左派已经把中国变成了一个彻底自我殖民的国度，以致完全没有"殖民"以外的空间。中国的自我殖民／西化是紧贴着一系列的文化焦土政策，以使"封建"时代成为不可回归的境地。同时，毛泽东也积极鼓吹反殖民反西方的政治，可以说是一种暴力的后殖民主义。这种政治并不表示他走到文化原教旨主义的路上，反而是把抵抗的政治放到现代性的议程表上。西方现代性的内部自我调整以反理性、多元为主导；毛泽东的反西化政治则成为中国现代方案的一部分。中国的革命可说是内化了西化与反西化，殖民与反殖民。革命的自我殖民把中国带进了"双重殖民"，在同一阵地上面对了殖民主义和后殖民主义。

毛泽东当年在"第三国际"开展广泛的外交努力，希望以此抗衡资本主义世界和苏联修正主义。尽管解放策略是通过民族自主以及反殖民，但最终追求的解放却是全人类的、彻底的。第三世界要采纳后殖民的战略只能是为了暴露出资本主义的内部矛盾。如果为了统一战线，毛泽东肯定欢迎多元的文化 / 政治架构，以便对抗资本主义世界。可是他深信历史大潮不可逆转，并且积极以政治运动来促进历史的进程。

中国人对后殖民不热衷，背后原因是现代化历程中那更甚于殖民压迫的惨烈经验。那是比外国统治更彻底的文化颠覆。后殖民主义的"后西方"社会对旧殖民宗主国可能是个可行的社会方案，但对中国来说，革命的历史最后把中国带上另一条途径。这条路结合了经验和试验，最终放弃了意识形态，包括后殖民主义。

国际的路轨

现代性方案不独投入了线性的历史进步观，并带着全球范畴的视野。作为民族国家式的国际主义，现代性推动现代化国家介入一场为未来而竞争的比赛。虽然革命把中国变成了一个"他者"，也使得中国成为"国际化"的平台：当年以非西方的社会主义国家的身份竭力实现现代化，今天则以新资本主义的方式面对国际社会。

这不仅反映了尚在延续的现代化的过程，还提醒我们"国际化"是现代化的使命，以民族国家的比试和牵制为权衡。

从1970年代的意识形态思想禁锢中解脱以后，新启蒙兴起，中国大陆艺术家在1980年代呈现出一派生机，那个时期的主要话题是个性解放以及政治自由化。1980年代的艺术家通过二手接触20世纪的西方美术获得灵感，发展出本土的前卫艺术，靠拢国际，只是他们的艺术受限于国门之内。反而在台湾和香港，两地分别于1950年代和1960年代尝试通过抽象表现主义的水墨画进军国际。可是尽管现代派认可其东方渊源，也少有中国人能在国际艺坛立足。1980年代致力于打破这一僵局的策展人没能使中国艺术成功突围，一直到1993年威尼斯双年展和1994年圣保罗双年展，中国艺术家才因为民族国家身份首次在国际上被肯定。让那些参展艺术家感到意外的是，他们的作品多被作为政治解读，而并非由于其艺术价值。他们同时发现了"国际"的多面性，在同一展场上还有来自南美、中东、非洲以及亚洲其他国家的现代艺术。如此复杂的国际性显然与国内长期习惯的"中西"二元对立相背离。所谓国际，是在特定论述架构下被表述的民族，那些移居他乡的艺术家发现，最容易获得认同的艺术是以身份政治为主题，而不是作为现代性主流的话语，并且这样很快就能被纳入后殖民的语境和潮流里。正是因为有了这样的体验，从1990年代以来，文化触角比较敏锐的中国艺术家就得在两条路之外另辟新径——或者是回避边缘身份的热潮，或者是回避陷入冷战时期的意识形态表述。

这次三年展中，朱昱的作品《为联合国成员国所做的192个方案》（2007）直接嘲讽了国际展览对个别民族表述的现实。他针对各国的政治/文化现况，为每个国家提供一个参加展览的方案。朱昱这件作品使人狐疑：当代艺术是否只是对策展话语的机智回应？他解释这件作品"只是通过公共的大脑，与'我'无关"。为此也引出另一个问题：为什么民族传统风格的艺术品，无论艺术成就如何高超，都上不了国际展览的平台？这是否表示"国际"是一片特别的土地？

1989年后中国忽然兴起了一阵毛泽东热潮，横扫南北数年。艺术界亦兴起了"文革"波普风，一度颇受国际艺坛注目。1989年冷战结束，世界两大意识形态阵营的对垒消失，乌托邦之梦亦烟消云散，自由经济民主一时独领风骚。可是在中国，却在冷战结束后才卷起"文革"热，不禁让人重新深思：到底意识形态之争是否完毕，还是转化为其他意识形态的抗争和对立？从当下的文化政治现况来看，我们或许可以从后殖民的角度重新检验毛泽东治下的新中国。自1950年代开始，毛泽东就以民族（传统）文化的现代化作为文化和宣传的政策，并以此作为抵抗西方霸权的本土力量。在这个政策下产生的作品应该说是社会主义的现代艺术，而非"传统"艺术。这类作品的图式选用传统元素结合新社会的进步象征。在说法上有很多与后殖民重叠的地方，比如：自强、民族风格、地方特色、综合风格，当然也套入社会主义关心的"进步"和"民众团结"观念。放在今天的情境中，民族风格的社会主义艺术亦与当代艺术关心的身份政治、混杂性、关系美学等主题重叠，而且图面上也有近似的面貌。面对这现象，会使人不禁想到：革命后的中国是否已经度过了"后殖民"时期？又或者后殖民主义是否悄悄地从另一些渠道重新占领了意识形态原来的冷战地带，并潜入了世界各地的民族国家？

现代中国革命提醒我们，"国际化"依然被划入现代化工程的大蓝图之内，尽管现代性的历史持续不停地争论和不断地反抗，但依然无法绕过现代性的主题。因此所有的"国际"交往，无论是艺术或体育，其背后的母题总影射了现代性及其后果的思考。毛泽东抵御资本主义霸权的方法并没有成功，现在的西方已不再是单一的霸权，并且还衍生出更为隐秘的形式，通过各种潜藏的手段渗透到我们生活中的细节。后殖民和后现代亦未能打破这堡垒，制度的主流依然当道。用毛泽东的观点，就是抵抗的政治和身份的政治只会分裂了联合阵线，却忽略了主要的矛盾所在。

主要矛盾是，全球时代的资本霸权已经渗透到社会形态之纹理以内，占据了社会行为和日常经济活动的方方面面。百年革命留给我们的遗产除了斗争的记忆，还有就是国际的视野和对意识形态的省觉：革命让我们明白政治之目的，并了解改革唯有源于深刻的个人体验，才有可能触及那些藏于我们各人自身之内的多元"他者"。

一国两制，天下万国

香港是中国近代历史上正式被割让的殖民地（1842—1997），可是在这里，人们也不热衷谈论后殖民。香港艺术博物馆于1960年代开始支持本土的新水墨画运动，并且在其后的二十年里，代表香港出展国际的大多活动。馆藏策略也明显是以19、20世纪水墨画为主要特征，反映了在"文革"之后，博物馆认为香港的任务是维护被"文革"践弃的正统书画脉络。新水墨画运动关注的重点也不在于香港本土，而在于对正统的继承与发展，并着眼于国际（西方）的现代艺术。尽管在六七十年代还难以在国际上找到属于自己的一席之地，可现在，香港新水墨画家已转而以水墨现代派先驱自我定位。到了1980年代后期，随着回归的日益临近，香港也出现了

"与后殖民说再见——第三届广州三年展"展览现场 2008年

① 邦迪斯·方松巴特勒（Bundith Phunsombatlert）《深水埗》录像装置　2008 年
② 陈侗和图森（Jean Philippe Toussaint）《齐达内—图森—陈侗》录像与装置　2008 年
③ 郑波《卡里布群岛》装置　2008 年

关注本土文化的热潮,那是因为文艺圈对强大的大陆文化入侵的恐惧,但不是后殖民的文化身份表现。这一脉络的新兴艺术关注切身经历,介入了细微的日常生活里的颠覆,刻意回避了意识形态化的泥沼。这些艺术家的创作可算是真正为中国的现代艺术发展做出了具体贡献。

至于台湾,则是另一个经历过漫长殖民统治的地方(日据,1895—1945)。国民党以对抗共产主义作为全民的意识形态,直到蒋经国把权力移交台湾"本省人"(指不同时期,尤指早于民国政府退守台湾的大陆移民)。而其后二十年,"本省"与"外省"间的政治博弈构成台湾的文化和政治图景。这时期的文化议题围绕了台湾的政治以及文化认同的问题,包括对殖民历史的评价。而争论的核心则无不着眼于"中国"与"统一",而非单纯的地域身份、边缘文化的认同。台湾人对本土历史的认同成为过去几十年台湾艺术的显著特征,这一本土认同与另一方面以台北故宫博物院藏品所代表的"中国"大一统两组叙事捆在一起,衍生了丰富的艺术创作,介入了文化政治的各种层面。

中国大陆、香港、台湾三者所纠缠的问题主要是"中国性"的问题,这也成为三地华人艺术创作的大背景。而各自不同的艺术表述也反映出三地在20世纪里不同的政治现实。1980年代,在香港回归问题的谈判过程中,邓小平接见了来自香港的代表团,代表团表达了港人的政治顾虑。会面期间,邓小平对港方的钟士元反复使用"你们中国人"的说法不满,重申"港人自治"也意味着由"中国人"来管治,特别是"爱国的中国人"。同样,中国大陆与台湾的交涉也围绕着"中国"性展开。

"一国两制"的主张尽管存在诸多法律上的不协调,却反映出一种不同于西方帝国主义的地缘政治主张。它反映出一个包容的中国政治传统特征，也使人们联想到历史上的"封建"与"郡县"、"化内"与"化外"之分别。"郡县"管治近似民族国家形式，跟现代的国家类似，而"封建"的形式则容许边疆地方以不同程度的自治，容许多元发展，但以承认中央政权的统治为前提。至于"化外之邦"，特别是位于边陲的小国，中央则更退远一步，甚至纳贡亦以形式为重，还会回馈厚礼。"郡县"与"封建"的双重并行，跟近代欧洲的帝国或罗马帝国不同。近代的欧洲帝国都以民族国家为基础，对于不同的族群采取分隔的政策。罗马帝国则赋予不同的民族同样的公民权。可是西方帝国对于域外或民族外的"他者"的立场基本以征服为策略。与欧洲的模式不同，中国的帝国基于民族与文化两种认同方式。这也是满族人能入主中原、继承文化统脉以实现统一中国的原因。对于边陲之邦，儒家传统是"王者不治化外之民"。由于没有"异端"的绝对面，"他者"有自主的空间，而儒家的礼与法对"化外"保持了"文化"的距离（"化"以"孝"和伦理立足于家族为基础，与罗马的"文化"所立足于城市的公共生活有所区别）。郡县与封建的双重制度可策略地包容多元的文化，同时又与陌生的异文化保持适当距离。孔子删订的《春秋》，订立了先秦时期处理"他者"和"我"的关系，成为当时的外交原则。《春秋》的褒贬和删削，以"春秋笔法"所审视的实例以定法。"春秋笔法"处理"人我关系"的大原则是：先正己而后正人，责己严而待人宽。这种处理"内"和"外"的义理，长期反映在后世的国家政策中。

　　作为"后殖民"、"后移交"的香港，如今早已回归大陆，而今香港与大陆之间维系着一种特殊的中央与地方的关系，这种关系既尊重香港的政治认同，也让大陆能维护其作为"中国"之中心的地位。近年，一些中国学者开始重新思考"天下"的概念，如赵汀阳就企图以此重新思考一种全球主义缺乏的"世界观"，以"世界观"来超越民族国家的界限。所谓"天下"，普天之下的政治团体皆有其存在之合法性，但亦有共同的世界观的依归和约制，以此作为有实效实力的国际组织的起点。虽然这是哲学界的理论空谈，但反映了目前"国际"概念所无法逾越的困境，那也是"后殖民"和"后现代"不能突破的死胡同。

知识之秩序与当下

艺术是知识特殊的一环，通过这样的媒介，对于当代的思考可以跨越学科的界限。艺术以近距离的感知和切身体验来观察和认识世界，通过创意的构建而得到理解。艺术的认知让我们返回到内心的深处，此即艺术所以能触及"政治"的神经。

把艺术作为一种知识，也表示再次回归到启蒙时期最初划分学科的起点。事实上，艺术可以跨过学科分界，重新提示各学科之下被分科而遮盖的知识。学科的跨界交汇在今天新的资讯和现实中显得尤其紧要。例如说，政治和经济的分科使跨国资本越来越难于监管。启蒙的知识体系今天已成正统，在保留这份高价换来的文化资源之余，新知识可以从历史经验中重新开启，找寻跨越现代性的启示，跨过后殖民立场的"他与我"的对比方式，以新视野进入原来的历史情境。

启蒙时期的莱布尼茨在读到《易经》时，激动地称中国为"亚洲的欧洲"，意思是说在中国找到了启蒙所追求的"理性"。可是对于清初时的中国人来说，莱布尼茨所说的"理性"并不是作为组织知识和经验的方法。要返回当时中国的情境，有必要做大步的文化跨栏，越过"后殖民"的描述与被描述关系，以期进入另一种世界秩序和制度之内，来重新理解莱布尼茨所见的"理性"。这是要从内向外，尽可能从历史的血肉情境中得到深刻体验的努力。

越过启蒙的视野，当代史学家以多种"内部"的角度去分析"现代性"因素。比如汪晖摆脱了时间和进步相扣的观念，转而注目于中国传统中对"时势"的应用。"时势"是变动的，但也是历史性的。"时势"的考虑在宋人以来被明确地被定位于"天理"、"礼乐"和"三代"的关系之中。使用不同的观察尺度，可以改变知识的结构，并改变了解历史在本土经验中的作用。

莱布尼茨与《易经》在欧洲启蒙年代相遇，把"理性"引向另类的知识方法，也导向行为判断的别种程式。重审这种中土的"理性"，可以把《易经》看作一种打开未来、重返自由抉择时刻的一组技术。重审与重返当代与历史的经验把我们带回当下的机遇，并在此起步。我们可以借着启蒙和"前启蒙"的象与数来审时度势，踏往未知的时空。创作在此展开，创作才属于未来。

2008 年

桃花源记（421—2008）

黄永砅

《桃花源记》我是通过2008年广州三年展早些时候发的一份关于展览构架的文字材料中得到的，它放在展览整体框架的两个主题之中："盛墟"与"桃花源记"。在临近展览的最后文稿中这些字眼消失了，使我有了重新阅读《桃花源记》原文的愿望。我的意思是说，《桃花源记》起因于衰世，衰世才会想起"桃花源"。借这一阅读我将绕过此届三年展的主要议题或题目，从原文出发。但"出发"的原意是"离开"，所谓的阅读原文的意义就在于离开原文。《桃花源记》原文并未分段落，去标点共321字。为叙述方便，将原文分为12个段落：

1."晋太元中，武陵人捕鱼为业。缘溪行，忘路之远近。""晋太元"在376—396年之间，中期约在380年间，陶潜写此文约在421年，正处在晋末衰世。420年刘裕废晋恭帝司马德文，自立为南朝宋武帝，三年后换少帝刘义符，二年后又改文帝刘义隆。421年距他写故事发生的时间380年约四十一年。他四十一岁那年弃官归隐。"武陵"为今湖南常德，附近有桃源县，距离常德约50公里。"捕鱼为业"，渔人，普通职业，卑微之人。"缘溪行"，顺路，没有特殊性。"忘路之远近"，渔人专心求鱼心切，故忘远近。"忘"，心的某些意识逃离。渔人的目的在于鱼，其他的事情则处在无意识之中。

2."忽逢桃花林，夹岸数百步，中无杂树，芳草鲜美，落英缤纷。渔人甚异之，复前行，欲穷其林。""忽"和"忘"都是在心的把握之外。忽然出现一个明显标志，但遇于偶然性之中。第一次出现"桃"字，"桃花林"也许跟桃源县有关。"夹岸数百步，中无杂树，芳草鲜美，落英缤纷。"渔人处在衰世之中，他所经过的地方可能是荒草荒地，并无人烟和兽迹，也没有固定地方得鱼，作为公共财产的鱼也减少，故只是四处奔走并无目标。"桃花林"此时此地如此集中，盛世和衰世的差别，但还不是边界，只是一些前识先兆，只是衰世如此紧紧地临近着盛世。在原文中，其实"桃"字连同标题仅出现两次，但它如此触目，后世只要接触到"桃"、"桃花"、"桃花源"便知道另一世界的开始。如果我们想到1964年"桃园经验"也无意中用了"桃"字，以及它所带来的厄运，不得不和渔人一样惊异。渔人已经有了新的目标——"欲穷其林"。

3."林尽水源，便得一山，山有小口，仿佛若有光。便舍船，从口入。初极狭，才通人。复行数十步，豁然开朗。"这一新目标对一个渔人来说并没有带来好处，桃花林结束了，到了水的源头，渔也终结了。"山"在这里另有所指，无论溪水、河水、江湖、大海，水在本质上是连在一起的。"山"也可以是大山，另一个大陆，或另一个洲，水把它们分割开来。"山"没有拒绝来者，也没有大开门户，只是"小口"和"仿佛若有光"。所以这一通道也许是直线形的，也许是略有弯曲，但不长，"数十步"。前面说到桃花林也不大，"夹岸数百步"，可用步量。我们知道现实中存在着不同的"丈量"，当我们在飞行的飞机中踱步丈量距离时，已经不同于在地面上踱步那种距离。古代称为"缩地术"，"能缩地脉，千里存在，目前宛然,放之复舒如旧。"这里引用的是《神仙传》或《费长房传》。壶公"常悬一空壶于屋上,日入之后,公跳入壶中,人莫能见"。而《桃花源记》中的"从口入。初极狭,才通人。复行数十步,豁然开朗",很像壶公之壶,但仅此而已。费长房随壶公跃入壶中,"果不觉已入,入后不复是壶,唯见仙宫世界,楼观重门阁道……。"对从衰世过来的人(渔人),或是受衰世盛世再衰世再盛世,又重新落入衰世的世代焦虑来说,"豁然开朗"带来的不是魏晋时期盛行的"仙宫世界",它带来一种"现代性",一个现实的世界。

4."土地平旷,屋舍俨然,有良田美池桑竹之属。阡陌交通,鸡犬相闻。其中往来种作,男女衣着,悉如外人。黄发垂髫,并怡然自乐。"如果我们不把这些描述放在历来"桃花源"的框架中,尽管历来对"天堂"的描述也无法摆脱地面现实的参照,如果我们把它当作另一个地面现实的如实描述,"悉如外人","外人"一词是重要的,我们今天对"外国人"一词是直白明确的,我们知道所指的是什么,每一个第一次来欧美旅行的人(非欧美人),如果你愿意坦诚地说,当你从飞机上,在降落的时候,你的第一个俯视对象,难道不是"土地平旷,屋舍俨然,有良田美池桑竹之属。阡陌交通,鸡犬相闻"?当你着陆时,难道不是"男女衣着,悉如外人。黄发垂髫,并怡然自乐"?"黄发垂髫",按 1696 年康熙年间《古文观止》的注释:"黄发,老人发白转黄。髫,小儿垂发,并注明:纯然古风。"但"黄发"明摆着不是"金发",汉人黑发老了转白,但无论如何不可能由白再转为金黄。"鸡犬相闻"可能来自《老子》八十章中"甘其食,美其服,安其居,乐其俗,邻国相闻,民至老死,不相往来"。这段文字要么看作是"纯然古风",要么被看作"蒙昧时期"

的倒退，但在今日欧洲，难道不是"邻国相望"？"鸡犬相闻"如果是个和平景象，而不是"鸡飞狗跳"的兵荒年代，"民至老死，不相往来"也不是不交往，而是互不干扰，一个国家和另一个国家可以保持八九十年的相安——"民至老死"甚至更长。这是一个现实的现代性社会，我们是在讨论俄裔法国哲学家科耶夫（Alexander Kojève）提出的"普遍同质的国家"的观念，或是讨论日裔美国哲学家福山（Francis Fukuyama）提出的"后历史世界"。

5. "见渔人，乃大惊，问所从来。具答之。便要还家，设酒杀鸡作食。村中闻有此人，咸来问讯。"一开始渔人遇到桃花林"甚异之"，现在，"桃花源"中人"见渔人，乃大惊"，虽然在同一世界中，但生活在后历史世界与历史世界的人，仍然有很大差别。无论如何，"桃花林"、"林近水源"、"山有口"、"豁然开朗"，诸多信息和循进过程已经给历史世界的人（渔人）诸多准备。但"渔人"一旦主动出现在后历史世界，不管他是合法的"小口"进入，还是从其他旁门左道非法进入，"乃大惊"，惊异产生好奇，在今天一个外国人碰到另一个外国人，难道第一句不就是问其原籍"问所从来"。"便要还家"，"要"和"邀"音意类同，邀请到家，"设酒杀鸡作食"和"皆出酒食"，从一个空中观看到着陆后的初步印象，进而个体与"外人"接触。从一个宏观的管理完善合理、经济活动丰富的社会到普通人家，随手拿出酒、鸡招待客人，这对于一个从衰世或历史世界中过来的人是富足的，富足且好客。

6. "自云先世避秦时乱，率妻子邑人来此绝境，不复出焉，遂与外人间隔。""绝境"的传统解释是指和社会现实隔绝，在这里，"绝境"是否可以解释为"历史的终结"。"不复出焉"是否在讨论随壹公跋入壹中，果不见己入，入后不复是壹，唯见仙言世界，接欢壹门阆道……" 从桌世达来L人（渔人），我是受桌世→盛世→角桌世→角壁世，又重新展入桌世L世代焦虎来说，"書卷氏开朗"带来L不是魏晉时期盛行L"仙言世界"，又带来一种"玖代怃"一个玖实L世界。

4. "土地平时，屋舍俨然，有良田美地，桑竹之属，阡陌交通，鸡犬相闻。具中往来耕作，男女礼囂，悉如外人。黄发垂髫，弁怡然自乐。" 如果我仍不把这些摘出放在原来"桃花源"L框架上，尽管历来材文章L摘术也无情撑脱地雨陆靠一参熙，如果我仍把之当作另一个地雨陡案L如言揞述，"悉如外人""外人"一词是重要L，我们今文对"外國人"一词是直白明召L角L，我仍知道L指L是什么，角一个第一次来欧美旅行L人（非欧美人）

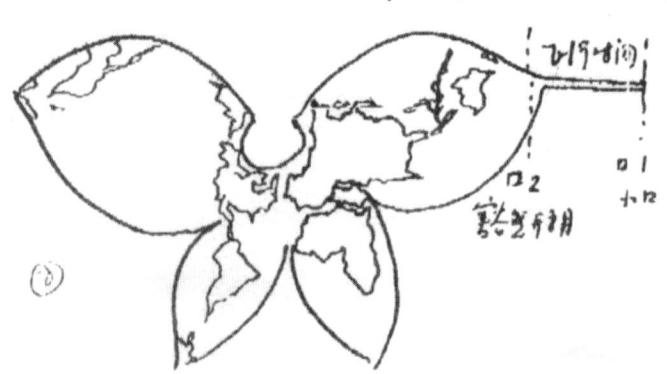

如果你愿意担诚地Z说，當你从飞机上，在降臨L门间隙

黄永砅《桃花源记（421—2008）》部分手稿　2008年

历史终结之后可能又重新开始，只是他们选择"不复出焉，遂与外人间隔"。一部分历史已经终结，其他部分尚在延续，但无意识地朝着终结发展，"外人"尚在，两部分历史在很长时间内将同时存在。如果全部的人类历史已经终结，便无"外人"可言。

7."问今是何世，乃不知有汉，无论魏晋。此人一一为具言所闻，皆叹惋。余人各复延至其家，皆出酒食。"尽管后历史世界也是从历史世界中发展而来，"自云先世避秦时乱……"，或是如黑格尔在1806年的"耶拿战役"中看到历史的终结。对后历史世界的人"问今是何世"已经没有意义，因为构成以往或现在仍然存在的历史世界中，无论是揭竿而起，或是改朝换代的少数英雄、多数贫困的历史，对那些所谓民族、国家而革命、而战斗、而生而死的历史经验已感到厌倦，只剩下酒食后的"叹惋"。在讨论"普遍同质的国家"或是"后历史世界"中，我们不得不同时讨论尼采的"末人"。按尼采的说法，"末人""不再富裕或者贫穷——不再统治和被统治——大家都是平等——有自己的小快乐——他们珍爱健康"，而且在他未完成的遗稿中，有如下笔录："末人：一种类型的中国人。""桃花源"中的"秦人"并未处在盛衰循环之中。所以"秦人"与"普遍同质的国家"、"后历史世界"、"末人"都是相似的，最重要的相似是他们都已经达到自身的终点。

8."停数日，辞去。此中人语云：'不足为外人道也。'"是什么原因促使渔人想回去，是盛情的款待和关心？渔人处在"桃花源"之内和之外的界线上犹豫和矛盾之中，当历史该终结之时，仍然想着历史，与现实的关系就颠倒了。此中人对渔人也是矛盾的，"不足为外人道也"的意思是"你肯定会跟外人说"或是"你应该跟外人说"，因为口是存在的，消息必被外传。而且，后历史世界必然要影响历史世界。渔人希望一脚踏进后历史世界，一脚留在历史世界，后来证明是行不通的。全文出现了三次不同含义的"外人"："悉如外人"——和渔人同族相对的外人，理想中的人是外人；"遂与外人间隔"——桃花源先于别人终结了自己的历史，使自己成为外人的外人；"不足为外人道也"——把渔人当作自己人，因为后世界的人的使命就是包容所有历史世界的人，渔人就被迫处在双重的外人之中。到此为止，"桃花源"的信息中断了。

9."既出，得其船，便扶向路，处处志之。"渔人想必是从同样一条路出去，因为他找到他丢下的船，"桃花源"留有唯一的口，出口和入口是同一个口，就像"普遍同质的国家"或"历史的终结"尚留有缺口一样。渔人为什么不留在"桃花源"，他身处在晋末衰世难道不指望有一个盛世的到来？他不知道所有这些世代改换的历史只是无意识地要达到这一"不知有汉，无论魏晋"的普遍同质的国家，他已先于他人到达，他是无意识的，无意识就是那个"小口"。渔人决意离去是否也无意中煽动了对"普遍同质的国家"的不满，尽管他面对的是一个普遍满意的场面，他也不清楚"不满"是个使命，他只是清楚地意识到应该把这条路仔细记下来，因为返回也是一种"豁然开朗"。

10."及郡下，诣太守，说如此。太守即遣人随其往，寻向所志，遂迷，不复得路。"陶潜写如何去"桃花源"写得很仔细，因为是无意识，如何来回却写得很简约。渔人自从发现了末人，便带有末人的痕迹，他把大地变小，并带着他的好消息："我们发现了满意。""及郡下，诣太守，说如此。""太守"，所有统治权力和大小政治官僚的象征。"说如此"，但我们仍然不清楚渔人说了些什么，他发现了什么，是发现了现代的西方社会，还是发现了仍然活到现在的"秦人",是发现了"普遍同质的国家",还是发现了终结历史的"末人"?总之这些意向都是混杂在一起的,有些部分是互相重叠,有些部分是相互矛盾的。但有一点是肯定的,渔人没有想到要充当非法的革命者,尽管他已回到革命的语境之中,而是"及郡下,诣太守",以求获得正统。渔人还是像奴隶一样卑微,太守还是像主人一样傲慢,正是这种模式的保存,使通往这一可能世界或另一现实世界的路自动关闭。

11. "南阳刘子骥,高尚士也,闻之,欣然规往。未果,寻病终。"在晋书"隐逸"类有《刘驎之传》记载:"刘驎之,字子骥,南阳人,光禄大夫耽之族也〔……〕志存遁逸,尝采药至衡山,深入忘返,见有一涧水,水南有二石囷,一囷闭,一囷开。水深广不得过,欲还失道。遇伐弓人问径,后得还家,或说囷中皆仙灵方药诸杂物。驎之欲更寻索,终不复知处也。〔……〕"上述两种经历类同,尤其是作为向导的"伐弓人"和"渔人"却是无名的卑微者。但陶潜做了三个改动,他用刘驎之的字,而不是他的名。刘驎之是为了寻"仙灵方药",像魏晋时代大多数隐士。而《桃花源记》中刘子骥是为了寻找"另一社会"。《晋书》中说刘驎之"卒以寿终",陶潜把他改为"未果,寻病终"。"寻",不久,也有"寻找"的含义,他病终成了那段"寻找"的直接后果,增加了那些急于想寻找另一个"终极"或"满意"的解决方案的人的危险性。陶潜四十一岁才离官归隐,刘子骥士大夫出身,"官"和"隐"有着内在关系,官是隐现,隐是官匿。

12. "后遂无问津者。"不但是有意识去问的人没有了,而且是无意识的门已被关掉。因为问总是在门里。陶潜作为"古今隐逸诗人之宗",他开了这扇门又自己关上,留下的只是一个空洞"类型"——"隐逸"。从晋末到1648年明末,一千多年的历史"隐逸"就这样被固定下来,直至《清史稿》才改为"遗逸",并专门指明末后未能顺应改朝换代的遗老遗少。在一个持续盛衰循环的历史世界中,"隐逸"还是被或明或暗地"鼓励",尽管我们有充分理由怀疑藏在"花园"或"田园"或"桃花源"下的秘密。

2008年8月8日

即将到来的历史

论"本土"的拆解与重建

许江　高世名

一

在北京奥运会的闭幕式上，伦敦市政府用一辆观光巴士向全世界展示了一个后殖民的多元文化主义景观，这是一幅多种族、多文化共存的和谐画卷。的确，后殖民理论的实践不只是在"去殖民"的非西方世界，更是在那个后殖民的西方世界，它最重要的成就是对西方社会及其规范的持续质疑，是创造了一个差异、宽容和多样性的开放社会。在西方，后殖民主义担保了一个开放的、充满活力的公民社会，对宽容和多元的追求也打造出了一个更新版的西方，一个浮现中的"后西方社会"。然而，现在是否是一个欢呼后殖民主义之胜利的庆典时刻？

我们发现，在今天，后殖民主义、多元文化主义似乎不再是具有真正挑战性的、危险的"病毒"，它被转化为一种"疫苗"，而"西方"这个强悍的生命体已经由此成功地产生了"抗体"——它自我更新了，升级了，它成为多元文化主义政策经营下的一个更新版的西方，一个"后西方"。在这个升级版的后西方社会，后殖民、多元文化主义被非常娴熟地转化成一种管理政策和宣传策略，身份、杂糅、多样性等概念也逐渐演化为一套动听的政治表述。

在这种情况下，问题变得愈加复杂。一方面，在当代日常生活中，差异或者说与"他者"共存，变得无可回避，无论在社会还是生存论层面上，多元性都是日常生活的基本事实。另一方面，这种"多元文化的政治和意识形态"受到了全球化资本主义的热情拥抱，后者以之维护和发展其跨国家的集团利益。在这种情况下，作为一种宣传策略和意识形态，"多元文化管理机制"已经取代了批判性的多元文化主义，差异之生产蜕变成差异之统治。现在，对于"多元""宽容""让他者发声"的呼吁已经变得失去效用，因为这些早已经成为政治宣传口号，成为一种新的意识形态的工具。艺术家的工作由此显得愈加重要——呈现出我们政治处境的复杂性和矛盾性（complexity and contradiction）。

过去的几十年中，政治正在沦为话语政治，那是形形色色的身份政治、表述政治、翻译政治的集合体。在政治领域，艺术成为这些话语政治实践的表述器官；相应地，在艺术领域，政治也就成为了艺术的"意义的假肢"。假肢的存在总是因为某种残缺，而配备了政治假肢的当代艺术到底缺了些什么？政治所补偿的究竟是哪一个意义空间？艺术家对于社会、历史的批判性行动，是否可以被纳入政治领域？或者说，一开始，这种行动就跳出了政治的范畴？

在此，我们希望追问的是：在一个"批判性"变成"政治化"的语境中，我们能否再来谈论创造？在一个价值协商、历史协商的时代，在多义的现代性中，在多文化源头的、非线性的历史视野中，我们何以可能讨论未来？

今天，重要的并不是在全球—本土（global/local）的二元机制中界定"当下"和"此地"，我们迫切需要的，是展开一个更加长久的视野，从历史的角度，尽可能地去触及我们不同的过去和共同的未来。我们要追问的是：摆脱了"民族国家"这一现代性世界建构框架的现世世界观，究竟会带来何种愿景？在殖民与后殖民、全球资本主义与多元文化主义的斗争中，我们是否已经丢失了一个"正在生成的世界"？那曾经标志着"跨越已知疆界、超越生活空间和想象界域"的"他者"，是否已在不断机制化和简化中变得千人一面？我们如何才能谈论那正在到来的"秩序"，而不退回到帝国和部族主义的话语之中？超出民族国家的文化机制，如何重建我们的历史，如何筹划一个开放的未来，一个多元的未定的约定？

二

近二十年来，在国际学界具有重大影响的两大论述——"多元文化主义"和"文明冲突论"各自打造出了不同的世界图像：文化多元主义可以说是一种对于我们当下这个后殖民-全球化的地球村的积极的新自由主义表述，而以亨廷顿（Samuel Phillips Huntington）为代表的文明冲突论者则揭示了冷战结束后，观念、价值与信仰在全球范围内诱发的一种新的紧张关系。在知识界的思想前沿，我们可以找到对这两大论述的明确的反驳意见。对于前者，著名思想家齐泽克（Slavoj Žižek）质问道：新自由主义所承诺的，究竟是多元文化主义，还是多民族的资本主义的文化逻辑？对于后者，正如越南裔美国籍艺术家郑明河（Trinh T. Minh-ha）所说："今天，第一世界与第三世界你中有我，我中有你。我们所能够做的，是从第一中寻找第三，在第三中发现第一。"面对当下席卷全球的金融危机，齐泽克和郑明河的论述尤其发人深省。在今天，我们应该用怎样的框架去谈论这个世界，这个承担着人类共同命运同时又彼此冲突着的世界，这个复数的、多元的"全球-本土"的集合体？东方与西方、南方与北方、发达国家与发展中国家、第一世界与第三世界……这些传统的二元论模式似乎都已经无法令人信服地描述今天这个文化与政治、权力与资本、自我与他者彼此纠缠着的世界。我们需要建构起一种新的意义编码系统，一个新的文化生产机制。而这一切，首先需要确立一种超出现存话语模式的新的文化主体性。

汉学家德里克（Arif Dirlik）曾经细致地讨论过资本主义市场全球化进程中的一个重要的"二律背反"，这种"二律背反"存在于文化同质化与异质化之间。他指出："世界是朝着同质化还是异质化方向发展，取决于我们看哪一方面，以及我们为所看见的东西赋予怎样的意义。"因为，"同质化-异质化不仅作为随着经济、种族的逻辑展开的进程而出现，而且作为把握并操作差异的文化展开的结果而出现。"[1]

德里克对于同质化-异质化问题的追问，蕴含着对一种全球化文化生产模式的焦虑。在现代性的全球流动中，到处都在发生着错综复杂的文化融合，在当代文化研究的时尚话语中，这种融合被概念化为文化"杂糅"（hybridity）。"杂糅"与中国 20 世纪思想史中影响重大的"文化融合说"不尽相同，后者是在与西化派、国粹派话语的角力中确立其意义的，因而可以被视为一个具有明确价值指向的历史方案。作为一个文化批评概念，"杂糅"取消了认同与差异、同质化和异质化之间的张力与冲突，似乎一切错综复杂的矛盾和差异都被涵盖和认可了，然而问题在于——文化杂糅是否就意味着一种新的文化生产方式？"杂糅"这个宽泛到肤浅的概念，并

---

[1] 阿里夫·德里克：《后革命氛围》，王宁等译，中国社会科学出版社，1999 年，第 171 页。

没有解决文化同质化-异质化的问题，似乎只是把问题架空并且取消了；或者说，"杂糅"正在成为一种混乱、浮泛、缺乏价值约束的混合文化的代名词。更加重要的是，"杂糅"所标志的不再是差异化的生产，而是一种对于现状的最粗略的、总体化的概括，从而掩盖了"全球—本土"交互语境中不同文化之间的对话与斗争，掩盖了符号、形式与观念的全球流动过程中产生的文化创造之可能性。

我们必须面对"全球—本土"语境中那些远为复杂的、动态的文化生产状况。在此，我们要思考的，不再是"杂糅"与混合（creolization），而是一种"全球—本土"交互运作中的意义重置（resignification）。在这个意义重置、文化再编码的过程中，同质化-异质化问题正成为全球化资本主义再生产进程中的一个部分，而不再仅仅是一种反思性的后殖民主义自我想象。

三

前任麦当劳国际总裁詹姆士·坎特鲁伯（James Cantalupo）说过一句令人深思的话："麦当劳的目的是尽可能多地变成当地文化的一部分［……］人们称我们是'多国的'，我倒愿意说我们是'多地方的'（multilocal）。"[2] 坎特鲁伯的这番话明确指出了今天全球资本的"多地方性"，这种"多地方性"与我们通常所谓的"国际性"全然不同。在当代人的现实生活中，"国际"不再是当年的"英特耐雄纳尔"，不再与解放全人类的革命理想息息相关。在中国这样的国

2　Conghua Li, Deloitte & Touche Consulting Group, *China: The Consumer Revolution*, Wiley, 2002, p. 74.

家，它仍然呈现为一种发展的理念和欲望。从深圳的"世界之窗"，到义乌的国际小商品市场，从上海外滩两岸相映成趣的景观，到北京奥运的主题词"同一个世界，同一个梦想"……"国际"在当代中国社会的不同现场、不同层面中，呈现出不同版本。而坎特鲁伯所说的"多地方性"，不只是指后冷战时代资本主义那种跨越疆界的颇具霸权色彩的"超国家性"——这种"超国家性"（trans-national）往往是"国际性"（inter-national）的潜台词——而且预示着资本在全球化过程中的本土化文化策略。这种文化策略是在一种"后国际"的、"全球—本土"之间的复杂的互动机制中展开的。在一个标准的"国际空间"如国际机场中，我们可以看到身份悬搁的过客，处处相同的跨国品牌，处处不同的地方特产——"同质的"与"异质的"，"国际的"与"民族的"泾渭分明；而在"后国际"语境中，一切都显得复杂含混、模棱两可，民族主义既可以是本国的文化政策，也可以是跨国资本的文化营销策略。跨国企业用当地文化元素自我包装，重新定义其产品的文化属性，这种策略大大加强了资本和消费对于各本土社会的渗透力量。全球资本在这一"本土化"过程中自我创造，成为"多地方的"或者"多本土的"形象，在此"本土化"已经成为全球资本主义的"特洛伊木马"。通过这匹"木马"，资本主义打通了通往世界尽头的道路，全球资本建立起了一个没有远方和外部的新的帝国。

全球化不但生产同一，也制造分裂。在过去的几十年中，"差异之生产"一直是知识界关注的核心问题。而在今天，最重要的差异竟然是由全球资本的生产和消费所产生，那是资本自身扩展过程中不断制造出的时间、空间和社会的差异。

四

数月前,好莱坞动画电影《功夫熊猫》风靡全球,在中国尤其引起了热烈的反响。导演约翰·斯蒂文森(John Stevenson)声称,《功夫熊猫》是向中国文化致敬,是"写给中国的一封情书"。的确,这是一部密布着中国元素的电影。从熊猫到武术、从山水到建筑、从汉字到鞭炮、从筷子到面条……样样都是"典型中国的";从汉斯·季默(Hans Zimmer)和约翰·鲍尔(John Powell)那具有鲜明中国味的配乐,到影片中刻意保留的"SHIFU"等现成中文用语,我们都可看出这种"致敬"的诚意。然而,这封"写给中国的情书"却是中国语汇加好莱坞语法的混合产物。

的确,从前些年备受批评的《花木兰》到现在大家喜闻乐见的《功夫熊猫》,好莱坞对中国文化的认知已经有了相当明显的深化。这不仅体现在对文化符号更加准确的运用上,也体现在充满中国气息的场景以及气氛渲染上,更加重要的是,与《花木兰》相比,《功夫熊猫》不仅使用中国故事、中国符号,而且大量借鉴中国电影尤其是香港动作片的镜头和形式。熟悉港片的观众可以轻松地从《功夫熊猫》中找到成龙、周星驰等人的影子。而据说片中的两个角色 KG Shaw 和 JR Shaw,就是导演对 20 世纪 70 年代中国香港功夫片大本营邵氏兄弟电影公司的致敬。一篇颇为流行的网文考证了《功夫熊猫》是如何模仿港片的:

> 从导演访谈中我们得知,师傅用抢包子的方式锻炼熊猫阿宝的武功,这组镜头就是从成龙的电影里借过来的。当时他们还胆战心惊地请来成龙观看,结果是成龙看后赞不绝口。事实上,影片里的熊猫阿宝完全就脱胎于成龙——丰富的表

情、夸张的肢体，随拿随打的幽默式武功，外加杂技式的翻来跳去，把成龙的绝技全部安放在了熊猫阿宝的身上，还请成龙为"猴王"配音，借势借到极致。而阿宝从天而降摔在地上的狼狈样子，则和周星驰的招牌动作如出一辙，甚至在最后的大决战中还能看到周星驰"踩脚趾"这样的耍赖招数。《功夫熊猫》向李安也借鉴颇多，一开场，熊猫头戴遮住眼睛的斗笠，身穿披风，走到小店中，要了一壶酒，几个人来找茬，于是动起手来……这个场景如此熟悉，就是《卧虎藏龙》的玉娇龙。在表现功夫的手法上，站在树梢上，腾空飞起外加劈腿，这都是《卧虎藏龙》里李安教给美国人的中国功夫。[3]

然而，无论国人如何强调《功夫熊猫》所受到的中国影响，都无法回避在这部电影中，中国仍然是一个被表达的对象，是"他者表述"的典型。对好莱坞来说，你的故事我来讲——这不只涉及话语权力归谁的问题，而且涉及一笔曲折复杂的大生意。《功夫熊猫》在中国一次首映就席卷了一千多万人民币，成为全球票房之最，而中国观众对这部影片的热情绝不只因为中国故事，更是由于"好莱坞对港片的模仿令我们倍感亲切"。但与此同时，我们也不应该忘记，成龙、周星驰们身上本就带着大量好莱坞的印迹。好莱坞曾经模仿过他们的港片，又把好莱坞版的中国故事重新卖回给中国，所以，问题变得相当复杂——我模仿你对我的模仿，你消费我对你的消费。

全球资本的文化逻辑是使自身同化于各种"本土"文化环境，

---

[3] 引自21世纪娱乐网，《〈功夫熊猫〉中的港片元素》，2008年7月16日。

高士明、萨拉·马哈拉吉、张颂仁等著
《与后殖民说再见——第三届广州三年展读本3》
文化艺术出版社　2013年

这种"本土化"可以改变其运作方式，却绝对不放弃自我作为主体的权力。尽管存在着诸多中国元素，《功夫熊猫》的精神内核仍然是美国式的，熊猫阿宝其实是个跳着街舞的美国少年：肥胖、自由散漫，具有嘻哈精神。熊猫习武的故事其实是一个老套的平凡少年打败恶魔拯救世界证明自我的好莱坞主题，与中国"不平则鸣，止戈为武"的武侠精神全然不同。

《功夫熊猫》的热卖在中国引发了许多讨论，有人认为它"宣传中国文化""比中国人更中国"，也有人认为它是对中国文化的"肤浅表达"，是又一次"文化和资本的入侵"。然而在今天，我们再也无法简单地站在民族主义的或者传统主义的立场去评价文化生产和消费，因为无论认同还是差异，无论身份政治还是符号经济，无论"国际接轨"还是民族主义，都已被消化为全球资本在各本土市场的营销策略。《功夫熊猫》的中国元素、麦当劳的本土化策略和中国当代艺术的文化符码，奉行的是不是同一种逻辑？文化、经济的民族主义，与试图为全球性商品打上本土印记，这二者之间究竟有何区别？文化意义的重新编码和商品营销中的意义操控是如此难以区分。什么是全球的，什么是本土的，现在很成问题；本土性"文化意义重置"、民族主义、全球资本的本土化营销之间的关系也同样复杂难断。

20 世纪 50 年代，著名汉学家约瑟夫·列文森（Joseph R. Levenson）说："西方改变了中国的语言，中国扩大了西方的词汇。"[4] 半个世

---

[4] 20 世纪初期英国批评家罗杰·弗莱（Roger Fry）以及诗人劳伦斯·宾庸（Laurence Binyon）在中国绘画的直观经验中改变了对于"线性"、"绘画性"、"平面"等概念的用法。而在此之前的数个世纪，中国诗歌和哲学就已经传播到欧洲，产生了观念和形式上的影响。甚至，现代主义中很重要的思潮就是东方主义。

纪以后，建筑师库哈斯（Rem Koolhaas）又发出感叹："中国改变了世界，却没有蓝图。"[5] 列文森与库哈斯对于中国的表述代表了不同时期西方对中国的两种认知。然而，这两种中国表述面对当下全球性的符号流动和资本——文化生产，都显得过于简陋。《功夫熊猫》在全球范围内掀起了又一次"中国风"，据说，在未来几年中，好莱坞版的《白蛇传》《西游记》和《红楼梦》还会相继出场。只要中国经济持续增长，这股"中国风"就会继续。不过，这场新的"中国风"与18世纪风靡欧洲的"中国风"全然不同，因为它的消费现场首先是在中国的"本土"，而它的生产机制更加迂回曲折——我模仿你对我的模仿，你消费我对你的消费——较之当年，今天的问题远为复杂。

五

在1983年的一篇文章中，卡尔维诺提醒我们，"奥德赛"——那个奥德修斯归来的故事，在归来之前就已经存在了。也就是说，故事早于它所叙述的实际事件。必须寻找、思考、记住归程：因为真正的危险在于，这归程可能还未发生就被遗忘。归程的寻回却不能够依托单纯的记忆，只有当记忆凝聚了过去的印痕和未来的计划，记忆才真正重要。归程必须在筹划之中，他必须被反复讲述，这讲述不是对于曾在者的回顾，而是对于未来者的预感。于是，归程就成为现实这座迷宫的出口，成为启程和去路。

在《奥德赛》中，奥德修斯忠贞的妻子是同样重要的角色。佩涅洛佩（Penelope），这个名字在希腊语中有"梭子、纺织"之意。

---

[5] Chuihua Judy Chung, Jeffrey Inaba, Rem Koolhaas, Sze Tsung Leong, *Great Leap Forward: Harvard Design School Project on the City*, Taschen, 2002, p. 47.

为了应对众多居心叵测的求婚者,这位忠贞而智慧的妻子设计了"织寿衣计",白天纺织,夜晚拆掉,周而复始——这不是奥德修斯提议的结束等待的、决定性的"破城之计"("木马计"结束了特洛伊之战的僵持与等待),而是为了等待而延迟。在《奥德赛》的故事中,佩涅洛佩隐喻性地表征了本土和家园,她给出的是一个不断拆解重织的过程,如果说奥德修斯的命运是回归,在回归中迷失和发现,佩涅洛佩的意义就是等待,在等待中拆解重建。

佩涅洛佩最终决定"弯弓招亲",这是真正重建、重新选择的时刻,那张只有奥德修斯才能拉开的强弓,就是重建之标准。这一时刻,佩涅洛佩是命运的执行者,这一时刻,奥德修斯才得以从一位漂泊者、异乡人变成回归者,自我回归同时也是自我重建和自我证明。此刻,佩涅洛佩的本土重建和奥德修斯的自我重建合二为一。

在《功夫熊猫》的案例中,我们看到符号和形式在本土、香港与好莱坞之间迂回反复的旅行,资本和创意、生产和消费在全球和本土之间不断地变换着位置,共同打造起一个全球性流通文化。而奥德修斯和佩涅洛佩的故事带给我们的,却并不仅仅是等待和返乡,而且是拆解与重建。

六

就中国当代文化问题而言,"主体重置"的关键在于——究竟是"关于"(on)中国的还是"出自"(from)中国的?

从"本土"出发,而此"本土"又非现成、固有之"基地","本土"始终处在拆解和重建、离去与到达之中。而"主体重置",则意味着主体内省空间的建立,在此空间中,主体以身观身,含思自鉴。在此,话语找到了根据地,问题视野从本土出发,又向着自身展开。随着本土视野的确立，问题的意义编码改变了，"中国当代艺术"的解释焦虑与合法性问题，就可以在当下本土语境中被转换为"当代中国艺术"的创造和建设问题。从这个角度出发，我们会发现，"当代中国艺术"实在有着比"中国当代艺术"更加多元、复杂也更加深远的意义。[6]

问题的关键不在于我们是现代性之他者，还是另一种现代性，我们的问题是：尽管在过去二十年中，"中国当代艺术"在国际舞台与资本市场上取得了巨大成功，然而这种成功归根结底，却是作为另类现代性、作为当代艺术地方版本的成功，是身份政治的成功，是"中国牌"的成功。今天，我们不甘于庆祝这种政治策略的成功，我们不再满足于在全球化的大厦中以"他者""公正"之名争夺空间和地位，我们甚至想要营造一座新的家园，一个不同的系统，一个文化创造、主体更新的历史性现场。那是"当代中国艺术"的现场，但是对于"当代中国艺术"，我们尚缺乏深刻的认识，甚至，我们还缺乏起码的话语和认知框架。

"当代中国艺术"所指涉的，不再是文化舶来品，不再是另类现代性文化实践，也不再是当代艺术这一源自"西方"的文化形态的地方版本、本土化模式；同样，我们也无须烦恼于"中体西用"还是"西体中用"，无须为界定"民族性"或者"中国性"穷思竭虑。"当代中国艺术"是一个未完成的计划，是一个可能世界。唯其是一个"可能世界"，"当代中国艺术"与任何形式的民族主义、

---

[6] 当代中国艺术是"多元"的，此"多元"并不是已经变得僵化而空洞"杂糅"，也不是已经变为宣传策略的"多元文化主义"，中国的"多元"依旧保持着内在的张力。同时，"当代中国艺术"实在是意义丛生的一团乱麻，中国画与当代艺术的老死不相往来，美协、画院与实验艺术家们相忘于江湖，此种关键在于能否在这些不同的系统之间建立一种"有所作为"的对话关系。

原教旨主义无关。

> 非东，非西，
> 非南，非北，
> 我正在此。

伊朗导演阿巴斯·基亚罗斯塔米（Abbas Kiarostami）的诗句所表达的，与其说是一种自我中心的意志，不如说是一种对于主体之存在状态的感悟。主体并非一个现成的、自然的自我，相反，主体是在不断地解放和自由的实践中确立自我的。在这个开放的自我中起作用的，不是对客体的启蒙，而是"主体之启蒙"，是自我考古中的自我启蒙。于是，主体成为不断自我更新着的主体，而非意识形态流通领域的代理人。

这就是福柯所说的"自我的技艺"，或"主体工程学"，这是一种作为主体生存美学的伦理学，同时也是一种境遇的伦理学，它不是由价值标准、普遍规则组成标准化体系，而是由与现实相连的各种可能性组成的开放体系。此处涉及对启蒙的重新认识，对福柯来说，启蒙的伦理包含两个方面：主体对现实的批判，主体的自我建构。这同样是一种文化主体拆解与重建的行动。福柯说道："人并没有被锁定在历史的框架中，我所做的全部努力是要告诉人们——历史是塑造出来的，它充满了人为的技巧和动机的关系，因而可以动摇，可以改变。前提是担负这一使命的人须具备改变的政治勇气。"[7]

---

[7] 转引自马文·克拉达、戈尔德·邓波夫斯基编《福柯的迷宫》，朱毅译，商务印书馆，2005年，第15页。

2003年，东京森美术馆举办了一个"中国：文化的十字路口"（China: Crossroads of Culture）的展览，这个展览用大量历史文物向人们展示了唐代盛期中国的巨大包容力与多元性，那是一个8世纪的"地球村"。这个展览提醒我们，"中国"是一个"衣冠之治"表述出的非本质论的文化主体——是一个想象的共同体，同时又是一个海纳百川的开放的主体。这就要求我们在"本土"和"主体"的反复拆解和重建中想象未来，去积极地发现那"即将到来的"和"正在到来的"事物。

最后，我想起2008年参加第三届广州三年展的一位艺术家，那是一位诗人——肖开愚。在赴青海采风途中，在他经历了与维吾尔族、藏族等不同"本土"诗人的漫长对话之后，他意识到了本土的"内在边疆"（inner frontier）。然而，他最终写道："种族跟故土是个投生问题，原属偶然，继而习惯并认领为命运。［……］然则我们何尝不属一个尚未命名的民族？出入伸缩不已的市街，我体内天然地活动着冰山、沙漠和野兽，寺庙、和解和梦寐。"

2009年

| 第三章 |

排演

第八届上海双年展杨福东参展作品《第五夜》七屏影像装置　2010年

第一节

巡回排演

何谓"排演"?

第八届上海双年展的策展思考

高世名

为什么排演?

在过去的两年中,全球资本遭遇了它的最新危机并又一次绝处逢生。与之相伴随的是,在两届双年展的间隙,当代艺术也陷入了一场全球性危机之中。这不是现代主义者那种创造性个体深处的精神危机,而是一种瘟疫般的世界性疲软,或者说,这是一种"系统病"——艺术体制的生产力远远大于个体的创造力,艺术家无法摆脱被艺术系统雇佣的感觉和"社会订件"的命运,到处是仿像和角色扮演。2010上海双年展将致力于追问:在当代艺术的政治经济学网络中,是什么在抑制着心灵的力量?是什么在阻挠解放的步伐?是艺术系统那只无所不在的"看不见的手"?还是国际艺术市场的"行情"?是千篇一律的国际大展?还是渗透到我们身体深处的大众文化?艺术家的个体正变得越来越健康而空洞,我们莫名其妙地进入一种"后历史"状态。如何来清晰地描述这种状态?在现行的由国际话语、国际大展、世界博览会以及跨国资本所构成的无限-无缝链接的艺术系统中,如何摆脱这种艺术创造之僵局?如何在这个被全球资本主义俘获的"艺术世界"中发现其内在边疆?在"体制批判"(institutional critique)和"社会参与"(participation)之外,当代艺术实践是否能够开拓出一种新型的生产关系?

第八届上海双年展的主题词是"排演",强调展览作为一种文化生产的实验性和开放性。"排演"是排布与推演。"巡回排演"是开放性的和流动性的,强调展览的策划情境和展开的过程,强调展览的创作与生产意识。在巡回排演中,展览空间不仅仅是艺术品的陈列场所,而且是生产性的、变化中的、反复试验的感性现场。正如布莱希特所指出:"排演者不希望去'实现'一个思想。他的任务是唤起和组织他者的创造性。排演就是试验,就是发掘出此时此刻的多种可能性。排演者的任务是揭露一切模式化的、俗套的、习惯的解决方案。"今天,每个展览都呈现为剧场,展览的"剧场化"与奇观化甚至已经成为当代艺术领域的一个备受质疑的问题。对于双年展而言,"剧场"和"排演"不仅是一种展览效果,更是一种创作、展示和交流的方法。排演中的"剧场"首先是一群人,是一个知识共同体的构造,剧场中人在彼此合作与响应的关系中工作;在排演中,当代艺术创作的个体性被改造和修正,艺术家成为一个开放的主体,一个创作-交往中的"跨主体"。本届上海双年展将从剧场、排演的这种跨主体性出发,强调创作的群体互动性,推动当代艺术家集体现场的探索和呈现。同时,"巡回排演"以"双年展剧场"作为现场,旨在呈现当今艺术语言形态的综合性与实验性。近年来,现场、情境、叙事和社会参与逐渐成为当代艺术与视觉文化中的最前沿话题,本届双年展将以"巡回排演"的形式,争取在这一前沿领域有所推进,将双年展剧场打造成一个多领域、跨媒介的公共现场。

作为艺术与公众的交往空间,展览是超脱于日常生活世界的一块飞地，它坐落于日常之中，又超出日常领域，它的存在方式与剧场相类。就当代艺术而言，展览就是其剧场。展览不但是艺术对日常世界进行表述-再现的剧场，也是艺术界自身的代议剧场。同时，展览首先是艺术之自治领域。在这个自治领域中，艺术家成为立法者，这是现代主义留给我们的最珍贵的遗产。但是，为什么艺术家对展览既渴望又心怀疑虑？为什么艺术家对展览的依赖令我们忐忑不安？对艺术家尤其是装置和影像艺术家来说，展览正在成为创作的第一现场，艺术家的工作被展览绑架为一种机制化创作。最近十年以来，甚至机制批判也早已成为一种机制化创作的套路，更有甚者，展览这个艺术自治领域、这块公共领域中的飞地已经成为全球资本生产、展示和消费的集散地……

另一方面，如果艺术果真是一种"日常生活的实践"，那么，展览的必要性何在？展览现场是否是艺术家工作的目的地？如果说艺术作为一种社会活动，是交互主体性偶遇、共享和普遍的连接，是以团体对抗大众，以邻里关系对抗宣传，以千变万化的"日常"对抗被媒体-体制定制和买办的已蜕化为意识形态的"大众文化"，那么，展览是否是这一对抗的基地？或者相反，作为艺术之自治领域的展览是否就成为更广大更真实的日常交往空间中的一个可有可无的游乐场？

然而，展览却并非只是为了不同主体之间的交往，它不只是交往空间、发布空间或者实现空间，展览首先是创作空间。展览之悖论在于——展览之目的不就是为了展现那无法被展示之物吗？在每个时代，总有些东西是难以呈现的。这并不等于说，此难以呈现者是现成存在的，只是因为某种人为之限制而无法被公布。事实上，此难以呈现者在"呈现"之前并不存在，它生成于"呈现"。

使不可见者可见的"呈现"不是反抗而是建构。展览也不是作品之发布而是事态之创生。正是在这里,展览同时成为剧场与"反剧场"。在布莱希特与阿尔托之后,再现之舞台已然崩塌,戏剧打破了它的自治状态,"剧"和"场"分离开来又重新闭合。

"剧"与"场"分离断裂之处,就是"排演"自我消除和自我拯救之所。"排演"是非正式的演出,是可反复的、抹去重来的实验;排演可以把任何场所变成剧场,也可以把剧场变成日常空间。在排演时刻,剧场不再是看与被看交接的命定之舞台,不再是把现实排除出去的再现空间,而是一个自我欣赏同时又被不断打断-拆穿的世界,排演是幕前与幕后的中间状态,也是剧场与日常的中间状态。

在伯格曼的影片《排演之后》中,一切至关重大的事情都发生在剧场之外,可排演的剧目和不可排演的生活(什么是不可排演的?政治、历史和……生活)穿插在一起。在《八部半》的结尾,费里尼将故事中的所有演员和角色摆上舞台,共同狂欢,他们既是他们所扮演的角色,又是他们自身(演员又何尝不是一种角色?)。这就是"排演",一种演习,一种"表述的中间状态",比表演更真切实在,更轻松写意,可以随时停顿,可以重新开始。

那么,展览是否是可排演的?艺术家为展览创作,是否如同演员为了演出而排演?展览开幕时刻就是艺术创作的最终完成吗?还是说,展览就是排演,展览必须是且只能是排演?

所有展览都希望成为一个结论,一次宣告,一次最终的演出,一场完美的戏剧。而实际上,它只是排演。因为进入剧场之时,所有的观众都带着"观众"之面具(在古希腊的剧场中,所有个性[personality]都只是差异之面具),流俗的剧场经验已经把工人、教师、商人、学生……这些无限差异之个体（multitude）驯化为"观众"这一角色的扮演者。在排演之时，排演之剧场是开放的，因为观众尚未临场，在场的所有人都是排演的参加者。排演之剧场是开放的，还因为我们只是"艺术"这一史诗剧的排演者，艺术之决断本身即是历史之决断，历史没有终点线，艺术的历史尚悬而未决。

展览即是排演。与舞台演出相比，"排练场"更加日常化，但是，排演却也并不在日常之中，日常也早已经成为一个剧场，唯有在排演之中，我们才可以从此日常剧场中脱身，摆脱日常生活这座堡垒对个体的宰制，进入生命政治的解放时刻。

展览即是排演。戏剧演出并不能达到解放。因为表演在演出时走向完结，它成为一次性发生之事件，迅速地消融在日常之中。也因为在剧场中，观众只是从一场戏进入另一场戏，从一个梦进入另一个梦。我们并没有摆脱"剧中人"的身不由己状态，我们是集体梦境的陷落者，是被动的观众，被订制的他者。只有在排演中，观众作为主体之参与才得以施行。然而这是与所谓"社会参与"（social engagement）和"公共介入"（participation）相反的行动。后者是艺术家对社会的介入和参与，仿佛艺术家本来不在社会之中，艺术家进入日常之剧场，他或她相对于"公众"或社会仍然是居高临下的"主权者"（sovereign）；而"排演"则是邀请大家进入我们的排练场，加入到艺术的生产中来，如同在排练场中，演员和灯光师、教师和学生、政治家和工程师一同登上舞台。此中关键在于：在"参与主义"的框架中，"公众"和"社会"都只是单数，而在排练场上，所有的排练者都被保持为无穷差异之个体，是"众人"（multitude）。

展览即是排演。"排演"是一种解放，因为一切尚处未定状态。在本届上海双年展的框架中，策展不是总结，不是调查或再现，而是组织排演。只要在排演之中，展览之剧场就尚未封闭，尚有其未来。今天，艺术体制的生产力远远大于个体的创造力，艺术家难以摆脱被艺术系统雇佣的感觉和"社会订件"的命运，到处是仿像和角色扮演（cosplay）。"排演"号召艺术界的同仁脱掉角色扮演的戏服，从机制化的艺术剧场中出走、从日常剧场中出离，成为那"未被定义者"，回到我们的排练场，进入到自发、自由的演习之中。

2010上海双年展邀请了PERFORMA（纽约表演艺术双年展）、"长征计划"等具有重要学术影响力的策展机构作为合作伙伴，共同参与双年展的国际"巡回排演"计划。同时，从"巡回排演"这个主题方向出发，我们将在展览操作层面成立巡回排演"行动委员会"（Acting Committee），该团队由"巡回排演"计划中的十余位主要思想家、艺术家和策展人组成，参与并且协助策展人进行双年展各流动站的学术研究和组织工作。

如何"排演"？

1924年，苏联未来主义作家铁捷克（Tret'iakov）创作了革命诗歌 *Roar China!*

1926年，苏联左翼群体在莫斯科演出同名戏剧 *Roar China!*

1930年，10月27日前卫戏剧 *Roar China!* 在马丁·贝克剧场（Martin Beck Theatre）上演

1934年，未名社成员刘岘在上海创作该剧的插图《怒吼吧，中国!》

1935年，中国版画家李桦创作黑白木刻《怒吼吧，中国！》

1937年，国际纵队成员兰斯顿·休斯（Langston Hughes）在《自由先锋》（*Volunteer for Liberty*）发表反法西斯诗歌 *Roar, China!*

这段发生在20世纪二三十年代的上海—苏联—纽约—西班牙之间的曲折往事，是艺术-政治史上的一次曾经真实存在的"巡回排演"。这八十年前的"巡回排演"为我们提供了一个角度，去重新检讨前卫与革命、革命与国际、国际与民族-国家、国家与政治、政治与艺术、艺术与前卫-革命之间的复杂关系。八十年后的今天，上海双年展将以另一次跨地域的国际性的"巡回排演"向那个大时代致敬。

第八届上海双年展"巡回排演"计划从2010年6月开始，共展开五幕，可以被视为一种历史的回声。

第一幕："胡志明小道"，与"长征计划"合作，2010年6月至9月已于北京展开，议题为"从生产到排演"。"长征计划"是中国最具国际影响力的策展项目之一，多年来一直致力于推动中国当代艺术的视觉生产和话语生产。"巡回排演"第一幕将以"长征"正在进行的"胡志明小道"计划为排演案例，检验"文化生产"这一观念的有效性，以及从"生产"到"排演"的范式转变对于艺术创作与思考的意义所在。本次"排演"将在中国、越南、柬埔寨和老挝之间搭建一系列艺术与思想的活动平台，深入到这个地区的复杂记忆中，集中探讨艺术和思想在重新定义"自我—历史—社会"这一集合体的过程中的作用。"胡志明小道"以调研（2008—2009年）、教育论坛（2009年7月）、实地行走（2010年6—7月）、"排演"（2010年9—11月），"剧场"（2010年10月—2011年2月）以及"知识资料库"等元素构成,其中"排演"和"剧场"部分共同构成 2010 年上海双年展的"巡回排演"项目。

第二幕:"指路明灯",与 PERFORMA 合作,2010 年 11 月将于纽约展开。PERFORMA 致力于探讨"现场"与表演艺术在 20 世纪艺术史中的意义和影响,以及 21 世纪表演艺术的发展方向,致力于以表演、现场等方式进行社会批判,是当今国际双年展领域最富有挑战性的活动。排演第二幕的主题为"指路明灯",这个题目取自史上最长的电视肥皂剧,该剧先在电台而后在电视上播放,长达七十二年之久,并于去年停播。纽约著名艺术家利亚姆·吉利克(Liam Gillick)和安东·维多克(Anton Vidokle)将邀请二十余位精英艺术家、批评家和策展人参与,共同思考和讨论上海双年展提出的若干议题,共同探讨自我和艺术的危急时刻。本次"排演"将探讨艺术创作在作品与现实、剧场与排演、社会空间与艺术体制之间的纠结关系,在现代主义以来的乌托邦思想与左翼文艺的背景中反思当代艺术的"社会参与"及行动主义,深入探讨艺术家当前创作中的困惑与僵局。"指路明灯"破坏了传统的"排演"概念,这也是对本届双年展的主题的一种呼应。它的目标不在于一出完美的剧目,而是对可能性的拓展和加强。排演作品的原动力变成了作品本身,完整感的延迟最终将实现本届上海双年展关于"建造一个表演的自省空间"的提议。

第三幕:"巡回排演——主体展",于 2010 年 10 月 23 至 2011 年 1 月在上海美术馆展出。本届双年展主体展强调当代艺术的叙事容量与场所精神,将打造出一个注重时间性、虚拟性、体验性的跨媒介现场,绘画、影像、装置、网络……不同的媒介和形式在剧场中登台表演，彼此串联。通过这些媒介和形式，双年展把不同的时间意象引入现场，时间空间化了，不同艺术家的作品构造起一个总体化的叙事性环境，观众可以在展厅流线中渐次领略一幕幕的"双年展情境"。这渐次展开的双年展情境演绎出起伏跌宕的"情绪场"，牵扯着记忆、筹划与建造。在这个意义上，双年展剧场中的排演，可以被看作是在"剧"和"场"之间的一次次超越经验的历险。

  第四幕："社会主义自我管理理论及实践——南斯拉夫"，作为"巡回排演"的第四幕，上海双年展将与著名国际策展组合 WHW 小组以及德国艺术家组织葛诺特·法伯（Gernot Faber）合作，借助他们虚构的人物形象葛诺特·法伯进行一场别开生面的排演。WHW 将以 1960 年代南斯拉夫经济自治为背景创作剧本，邀请葛诺特·法伯这位虚构人物作为鼓动者和表演者参与演出。剧本以阅读列表的形式出现，在表演过程中，演员要克服诸如多语言之间的翻译、相互间的偏见、因知识产生的鸿沟以及政治和艺术的关系等障碍，并借此进一步讨论自治、艺术和宣传有何关联？艺术家和策展人的界限在何方？观众的必要性是什么？以及什么可以被展示而什么又是隐秘的等诸种问题。第四幕的欧洲部分将在克罗地亚的萨格勒布的非营利机构诺瓦（Nova）画廊举行，分为两个部分。第一部分的研讨会于 12 月 3 日至 4 日举行，与维也纳的 Tranzit 组织合作，题为"甜蜜的 60 年代：运动和空间"，研讨会由两场夜间讲座和三组日间讨论构成，研讨会内容从南斯拉夫经济自治运动开始，讨论 1960 年代地缘政治及其政治背景，随后延伸到文化领域的讨论；第二组集中在当时的艺术生产，讨论文化生产和文化系统之间的张与弛；第三组则探讨物理空间的意蕴，特别指向城市规划和建筑。第二部分为现场展示，将于 2011 年 1 月中旬开始，展期为一个半月，WHW 将会和葛诺特·法伯继续合作，邀请中国艺术家共同参与，创作"租赁艺术家"计划的另一版本。

第五幕："从西天到中土——印中社会思想对话"，于 2010 年 10 月底至 2011 年 1 月在上海展开。"从西天到中土——印中社会思想对话"从双年展开展后开始，每两周邀请一位世界级的印裔学者与中国学者进行学术对话，同时编辑出版"印度当代社会思想系列读本"（8 册，55 万字）。高峰对话将聚集二十余位印中两国的知识分子，以当代思潮前沿的论点促进中国学界的亚洲内部交流，重新评估当今国际学术形势，刺激中国学术视野更新。参加本项目的印中学者包括：霍米·K. 巴巴（Homi K. Bhabha）、迪佩什·查卡拉巴提（Dipesh Chakrabarty）、帕沙·查特吉（Partha Chatterjee）、阿希斯·南迪（Ashis Nandy）、杜赞奇（Prasenjit Duara）、特贾斯维莉·尼南贾纳（Tejaswini Niranjana）、吉塔·卡普尔（Geeta Kapur）、萨拉·马哈拉吉、陈光兴、汪晖、赵汀阳、王晓明、陈宜中、陆兴华、贺照田、陈思、陈界仁、拉克斯媒体集（Raqs Media Collective）等。

幕间："致中国'现场艺术'十年"，2010 年，中国"现场艺术"已经走过十个年头。从实验剧场到媒体表演，从"后感性"到"联合现场"，中国当代艺术的跨媒介实践逐渐走出了一条独具特色的道路。值此十周年之际，我们需要追问："现场艺术"实践给当代艺术的创作带来了什么？现场艺术是否造就了一种剧场化的展览文化？我们应该如何重新定义艺术现场与日常生活现场之间的关联？我们如何界定现场艺术的中国方式？十周年，是中国现场艺术的庆典时刻与回顾时刻，还是说，这只是一个"幕间"时刻？在幕间时刻，演员们回到后台，带着舞台上的装扮，交头接耳或闭目养神，他们处于现实与舞台、日常与剧场的中间区域，他们等待着下一幕的开场……作为本届双年展的"幕间"项目，我们将以文献展的形式对"中国现场艺术"的历史进行深入的学术梳理，并同时以一场与历史和现场观众互动的开放研讨构造起一个表演性的现场——什么是现场？什么是表演？什么是剧场？什么是观众？什么是社会参与？什么是排演？什么是历史？什么是纪念？

第八届上海双年展将邀请八十余位思想家、艺术家、策展人共同参与以上五幕"排演"及"幕间"。"排演"强调话语生产与视觉生产的合一，对第八届上海双年展来说，"排演"并非某种展览形态上的隐喻，而是一种思考和运作的方法。双年展要做的，是以"排演"作为策略，邀请艺术界的不同参与者：艺术家、策展人、批评家、收藏家、博物馆长以及形形色色的受众们一起来到双年展这个排练场中进行排演，从而思考艺术实验和艺术体制之间、个体创造和公共领域之间的关系。

双年展将自身定义为"排演"，定义为一个反思性的表演空间。"排演"是艺术世界的自我排演，是不断地自我提醒和自我解放。以"排演"反对"表演"，以"排演"反对"生产"，以"排演"反对"话语实践"，策展人所做的，是划分和组织、集结和动员。对本届双年展来说，重要的不只是展览最终的视觉呈现，而是长达一年的策展过程中实际发生了什么。在这个意义上，真正的"排演"其实就是受邀艺术家、策展人、不同学术领域的理论家所构成的这个学术共同体在2010年的无数次对话、论辩、思想和实践。

2010年

走在胡志明小道上　2010年

第一幕

胡志明小道

胡志明小道曾在第二次印度支那战争时期（1954—1975）被用作越南北方和南方、老挝、柬埔寨之间的战时物流秘密通道，小道由复杂的公路网络、乡村小道、山林小道组成；这一地区同时也是两大社会主义阵营（中国和苏联）与美国的政治策略交锋点——中国支持"第三世界"民族解放国家独立运动的决定是毛泽东提出的"团结大众抗击帝国主义势力侵犯国家边界"的行动之一。胡志明小道分支繁复的地理现象暗示着该地区多种历史叙述的矛盾。

"长征计划——胡志明小道"是2002年"长征——一个行走中的视觉展示"的再出发和重新命名。从东南亚地区切入，以胡志明小道作为一个隐喻和讨论的出发点，把过去、现在与未来的关系，固有认知体系与身份的重新理解，创作、展览和市场等体制构成的生产关系等结合起来，通过全球共同面对的当代艺术问题构成基本面，把人们对历史、集体意识、空间记忆、视觉、身体的经验编织在一起，把多个区域、多个个体正在发生的艺术生产现场动员、组织起来。2002年的长征从宏大叙述出发，八年后，最终到达的是"胡志明小道"这个隐形空间。我们假定：实际上存在着无数个隐性空间，存在着无数网状的胡志明小道。

"胡志明小道"应该是一次唤醒，挣脱既定社会角色带来的包袱，而重新背上历史感的"包袱"；"胡志明小道"应该是点状的事件和现场串联起的一次行动，把"表演 Acting"物化为"行动 Action"，通过这个"表演 Acting"和"行动 Action"，使人身体、记忆、话语的交流重新敏感化，重新现场化，重新历史化——我们重新面对和拥有一个"百感交集"的状态，以此作为基础，用"思想—话语—身体—行动"形成一种唤醒和嵌入空间和历史的"隐性政治空间"的建构。

"长征计划——胡志明小道"不是展览标题,不是项目标题,不是生活体验,而是现场!它以调研、教育论坛、行走、剧场、知识库等元素构成。

项目实施

第一阶段: 调研

时间: 2008—2009 年

第二阶段: "长征教育"驻地教育论坛

时间: 2009 年 7 月 1—31 日

主要地点: 北京长征空间

参与者: 来自柬埔寨、越南、韩国、美国、中国的几十位艺术家、策展人、学生、学者等。

形式: 内部教学和公共讨论相结合

第三阶段: 行走

时间: 2010 年 6 月 12 日—7 月 3 日

主要地点: 金边、胡志明市、顺化、老挝 9 号公路班东至车邦一段(胡志明小道旧址之一)、万象、河内、广西友谊关。

参与者: 由长征计划邀请前往行走的主干队伍包括工作团队、艺术家、思想家等(共计 28 人),到达当地后本地艺术家、知识分子等各种层面参与者的加入,不断滚动、增加的行进状态。其中,老挝 9 号公路班东至车邦一段是公开向东南亚三国发出邀请、志愿参与、徒步行走的路段。

行走方式: 沿途有各种思想的讨论、对话、讲座,行走过程中根据不同路段使用不同的交通工具。由旅行、对话、记录、书写行动构成"行走";用知识的思辨、经验的传播、作品的实施和文本的记录等一系列的"排演"构成"行动"。在相关区域之间、族群之间那种"你中有我、我中有你"的共生共构关系基础上，超越问题的区域单一性和正统性，放弃和本土融合对话的假象。一路上面对"他者"旅游攻略式地展开的表面的地缘政治，历史与战争记忆，族群和文化冲突等主观层面的"在地性"的矛盾与冲突，凸现政治正确的荒诞与无奈，我们想要共同清理全球化与本土，帝国与第三世界，意识形态与现实政治，艺术与思想等把我们紧紧捆绑的问题。

第四阶段： 剧场

时间与主要地点： 北京（2010年9月）、上海（2010年10月），此后在其他地点发展。

参与方式与形式： 将前三个阶段产生的文本、资料的链接、讨论现场、作品以及个人参与实践相互结合进行排演。

不断滚动进行的活动 —— 知识插件《无知者的知道》

《无知者的知道》是一个从"胡志明小道"的话题出发，由长征计划全面动员、整理相关记忆和知识，结合实地行走获得的活态资料等，通过相互链接而形成一个不断滚动不断扩张的知识库，并最终通过独立的网站站内检索系统来使用。它在项目四个阶段中以及以后的时间里，逐渐扩大和丰富。知识生产来自教育，又和行走关联，并且具有扩散性。

"胡志明小道"札记

高世名

在今天,后冷战的意识形态叙述已经成为一出喜剧,全球资本主义的 Glocal 的诡计已经成为一场肥皂剧。半个世纪之前,在帝国争霸的阴影下,"胡志明小道"曾经连接起一种历史想象、一种理念。在"后殖民"、"后革命"的今天,"胡志明小道"早已成为冷战时代的一件尘封已久的道具。当我们重新踏上这条小道,试图重新启动它所蕴含着的超越边界的力量,一切都已时过境迁。在当年的冷战系统中建立起的这条通道,已经被全球资本主义的景观政治肢解、买办和垄断,已经变得支离破碎。今天,"胡志明小道"是一条中国、越南、柬埔寨、老挝之间的迷失、误解、失语的小道。它不止发生在历史上,它就发生在当下。

今天的"胡志明小道"上,处处是冷战的灰烬、社会主义的废墟、被阉割的历史、公开的秘密(种族冲突、红色高棉、越战、"文革")、内在的边疆(印巴分治、南北越、两岸)、跨国公司的国家买办、NGO 的意识形态、腐败政府、贫困、主权的破碎和全社会的拜金主义……

今天的"胡志明小道"上,有审查制度,但是它很官僚;有政治压制,但是它很虚弱。这里浮动着一种虚伪或者虚假的自我想象，这矛盾着的现实在掩盖一种东西，一个"单一主权领土"、全球资本国家中的"有限主权国家"。

今天的"胡志明小道"上，流传着"当代艺术"千篇一律的故事：专制国家和意识形态压制了"个人的美学的自由的表达"，当代艺术家／自由斗士们为了争取表达自由开启了地下的、民间的艺术-政治斗争。但是，这一自由个体的创世故事却没有预先说明：为什么恰恰是这来自西方的当代艺术适足承担这自由之使命？为什么我们今天独立了却仍然不自由？似乎各国当代艺术的兴起都是由于事先存在一种"例外状态"？这是否隐藏着一种话语设计？正如20世纪中叶的民族独立同时也是帝国和冷战的"副现象"，各国当代艺术的发生也莫非是全球资本主义的一个景观装置？是否它本身就是国际政治所诱发的？

"胡志明小道"是一场排演，一场在历史性当下的自我演练。在资本主义文化工业无远弗届的今天，我们不是生产而是要排演。排演是不断地被打断，不断穿帮，同时自我欣赏，边排边演边看边传播。排演不是表演和作秀，而是思想和表达的集结和动员，是从形式中衍生出行动，是从无从表达处的出发和抵达，是知识左派、艺术家与策展人之间的批评与自我批评，是对于这些角色的悬置与解剖，是一种艺术生产的反向运动。于是，排演就是做准备，准备着进入一种"事件"——从艺术家与作品发生的空间出发，往回走，那就是大众媒体—社会—艺术的剧场，在艺术剧场之中有一个符号—权力—意义—价值的循环，在这个剧场的之外也同样存在着一个循环。艺术家进入"事件"，就是要穿越剧场内外的巨大漩涡，穿越艺术系统所虚构的意义的无缝链接，并不是要逃离或者回返无系统的状态，而是要回到它的中空之处，通过批判和克服，争取重新成为作者——成为作者就是成为希腊意义上的"共同作者"。

这就要求我们把关注的焦点从艺术"作品"转向艺术家的"劳作",或者说艺术"活动"。艺术活动是一个自我搭建的临时剧场,是一个把艺术家、作品以及整个社会都卷入其中的风暴眼。艺术"事件",就是要破除作品与阐释、创作与传播的二分法,艺术活动无需专门的阐释,它卷入社会后引发的事件,是"社会阅读",而这种"社会阅读"是与大众媒体分不开的。艺术"事件",就是社会创作与社会阅读,就是从社会来到社会中去。每一次艺术事件都重新塑造一次社会,艺术事件把社会变成复数的和变动中的。

于是,艺术家处在永不停歇的入世和出世之间,一方面染尽红尘,跟一切体制、意识形态、文化与历史、大众媒体抵死纠缠;另一方面,在艺术行动中,努力地克服它们,戳穿它们,与这一切告别。正如尼采所说的:"一个哲学家对自己最初和最终的要求是什么?是在自己身上克服他的时代,做到不受时代的限制。他凭借什么来征服这个最大的难题呢?凭借他身上让他成为时代产儿的东西。"艺术家不但是一个时代的病症的治疗者,而且首先是这个社会、这个时代的最深沉的疾病。在这个意义上,成为"社会的艺术家"与尼采所说的"做'为艺术家的艺术'"是一致的。

资本主义对艺术家意味着什么?不止是远远大于个体创造力的体制生产力,不止是市场、拍卖、画廊……而且是对美学和品位的迷恋,是对个体和艺术自治状态的幻觉(对个体的信仰一直是资本主义市场规则的基点,而在大众媒体时代,个体不应成为出发点或者堡垒——要先成为艺术家才能成为个体),是艺术交往中意义、形式与交换价值的兑换。更加重要的,在今天的艺术界,资本主义就是国际当代艺术场域中所贯穿着的自由市场经济式的生产关系,以及由此而生的"全球艺术景观"。

在当前的政治处境中，在现行的艺术史与艺术系统中，艺术如何开始？我希望，我们的工作可以唤起对现代主义以来的艺术政治和政治艺术的扬弃。恰恰是因为有了一个艺术自治的虚假幻象，才产生了艺术与政治的错综纠葛。我们不是要寻找新的政治议题与政治空间，而是要更新我们的政治方式。我们警惕以各种 community 的名义进行的现成政治的参与主义（我们要问的是——community 是有利于交流还是阻碍交流），警惕身份政治与话语政治，警惕一切治疗式的政治和作为补偿的政治。政治原本是"安置"，后来竟形式化，成为了"装置"，继而成为"政权"（regime）。我们眼睁睁地看着资本主义把政治变为经济，眼睁睁看着"经济"用交换价值取代价值，用计算取代信念，用推销取代宣传，为原创追加版权，变为品牌。

所以，"排演的政治"反对现成的政治，反对政治的现成品。我们需要召唤出一种新的政治方式，我相信，这种新政治的全部内容和使命就是不断地创造政治主体。我们所要探讨的不是艺术的政治，我们所要做的不是政治的艺术，我们甚至不是通过艺术搞政治或者通过政治搞艺术——在这个意义上，艺术本身蕴藏着政治的潜能，艺术是一种更新的政治。这种艺术-政治要求我们用身体和记忆丈量我们的历史和现实，要求我们反复地对自身的处境进行历史定位，要求我们不断地质问自己是谁？我们生存于怎样的世界？我们为什么活着？这就是要求我们重新建立起信心，投入到一种充满激情的火热的艺术生活之中，通过艺术活动不断改变现成的知识-感性，更新社会话语-感知系统的运作机制与生产关系，同时抵达艺术的源头和政治的激进。在这个意义上，我们都还不是艺术家，我们都准备着成为艺术家，我们都在向着"艺术家"迈进。

走在胡志明小道上

途中讨论（节选）

时间：2010年6月26日夜
地点：老挝万象
参与者： 高世名、张颂仁、陆兴华、卢杰、刘韡、吴山专、张慧、徐震、翁桢琪、宋轶

高世名："胡志明小道"是第八届上海双年展的第一幕。对"上双"来说，"胡志明小道"是一次排演，"胡志明小道"是双年展与长征计划的合作项目；就长征而言，"胡志明小道"是对长征计划的重新命名，是长征再次出发；就政治史而论，"胡志明小道"是发生在半个世纪之前的往事了。我们为什么要重走这条早已支离破碎的道路？不只是要去重访历史，不只是去追溯历史记忆，更重要的，是要反复尝试对我们的当下现实进行历史定位。所以说，"胡志明小道"不止发生在历史上，它就发生在当下；不止存在于中国、越南、柬埔寨、老挝之间，而且从我们每个人的身体中延伸出来。今年的上海双年展从"排演"出发，"排演"不是表演和作秀，而是思想和表达的集结和动员，是从形式中衍生出行动，是知识左派、艺术家与策展人之间的批评与自我批评，是对于这些角色的悬置与解剖。"排演"就是做准备，准备着开展出一种"事件"。在这里，艺术家们要应对的是自己的问题——艺术生涯中的"胡志明小道"。作为策展人，也作为这个项目的参与者，对我来说，重要的不是作品，而是排演，一种在排演中不断抵达的"当代艺术"状态；重要的不是展览现场，而是在所有参加者身上发生了什

么。正如"排演"不是主题,而是方法;"胡志明小道"不是主题,它就是道路。

张颂仁: 走"胡志明小道"的意义在哪里呢?首先,它是 trail 而不是 path。虽然我们昨天所听到的解释是,它应该是一条 path 而不是 trail,可是我们要把它当作 trail 来理解,因为 trail 只有在行走时才存在,不行走的时候便结束了。既然 trail 作为我们想象现代艺术与政治的象征,那么它应该是一种对遭遇的开放;它也不是一次探索,因为太有目的性,所以我们现在需要打破目的性。因此我们遭遇的开放就是 trail,它把行走变成了一种生活,一种有肢体、肉体的生活,生活其实就是一种移动,这是我对 trail 的理解。trail 不是 journey,也不是一段旅途,因为它并非针对一个目的地,因此它不能是一场革命,如同马克思所说的革命路途。相反,它对我们今天来说,应该是反革命的 trail。原因在于,首先它应该拒绝向某个主义投降,向最后的目的地投降;其次是因为革命的信徒是肯定会背叛 trail 的,因为他们最后要向组织投诚;再次,在今天全球性的状况中,不停地走其实就是一条在地球上生活的生命线,我们一般把这条线定义为一种游牧主义(Nomadism)。可是现在"胡志明小道"却给我们一种启示,即农业生命现在也必须走在路上。还有另一种行走,即没有目的,对每一个遭遇(encounter)都需要重新思考、重新定位、重新反思的行走,那么它可不可以被看成毛泽东的那种"不断的革命"(perpetual revolution)?应该说不是,因为不断的革命是一种不断的推翻,可是行走其实应该是迂回(detour),不停地迂回、不停地绕路,所以它是不断地寻找开放的、迂回的过程,不停地迂回地向遭遇开放。

在上海双年展的结构中,"胡志明小道"是巡回排演五幕的第一幕。最后一幕，我们邀请了一些印度学者来与我们对话。关于这里所说的"对话"，也要从把"小道"当作 trail 而不是 path 来理解，那么进行的对话、演讲其实就不能相对成为论述（thesis），因为演讲本身在双年展的结构里就是排演（rehearsal），而不能成为一种论述（thesis）。它也是一种行走，一种漫谈（meandering），也是绕来绕去、散漫的、多方向的行走，所以我们要以这个方法来思考那些印度学者的到来，我们如何去处理他们对我们的发言。通过"胡志明小道"，我们的艺术家迂回地向遭遇开放；我们也要通过外来学者在我们的地盘（terrain），在我们不平均的地形上的漫谈，好比白日梦一样的随意放游。所以，我们也希望他们和我们的谈话，是经过土壤里过滤之后的，而不要变成一系列的论述。

陆兴华： 我来阐释一下张颂仁先生的看法。宋轶之前告诉我们说，"胡志明小道"就像是中国农村里的拖拉机耕道，里面有洞，是一条高低不平的路。刚才我们讨论到鲁迅，他说"走的人多了，就成了路"，trail 也是这个意思。我来给一个对比，在过去的二百年间，存在着许多著名的路，其中最著名的就是海德格尔的"林中路"，讲的是艺术总是回到这个说法里去。最近有德国教授也探讨了"林中路"的意象，他的描述是这样的：在一片森林里，不管木材将来怎么处理，伐木工人都需要先砍掉这些树，把这段路开辟出来。所以"林中路"并非是说我们要用一种巧妙的途径把里面的秘密和神话，以及最重要的东西呈现出来，其本意是破坏性地进去，希望能够在操作上实现某件事物，我们老讲艺术和诗歌要达到伟大的神秘和伟大的目的地的时候，"林中路"的说法就是错误的。因为"林中路"具有知识性的破坏在先，相当于我们勘探石油一样，把大地钻了很大的洞，但是之前却不知道是否存在石油。在 20 世纪的艺术哲学里,"林中路"的意象与海德格尔关于艺术的地位的看法是相称的。海德格尔开辟出来的道路,也就是这条"林中路"。

在这之前,浪漫主义最早期是威廉·华兹华斯(William Wordsworth, 1770—1850)与萨缪尔·柯勒律治(Samuel Taylor Coleridge)开创的。当时他们在英国感觉到一场将要到来的文学风暴,但他们并不知道是什么将要到来以及如何到来,而他们也没有什么大的目标。他们于是结伴而行,准备去瑞士,到民主和革命的圣地去探索。巧合的是,当天晚上他们从英国多佛港到了法国加莱,第一个比较像样的城市。在加莱,大家觉得很奇怪,为什么农民们都在围着圈跳舞,男男女女都拉着手。实际上他们在庆祝革命的胜利,并不是正式的法国革命的胜利,他们所庆祝的只是第一个小的胜利。于是他们都很受鼓舞,加入了跳舞的队伍,可以说这次跳舞点燃了他们这种浪漫主义的审美或者艺术革命的雄心。

在这里,我再补充两条内容:前人有如此伟大的行走过程,无论从消极的角度,抑或积极的层面,这两条道路都能给我们启发。

刚才上面提到的这名德国学者掌管了海德格尔的全部书信,所以他的解释在我看来也是权威的。在中国我们对"林中路"这个词发挥得太多,无论是绘画、诗歌、甚至建筑,还有诗意地栖居"林中路"。我自己在阅读海德格尔时,他本身所谈论的,还有现在阿甘本的阐释里都是这个意思。英文是 poetic,这个词的古希腊语词根是 poiesis,共同的创造源头:建筑的建造、国家的构造、诗歌的创作、音乐和绘画的创作原理,所有的放在一起都是 poiesis,居住在人、神、天地之间。诗意地栖居就是要回到创作源头,使我自己拥有创造建筑、诗歌、宗教、文学一切可能的状态下的生活,一个人的存在必须达到这个状态才能豁出来。这不是仅仅指伟大的人,

"胡志明小道"行走途中　湄公河　2010年

而是每一个生存的人类都具有这样潜在的可能。所以这句话应该是我们要反思的。

高世名：德语里的 Lichtung 和 poiesis 是完全分开的，你要有所创制，去创造，才能够解决。

陆兴华：在社会学里，比如卢曼对这个词反复的使用，是可以翻译成"自身"的。社会是没有根源的，它每天都在丰富地出现，不断地搅动。而它的每一次搅动，就产生了大量的丰富特性，自身的、回到创造源头的，会把全部的创造潜能都带出来。在你追逐的时候，你活着的时候，把你的这些潜能全部带出来，这样才好。另一个则是误传，"林中空地"。我们去过柏林都知道，蒂尔加滕公园

（Tiergarten）的状态，那是一个乱七八糟的地方，它不像公园，东一块地，西一块地，有一个小农场，还有一个小池塘。而"林中空地"就要保持人类共同体或者说让我们聚居在这样的中心地带，就是要保持这样一块空地。刚才我们讲过的"林中路"是我们硬要挖出来的东西，那么"林中空地"就是需要我们去预先保持的可能性。在我们的每一次行动中，每一次创造都要留出一块。打个比方，像我父亲养鱼，就需要很多湿地，湿地其实是没有用处的，但是没有它又万万不行。这就像一件作品中流露出的很多潜能，你在打开的过程中，可以很好地造福它，像"林中空地"，它的水土、生态都很好的。那么在你的画面里面，在你的诗歌写作里面，在一个文本里面，好比现在说出来的东西以后会出现的这样一种心态。我不知道对不对，总之要预先留出。

高世名：孙周兴把它翻译成"澄明"，陈嘉映把它译成"疏明"，它的本意是"林中空地"。

陆兴华：就是在出现的同时，其浅层的含义也正在丰富。不要说打开，或全部晾干。"澄明"就是说看水很清、很深，而且晾的东西和引出来的都在里面。两边都要在，不强调任何一边，这也是很多艺术著作里面都采用的。海德格尔也有很反动的思想，就是我们的"长征"，我们寻找目标是条非常艰难的道路，而且最终也不会是同一个目标，语言才是我们最终达到目标的行动。换言之，在政治上的道路变革的哲学系统里，只有栖居的状态，只有人说话的时候才是与你的行为的统一，只有达到这个水平，说话和行为才会很纯净，像水一样很清。

高世名：他后来开始强调民族语言的发生，于是后来他便陷入到政治问题里面。非常耐人寻味的是，在《关于人道主义的通信》

中,海德格尔对马克思的评价是非常积极的。他说:"马克思在经验异化之际深入到历史的一个本质性维度中,所以马克思的历史观就比其他历史学优越。无论是胡塞尔还是萨特,无论是现象学还是存在主义,都还没有达到有可能与马克思主义进行一种创造性对话的维度。"另外,他对共产主义的态度也特别重要,人们可以用形形色色的方式来对待共产主义,但共产主义确确实实地表达了一种对世界历史性存在的基本经验。他说,谁要是只把共产主义看作党派或者世界观,他就想得过于短浅了。

陆兴华：好像一种交托给神秘语言的源头,我想"长征战士"要警惕。我自己感觉,阿甘本最近的看法是,关于人在行走当中,通过集体的一起学习,人类基本的行为、动作来恢复我们被资本主义系统夺走的姿势,每一个动作都带出很多像太极拳那样潜在性的含义。但是我们没有这个能力,比如我现在走路、摆姿势,都显得很单调,我没有像懂太极拳一样的人那样能在简单的动作里带出很多内涵。所以集体行走恢复这样的含义,恢复是要集体地学习,重新使用和重新意识,而一个人是做不到的,所以集体行走的意义就在这里。

还有关于路的问题,集体行走的时候,我们怎么处理北京、上海的工作呢？另外还有一个作者,我忘记名字了,他讲得很有道理,说当在行走的道路上,例如长征的道路上的时候,工作者处于游戏状态,例如像在电子游戏和酒吧里面空转,那么工作室的意义在哪里？工作室对长征的意义,对你工作构成什么挑战？

刘韡：其实都差不多,我的工作室也只是个想事儿的场。

陆兴华：只有知识分子、艺术家才这样走。现在有很多健身的人暴走,那是被动地走,因为他已经有任务要完成。前两天我准备了一个话题,关于为什么建议艺术家对艺术学院的训练不能够太当真。我是这样理解的:当代艺术家如果对自己的训练和自己的分工太在乎的话会很危险。有四个理由,第一个是很多艺术家认为画家必须把绘画基本的工具和能力看作玩笑,不应该太当真,因此在当代的绘画里,画家经常把不是绘画的事情推到画面里面来,这是最典型的态度。比如我把中国的老酒和威士忌放在一起是很冲突的。最近一百年的绘画所处的情况的确如此。但是如果你再把画面里传授给你的技术当真,那也是很傻的,你只能把自己的绘画训练看成玩笑,不是不要它,而是能比较轻松地来对待它。

第二点,阿甘本认为在绘画里,你创作的能力在很大程度上也就是你处理颜色、线条和形式的能力,不是在表现;很大的功能是收集(collect)和吸收(absorb),不是给你看的,而是将你收进来的。平时我们老说艺术家要把内心表达出来,把它晒在外面,但是这太单调了,等于说没有迂回了。这就是阿甘本说的收集的能力,捕捉的能力。资本主义的蜘蛛网是非常厉害的,男人被它吸过血以后,全变成观看的观众了,眼睛在看,但不会思考了。绘画也应该要有这个能力。

第三点,邀请。你的公众能力并不是直接记录每件事的能力。德里达认为绘画的能力实际上相当于 party。比如社会关系,我们人与世界、人与自然的关系是破裂的,但这个破裂是很快可以补好的,然后艺术家就跳进来,说我现在工作了。但是艺术家不能担保一定能接上。这里,他的邀请很重要,发出了邀请的姿势,在作品里面,有这样的姿势就够了,否则你的政治太复杂,就很虚伪。艺术家做不到把政治行动表达得非常坚决、果断,好像我全包了。前两天我们在柬埔寨观察到这个倾向,即"这个事情我能搞好"。

"胡志明小道"途中对话　2010 年

千万不能这样做，你只有邀请的能力，你能呼唤别人进来，只能巧妙地运用你的能量，但不要真的去把这个事情捞过来，显示你的伟大，坚决不能。

第四点，重新制造神秘。这是评述戈达尔的，早期戈达尔的电影注重批判，里面有三层内涵，像严肃的艺术家描述场景，然后描述好莱坞类似的场景，然后他从远古的，或黑白片，或者说人类学的角度进行描述。这三个层面看起来，是把它放到观众面前，给观众呈现严肃的艺术家表现出来的内容，普通的艺术家也表现出来了，而且人类学也表现出来了。好些人认为我们应该采纳戈达尔用

POP 的形式来轻松对待自己手中严肃的艺术训练，这跟我前面讲的三点是一样的。这一游戏的态度，play 也好，game 也好，应该用在自己的创作思维上。我们讲神秘，戈达尔用 POP 的方法戏弄了严肃艺术的创作方法，但是他通过这个方法把我们重新带到新的神秘面前，什么叫新的神秘？严肃艺术的画面和好莱坞庸俗的爱情大片镜头，以及人类学家所谓的人类本质状况的描述，把三者能够放在一起，像水印一样，三个画面重叠。而且这一重叠不是平面，不是三个画面跳入一个平面中，而是形成了当代艺术的厚度，戈达尔的方法是新的神秘的追求。不说戈达尔可以，总之就是需要借鉴，需要有保持反思的态度。

高世名："胡志明小道"这一次跟 2002 年"长征——一个行走中的视觉展示"最大的区别是什么？从我的观点来看，出现了明确的感觉，你用历史上的那次"长征"尽可能地吸收，或者是去带出那些国际艺术界的话语。也就是说，最明确的是"吸收"，而不是"表述"，2002 年的长征最终没有形成一个表述。现在回过头去看 2002 年的策划案，几乎把当时十年国际上的话题都吸纳进来，有点像把所有的问题全都链接过来。但这次的"胡志明小道"不是这样的。一开始可能有一点点过去"长征"的架势，但被我们迅速推翻掉了，一上午就推翻掉了，关于"集体记忆"等问题在一开始就被废除。正如徐震刚刚所说的，这次问题的不同在于这次注重的是内部问题，我们不强调跟在地的介入关系；最关键的是这次不比附历史，我觉得这是最大的一点差别。

2002 年的"长征"带出来的问题非常多，哪怕对参加的艺术家来说，很多话语很多词都是他们没有听说过的，但这并不是说没有发生，并不是说在大家身上没有，而是没有听说过。有点像后殖民的概念、理论,一开始都被普遍认为跟我们不太有关系,但实际上它发生了。因为大家在一开始进入的时候,是困难的,所以要不断地拉更多国际团队一起跟本土进行对话。而这次是自身的问题,针对自身的问题来做自我整理。

卢杰: 这么说吧,2002年的"长征"是一个策展工作,那这次是什么?

徐震: 其实这次来之前也没有想到是这样。

高世名: 那你说说看,来之前你的想法,你觉得"胡志明小道"项目像2002年的老"长征"?

徐震: 这不可能。但是来之前没有想到是这种交流,之前不是有安排了很多话题吗?但是发现这些话题不知道怎么说,所以来看看大家怎么说。

宋轶: 无论是脑子是否放空,还是像汪建伟老师那样带着问题上路,其实在整个过程中,总是存在这么一个现场和气场,能够不断地回到原来的问题上,然后再去判断,进行调整。每一天或者说每一阶段都包含不断调整的状态,而且是在应对之前或者说投射之前,我们带来的一个问题,即这个状态和之前是不同的。我感触比较深的第二点是关于"黄灯共同体"。我们所谈论的关于非共识的内容,不管是对内还是对外的交流,每一次其实都不一样,很复杂,这是我的真实感受。因为感觉到可能跟以前的"长征"不太一样。我通过资料或者通过跟别人的探讨,感觉"长征"的内容和状态没有让我感受到这种真实,这种不共识。那个时候追求的是有共识。我概括这两点是我感触比较深的,我发现,也是因为有这两点,使得整个行动、人与人之间的关系就更紧密了,可能我觉得以前老"长征"显得和很多人没有太多关系。

陆兴华： 关于故意挑难走的路走，包括走路、跋涉，我们是故意被迫去发现，像今天讲的跋涉也不大对，诸如此类。刚才我们提这么多词，任选一个都是不对的，到底是以什么方式行走，不是 hiking，不是 walking，也不是 stroll。那它是什么样的行走呢？

翁桢琪： 第一次的"长征"，就像我们在网络上看的视频，第一次播放得有一个缓冲，播放到一定程度就放不了，然后还需要一个缓冲的时间。有时可以一边缓冲一边看，有时是停下来缓冲，然后再看另外一部分。我们来走胡志明小道就像是缓冲，这里说的缓冲是一种数据的模式，实际也是一种聚合，它是把异地的东西在一个聚点建立起来。正在缓冲中。

卢杰： 我们这几个做理论和策展的都会很理解行走时"仪式感"的重要性。艺术家相对会很怀疑，甚至参与的过程中也是很怀疑或者拒绝"仪式感"的，艺术家们说说这个问题你们是怎么看的。

高世名： 他们弱弱地问了好几遍："为什么要真的去走？"

徐震： 我们的求知欲。以为你们很清楚。

陆兴华： 艺术家在行进过程当中是在展示他的羽毛，我的意思是边走边炫耀自己的意思。我觉得艺术家能坐在一起，讲讲某个作品，讲自己爱的东西。还有一个词是 parade，边走边炫耀，这就不好了，另一个词是 stroll，parade 很糟糕。

吴山专： 如果我们把行走看成是跟踪，我们解决了什么问题呢？一个就是陆老师刚才说的；第二个随着跟踪，我们的身份也慢慢明确起来。

陆兴华： 跟踪，我只要享受侦探几秒钟的快感就行。

吴山专： 我们也可以说，如果我们是一帮有心的人，可以说我们的行走是对上帝的跟踪，如果我们很"作"，我们也可以说是对

"卫星"的跟踪啊。然后我们把这两种都放在对"莫名"的跟踪。还有一个，我们为什么不假设自己是当时被美军跟踪的人。这样的话可能更能全方位地把握。

高世名：从敌人的角度。

吴山专：结果我们离开越南的时候，离开印度支那的时候，我们只能这样说："它就是胡志明小道。"就像德国军官离开萨拉热窝的时候说："这就是萨拉热窝。"

高世名：不是说过胡志明小道是星群（constellation）吗？

吴山专：是。我一直把它看作 constellation，容量很大的一个体系。

卢杰：现在很有意思，都走了这么多天，今天突然在这里说"行走"这个话题。我印象最深的是，没出发的时候到处跟人碰头，直接切入的都是对"行走"不同版本的理解。2002年的"长征"出发前，陈嘉映叫来一个人，是个厨师，那天晚上的谈话都是象征性地隐喻性地谈那个人。为什么陈嘉映叫他来呢？因为那个人是专门行走的，他专门走在界和界之间，专门走省界。那天晚上基本上都是象征性地谈"行走"，今晚又再次象征性地谈"行走"。

高世名：我前两天想起张承志"文革"期间的一次行走，他在地图上横断山区画了一条直线，穿过地形最复杂的地方，然后拿着罗盘走，遇山过山，遇河蹚河。

卢杰：我觉得吴山专的物流说法有意思，来之前就发个短信说物流，我觉得比较接近。别忘了我们走之前推敲新闻稿，还是找到一些关键词的，比如说建构、隐蔽的、政治空间。现在，今天都走到头了，你怎么理解当时的说法？

高世名：我设想这次最关键的是，告别历史语境进入到当下，

你看我们的这一路,从柬埔寨开始谈什么是当代,当代艺术本身的系统。如果"胡志明小道"作为一个当下的隐喻,它要应对的就是被宣称是平的世界,被宣称是新旧主义可以不断蔓延的时代。当然我们不是去怀旧共产国际,也不是去怀旧冷战时期的这些故事和第三世界。而是在今天存在另外一种——不能说是一种交往的方式——战斗的途径。当然这就会涉及,就像昨天我们所讨论的并不是对于政治空间的想象或者是寻找,而是对新政治方式的一种理解。哪怕这个政治空间是隐秘的,还是说去寻找搞政治,搞艺术的方式。因此问题不是在空间上,而是在方式上。

我昨天还在看齐泽克为毛泽东的《实践论和矛盾论》新版英译本写的序言,里面谈到:"我们不是要实现旧的梦想,而是要重新

2010年第八届上海双年展"巡回排演"第一幕"胡志明小道"展览现场

发明我们做过的方式。"这是巴迪欧（Alain Badiou）写的。他说："自由是一种解放的状态，如果说我们只是要实现这个梦想，我们改变现实的目的，只是实现这些梦想的话，那么其实并没有真正的改变。"因为这些梦想本身，它或早或晚都会被重新变成这种旧的现实。这个问题不是说去找到如何隐秘的点，而是去寻找新的搞政治、搞艺术的方式。

卢杰：除了这个被推翻了以外，昨天还有另外一个被推翻，我们的新闻稿是说要把表演转换到行动，但是老陆强调应该是行动转换到表演。

陆兴华：表演（acting）本来有力量，你变成行动（action）后反而就弱了。

卢杰：现在我们的"黄灯共同体"对刚才出发前的计划、预期和现实，是不是都同意这两个是颠倒过来的？2002年的"长征"，更具体地去说，原来是一个告解式（confession），最后变却成是一个描述性的。

高世名：不是描述，而是表述。我觉得这是前期"长征"的一个问题。如果是要行动（action）的话，就意味着要参与进现实背景中，就意味着要参与到现在即成的问题。而表演（acting），虽然看起来是表演性的，似乎没有束缚实现，但恰恰它是隐而不发，隐而不射，它是先在我们自己现在所从事的领域来看。因为我们的所思所想所为就是在社会之中的行动，无须刻意地进入深思与行动的古老的二元结构中去，这个二元论结构把生活拆解了。按照海德格尔的看法，行动的本质乃在于完成（Vollbringen），而完成却意味着把某种东西展开到它的本质的丰富性中，也就是"生产"出来。所以艺术的创制与行动并不是割裂的。

陆兴华：行动（act）就是行走（to walk）尚未迈出一步，还处于待定的状态。（高：隐而不射嘛。）而变成action之后呢，（高：它就实现了，同时也示范了。）就是阿甘本说的"把自己的潜能憋住"。我们如果能够思想，那我们的行动肯定是可以的。"思想是它故意不肯行动的意识的主导"，这意味着我要把潜能留一步，那我要走一步退三步。我这个说法可能不太对，但就是说把潜能尽量好好保存，不要因为行动把它全部散光了，我们为什么要排演，伟大演员尽管彩排时会有所保留地释放，但一到正式的时候，灯光一照，才开始真正释放。

宋轶：刚才高老师所说的在发现和寻找之间，在我看来还有一个是"遭遇"。其实不是去寻找一种方法，而是不断地遭遇、不断地碰撞。这个过程和现场构成了不断的碰撞、不断的遭遇。这是现场自然形成的，而不是过去想到的。

卢杰：出发前的新闻稿里的"隐性空间"，到现在体会后，"隐性"在这里指的是不是"不可表述"？

高世名：原先讨论到"隐性空间"的时候，是对历史上的胡志明小道的定义吗？

卢杰：是对一种"焦灼关系"的定义。

高世名：有一点就是也不要太迷恋"遭遇"这个词。

卢杰：出发之前老范不是都说了嘛，不是语境而是情境。你怎么看的？

高世名：那天胡伊（Huy）在阳台上的讨论里也谈到"语境"和"情境"这两个词。好像胡伊的意思是，"情境"指的是那边发生的事，而"语境"往往是解释之前发生过的。

宋轶：为什么说不能太迷恋"遭遇"这个词？

高世名：这种词太万能，反而不是很有效。

陆兴华：我们政治行动很重要的就是戳穿了国际 NGO 在第三世界国家的招摇撞骗，以前我们并没有这么强烈地感觉到社群（community）虚假的一面。如果问你，"你为这个社群做了什么呢？什么都没做吧，而我为社群拉到了钱，有点小投资给他们，改善生活。那么你们是什么东西？"这样就是说我们在 NGO 面前变得好像完全失败，你们什么也没有做，你们给我们什么都没带来，也没有准备为我们做什么，什么也没有。所以 NGO 使得我们的艺术非常沉默，觉得没有什么可做的。

高世名：NGO 是艺术的敌人？

陆兴华：理解全球政治的真正处境者的敌人。他在模糊这个边界，他的诉求本来是没有问题的，他老是掉在特殊性里，没有达到政治行动真正的透明，一步到位。

高世名：充其量是补偿式的、治疗型的政治。

陆兴华：老是讲community，我认识到原来这其实是推销。"我"的下家是社群。我觉得NGO的意识形态不管在哪个方面做，在哲学上，或者政治上，它也是难以辩驳。因为我们说从哲学形态和艺术形态来讲，我们是更彻底的。我们讲过很多关于行动、act、action的问题，而它们陷在action里面了，我们现在要强调act，它带着全部的潜能、思想的力量，而action呢，就是我做出一个景观，有着非常分化的、本土化的目标，把它作为全部奋斗的前景，这本身是不大气的，而且是非常具有欺骗性的一种行动。政府部门经常报道这样的问题，预设里边包含很多内容。一个德国回来的博士在中国不断获得提升，由于在德国看见垃圾分类那么好，他从此开始在中国专门从事垃圾分类的教育，整天发掘这样的人物，看着中国改变的希望。这个寄托是非常虚假的，非常不安全的，你把中国的民主化和好的前程压在NGO上了。

高世名：像中国这样的国家，柬埔寨这样的国家，当代艺术界的形成，我们所从事的事业的形成，里面所浮动的NGO的身影并不是说真的由NGO来实现，而是它在运作模式上是NGO的，它暗含着NGO的逻辑和意识形态。

卢杰：回到老话题。关于老"长征"，话语和作品，策展人和艺术家企图让它们重叠，所以是分开的。我认为这次我们的论述已经非常饱满了，展览和作品、艺术家的工作，我认为这次很清晰的。最后我讲一个"胡志明小道"跟"长征"最大的区别，我认为在"胡志明小道"中，艺术家是绝对的主体。作品不是主体，但艺术家是绝对的主体。

"长征"的话语、理论和作品企图重叠在一起，策展和艺术家企图重叠，但实际上一直是分开的，到实施是分开的，到最后也是分开的，到永远的叙述上面都是分开的。而这次很清晰，我们原来宣言书里面也是这样陈述的，当然也不太准确，所有的艺术家作为思想者，思想者作为艺术家，有这么一层含义。这次很清晰地了解这个情况，其实思想的交流、碰撞和作品是分开的，我认为是分开的。由于是分开的，反而这个话语很成熟，已经达到预期。作品和展览目前还不知道，但是这两个分开，其实是一个所指，这次的可能性是很大的，这次跟上次巨大的差别在于，艺术家是绝对的主体。

张慧：如果说走那段路，之前所有的话语都成立的话，走路之后大家都有点变形了，脚起泡了，有点露馅，那是反应。

卢杰：可不可以说这次不是一个策展计划，而是一个艺术计划呢？

高世名：如果说2002年的"长征"是策展计划还好些，因为最后的结果是艺术家的作品连插图都不是。

张慧：我同意这个说法。我觉得卢杰说的作为这个文本本身这一节就到此为止，或者到越南分开，这从前期这块完整性来说，我是这么来看的，这已经足够完整。假如出书，本身已经看到了话语相应的展开，而补充没有说清、未尽的，咱们几位比较能说的补充一下，这本身已经非常有意义了。

卢杰：其实2002年的时候，因为觉得自己太政治正确了，所以诱导性的部分特别多，不断往里面装。但这次很警惕政治正确，其实政治正确一直是我们肩上的重担，因为要警惕而回避它，因为政治和政治正确是不同的。

第八届上海双年展纽约排演"指路明灯"现场 2010年

第二幕
指路明灯

致利亚姆·吉利克和安东·维多克的信

亲爱的利亚姆和安东：

感谢你们的回应！

"排演"对双年展来说是一种自我更新的欲望和策略。但是对于每一个参与者来说，这初看起来的确显得有些抽象和不着边际了。真正的艺术家无时无刻不在自我更新，而如何介入这场排演，这是许多受邀请者首先感到困惑的问题。我的回答是：困惑很重要，现在大多数展览对我们是全然没有困惑的。让我们先清理一下我们所面对的问题情境：是什么使我们感到不满？是什么在抑制着心灵的力量？是什么在阻挠解放的步伐？是艺术系统那只无所不在的"看不见的手"？还是国际艺术市场的"行情"？是千篇一律的国际大展、大众文化、渗透到我们身体深处的资产阶级气质，还是不断陷入危机又反复复兴的资本主义？

艺术家的个体正变得越来越健康而空洞，我们莫名其妙地进入一种"后历史"状态。如何来清晰地描述这种状态？多元文化主义政治、多线索的艺术史、艺术市场的强势、艺术史书写的无所作为、策展的多样化、全球信息的实时性、"当代艺术"观的失效、大展的疲惫……

对今天的艺术家和策展人来说,自我、艺术史和社会之间似乎有无比复杂的关系要清理。双年展的排演不妨从以下两个问题开始:

问题一:今天,资本主义对艺术家究竟意味着什么?这条线索希望在所谓"后冷战"、"后革命"、"后殖民"的话语之外,重新检讨我们的历史处境。今天,艺术史的坐标失效了,艺术家被卷入艺术的展览-市场系统之中,艺术的社会实践被身份政治和话语政治绑架了,当代艺术日益套路化,大家是不是正在用自由市场经济的逻辑在搞创作……这都是政治问题。是否存在一种"(动词化的)艺术政治"?今天的现实政治已经被高度媒介化、景观化,政治被变成宣传、广告,甚至肥皂剧……艺术家应该面对和实践的是一种怎样的政治?他或她应该以美学方式面对生命的政治,还是以政治方式面对生命的美学?我们不能空洞地提问——今天的艺术和思想能否想象一个新的政治空间?这就需要发掘自己的感知中的政治,可感知的政治,而非"现成的政治"(无论是左派的还是右派的,无论是意识形态的还是后殖民的,或新社会运动的),我们要用身体和记忆丈量出我们的历史与政治,描画出即将到来的历史和政治。关于这些问题,WHW 正在反思"甜蜜的 60 年代";德里的拉克斯媒体集正在与中国的知识分子和艺术家合作,以集体书写的方式撰写社会主义微言(Communist Latento);而中国学者陆兴华将在双年展的"巡回排演"第一幕"胡志明小道"的途中讨论"即将到来的左派"。

问题二:艺术家是否可以抵达一种无形式性?"Formlessness"这个词或许并不准确,但是我愿意尝试着表达我的意思。就艺术而言,被资本主义的经济-文化-传播装置所买办、消费的,除了"作品"这个作为商品的"物",这个拜物的对象,最主要的就是"形式"——无论是观念化的或后观念艺术的,形式是与交换价值捆绑在一起的,形式是价值市场中的货币。在过去的十几年中,Superflex、The Yes Man 以及许多艺术家的工作中呈现出一种非领域性、非作品性,这是我所感兴趣的。在双年展的框架中,我希望用"排演"来重新界定的不只是展览,还是参与进来的艺术家的工作本身。"排演"追问艺术的"作品"坐落在何处,从展览转向"排演",从作品转向"排演",这或许正凸显出"work"作为艺术"劳作"的意义。艺术活动、艺术实践可以是不以"作品"为担保的?这不止是为了逃脱资本主义的商品"拜物教",而且是为了艺术活动中潜在的更为重要的东西——被康德强行分割开的三个领域(智性、伦理与美学)是否可以在今天的艺术活动中被重新聚合?从展览到排演,从艺术作品到艺术活动,从 acting 到 action,就是希望在艺术的活动中实践一种"美学-政治-伦理"行动。

其实,正如你所看到的,这两条线索是交织的。中国艺术家吴山专在冰岛破产之际构画了一个艺术家的"营救"计划,在全球金融危机"回暖"的时刻又做了一个名为"资本"(Das Capital)的计划,讨论全球资本主义时代的国家空间。最近我与他的讨论集中在"社会时态"以及"马克思与杜桑的会面",会是一个有意思的个案。

其实关于上次提到的在纽约和欧洲的排演计划,有一条有趣的线索,那是一个发生在 20 世纪 20 至 30 年代的上海—苏联—纽约—西班牙的曲折故事:1924 年,苏联未来主义作家铁捷克的戏剧《怒吼吧,中国!》(*Roar China!*),1926 年苏联左翼群体在莫斯科演出的同名戏剧《怒吼吧,中国!》(*Roar China!*),1930 年 10 月 27 日前卫戏剧《怒吼吧，中国！》(Roar China!)在马丁·贝克剧院上演，1935年革命前卫版画家李桦创作黑白木刻《怒吼吧，中国！》，1937年蓝斯顿·休斯在《自由先锋》发表了一首反法西斯的诗，题为《怒吼吧，中国！》(Roar, China!)。

　　这个八十多年前的跨度极广的故事，或许可以为我们提供一个角度，重新检讨一下关系项：前卫与革命、革命与国际、国际与民族-国家、民族-国家与暴力、暴力与政治、政治与艺术、艺术与前卫-革命……这些在全球资本主义时代被丢弃、蒸发了的复杂问题，今天对我们意味着什么？在八十多年前，对这些话题来说，中国是什么？而在今天，在这个全球资本主义的政治-经济网络中，中国又是什么？

　　期待你们的意见。

世名

艾萨克·朱利安 (Issac Julien)《万重浪》影像装置　2010 年

第三幕

巡回排演——主体展

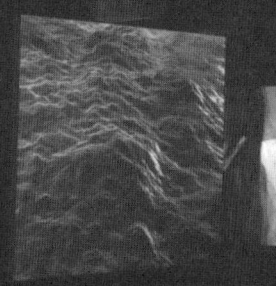

世界剧院小组《然后所有问号开始高歌》电子机械装置　2010 年

邱志杰《邱注〈上元灯彩〉》装置　2010年

陈界仁《路径图》电影 2006年

从西天到中土：印中社会思想对话现场，从左至右：王晓明、戴锦华、倪伟、帕沙·查特吉、张汝伦、汪晖

第五幕
从西天到中土——印中社会思想对话

自 2003 年起，中国美术学院的展示文化研究中心的"地之缘：亚洲当代艺术的迁徙与地缘政治"越域考察和展览，至 2008 年的广州三年展"与后殖民说再见"，启动了一系列对东方内部疆域的探索。目的乃突破至今犹是主导的"东西"二元框架，以便发掘被压抑和被遗忘的本土文化资源，更新对中国和东方世界的现代性的了解。"从西天到中土"沿着以上的追索着眼印度的艺术界和文化理论界，进行具体而近距的东方内部对话，它是中印两国首次在当代艺术与学术的深入交流。主旨是探讨历史文明和当代文化的归属，以及探讨对外邦的想象如何影响本邦的文化。

"从西天到中土"是艺术与学术双轨并行的文化活动。学术讲座将邀请八位世界级的印裔学者分别来华与国内学者深入对话，以当代思潮前沿的论点促进中国学界的亚洲内部交流，重新评估学术形势，刺激学术更兴。为了推介学术，我们除了出版讲座论集，还会为主讲者出版单行读本。

展览包括十位印度艺术家（和小组）和五位中国艺术家（和小组）的新作品。创作出发点以中国为对话方，要求呈现印度艺术家对中国的想象与欲望，或者以文化宗主立场对中土传授与输出其（别于欧美的）当代成果。

印度／亚洲／全球对现代性的追求与双年展的机制

2010 年 10 月 24 日 上海美术馆
演讲人：萨拉·马哈拉吉
与谈人：陈传兴、邱志杰、拉克斯媒体集
主持人：张颂仁

对知识生产在视觉艺术和其他学科中的比较

2010年10月26日 中国美术学院

演讲人：萨拉·马哈拉吉

主持人：张颂仁

泰戈尔，中国和对民族主义的批评

2010年10月30日 上海美术馆

演讲人：帕沙·查特吉

与谈人：戴锦华、倪伟、汪晖、张汝伦

主持人：王晓明

国家偶像及其呈现

2010年11月1日 中国美术学院

演讲人：帕沙·查特吉

主持人：高世名

持续性和超越的危机

2010年11月20日 上海美术馆

演讲人：杜赞奇

与谈人：陈波、陈思、陈宜中

主持人：高世名

世俗主义在中国的历史根源

2010年11月22日 复旦大学

演讲人：杜赞奇

主持人：冯筱才

现代性，后殖民创造性，和哀悼之不能

2010年12月4日 上海美术馆

演讲人：阿希斯·南迪

与谈人：贺照田、李政勋、魏月萍

主持人：陈光兴

后世俗时代中的民主政治和宗教政治

2010年12月6日 复旦大学

演讲人：阿希斯·南迪

主持人：陈思和

成为印度："印度"在国内与跨国空间中的构成

2010年12月11日 上海美术馆

演讲人：特贾斯维莉·尼南贾纳

与谈人：陈惠芬、闵冬潮、朱生坚

主持人：王安忆

从文明到全球化:"西方"在印度现代性中作为一个流动的能指

2010 年 12 月 12 日 上海美术馆

演讲人:迪佩什·查卡拉巴提

与谈人:罗永生、孟钟捷

主持人:陆兴华

关于女性和文化的争论:以印度为例

2010 年 12 月 13 日 浙江大学

演讲人:特贾斯维莉·尼南贾纳

主持人:郭夏娟

现在的时间,或作为可能性的延迟

2010 年 12 月 14 日 上海大学

演讲人:迪佩什·查卡拉巴提

与谈人:王鸿生、倪伟

主持人:蔡翔

野蛮与文明:对全球化文化的思考

2010 年 12 月 18 日 上海美术馆

演讲人:霍米·巴巴

与谈人:陈界仁、何春蕤、赵静蓉、赵汀阳

主持人:许江

认可范围内的艺术

2010年12月20日 中国美术学院

演讲人：霍米·巴巴

主持人：许江

时·地·戏：印中当代艺术展

2010年10月30日—12月20日

展场一：上海市南京西路128号

展场二：南苏州路79号和107号

项目总监：张颂仁

策展人：蔡坦尼亚·桑布拉尼

主办：上海市对外文化交流协会、中国美术学院展示文化研究中心

承办：汉雅轩、梦周文教基金会

  "地"、"时"和"戏"分别寓意地域、历史和创造性。"地"代表关注地域间的特征和差异，并表示愿意投入到新的和未知的情境中。而"时"则代表了"过程"。对"地"的关注必须投入各种探讨的过程，这种探讨的过程会让双方的艺术家重新思考多元的历史时间。"过程"让他们尝试探讨传统的继承，以及正面地应对当下的经济、政治、艺术种种因素。"游戏"出自天生的生命活力，可是这个天性往往在关注文化大问题时被迷惑了。展览的戏局希望勾起游玩这个天性的欲望和行为，以开启两国艺术界更深入和持久的交流关系。

"从西天到中土"缘起

张颂仁

"从西天到中土"是一个综合的文化交流方案,由中国美术学院展示文化研究中心和香港汉雅轩发起,梦周文教基金会资助研究,从学术思想和当代艺术两个角度去亲近印度,进行视觉文化和亚洲现代性的文化比较。读本中的学者于2010年秋的上海双年展期间陆续来华演讲;为了让听众进一步了解他们的思想,每位学者为我们精挑了这个选集,以中英双语出版。

当今的印度离我们既近且远,除了被西方传媒渲染的新兴经济的龙象之争和模糊偏见之外,印度不在一般国人的视野之内。印度咸称古国,但作为当代文明,一个甚至在现代西方思潮中举足轻重的印度学界,并不在普遍意识之中。作为人口的大国和现代国家,印度的经济、文化、科技皆有不可估量的前景;作为中国近邻与久远的故交,印度早就应该被中国关注。但与印度交流的当务之急不在于此,中国须要深切思考印度、亲近印度是为了自明。

中国走上现代化的道路已逾一世纪,从革命到冷战到自由资本全球化,我们的道路一直摆脱不了欧美的世界想象,话语也固定在"东西"和"中西"之说法。无怪在各种自强的努力之后,今天的中国政经机制和生活形式愈益趋于全面西化。作为典范的欧美,中国钦羡为"先进文化",于今天的国情已不适宜无条件借鉴。但面对中国的历史资源时,我们又往往囿于欧美范式而无法善用。如何在冷战的两种西方历史计划以外找到中国的位置,如何发掘被欧美视野冷落的历史资源,就必须放眼其他的发展经验。在亚洲现代化道路上与中国采取截然另途,但依我们的"富强"尺度又是成就可观的例案,无法不审视印度。

中国引以自豪的现代之路是民族革命,彻底推翻过去,重新再造大一统,但结果我们离自己的历史文化越来越远。印度的道路则是摆脱殖民帝国,但在民族独立后依然承继了殖民时代机制。然而,当中国的"后革命"经验与印度的"后殖民"相遇时,我们又不能不讶于左翼革命在印度至今不衰的事实。目前各种倾向的共产党在印度尚有四十多个组织,革命经验不可说不丰富;可是印度又是世上最大的民主国家。这让我们无法不想:中国的革命是否潜伏了殖民基因;而印度的"后殖民"是否革命的另一种方式。印度现代化的历程之多样与丰富,中国无法相比;同时,在日常生活的层面,新旧文化传统并行不悖。雅利安文明的婆罗门学者和各式传统修行人似乎与工业文明不相涉地穿插在都市节奏之中。现代中国与印度相遇,感观上最受刺激的疑惑是:现代与历史(而且是多层面的历史)到底如何并存?

印度与中国的现代都因承欧美的帝国主义和资本逻辑而致,所以中印的相遇是设在欧美的大平台上,绕开欧美无法谈亚洲的现代,也无法深切交流双方的经验。但要脱略于欧美的历史经验来重新自明,不能够自闭地缅怀过去;要打开未来,我们更必须能把中国经验提升为足以让欧美也能借鉴的新知识。这可能是印度当代学术最值得国人参考的一面。这系列读本的作者大多为西方学界熟悉,而且,印度学者擅长的"后殖民"理论和城市研究至今尚是西方新思潮的显学；比方在当代艺术的领域，就直接影响了近二十年的国际趋向。

"从西天到中土"的计划源于展示文化研究中心历年的一系列工作计划。2003年许江院长倡议以"亚洲"作为中国美术学院建校七十五周年纪念的议题，嘱高世名、吴美纯两教授主持，邀我并预其事。"双重时间"从亚洲各国的民间历与耶稣历的并行现象着墨，作为"地之缘：亚洲当代艺术的迁徙与地缘政治"越域考察和展览的基础。2008年广州三年展由高世名、萨拉·马哈拉吉和我策划的"与后殖民说再见"再次启动了对"东西"二元框架的反思。"从西天到中土"企图推进前此的探索，在亚洲内部做近距离和实质的交往。陈光兴教授在这领域已投入多年的气力，承不弃，介入高世名和我的行列，策动了他在学术圈的老关系，论坛才得以顺利成事。此中的心意非言谢可以相报，亦唯有以谢忱言表。为组织和翻译这系列读本投入了大量热情工作的陈韵、彭嫣菡是此项计划的枢纽；并感谢陈恒审慎的审译，杜可柯、王立秋、卢隽婷、叶富华、唐晓林、钟添雅、林盼盼和彭嫣菡等的译文，唐锁的版面设计，南方出版社何灿先生和阮清钰编辑的支持，与民生基金会赞助出版，在此谨致谢意。

印度和中国在现代境遇中相遇，不独是现代西化大潮的因缘。远在西风东渐之前，中土唯一次文化大变革来自汉唐的佛教东渡。佛学来华虽然远远未有近百年西洋革命的残酷惨烈，但其影响之深远，也要历数百年的反刍，直到宋代才被彻底消化。在百年西化的意识形态革命之后，再访天竺可以提醒中国自我改造的历史记忆，并提醒我们在想象世界版图的"西方"时，尚有一个离感官更远而脚程更近的"西天"。

2010年8月

作为方法的印度

陈光兴

或许是因为过去十年主编国际学刊《亚际文化研究》(Inter-Asia Cultural Studies: Movements) 与亚洲各地（特别是印度）的批判知识圈产生了工作关系，所以张颂仁与高世名两位先生会找我一起组织 2010 年 10 月至 12 月于上海举办的"从西天到中土：印中社会思想对话"的系列活动，由于理念相通，当然就义不容辞地参与了规划工作。他们分派给我的任务之一是替来访的印度学者的读本写序，给了我这个机会说清楚投入这次印中对话的思想背景。

十几年前推动建立《亚际文化研究》学刊的动力，是在有限能力的范围内去改变既有的知识状况，在学术生产的层面上推动亚洲各地的互动与整合。那个时候我们来自亚洲各地十几个地区的二十余位编辑委员对客观情势进行分析所产生的共识是：总的来说，在整个 20 世纪的历史进程中，亚洲各地的知识圈都是把眼睛往欧美看，一个世纪下来，所有事物的基本参照体系都是欧美经验为主。百年之中，这个逐步建立起来的、极其稳固的知识结构，造成了学术思想上巨大的问题，不仅分析视野窄化，把欧美之外该参照的多元历史经验割除，更糟糕的是，欧美的知识方式几乎变成了唯一的典范。但是，历史已经证明，这套知识根本无法有效地理解、把握与解释我们自身的生存环境。如何透过亚洲不同次区域之间知识圈的互动，能够彼此看到，进而能使得各地的历史经验成为彼此的参照点，多元转化既有的参照坐标，才有可能创造出新的、更具解释力的知识方式。就是凭借着这个认识论的共识，我们一起走了十年。

回头来看，这条路没有白走。虽然基本格局没有太大的变化，但是上述的知识结构正在被快速地松动当中。过去十年世界情势的变化，正在确立世界是在走向多元并存的时代：拉美地区政权左转、东盟和东北亚"10+3"的形成、中国与印度的崛起、非洲经济持续成长、奥巴马政权取代布什政权、欧盟成员的继续增加等等。相较于1980年代末期，东欧、苏联社会主义阵营倒台、美国强权一枝独秀主宰世界的"全球化"感觉结构，过去十年走向多元政治经济区域的变化，仿佛意味着一元世界的结束。在思想上，原来已经确定、凝固的知识体系及其所深信不疑的价值观，正在快速崩解当中，以欧美历史经验为基础形成的信心十足的解释框架面临着前所未有的挑战。处于变动的时代，放慢脚步、重新找回世界各地根植于现代历史经验的思想资源，于是成为开创新的知识状况难以跳过的路径。十年很短，《亚际文化研究》还没做出值得彰显的知识方式，但是至少我们已经上路了，尝试着走"亚洲作为方法"的知识路线。

在亚洲，乃至于其他的第三世界地区，既有主流的知识结构之所以会长期以"欧美作为方法"，还是得归咎于世界史的走向。在以欧美为中心向外旋转的力道下，中国也好，印度也罢，都是以"超/赶"（超英赶美）的基本姿势，学习欧美的事物（当然包括它的价值观），学术思想、知识生产于是被定位成国家民族现代化工

张颂仁、陈光兴、高士明主编
《从西天到中土：印中社会思想对话》
上海人民出版社　2014年

程中的主要环节。姑且不要追究"超/赶"的知识方式中暗藏的陷阱，它是否混淆了规范性的目的与客观的历史解释力，至少可以开始问的问题是，一个多世纪下来，现代化的工程到底把原有的这些所谓后发国家变成了什么长相？民主也好，科学也罢，在学习后的搅拌中，实践出了什么新的模样？换句话说，是不是该停下脚步互相交换一些"超/赶"的经验，在欧美之外的地区之间，互相照照镜子，发现自己从过去变到现在的长相的路径？看清楚了，解释到位了，才能继续走下去，甚至进而发现"超/赶"的知识路线已经走到尽头，该是调整方向的时候了。

如果说知识的目的不是挑空了、为了知识而知识（首先预设了大写真理超越于历史的存在，用来笼罩整个世界），而是为了在世界史的范围内，从多元历史经验的视角，解释各地面对的不同的问题与处境，在相互参照、比较之中，慢慢提炼出具有世界史意义的知识命题，那么，可以说当前所有声称具有普遍主义性质的理论命题，都不成熟。以欧美经验为参照体系的理论，能够充分解释欧美自身历史就不错了，哪里能够解释其他地区的历史状况；反过来说，对于欧美以外地区的解释必须奠基在其自身历史发展的经验、轨迹当中，不能够简化地、错误地以欧美经验来丈量、解释自身。我想这正是应邀来访的著名的平民研究（Subaltern Studies）历史学家迪佩什·查卡拉巴提称之为"将欧洲地方化"（provincializing Europe）的思想方案，或是2010年7月刚刚过世的沟口雄三教授之所以提出"以中国为方法，以世界为目的"的思想精神之所在。

如果说欧美的历史经验只是一种参照的可能性，特别是它的发展经验与后发地区差距更大，那么在知识转化过程中需要被重新调整的——来访的印度女性主义理论家特贾斯维莉·尼南贾纳提出的策略——就是必须在欧美之外的地区开展出"替代性的参照框架"（alternative frame of reference），也就是把原来以欧美为参照，多元展开，以亚洲内部、第三世界之间为相互参照，经由参照点的移转，从差异中发展出对自身历史环境更为贴近的解释。这里思想方案的前提是：关起门来，以本土主义的自闭方式所产生的国粹主义，无法看清楚已经卷入现代的自我，只能沉溺在光辉的过去让自己继续感觉良好而已；打开门来，只以欧美为超赶的参照方式，已然失效，必须在民族国家内部的本土主义（nativism）与欧美中心的世界主义（cosmopolitanism）两者之外，寻求新的参照体系。

我认为是在上述开启新的知识方式的问题意识下，"作为方法的印度"将会对中国学术思想界产生积极的作用，但是中印之间能够产生对话的前提在于抛弃过去"超/赶"的认识论与知识方式，不能再以落后/进步、现代化与经济发展的速度等这些表象来进行比较。用我自己的话来说，就是得先摆脱、搁置规范性的比较，从分析上入手，看清差异，再开始提出内在于历史的解释。

印、中都是世界级的大国，农民占了人口最大的比例。资料显示印度目前是仅次于中国的人口第二大国，将在 2026 年达到十五亿，超过中国成为最大人口国；据估计，2015 年印度经济的发展速度将超过中国。换句话说，抛开其他历史、文化的异同，在社会科学的意义上来说，在世界上的所有国家中，和中国最具可比性的就是印度，很难找到其他的地方。

但是，这两个国家也有巨大的差异。印度是多语言、多文化的国家，至今没有统一的语言，国会开会是要经过翻译的，所以很多印度的重要知识分子，如来访的阿希斯·南迪，从来就不认为印度是欧洲意义上的民族国家，而是一个文明体。在被大英帝国征服以前，印度地区没有统合的政体，所以 1947 年从殖民地的身份独立以后也很难编织出数千年统一的民族历史，而必须更为多元复杂地理解它的过去。因为多民族的过去，在部分的人口中留下了所谓的种姓制度（caste system），到今天这个社会组织的原则还在运作，政治体制必须要去处理，无法简单地消灭它，而是要创造机制让底层的人口参与到政治过程当中。由于多语言的社会生存，文化差异与政治运作交叉重叠，不仅形成许多所谓区域性政党，连一些地方性政治人物（如省长），都是由特定语言产生的电影工业中制造出来的明星，以区域性的高知名度，经过普选选出。在此意义上，印度是世界上最大的民主国家，民主运作根植于地方，全国性的政党都必须想办法跟区域性政治力量结合，才能进行有效的统治。

对我个人而言，过去十几年进出印度，每次交流都有问不完的问题，因为南亚经验与东亚实在不同，摆在一起后者的情况变得相对单纯，各个国家、地区语言统一，民族国家面貌表面清晰，又不是多元政党，等等。这些有趣的差异，原来该是可以好好研究的，但是我大部分的中国朋友，大陆、香港、台湾都一样，把这些差异在已经习惯使用的"超/赶"的思路逻辑下，做了球赛式的比较：印度太长时间是殖民地，所以中国比较好（但是，别说台湾、香港地区曾经是殖民地，毛主席曾经说中国是半殖民地，连殖民地都还不是）；印度政治制度是殖民体制的遗留，所以中国比较好，是经过孙中山、毛泽东革命建立起来的（反映的是再次贬低殖民地经验，把战后第三世界主义的世界观丢了）；印度有种姓制度，所以中国比较好，封建制度已经消除（但是并不去追问印度过去的因子如何与当代社会接轨，反过来看看自己的社会中是如何与过去衔接，这个社会真是不再封建了吗）；印度是多党的问题，谈的比较少，台湾的人会暂时忘掉欧洲的多党制，把美国两党制搬出来，说只有两党才进步（但是没法儿去问历史问题，印度的多党，乃至于区域政党是为何形成）；还有些人说，印度到今天牛还在大城市马路上跑来跑去，哪有中国来得进步，不可能以印度为参照。总之，如果还是要用简单的"超/赶"逻辑，以欧美树立起来的简单的现代化指标来评比，那就只有等到印度经济超过中国，国力强大的时候，才会进入中国人的视野，现在就继续向天上看吧！

其实，交流必然是双向的，其中会有许多难以避免的错位与误解，举例来说，印度知识界的许多朋友对中国感兴趣，并不是由于它的经济崛起，而是：中国"二战"后的社会主义阶段与今天经济发展的关系，长远形成的农民文化与政治的关系（这是以帕沙·查特吉为代表的平民研究关切的核心议题），社会主义体制与女性解放的问题至今产生了哪些变化，中国如何看待经济发展与资本主义

张颂仁、陈光兴、高士明主编《从西天到中土：印度当代新思潮读本》丛书
上海人民出版社　2010年

体系之间的关系，中国广大的知识界对于世界的未来有什么不同于欧美的看法，知识界如何在自身的历史实践中提炼出对世界史的解释，等等。总之，以印度为代表的第三世界知识分子，对于中国有基本的尊重，对中国知识界有一定的期待，都与中国社会主义的政治传统有着密切的关系，而与中国是否现代或是进步没有关联，但是，上述这些问题似乎并不是中国知识界感兴趣，或是准备好可以充分对话的（更让人难过的是，当第三世界地区期待与中国产生对话时，常常发现中国许多的知识分子对他们根本不感兴趣，眼里只有欧美跟自己，还有人跟你说，别搞政治正确了，亚洲根本不存在，第三世界有什么值得对话的）。

我希望已经说清楚了"作为方法的印度"的前提，认识印度是为了去重新认识中国自身与世界，但是也知道当前的知识状况还是处于难以撼动的"超／赶"模式当中，欧美的价值观深入学术思想界，就连身处社会主义制度的大陆知识界都很快在赶过港台地区战后"脱亚入欧／美"的知识状况，拥抱欧美知识体系的速度之快，远远超过经济发展，令人惊吓，所以对于这次试图开启的印中对

话，并不抱持很大的希望，只是期待那些想找到其他道路的朋友，能够开始认识印度，为未来做准备吧。

　　这次活动邀请到的学者，除了杜赞奇因为是研究中国历史的专家，很多著作都已经译成中文，其他几位，无论是否生活在印度，他们的知识构成都根植于印度社会与历史，在国际学术界都是非常有分量的学者，年龄上也横跨了三代，从 1937 年出生、1980 年代就已在国际上赫赫有名的老将阿希斯·南迪，到在印度与国际思想界备受尊重、刚刚退休的帕沙·查特吉，以及 1990 年代初以后结构主义翻译理论成名的、壮年一代的文化理论家特贾斯维莉·尼南贾纳。读本的翻译工程不小，为的是让中文世界的读者在与他们会面之前或是之后，能够对他们背后的印度社会、历史与文化有更进一步的认识的机会。根据我的理解，这几位重要的思想者大都不是第一次来到中国大陆，对中国有一定程度的认识与想法，我们期待他们的来访，可以让中国的知识界能开始对印度也有相对应的深度认识，成为我们自我转化的契机。

2010 年

我从"印中对话"中学到了什么？

高世名

大约 2002、2003 年，中国美术学院做了一个活动，叫"地之缘——亚洲当代艺术的迁徙与地缘政治"，当时我们去了五个国家做调研，差不多是中国艺术界第一次真正跨国界的，以调研为基础的策展行为。现在回想起来，当时的整个论述构架，以及设置问题的构架，实际上非常符合后殖民主义的学术讨论，大家听一下这个副标题就知道了，"迁徙"和"地缘政治"。我们后期做了一场反思，一直到 2007 年，我和张颂仁先生与萨拉·马哈拉吉教授一起策划了第三届广州三年展，题目叫"与后殖民说再见"。实际上我们这个题目公布之后，国内的艺术界一片骂声。主要骂的是我们中国根本就没有被殖民，何谈后殖民？何谈说再见？说我们这个是跟风，拿一个西方理论跟风。我想请大家注意，后殖民主义在中国这样的国家往往有双重身份，就是它除了是非西方的话语，同时还被说成是西方话语。这种双重认定本身是不是后殖民理论家们所要解决、所要面对的问题？这其实是值得大家来想一想的。其实在抛出这个话题之前，我们完全预计到了这样的态度，这个态度是建立在一种教科书式的历史认知上，我们的教科书说我们自己是半殖民地半封建的国家。到底怎么来审视和判断我们这个被称作"半殖民地半封建"的国家的近现代历史？这个问题我觉得没有被非常严肃地检讨过，它涉及文学史、艺术史的一个结构性论述。今天不能在过去的事情上纠缠太多，我只想提到当时我读了《新民主主义论》，我认为毛泽东的《新民主主义论》是一个后殖民文本。这些工作让我产生了一个蛮粗浅和临时的判断——中国的现状是一个前殖民、后殖民、新殖民交错共生的现实。无论是我们的社会现实，还是所谓的知识现实和理论现实，都是这样纠结交错。实际上那届广州三年展里呈现的，既有前殖民，也有殖民，既有帝国主义，也有后殖民，它是一个共生的纠结的知识场域。我想，这可以算是一个"从西天到中土"的前传。

从2002年开始，张颂仁就一直想对印度做研究，但是当时因为各种原因没有做成，后来他自己去了多次。终于在今年，我们推出了这个"从西天到中土"的项目，叫"印中社会思想对话"。其实今天当代艺术的问题就是社会思想的问题，在我所在的学校里，我把策展系改编成当代艺术与社会思想研究所，陆兴华老师、张颂仁老师都是我们很重要的教授。

言归正传，我想在这里跟大家交代一下，我本人作为一个参与者、一个听众，从这场对话中学到了什么。我说的是从这场对话中学到什么，不仅仅是从印度学者身上学到了什么，也是指从我们中国大陆的参与者、台湾的参与者身上学到的东西。所以以下所说的，都不是我的观点，而是我从印度学者、台湾学者和艺术家们，尤其是陈光兴和陈界仁身上学到的一些心得。

首先，我前所未有地在自己的思考中意识到了"历史脉络"、"发言位置"和"问题意识"之间的密切关联。我们都处于某一特定的历史脉络之中，尽管这一脉络许多时候会被意识形态切断，但是我们的工作就是要再历史化、重新脉络化，接续起我们与各个时期的历史关联，反复地使意义再脉络化，这样才能找到我们的发言位置和问题意识。发言位置与问题意识都不是先在的，而是在与不同的事件和问题的纠结中建构起来的，是我们的感情之所在。要认清我们的历史脉络—发言位置—问题意识，要对这些东西自觉，否则思考就是非历史性的。

第二，我从陈光兴和南迪在杭州的聊天中学到了一点，就是要学会与活着的人对话。我们现在坐在欧洲文化研究院，墙上有这么多伟大的学者和思想家，我们所有有志于读书的人，有志于思考的人，都在与他们对话。但是，我们思想的对话者不必只是那些遥远的、已经成为经典的伟大作者，要学会与活着的人对话。活着的人身上牵连着与我们共同的历史，从活着的人身上感受到的不止是知识、观点和思想，还有困惑、情绪、关切以及与我们相连接的问题意识。这种对话要求我们调动自己身上的所有装备，更加积极，更加能动，更加感性地去面对那些我认为、我相信绝对不仅仅是理论的东西，这是我特别强烈地在几位参与者和讲演者身上感受到的东西。

第三点，学术思想应该放到自己的生命经验中加以验证。这一点我特别羡慕，我曾开玩笑跟张颂仁说，南迪这种人，每天读着报纸就开始思考，不需要经过尼采、拉康、福柯这样的知识中介。他不是不知道，是不再需要，到他这个年纪的时候，他开始读着报纸，看着新闻就直接切到思想的点上去了，这是一个思想家的姿态和经验。对艺术家来说也是一样，陈界仁每次讲演的时候都展开一张地图，从他所在的地图开始讲起，对此我们大陆的艺术圈不胜其烦。他成长的位置、他周围的世界都摊开在这张地图上。他从这个

"从西天到中土：印中社会思想对话"现场
① 帕沙·查特吉
② 阿希斯·南迪
③ 杜赞奇（右）讲座，高世名（左）主持

地图开始讲，其实都在提醒我们，要从身边发现历史，从自己的身上，从你周围的世界中发掘出历史和政治，因为我们每个人都是全球化和我们所不断在讨论的资本主义网络中的一个历史性的节点。要时时刻刻来反观我们自身的生命，那种与历史的同构关系，我们可经验的那种私人历史和大历史、公共历史、意识形态的历史的同构关系。在此，并不是说哪一种历史更真实。这个问题我曾经跟几位朋友认真谈过，私人历史和公共历史哪一种更真实，何者在先？很难说，它不是一个谁在先、谁更本质和更真实的关系。但是要意识到这种共构的关系，而且要时刻提醒自己。这并不是我们传统文人所说的"万物皆备于我"，但这的确是有点像"反身以诚"。无论是艺术还是学术思想，我们的问题意识都来自身边的现实，历史上所有的这些伟人，哪怕现在活着的人们，他们做的研究和思考、创作，其实都不是"作品"。它们很多都是一种现状的报告，一种解决方案，是 project，而不是 work，不是作品。

问题在于，我们人文社会科学，或者艺术，我们创作出的东西却无法放回到它们生发出来的现实社会中去检验。社会学研究一定是从身边的社会中发掘出来的问题，但是今天一个社会学家安身立命要靠几篇在 SSCI 上面认证的论文，就是说你的成果的认证系统不在你的问题系统和问题现场里面。学者做研究，艺术家做作品，都来自对于身边现实的反应，但是评价系统、衡量系统，却在一个所谓的国际学术界或者国际大展。这是陈光兴反复提醒的一点。什么是国际？国际又是什么？这个问题我们在广州三年展的时候讨论过，我当时谈到过国际机场的例子，国际机场无处不在，再小的一个地方，只要有国际机场就有国际空间存在。国际机场里面有什么？免税店，免税店分成两种类型，第一种就是阿玛尼、香奈尔这

"从西天到中土：印中社会思想对话"现场
① 萨拉·马哈拉吉（左）讲座，张颂仁（右）主持，陈恒（中）翻译
② 特贾斯维莉·尼南贾纳讲座，王安忆主持
③ 迪佩什·查卡拉巴提讲座，陆兴华主持

些无国界的产品，它们是超越国界的；另外一种是特别本土的产品，在杭州就会有山核桃、笋干、龙井茶。国际机场里面就会有这两种东西，当然，还有行色匆匆的、身份暂时被悬置起来的人群。国际学术界是一样，国际艺术大展也是一样，我们的精神产品竟然要放到那么一个空间里面去验证，而不是从我们问题的纠结处，我们问题生发出来的地方去验证，想想挺吓人的。同样的，过去的艺术和思想是在现实的因缘指引之中直接起作用，但是事后我们往往把这些 project 认知为作品，将它美学化、文本化、博物馆化，对它进行解释，这就涉及我们多次谈到的"景观"的问题。在学术、思想、艺术中，都存在着这种对象化和景观化的状态，这是需要我们警惕的。历史学、政治学和艺术，实际上都需要通过我们的生命经验来排演，才能够做到有情有义。那种有情有义的知识和有情有义的思考，我从印度、台湾，以及我们一些大陆的参与者身上能够感觉到。

当然也有反面的，特别没有情义的，特别局限的那种学者。我想讲一个原先的 project 被审美化、文本化、博物馆化的案例。最近杭州政府要收藏一批包豪斯的藏品，这事我也帮点忙，上个月在柏林的一位收藏家家里查档案，看到一封当年的通信，是用魏玛时期包豪斯学院的信笺纸写的，信笺下面印有几行德语说：我们号召大家在所有的写作中放弃使用大写字母，因为我们的言谈，我们的讲述中，从来不分大小写，为什么在我们的书写中就存在着大写，我们知道大写的字意味着什么，大写的文学、大写的艺术、大写的神、大写的历史。在大写字母中存在一种权力结构，包豪斯学院在魏玛时期曾经试图推动一种更加简洁和平等的语言。包豪斯长期被认为是一个设计史的主题，其实这很局限。当年他们的这种工作，绝对不只是今天所说的设计。我刚才所说的这段印在信笺上的"小字宣言"就不是一个设计的问题,而是一种 project。现在的问题在于,这份档案的命运一定是在博物馆里,而关于它的说明都会被简化成功能主义,被简化成为抽象,被简化成为极简主义、"少就是多"这样一些美学的判断,这些小写字母在设计师们看来就会完全是美学的追求。这样一个充满激情的 project 就被变成了作品。

我学到的第四点,就是不要急于下判断,要看它如何发展以及它产生了什么。对于一件事情,要保持对复杂性的敏感,而对复杂性的敏感,首先就要保持对它的尊重,对当前发生的事情不要急于下判断,要看它如何发展,看它产生什么。我们今天大量地讨论政治,而政治不只是表态,思想很多时候要看得长远,当然,我们追求表达要沉着痛快,但是在今天实在是有太多的漂亮口号,包括我们做"胡志明小道"的时候也存在这个危险,我们有很多漂亮的口号,slogan 有时候会上瘾的。但是所有漂亮的口号,其实都是以牺牲复杂性为代价的,而对复杂性的敏感和尊重,在印度学者,在像萨拉·马哈拉吉这样的人的委婉缠绵的表达里面特别能够体现出来。

接下去一点,是我从台湾朋友陈光兴身上学到的——要看看历史上真实发生了什么。就像刚才我们说的半殖民地半封建社会作为我们长期认知的过去,到底是谁告诉我们的,我们很多的历史知识,我们的思想立场,都未必来自我们的现实经验,很多其实都是没有经过检验的,或者至少是没有经过很严肃认真地检验的,有些来自历史书,有些来自媒体,有些来自一种奇特的日常的时代通识,有一种 common sense,这是一种很奇怪,不知道怎么会出现的东西。书本上的历史不过是一堆不断在变更的故事,所以光兴一再地提醒：不要听历史书怎么说，不要听媒体怎么说，不要听意识形态怎么说，要看历史上真实发生了什么。许多学者动不动就强调革命对于中国文学史的影响，对中国现代社会的影响，这似乎没有问题，革命当然影响巨大，但是如果愿意，我们可以找出无数个例子证明在非常多人的生命经验里面，革命根本不算个事。这些问题我们怎么看？当然，这些反例并不足以证明革命不重要，但是至少这会提醒我们要多一些思考的角度，去看待真实发生的那些事情，这跟我们所认为的那些事情之间，其实有非常多的缝隙。

还有一点，就是不要纠缠概念的含义，要去讨论它的作用。这一点其实不用谈了，在这里的很多朋友是搞哲学的，维特根斯坦等许多哲学家都系统地讨论过这个问题，但是我这里想说的是一个更简单的道理，就是概念是为了帮助我们思考和交流的，如果它阻碍了交流和思考，就放下它。大量的概念在使用过程中被品牌化，它会成为一种"无生产力的命名"，在这种情况下我想最好的做法，要么放掉它，要么把它永远地历史化，这是我的姿态。比如"后殖民"阻碍了交流，就不理它，我们可以直接谈事。有时候在学术界大家处于一种"黑话"状态，是为了节省时间，我们似乎一谈这个词，牵连的意义大家都有大致上的共识，但是如果它阻碍了交流，就可以丢开，我想今天大家都有这个诚意和自信。

另外，还有两点，我个人觉得很重要，是我从陈界仁身上学习到的。其一是"去快感化"。我其实从来不读张爱玲，但是有一次我在一个间接引用里面看到她说的一句话，她说她要讲述的是那些"不彻底的普通人"，这个说法特别打动我，这种不彻底性引向了思想、写作和创作中的一种原则，就是"去快感化"，或者无快感化。简单地说，就是要克制抒情，不要宣泄，不要过于简单地到达高潮。我们的真实状态，是百感交集，一言难尽的，这跟刚才说的对复杂性的敏感和尊重是有关的。当代人的情感，其实是被掏空了，被什么掏空？是被一个景观制度掏空，我们的思想和行为，我们认为来自我们自身的这些选择，其实是都被景观化了的。一切致命的东西都难以言说，这种难以言说的情感状态，却在现在的文化消费的系统中，在一个非常圆熟的系统里面被不断地标签化、品牌化。在今天，身体和情绪的失去成为一个特别根本的问题。身体感和情绪的复杂性的失去，陈界仁这样的艺术家认为是一个新自由主义的结果。要克服它，就要求我们从自己的生活世界中开始认知历史和现实，同时，从集体的生命经验和自我意识出发，去丈量政治和价值。

刚才我们谈到私人历史和大历史的关系，其实很多时候并不是先有一个公共历史发生，私人历史只是其中的一条路径，二者之间不是地图和旅行的关系，相反，公共历史很虚幻，往往呈现为一种媒体景观，一种意识形态。而很多时候，用我们的身体经验和记忆去丈量出的历史，那个因我们的生命而变得连续的无数碎片的小历史，才是至关重要的。这就要求我们在自我和群体的切实生活中去推行一种实践，陈光兴在《去帝国》那本书里面把这种实践描述为去冷战、去殖民、去帝国，是这三者的合一。在他看来，这三者是中国大陆、台湾、印度、韩国这些国家和地区的每个人都共同面对的问题。而这个去冷战、去殖民、去帝国的实践，不是正儿八经的学术实践，而是一种生命-历史实践。我们艺术界特别怕用"生命"之类的大词，我们觉得有点酸，但是我今天还是冒险地这么说，实在找不到什么其他的说法，这个字眼儿，当你去正视它的时候，它仍然是最丰满、贴切的。历史性的生命实践就是生命政治实践，我不是在现代学术的立场上用这些词。我们的生命实践就是政治实践，就是历史实践，我们每个人都在努力赢得一个个体的世界观、历史观和个体的意识形态，这就要在我们身体内部去冷战、去殖民、去帝国，关键是去景观化。不是说生命政治就是一种更本质的政治，比意识形态政治更加深刻，而是要真的去干。在全球资本主义的景观式文化消费中，传统的"剥削"转化为一种"剥夺"，这种"剥夺"绝对不是指财富和剩余价值的掠夺，而是生命价值和体验甚至是情绪的剥夺。而"去快感化"是否可以成为对这种"剥夺"的抵抗？

除了去快感化，我个人还学到了一点，这可能对艺术界的朋友来说特别重要，就是不要让问题被禅宗式地解决。在艺术界有太多这样的禅宗式实践了。一方面我们要敏感到，事情总在变化，问题随着时间的推移不一样了，词语的意义也在不断地流动和迁徙。另一方面我们也要意识到，有些问题，有些事实还一直在盘踞着，它没有离开，"五四"时期对 ideology 的翻译特别好，"意底牢结"，这比西语中与 icon（图像）牵连在一起的意思要更加当代。许多问题成为"意底牢结"，一直盘踞着，没有离开，但是它被搁置，被忘却，被视而不见。这一点我又想起界仁在几年前跟我说的一句话——文化是斗争出来的。在今天，艺术和思想、影像的意义就是要夺回现场，要重新抵达我们的情感之所在。因为我们的情感被剥夺，无论是思想、艺术，无论对思想着的人还是创作着的人来说，这场斗争，就是不断地打开异质空间，就是打开我们历史、政治想象的空间。也就是要让一个事件，不要那么简单地成为话题、成为景观。同时，不要那么简单地让一个事件成为过去。艺术家黄永砅在飞机上看到美国侦察机被切割送回国的消息，他当时就产生了一个创作动机，要让这个事件留下尾巴。他后来花了五六年的时间做这件"蝙蝠计划"。一切政治事件无论多严重都会迅速成为过去，政治都是翻云覆雨，过两年我们不适合谈了，它就是会成为过去，它总是会迅速过去，因为政治原因，也因为媒体社会的原因。黄永砅当时有一个强烈的意愿，就是不能让它过去，要给它留一个尾巴，而只有艺术才能让政治留个尾巴。所以在后面五年的时间内，他一直在做这个计划，他让一个仿制的被切割的飞机，参加各种展览，让它在世界各地占据一个个的点，它的命运跟那个真实飞机的命运成为一个整体。一个事情，没那么容易过去，它其实没过去，还盘踞着，只是在大众媒体的逻辑里面，在一个当代的行政化的政治的逻辑里面，在一个翻云覆雨的娱乐化政治的里面，事件总是被搁置、过时、失效，尽管实际上它还在，还在起作用，但是我们已经把它变成幽灵。现在就是要不断地让幽灵返回，让幽灵重生。不让事情简单地过去，不要让它成为花絮，不要让它成为景观。这就需要，在我们的艺术中，在艺术的表达中，在艺术家的决断中，不要让问题被禅宗式地解决。在思想中，在我们面对历史判断、政治判断，在面对现实和艺术的时候，有一种禅宗式的方法，可以非常漂亮、智慧、聪明地解决它，而我们要把问题留住，要让它展露复杂，不能让它蒸发，不能让它被简单地取消。

另外一个问题，不知道会不会引向陆老师的话题。在整个本届上海双年展的策展，无论是"胡志明小道"还是"印中社会思想对话"中，我们跟艺术家和思想家讨论的，始终是在今天我们如何成为social？如何成为political？如何去社会？如何去政治？只有成为社会的才能成为政治的。而要想成为"社会的"，就必须要去承受并且看破大众媒体对我们的架构作用，要超越那些我们反复遇到的，我们在对外交流中反复遇到的community这样的论述，包括关系、体制等各种各样的话语装置。卢曼说，大众媒体就是我们，我们其实是在与自己搏斗。同样的，资本主义和景观也不能被简单地外在化和对象化，因为它们就生长在我们的身体里。我有一个越来越强烈的感受，媒体批判和精神分析是需要合流的。因为所谓现代性是一个症状，现代性的历史都纠结在一起，成为我们身上的一种病症，一种症状，因此，当代的精神生产首先就应是一种精神治疗。无论是艺术还是思想，其实都要面对我们体内混乱、纠结着的，使我们消化不良的这些东西。我们要对自身进行精神治疗，这种治疗，我觉得在今天就是生产。

还有一个问题我想请教诸位。我们这帮知识分子讨论的政治到底是什么？艺术家、知识分子在谈论的政治和政客们在操纵的政治之间的关系是什么？它是不是一定要通过中介，通过红色精英、幕僚系统、政策组，上达天庭，进入当权者的第 x 届报告，这是不是一种实现？还是说要通过大众媒体，进入公共领域，然后影响社会、影响民众？这是不是一种实现？前面是传统的方式，所有的中国文人都会背叛的，因为所有的中国文人都有一个根底里的愿望，就是"为帝王师"。我想在中国学界，在大学校园里面，至少有两万人都在时刻准备着，这是前者，是传统方式，在今天官僚系统是堵塞的。后者其实是西方式的现代社会所采用的方式，在中国，大众媒体和公共领域都不健全，往往很简单地就成为新的操纵者和同盟者，更重要的是，大众媒体的景观化和娱乐化所导致的闹剧已经屡见不鲜。还是回到刚才那个问题——知识分子和艺术家讨论的政治，和政客们的那个政治的关系是什么？今天的政治被国家占据了，被资本雇佣了，被政客们篡夺了，它成为经济和资本的一种假肢，成为权力、利益的占有和交换。我觉得这是假政治，它变得跟我们每一个人都没有关系，它赋予我们每个人一个独特的"假思想"、"假政治"、"假愤怒"、"假幸福"状态。我们现在讨论的这种政治，在大学课堂上面讨论的政治，在艺术家的群体里面讨论的政治，在我的理解中是一种"主体政治"。我们为什么活着？我为什么继续活下去？我应该如何活下去？这些最大、最空洞的问题怎么去落实？我理解的"主体政治"就是跟这些问题直接有关的。它是从每个个体身上发掘出政治需求、冲动和立场，使潜在的个体成为政治主体。这种新政治的重要内容就是政治主体的生产；这种新政治的重要表征就是被分裂的哲学、教育、艺术、政治的重新合一（这可以说完全是柏拉图的观点）；这种新政治的目的是社会更新和主体解放。

在这里，我想我要用一个问题结束我的学习总结。在查卡拉巴提那场讨论上，陈光兴和陆兴华有一个没有开始的争执，这个争执在我的理解中是：陈光兴认为革命者就要直接行动、直接介入，参与到社会运动之中，而陆兴华认为要与社会运动保持距离，但是要坚持一种表演性，一种行为，一种 performativity。这两种意见各有坚持，哪一种在今天更加迫切？这个问题也涉及另一个问题，在第一场萨拉·马哈拉吉的讲座后面，另外一位台湾学者陈传兴教授有一个质疑，就是社会实践作为当代艺术的内驱力是不是被夸大了？他在双年展中看到的是社会实践与神圣性的一种分离。而我们进一步要问：社会实践和神圣性是不是必然分离？这种分离对当代艺术是不是必然有危害？如果有，这种危害是什么？当代艺术是否还可以承担当代的精神生产？如果可以，它应以一种怎样的方式被实践？

2010 年

论离散艺术

关于意义错置的思考

霍米·巴巴（Homi K. Bhabha）
唐晓林、卢睿洋、李佳霖　译

我在孟买长大，这里曾有一个市立博物馆和两个私人画廊。在 20 世纪六七十年代，穿行这个孟买的"艺术区"只需要二十分钟：威尔士王子博物馆（Prince of Wales Museum）在彻蒙德画廊（Chemould Art Gallery）旁边，而彻蒙德画廊离庞多尔画廊（Pundole Gallery）只有不到一英里的距离。威尔士王子博物馆成立于 1922 年，它的确就是德语中死气沉沉的"museal"这个词的意思：如博物馆一样（museum-like），阿多诺说这个词"描述的是一些与参观者不再有重要联系并正走向死亡的物品"[1]。这座博物馆位于老城的中心，收藏了一些伟大的经典传统艺术品：朱罗王朝的铜器、拉格玛拉细密画、莫卧儿王朝的细密画以及一些当代艺术家的作品。这些经典作品有双重的意义：建立英统时期的东方正典（Orientalist canon）；确认以争取印度独立为荣的遗产的后殖民意义——用尼赫鲁的话来说（当然是在另一个语境下），其为民族主义者"发现了印度"。如果说博物馆是凝滞的、"国家主义的"（statist），刻意地服侍着这个国家的过

---

[1] Theodor W. Adornor, "The Valery Proust Museum", in *Prisms* (Studies in Contemporary German Social Thought), translated by Samuel and Shiney Weber, Cambridge: The MIT Press, 1981, p. 175.

去，那么这些私有画廊则是由一群孟买的波西米亚人所组成的——艺术家、广告人、出版商、作家、演员、电影人、记者和像我一样的年轻人！我觉得我属于这个大城市里的"半人"（demi-monde），充满着本土的（vernacular）活力。

我记得，在那些处于萌芽时期但激情洋溢的岁月里，孟买的艺术界没有宣扬什么美学的或公民的秩序；每个人都在为生计奔波。那时把大家聚在一起的，除了显著的社会差异以外，就是对后殖民先锋派的明确的归属感——以正统的观点来看就是这样，东西方正统皆然。我们生活在文化并置的参差现实之中——僵化的、学究式的博物馆加上火热的画廊文化。我们已然学会如何巧妙地盘弄那些规划了城市日常生活的种种社会矛盾：富有与贫穷、美好与肮脏、知识分子与文盲、种姓压迫与阶级斗争。

我们这个被社科教科书定义为"不均衡和不平等"的支离破碎的"第三"世界，在文化"产品"分配方面存在可悲的不足：贫瘠的美术学校；图书馆里很多世代的书缺失了；给予艺术与艺术家的经济支持少得可笑。但同时，我们这个破碎的城市却惊人地善于创造非正式的公共领域——剧团、电影社群、阅读小组、小杂志、艺术宣言、文学小圈子，这些都成为美学观念和政治能量流转的枢纽。虽然没有大规模国立文化机构扶持，但我们这些讲英语的文化精英在孟买工商业生活的缝隙中开创了一个生机勃勃的文化公共领域。

我之所以从 20 世纪六七十年代孟买当地的"艺术-文化"讲起，是为了说明活跃的"本土世界主义"（vernacular cosmopolitanism）在许多后殖民社会中是和现代主义文化运动同时存在的。这种本土世界主义视角应许了小团体和少数者社群"在差异中求平等的权利"，正如它向多数者承诺民主价值一样。这些新兴的团体并不注重确认或证实他们文化"源头"和"身份",而更在意文化实践中翻译和交互所催生的形式与伦理价值。这些团体的工作发扬了独立斗争和反殖民运动的早期阶段的国际主义雄心;他们站在排外的民族主义情绪的反面,那种情绪时常束缚着已确立的民族-国家精神。本土世界主义尤其关注"中间"(in-between)文化的命运,而中间文化连接着跨文化交流中各种复杂而又有创造力的领域;正是这种超越领土(extra-territory)的视野——在全球范围与进步的和实验性的运动相关联的美学和伦理联系——使得它们是世界的和民族的,而非排外的和民族主义的。正因为本土世界主义具备这些复杂的认同,所以绝不能将其同温和的、一般化的国际主义混为一谈。

面对离散艺术家(diasporic artists)在今天所遭受的批判性接受时,牢记这些后殖民丰富的文化和政治遗产是至关重要的。当南半球艺术家开始转变欧美都会环境的品位和传统时,尽管国际艺术市场向其张开了怀抱,但他们却时常遇到关于文化根源和美学归属(aesthetic attribution)的焦虑。这种归属的焦虑——无论是在博物馆中还是在市场中——很大程度上可以用另一个词来命名,那就是"身份政治"。寻找文化参照太常与艺术家个人有关,而不是与一个艺术实践的审美发生密切的关联。试图把艺术家的意识与文化语境相关联——尤其当作品的素材是外来的、不熟悉的时候——导致的结果是试图建立艺术家的"本真性",而非批判地与这件作品的"作者性"相联系。

为了便于理解我所说的一件作品的"作者性",我们需要先将注意力集中在一个更大的问题上:什么是视觉"意义"?反思一下视觉意义的结构我们就会发现,许多用来解释离散或杂糅艺术实践的批评术语都有其美学史，这段历史都与存在于不同艺术史和艺术传统中的本体论和伦理问题相关。例如文化错置（cultural displacement）通常是离散艺术"杂糅性"的规定性标志。那些属于既有传统（具象、现实主义、极少主义、后现代、后波普）的艺术实践，以非西方的美学范畴和传统的方式，在形式上时空交错地、概念上不对称地表现出来。例如当相反的文化符号或象征——以先锋派表达正统，以世俗表达神圣，以数码性表达绘画——占据着同一个表征框架，同时又指代分离的符号空间，艺术物（art-object）的地位就开始变得不稳定。对文化杂糅品进行阐释就需要我们改进批评术语，使其比仅仅承认空间分离更有挑战性。这就需要对批评概念的时间性（temporality）加以修正。

将对位的视觉和历史的时间框架"并"置（例如现代与传统、神圣与世俗、具象与观念），太常被表征为植根于国家文化地域性或区域的"文明化"（civilisational）气质中的两极的文化与美学空间。这种空间性的认识论抓不住艺术作品中所指的矛盾的时间框架，这些艺术作品中代表进步的符号（现代性、世俗主义、先锋派）是以传统文化价值（神圣的、具象的、神话的或史诗般的）来表述的，而人们以为这些价值早已被超越或克服。将反差或冲突的文化差异符号并置在一起时，这些符号就不再有两极化的空间性——"过去"作为时间长廊中天然的一部分跟随着"现在"。而"现在中的过去"或"过去的未来"这种相邻表述则暗示了一种内在的时间性——美学形式、视觉意义和文化价值被逼到了转换的临界点上。一方（进步）不会简单地转化成另一方（传统）；它们总是处于临时的、不可控的"双重"亲密关系当中——一种迭代的趋近（iterative proximity），在这种关系中相互竞争的价值观触及各自的极限并赋予艺术作品一种交叠的、羊皮手卷般的（palimpsestical）（可刮掉或涂抹掉羊皮上原有的文字重新书写——译者注）密度。代表着"之前"和"之后"的那些东西（先前性和未来性、传统和进步），都在时间-文化的差异（time-and-culture differentials）的重复循环中互相尾随。正是这种动态的/动力的活动组成了艺术作品的杂糅性。

莎奇雅·斯坎达（Shahzia Sikandar）这位巴基斯坦裔美国艺术家将常规"尺度"的传统波斯细密画进行变形，改变画面的平衡，让人"'看进'一个世界，而不是'看着'一幅图画"。在我看来，她的方法比作品所暗示的对立更加具有僭越性。她把自己的图像——无论手绘的或者数码技术生成的——放到一个时间流交汇的不稳定的区域，把观者的凝视引诱进一个双重视界。在一种电光石火的交替切换中，眼睛"看进"一个世界，然后又回来"看着"这幅图画。凝视的目光从迷失在"无限永恒的叙事"到发现自己被框定在一个模拟图像的平面上，正是这种"迷失—找到—迷失……"的迭代体验建立起她作品的能动尺度，使其成为一种在观看的过程或者经验中不断改变的视觉运动，同时反过来又不断改变观看经验本身。或者正如她自己所说：

> 是的，层积（layering）正是我使用的媒介，因为每增加一个层次都会改变感知，这个过程每次都能提供另一种方式来观看同一种事物。虽然我们在这里处理的多个层次并非仅仅与这个过程有关。概念层次总是焦点所在。概念层次圈住了我的各种问题和观念。概念也有助于卸下加在作品上的包袱。

文化杂糅的再现超越了那些看上去外来陌生的东西。杂糅是一种重要的阐释实践，它重新规整视觉意义的临时性。形式和意义（一次又一次）相互层层叠置，过程中迭代在艺术材料和阅读实践中留下痕迹。文化杂糅性是通过"阅读"一件艺术作品之中文化符号无休止的运动时被掌握的，而不是在沉思其视像或可视性的自发"时刻"抓住的。对那样一个紧要的临时临刻的美学表达就是"紧迫所在"——感知到总有些新东西在等着通过作品加以展现；感知到不论你有多么了解一件艺术作品，它总处在展露另一层视像、另一层意义的边缘。

这些对有关离散或者后殖民杂糅化的特征进行"层积"的行为提出了关于视觉意义的问题，对此，菲利普·加斯顿（Philip Guston）提出：

> [……]你做的任何记号都有意义，唯一的问题在于"是什么样的意义？"[……]"如果我说拥有一个绘画主题，我的意思是有一个事与物的遗忘之所，我需要记住它。我想看到这个地方。我画我想看见的东西。"[2]

艺术的主体或者对象——不论是数字的还是碎形的，不管是电影的还是雕塑的——都得坚持不懈地、不断拉回到意义的现实领域。这个先于当下、外在于可视性的迭代的"遗忘之所"却决定了画家创造一个视觉性空间的欲望：即"我画我想看见的东西"。遗忘的（社会的、历史的或材料的）事与物之所并非被经验为等待

2　Musa Mayer, *Night Studio: A Memoir of Philip Guston*, Da Capo Press, 1997, p. 180.

被再现的身份或者观念；处于具体化边缘的意义。作品的意义源于心理驱力，表现为需要、想要和渴望。虽然我的心理分析词汇资源提醒我，所有的艺术都来自无意识，但我采用"驱力"这个概念并不是要利用这个详尽的命题。从无意识中的驱力的历史中，我试图把驱力的运动转译成一种概念的、美学设计的形式，它同时给予这个"对象"以情感和能量。加斯顿并没有看到他眼前所画；引导他到达画作意义之处的既不是他的眼睛，也不是一个概念。而恰恰是那种强烈的驱力作为意义的母体和动机："我需要记忆。我想要看到这个地方。我画的是我想……看到的。"[3] 加斯顿的艺术的主题是需要和渴望——客体的情绪和情感附着物——在艺术-物的制作过程中变得明晰的方式。雅克·拉康教导我们，"驱力"（drive）并非把目的设定在一个物体上，它是一种情感能量，不断环绕一个"物"（对象），通过这种环绕运动创造出一个负空间，既划分出物体的位置，也威胁着它的"存在"。心理驱力既盲目又不可见；它们看不见，它们循环流动；它们提出"对欲望的部分表现"（迪兰·伊文思［Dylan Evans］）。"我需要……我想要……我想要……记住。"为了画一幅画而一次次地，回到记忆的遗忘之所，是要认识到艺术的"主题"并不是简单再现；而是驱力不断重复的过程。

对"驱力"进行阅读就会发现，驱力的即时意义是模糊的；驱力总是邀请再阐释。在这个意义上，驱力也是迫切性的来源——它反反复复地转向、回头，为的是给意义的可视性以回溯的虚拟感觉，就像一个遥远的记忆或梦，总是不断被带回脑海来加以阐释。通过回溯和重复进行绘画的欲望（从驱力的观点来看）是一个不断的运

3　Ibid.

动——回到遗忘之所，然后又向前投射到绘画的空间。你不断回到你所赞赏的作品——莫奈的《干草垛》、毕加索的《格尔尼卡》——由于它们的迫切性；每次你看着它们，它们就像第一次一样即将向你展开意义。它们总是即将发生……这不停的"层积"运动建构起艺术实践的紧急现场。"观看任何一件令人启发的绘画"，加斯顿对《时代杂志》说，"它就像一张弓在发声；它让你身处回响状态"。

  艺术并不会令你身处敬畏之状；而是身处回响之态。这是因为艺术作品与其观者都被卷入（辩证的）驱力的无穷运动之中，它在艺术作品上铭记下重重叠叠的回响与反射。例如加斯顿近期的有着野蛮的残忍的偶像的作品——三K党的圆锥形帽子让人联想到越战的"种族化"；纳粹的钉头靴回响，并不接近，美国1960年代警察针对抗议者的暴力；长而瘦的腿，就像烟囱管道，让人联想到毒气室的烟囱；尼克松时代的政治掩饰与残余。这些从遗忘之所到当代之所的历史"符号"被深深"叠"进艺术家自己的心理焦虑中，为他之后的悲剧卡通提供了背景。枪与油画笔合谋、冲突；油画颜料与酒精以破坏性的比例混合；菲利普（Philip）与（妻子）穆萨（Musa）在一间不舒服的私人卧室里，他们上床去再经历一遍他们的政治噩梦。罗伯特·斯托（Robert Storr）所谓的加斯顿的"事实语言"（language of fact）是一种分层的语言，以一种美学反复的结构寻找到自己的"意义"——即其荒诞的幽默——马克思在所有的历史反复中发现了这种美学的反复。"历史首先把自己重演为一出悲剧，然后为一场闹剧。"加斯顿"带回"尼克松与越南时代的浩劫，同时持续重新上演或者在这段历史上再堆叠上闹剧、他的个人创伤和个人嗜好。

  通过将"层积"过程深植入艺术作品本身的美学本体论系谱之

中,"文化杂糅"的艺术家们得以进入一个后殖民或离散这些标签通常所允许的、更大的艺术创作计划当中。果断地离开我称之为归属焦虑的话题,我现在要回到关于艺术客体的"作者性"(而非本真性)的重要问题上去。

作者性的价值并不在于艺术作品的独特性或统一性;作者性是作品在时间之途中逐渐"展开"时经由翻译行为发生的。作者性的构成与其说是经由物的"在场",不如说是显露于创造性的稀释及形式和概念的延伸之中——这是一种激发新的再现风格、新的生产技艺、新的形式与意义的凝聚能力。本真性喜好传统的"传播"(transmission);作者性强调的是对传统的"转译"(translation)。确实,正如雕塑家安尼诗·卡普尔(Anish Kapoor)近来所说:"并不存在形式的等级,但形式对于意义有其倾向。意义是对艺术的转译。"[4]

卡普尔自己对创作《当我孕育时》(*When I Am Pregnant*)的描述直接说出了我的观点。他说:

> 说到《当我孕育时》,让我来给你们讲个故事。我当时在著名的乌卢鲁或艾尔斯巨石;这是我去过的一处充满能量的原始地,基本上是最宗教的地方了[……]我泛泛地记下了到那儿去旅行的笔记,我记下的其中一个想法仅仅是"白墙上的白形"。《当我孕育时》就是其结果,一件物处于即将形成的状态[……]我得有个能与不能被呈现的形式[……]当你直视它,它看上去就像是墙上的一团

---

4 Anish Kapoor, in Adam Lowe, Simon Schaffer and Anish Kapoor, *Anish Kapoor: Unconformity and Entropy*, Madrid, 2009, p. 39.

模糊,处于"非物"状。当然,我已经做了很多关于虚空观念的作品[……]我喜欢所有物质都有种非物质的显形的想法[……]你知道,我对"原型"着迷,我热爱孕育这个概念。[5]

《当我孕育时》是一件杂糅的作品,其形式发展自多种媒体实践的边缘,而作品的含义,正如卡普尔所说,是个重复而非累积的过程——对一个概念的"转译"好比这一概念在不同的时空被重新标识(re-signified)。这个故事始于一个故事——一个语象(verbal icon)——生发自艾尔斯巨石,这个地点深植于原始的"梦想时代"的历史。它是个"充满能量的原始之地",这有几个令人着迷的意义。艾尔斯巨石作为"起源"的一个神圣的祖先之地所具有的深远的神秘意义,使它立即变成一个物理的场所和一个萦绕心头的所在——既显也隐。艾尔斯巨石对卡普尔的作品的意义生发自间接的转译的时刻,此时一个神圣的所在由文词再次指代,作为一个惯用语的现场。原始记忆的原始之地被转译为艺术家的笔记本里保存的一个短语:"白墙上的白形"。一个意义现场再一次——"如写作"——使一个概念或观念显现为一个雕塑,这雕塑此时还是个非物体。展开(unfolding)这件作品的过程就是制作它的过程,它所达到的物质显现总是伴随着一种再现的非物质行为。当我们跟随着"转译"幽灵般的痕迹——从艾尔斯巨石,到艺术家的笔记,再到墙上"毛茸茸的非物体"的装置——我们看到了作品《当我孕育时》中包含的这种复杂的、多变的物体性(objecthood)。从物

---

5 "Mythologies in the Making: Anish Kapoor in Conversation with Nicholas Baume", in Nicholas Baume (ed.), *Anish Kapoor: Past, Present, Future*, exh. cat., Institute of Contemporary Art, Boston, 2008, p. 47.

理客体到语言记忆到雕塑呈现,正是这样一个奇怪又有说服力的迭代,某种程度上与创造一件开放的艺术作品并期待对其呈现的另一种转译相重合。

卡普尔在何种意义上属于离散艺术这个日益延展的世界呢?他的作品何以与人的迁徙、物的循环以及文化和传统的换位相关?

在图像或内容的层面,很难发现这些主题性联系在卡普尔的作品中得到确认或传达。然而,其中的确包含对离散生命的情感及美学境况的洞见,这些离散生命就亲密地存在于卡普尔的雕塑形式的结构之中。因为正如我提到的,卡普尔所有作品(oeuvre)的作者性都依赖于我们对"物"——非物、空、原初物——的部分结构和移动结构的觉察,因为它存在于转译状态之中。每一件作品都参与进这个独特的命运;并成为一系列迭代生命的组成部分的集合体。当雕塑作品在我们的眼前和心中打开,它提供了这件物挣扎求存的视觉和虚拟的展陈。我们成了这雕塑的来生(afterlife)之焦虑的见证者,而非艺术主权的司仪人(celebrants)。

关于翻译及其来生,本雅明(Walter Benjamin)曾经这样说:

> (一个)翻译问题源自其原型——更多源于其来生而非今生[……]如果想在原初的终极本质上努力接近原型,那样的翻译是不可能的。因为在其来生中(只有对活着的某物的转型或更新才能称之为来生),原型也经历着变化[……]原型只有在其他的时间点以更新(anew)状态存在。[6]

---

[6] Walter Benjamin, "The Task of the Translator", *Illuminations*, New York, Schoken Books, 1968, pp. 71, 73, 75.

从许多方面来看，离散经验是一种关于"来生"转型的延伸反映。无论移民的境况凄凉如何，安顿下来慰藉与否——无论你是外乡人还是公民——这种离散的存在是一个人日常感觉的瓦解，是日常生活秩序的错置。离散状态是一种紧绷的时间，夹携着对已预兆的生命的感知，和永远丢失在存在的"时差"（time-lag）中的无法忘怀的一天的感觉。本雅明坚持认为，艺术作品的来生绝不能被当成自然主义的寓言或相似物来解读。它是存在的完全历史模型，为重复与更新提供驱力。而翻译的艺术作品超越了对原型的模仿，亦如本雅明所言："原型只能在其他时间点以更新状态存在。"（我所强调的）每一件单独的作品都与祖先的先在性有某种相似——个制造的母体——然而，每件单独的作品只有在其他的时刻、其他地点才能得以重生。如果在离散的来生中总是存在着生中有死（death-in-life）的因素，那么卡普尔的作品则承受着灭绝的极大痛苦且在重生的焦虑中获得幸免。

在这样的转译和重复的条件下，采取一种伦理和审美的姿态又意味着什么？对于层积的艺术语言及它体现的翻译价值说了这么久，现在我想转向诗歌来结束我的讲演。我要背诵的这几行诗节选自诗人阿德里安娜·里奇（Adrienne Rich）的作品《艰难世界地图集：1988—1991年的诗》（*An Atlas of the Difficult World: Poems 1988-1991*），它将佐证我的主要论点，即：再现的欲望，在很大程度上，是重复的驱力，这种驱力打开"意义即所见"的时代错置的相邻构架。正是这一心理驱力和动能——我想……我渴望……我画出或雕刻出我自己想看到东西——先于（precedes）作为模仿实践的艺术的视觉生产——不管它是极简主义的、观念主义的还是象征主义的。审美的满足在于它的迫切性；在于它能够在转折的此时交顶点之上盘旋，它总能守住承诺——伟大艺术的意义在于不管它在多大程度上受制于风格或传统——它总是濒临第一次的再次开始。这就是艺术幸存和更新的更迭过程——它的来生——它深深属于同存在和意义进行的本体论斗争。而那为抵抗和修正——由先驱的碎片和瓦解中制造出另一生命——所进行的斗争，正是作为转译计划的离散经验的核心所在。那同一场斗争，同时，便是离散领域内的艺术工作（即是劳作也是诗歌）的审美经验和伦理诉求。

听听阿德里安娜·里奇是如何将我以前称为迭代趋近（iterative proximity）的原则——"层积"的过程——变成一首关于 20 与 21 世纪中幸存者的离散史的赞美诗。里奇的诗将迫切性清晰地表达为一个审美与伦理的许诺：

> 记忆说：想施行正义吗？别指望我
> 我是欧洲的运河，上有尸体漂浮
> 我是座公墓，我是回魂的灵
> 我是张桌子，虚席等待陌生人
> 我是旷野，总有一角留给没有田地的人……
> 我是个男孩，赞美上帝，他是男人……
> 我是个女人，为了一张船票出卖自己……
> 我是个移民裁缝，我说，一件大衣
> 不止是一块布……
> 我梦见过锡安山，我梦见过世界大革命……
> 我是从柏林的运河中捞起的尸体
> 是从密西西比的河流里捞起的尸体。我是个女人
> 同其他身穿黑衣的女人们站在一起

> 同其他身穿黑衣的女人们站在一起
> 在海法、特拉维夫和耶路撒冷的大街上
> 我的袖子上有口水，夜里有几通电话……
> 我站在拉马拉的路上　素面无妆　侧耳倾听

　　这首诗回响着我们这个全球化时代一首畸形儿的阴郁的数数歌般难以摆脱的节奏。它就像是一则全球隐喻，由与"二战"相关的历史事件和记忆痕迹构成：大屠杀、奴隶制和殖民化、迁移和农村无地的劳工。记忆为过去生出了证据——见证历史的承诺和背叛——它说不要指望我来"施行正义"(do right)。而这也是历史及记忆叙述的不可靠，从而将怀疑和批判质询的伦理责任加诸我们。正是遍及全球的怀疑迫使诗人采取了作为伦理和美学见证的"立场"，在(现在时态)，就在此刻——我是，我是，我是。诗人使全球历史事件互相联系——既充满希望，又是悲剧性的——却并不试图将它们连接起来成为关于历史盛衰的清晰叙事。这使她可以与各种相互交叠的命运共同体取得认同——由人群和事件的碎片创造出层积的联系——正如她试图创作出一首适合我们现在生活其中的这个艰难世界的"归属的歌谣"。

　　诗人对人道主义伦理价值的确认创造出一个关于女人作为世界公民的全球隐喻，"我站在这里，你的诗里/未得满足"。她占据了全球性的怀疑的位置："不满足"究竟是理想主义者的悲观，还是乌托邦主义者的热望？是遭到背叛的梦想家沉溺于自以为是？"不满足者"的伦理和审美（它们无休止地驱动着诗人试图在诗歌中转换位置，也在世界上改变位置）是对重新书写与重新思考全世界之自由的未来的历史限度的坚持不渝的质疑。作为一位诗人，她也通过一次次演示全球认同的伦理难题突破了文学形式的界限——我是，我是，我是——通过回返那些存在与事物的遗忘之地……书写她何以想看见全世界发生转变的那些驱力和渴望的发生之处。正是经由这个重新讲述我们的艰难世界之故事的自我的层积，阿德里安娜·里奇打开了一个自我怀疑的迭代空间——"记忆说，别指望我"——这使她得以将自我奉献给他者的生命和历史。

历史之门既没有打开也没有关闭；跨出第一步，引领一个全球安全和人类团结的时代，这是我们共同的责任。对于我们的艺术家，我们委以特别的重任。真理的监护人、现实的守护者，或者美的堡垒，这并不是他们的责任。因为你们是艺术家——大地上的魔法师——你们的语言是层积的语言，你们的沉默是雕刻的沉默；而对你们的作品，我们要求从中得到挑战想象的快乐、挑战信仰的知识，以及非凡的洞察力，使我们其他这些人看见，尽管我们也许是盲目的；让我们梦想，即使我们的夜晚被魔鬼统治着。

2010 年 12 月 20 日
于杭州·中国美术学院讲演

第二节

排演之后

"排演之后"系列工作坊

2010年上海双年展"巡回排演"启动之后,在2010年10月2日至2011年4月30日期间,一系列的学者、艺术家(小组)受邀来到中国美术学院开展系列讲座、工作坊等活动,延续"排演"的思考,提请大家一同探讨走出临时性的社会位置和角色的可能性,是为"排演之后"。

讲座:对知识生产在视觉艺术和其他学科中的比较
讲者:萨拉·马哈拉吉

讲座:通过马塞尔·杜尚去思想
讲者:萨拉·马哈拉吉

工作坊:从朗西埃的《劳工之夜》谈起
讲者:拉克斯媒体集

工作坊:每个作品都是有意识形态的
讲者:陈界仁

讲座与工作坊:长征
讲者:Superflex

讲座:南斯拉夫现代主义的几个片段
讲者:WHW

工作坊:一位供租用的艺术家
讲者:葛诺特·法伯

陈界仁在中国美术学院举办工作坊"每个作品都是有意识形态的" 2010年10月

通过马塞尔·杜尚去思想*

萨拉·马哈拉吉（Sarat Maharaj）
唐晓林 编译

对于艺术和杜尚的工作，我们可以有非常多各不相同的思考方式，并没有哪种是唯一正确的。杜尚从未认同或否认别人对他的工作的阐释，即使有人荒谬地归结到他和他妹妹之间有奇怪的性关系，有人甚至为了证实这点而荒唐地把他的画颠倒过来看。这些阐释如此可笑，但杜尚仍然开放大度地任由其散播。他说，每种阐释都必须经得起辩证的考验，只要在某个特定时刻它是有道理、有意义的，那就行。所以结果在21世纪的今天，围绕杜尚的研究工作可谓体量庞大。

要进入杜尚研究，大家一定想问，这么多的资料，到底该从何入手呢？关于杜尚的阐释和阅读真是浩如烟海，无止无尽，所有这些阐释看上去多少都蛮有趣，似乎多少也算言之有物，即使那些把杜尚的画颠倒来看的傻想法也是如此。所以我想，有一个问题你们可能要认真琢磨一下，就是杜尚为我们提出：我们该如何理解艺术作品？这和我们多少年来所谓的看作品是一回事吗？这是我们多

---

* 本文根据2010年10月29日萨拉·马哈拉吉教授在中国美术学院当代艺术与社会思想研究所所做讲演整理而成。

少年来所审视的同样的艺术作品吗？还是说，艺术作品本身有其生命，并在生命中经历着自身的变化，而这种变化在很大程度上是经由与观者或者读者的关系而产生的？

杜尚有句名言，艺术场域的 50% 来自艺术作品，50% 来自观众。正是这个等式建构起对艺术作品的阅读和理解。这让今天的我们疑惑，是不是说艺术作品给予我们 50%，我们自己提供 50%，那么我们就对整个语境有了十足的把握呢？或者，我们能以此来理解杜尚吗？还是说，变成了今天所谓的艺术作品给了我们 100% 的意义，观者也给了我们 100% 的意义？我们到底应该采纳哪种说法呢？今天的情况总让人觉得，似乎是观众给艺术作品赋予了 100% 的意义，而且观众们没有足够的耐心去关心艺术家的思考。我只是把这当成一个问题提出来，就是我们不再心怀尊敬地去关注艺术家的思考了。我们觉得自己懂得了一件作品的意思。我们只是随便在泰特美术馆逛着，每件作品瞟上两秒钟，就觉得自己判断过了，知道了。如果我们要看诸如陈界仁这样的艺术家的电影，我们就真的得坐下来，真的得被它吸引进去，而我们却觉得自己没了这个耐心，没有受到这种训练。如果你联系陈界仁的"长镜头"，联系上其对观者的要求和训练，那么你就会开始看到我们今天这个时代的一个问题，即观看和意义的产生要求深切地卷入作品，而这在我们的观看中却很少见。我不是说我们不该那样看作品，而是说当杜尚理解意义的生产和作品与观者的关系时，这一定是他考虑到的问题。

我又想起杜尚的另一句名言。刚才我用了"问题"（problem）这个词，杜尚的工作着重强调的问题是：意义如何生产，以及观者在阅读作品、观看作品的行为中参与进来的是什么？但杜尚自己可能不太高兴用"问题"这个词,因为他那句名言说:"不存在解决办法,因为不存在问题。"我想提请大家思考这个问题。这句话意味着什么?——没有解决办法,或者没有100%的答案,因为不存在问题。在我对杜尚的研究和思考来看,我觉得杜尚实际上是很宽松地引导出这个观点,因为杜尚自己就是一个最为注重阅读的艺术家。他热爱阅读,曾一度在一个图书馆工作过。在这个图书馆里,他把时间都花在了阅读上。在这期间,我认为有两个读本对他的思考深有影响。我通看过他的笔记,大量的笔记。杜尚从没有笔记本,他在能找到的任何纸片上记下笔记,然后放进一个盒子。他那著名的《绿盒子》(The Green Box)和《白盒子》(The White Box)就是由宾馆的账单、加油站的账单、公车票等组成的。他就在这些纸片上记笔记。这就是为什么他的笔记那么美好,那么有意思,值得人去看。如果不是在有页码的本上,或者标有隆德或者柏林之类标签的本子上进行线性的书写,到最后就是整个一团混乱。所以杜尚说,让我们从一团混沌开始吧,就从这个装着纸片的漂亮盒子着手吧。

杜尚在这个阅读阶段深受两部书的影响,它们都出版于1907到1910年间(或者到1915年间)。其中一个读本为伟大的法国科学家彭加勒(Jules Henri Poincaré)所著。彭加勒的物理学和数学研究到将近21世纪时日益显示出其重要性。在20世纪很长一段时期,他深受尊崇,然而他的思想中有诸多洞见不为人理解,或者至少是不为普遍物理法则所理解。这与杜尚的工作的遭遇很像,在将近21世纪时,越来越多的人开始知道杜尚,开始参与到杜尚的工作的方方面面。关于彭加勒,我认为有两点影响到杜尚:第一点是科学思维中的创造性概念(不仅是第四维度的概念),另一点是艺术思考中的创造性概念。彭加勒对如何理解创造性写过优美的文字。这个文本已经有了汉语译本，你们要读它的中文、英文和法文版，因为这也是一个精彩的翻译课题，值得我们研究。但我认为彭加勒关于创造性的概念对我们今天为之努力的创造性概念非常有价值，动荡与创造性、混沌的概念，动荡与新结构的产生，等等。可以说，作为一个思考领域，关于创造性的思考在1950年之后变得日益重要。大约1950年之后，许多科学家开始认识到动荡和混乱，并意识到它们可能是创造的动力。但总的来说，对动荡和混沌的理解是不受重视的，它们是不可见之物，是不可见的认识对象。许多思考和思想的对象在苏活，而在他们苏活之时，并非总能得到足够的关注。它们得进入深眠。它们进到英格（Inga Svala Thorsdottir）的房间（译者注：这里指艺术家英格在2010上海双年展的作品《睡眠高地》[The Sleeping Heights]），在那里以一种既非清醒也非活跃的睡梦状态存活着。在睡眠状态，许多思考在1915年闪过，直到1950年人们再次开始研究创造性概念时才又想起。彭加勒的理念与此相似。你可以说在一定程度上，这就跟杜尚的经历一样，跟乔伊斯也一样，尽管他们都身处20世纪上半叶，但直到一百年之后，他们的作品才广为人知。所以这个艺术作品、科学认知对象的概念，在它们自己所处的时代得不到应有的充分重视和厚待，认识到这点对我们很重要。第二个深刻影响杜尚的思想家是亨利·柏格森（Henry Bergson）。他的名著《创造进化论》（Creative Evolution）影响到了杜尚。彭加勒和柏格森这两位都认为科学思考是不存在真正的解决办法的。你不能说你已经"解决"了宇宙的问题，因为每一次想要解决一个问题都会开启许多新的问题。而不断开启新的问题、开启新的认识空间正是杜尚对艺术领域所做的重要贡献。

我们往往习惯在旧式的艺术史框架内思考，我们把艺术史当作未来主义、立体主义、野兽主义这些流派。然后我们说它们并没有解决色彩的问题，它们并没有解决构图的问题，然后我们说也许超现实可以尝试解决色彩和构图的问题。但那种做历史的方式和那种思考方式是建立在非常简单的解决问题的概念基础上的，而杜尚、彭加勒、乔伊斯、柏格森则把问题看作是为了寻求解决办法而产生的，所以他们从另一个方向，可以说是相反的方向，来看待问题。如此，在20世纪之初的所有这类思想家看来，许多事情为人们所探索，但并没有得到直接的理解，而快到世纪末的时候它们才得以释然。直到1968到1969年，杜尚和理查德·汉密尔顿（Richard Hamilton）才把他的所有作品集结在泰特美术馆（Tate Gallery）展出，展览名为"马塞尔·杜尚作品（近）全集"（The Almost Complete Works of Marcel Duchamp）。这个杜尚和汉密尔顿一同参加的展览，其实是一个关于我们这个时代两个最伟大的艺术家和思想家的项目。他们做成了这个展览，在展览结束之后，他们打算把整个展览捐献给泰特收藏（Tate Collection），但泰特美术馆却婉言谢绝了。他们不感兴趣，他们没有看到杜尚的作品的重要性，却在忙着收藏当时的绘画。而当泰特现代美术馆（Tate Modern）在三四十年后成立时，却花了百万英镑从各地去竞购杜尚的仿冒品。所以你们可以由杜尚的作品的历史看到，一些作品的历史从来就不是直接阔步向前的。它和博物馆、策展和社会生活永远都有着纷繁复杂的、奇怪的关系。

那么为什么随着时间的推移，杜尚会从一生大部分时间只有十来个人知道的状态变成像现在这么流行？而他的《大玻璃》（*The Large Glass*）真正的展出只有一次，随即便被封存到仓库里。在他早年的大部分时间里,杜尚何以变得如此流行的确让人倍感疑惑,而且 1960 年代之后越发流行,也许在 1990 年代之后的当代意义上来说流行,就像人们对达明・赫斯特(Damian Hurst)和吉利安・魏英(Jillian Wearing)等艺术家倍感兴趣那样,因为杜尚的传统基本来自伦敦大学歌德史密斯学院(Goldsmith College of London University),并在此地不断得到深入探讨。

首先,这个传统追溯到英格兰北部的纽卡斯尔大学(New Castle University)。理查德・汉密尔顿是那里的教授,他和他的学生一起开始重建《大玻璃》。有那么著名的艺术教授在身边真是非常优越的条件,你可以跟着他做各种各样的建构,各种各样的工作。这多么重要!远比关于艺术家的艺术史讲座重要得多。这是从作品的内部去理解作品,去理解它的思考方式,从内部去理解它建构意义的方式。今天我们已经很少这样做了,我们很少会为了理解而去重构一个作品。我们大概觉得,只要读了一两本关于艺术的书就够了。然而从内部去理解,从内部去观察,通过重做一件作品去理解它,如弗朗切斯科・瓦雷拉(Francesco Varela)所说,是一种非常非常重要的做艺术的方法。这正是理查德・汉密尔顿和他的学生在纽卡斯尔开始着手开展工作的方法。那些学生后来就成了下一代的"年轻的英国艺术家"(the Young British Artists,简称 YBA)的老师。这次重做杜尚的《大玻璃》是艺术史上最重要的事件之一。学生们先放下实际的制作工作,花了整整一年时间来阅读杜尚那些笔记,在图书管理员的帮助下,他们把笔记从法语译成了英语。而做这个翻译时,理查德・汉密尔顿并不懂法语,所以他把这个翻译称为"单语翻译"(mono-lingual translation),也就是说译者只懂一门语言。这似乎与翻译概念相矛盾,所以请大家试着理解这个达达主义的概念,什么是单语翻译者。接下来我继续使用单语翻译的概念来研究后殖民世界与殖民世界的关系。然而这个重构的行为也显示,其实杜尚到底阅读过谁,或者谁的思想影响过他的工作,这些线索都极少。

就我所知,杜尚所有的写作中只提及很少几个人的名字。有一条很短但很重要的笔记是关于尼采的,一条是关于彭加勒的,一条是关于数学家乔弗雷(Geoffrey)的,还有些散乱的笔记记了一些疯狂的诗人,这些诗人主要是玩语言游戏的,这种语言游戏把杜尚那些支离破碎的文字游戏般的笔记联系起来。多年之后我去拜访杜尚的妻子,她给我看了杜尚的书,我们花了很多时间浏览杜尚读的文段和笔记。实际上他的女儿以及不少亲戚都与《绿盒子》的创作有关。他们一起坐在餐桌边,一起用制版机进行生产,非常有意思。但看看杜尚的藏书,我们却很难说他什么时候读了哪些书。

杜尚经常旅行。我们不能忘掉的一点是,他在某种程度上也是一个去国者,一个移民。杜尚带有移民经历的思考很有趣。我们可以用今天的后殖民移民观来看一个艺术家在世界各地所做的作品,他也许是少数几个在南半球进行创作的艺术家之一。在他侨居阿根廷期间,他创作了一件极其重要的作品,叫《用一只眼(从玻璃的另一侧)近距离注视大约一小时》。我把这件作品理解为以欧洲的背面的观点来看待北半球。因此我们在圣保罗双年展上有过一次很有趣的讨论,即如何从南方出发来看待一种指向南方的观看方式。杜尚总是有兴趣从侧面来看,以不同的甚至奇怪的角度来看。比如说,拉克斯媒体集的一件看待时钟的作品就让我很受触动,我觉得那就是以杜尚式的观念进行的思考。时钟走到 12 点的时候,时针和分针就重合在一起,但从侧面去看时,时针和分针就都看不见了，那就是对以时钟进行计时的方式的发展。为了体验时间的密度、持续性和延展性，我们要打破以时间计算生产的概念，比如通过睡眠。大家要知道，所有的资本主义生产方式都是围绕时间来展开的。根据福特理论来看，流水线上的工人，要提高生产效率就得完全专注于眼前正在生产的产品，一件接一件的产品从传送带上依次传送过来，他们不可以有任何一点时间走神，不可以开小差。这在整个线性时间系统和生产系统中是铁板钉钉的事，这就是为什么杜尚对线性时间、时钟计时进行反思的大意。如果你们有机会和拉克斯媒体集的艺术家讨论这个问题，你们可能就会更加理解个中深意。所以大家看，对杜尚来说有些东西非常重要，但你不能直接断言什么东西跟柏格森或者彭加勒相关，什么东西跟这个哲学家或者那个哲学家相关。

这个例子告诉我们艺术家的工作方式，艺术家吸收各种各样的资源，但他并不总是用学者的方式去理解那些资源。艺术家就像是滤网，一些观念经过他们，他们以此进行重新建构和重新创造，生发出其他的观念。有时候我们会在艺术家的工作中听到一些思想家的名字，但我们不可以将此固化。我想用"宇宙中的暗物质"这个比喻来称呼这种使用资源的方式。科学家告诉我们，在宇宙中我们知道的物质只是宇宙中真实存在的物质的一小部分，我们可以谈论这些物质，但我们看不见，也不能以任何方式去测量，这就是暗物质。暗物质是一个比喻，我们可能以此来理解杜尚这样的艺术家如何利用他们自己所处时代的读物、书籍、资源等。所以，并不是说艺术家对书籍不感兴趣，并不是说他们不读书，不去图书馆。正相反，他们是对那些信息，对哲学家、思想家的观念，进行创造性的阅读、创造性的使用，而不是对这些材料进行学术性的或者学者式的"掌握"。所以我希望，大家在面对如何使用图书馆的问题时，思考一下这两种不同的阅读方式和形态，想想自己要以哪种方式去阅读图书馆里的书籍。也许我们今天的一些艺术家和艺术史家觉得我们必须去努力掌握杜尚，我想这不是我的意思。我们能掌握杜尚吗？显然不能。因为杜尚自己是想征服他研读的所有思想家，而且深受这些研究的启发。

在1956年，理查德·汉密尔顿给杜尚写了一封信，信里说自己和学生已经为《大玻璃》做了一幅思考地图，以此表达他们对《大玻璃》的理解，并且打算开始据此重做一个《大玻璃》，问杜尚觉得怎么样。想象一下，1955—1956年的时候寄这么一封信给杜尚——理所当然，他们过了一年也没有收到杜尚的回音。理查德·汉密尔顿心想，杜尚估计会想"哦，这些疯子居然想重做我的《大玻璃》！"他一定不会费心回信了。可是突然，大约是1957年6月20日，杜尚给汉密尔顿回信说："我看了你和你的学生们寄来的地图，这是对《大玻璃》的笔记的最美好的阅读了！"然后他邀请理查德·汉密尔顿开始跟乔治·赫德·汉密尔顿（George Herd Hamilton，美国思想家，当时正忙于翻译杜尚的一些笔记）一起进行《大玻璃》笔记的翻译，特别是进行一种图像形式的翻译。理查德·汉密尔顿这时候就开始查看每一张笔记，把它们归纳整理成书的形式。所以大家想想看，那时候在学院里工作和教学，跟今天在比如歌德史密斯学院的工作和教学相比，差别是多么大！今天他们只管讲讲课，泛泛地匆忙地提及一下艺术家，而不试图去理解艺术家的创造过程，不去理解艺术家的内心思考。我想汉密尔顿他们所做的事非常有价值，我们今天正应该重新采纳来理解艺术家的思考，从艺术家的思想内部着手来理解他们。那才是历史思想和理论中最好、最重要的方法之一，而不是只在课堂上读读米歇尔·福柯，然后贴上几张杜尚的作品图片，以为这样就算理解艺术和理论了。这正是我们今天的问题所在。我在这里公开地这样讲，因为我觉得这是整个艺术界的问题。我认为，过去五到十年中在歌德史密斯学院所发生的情况是，不少学科简单地认为他们可以到艺术领域来浅尝一番，用艺术来说明他们的一些理论立场，而不是深入机理地使用艺术或者参与进艺术，不是真正理解到艺术给我们的世界和生活提供了一种完全不同的思维方式。因此，我们应该注重实践所提供的思考模式，将其与直接的学术思考相区分。

当理查德·汉密尔顿的学生在 1960 年代重做《大玻璃》的时候，这同样并没有在英国得到普遍接受。当时英国对当代艺术非常仇视，其中一个原因是英国与欧洲大陆发生过两次战争，英国认为欧洲人的观念常常走极端。在英国人看来，德国、法国、意大利、现代主义、前卫，这些都跟极端政治相关联。如果你们读一读 20 世纪早期的艺术批评和艺术史的话，你们会发现，英国对欧洲大陆总的来说颇为怀疑。毕加索以前，一切事物都是可以接受的，而毕加索是直到 1980 年左右在艺术院校里能讲授的最前卫的课程的底线。毕加索之后再没有什么能被讲授了。我才到歌德史密斯学院教书的时候，我甚至得向院方申请许可才能开设介绍马塞尔·杜尚、詹姆斯·乔伊斯和理查德·汉密尔顿的课程。这在那时候引发了一场大规模的辩论：这些内容到底是否可以引入英国艺术史的正当的研究领域？这不是欧洲极端主义的内容吗？我们是不是被绑缚在了欧洲现代主义的法西斯思想之上？所以大家可以看到，所有文化都会进入一种模式近似的审查体系。有时候甚至非常自由、非常开放的文化也可能对某些世界抱以非常封闭的态度。当然，那时候杜尚是可读的，任何人只要想读杜尚就能读，不是因为资料容易找到，而是因为没有审查系统。但有一个我所谓的"对一定认识对象的封闭"的问题，在一定的时候一些认识对象是不可见的，它们周围有一种不可见性，比如动乱，杜尚、乔伊斯周围就有。直到这些作品去到美国，成为学术工业的一部分之后再回到英国，带着某种正当性，开始在英国越来越成为主流。

大家在头脑里记住这一点会比较有意思，即问问自己：为什么对杜尚感兴趣？杜尚的什么东西让自己觉得有意思？这个兴趣的哪些条件在今天的学习中已经显现？因为我们有一个国际版本的杜尚，但我们也有一个隐而不显的杜尚，我们仍然得通过这种认真的学习，一遍遍地把他拿出来讨论，或者参与到杜尚的思考过程当中去。这要求你们要非常仔细地阅读杜尚的笔记，非常细致地去体会，而不要只是浮光掠影地浏览关于杜尚的艺术史读本。事实上，令人非常震惊的是，一些著名的杜尚艺术史家还大致说到过对杜尚的社会性、政治性接受问题（social political reception of Duchamp）。那只不过是他们所说的版本的杜尚。杜尚是一个创造者，他记下了这些笔记，人们需要花很长的时间来研究这些笔记，但却很少有人真的仔细去阅读，这个领域仍然尘封着。有艺术家看过，也有艺术家回应过。但总的来说，绝少有关于这些笔记的写作或者评论。基本上只有艾克·邦克（Ecke Bonk）、理查德·汉密尔顿和我自己写过关于这些笔记的文章，并且我们每年都会回头来读这些笔记。我们一遍又一遍地读这些笔记，就像我们每年都会重读詹姆斯·乔伊斯的《尤利西斯》一样。我们对这些事形成了一种疯狂的小仪式，但那是你保持卷入某个艺术计划的唯一方法，杜尚说过这是永无止境的。对一件作品你能说的唯一一点就是：它是未完成的，并将永未完成，它是一件进行中的作品。正如乔伊斯所说，《尤利西斯》和《芬尼根守灵夜》都是进行中的作品。它们从未被完结，也永不会完结，观者和读者需要补充剩下的 50% 的意义生产。然而，乔伊斯关于《芬尼根守灵夜》的一个说法仍然适用于杜尚的工作，即"我的写作将会让日后一百年的学者们忙个不停"。这些学者们会忙着说自己读过这本书，可能做各种学术工作，但仍然无法解释这部作品。你们因为从事策展实践而关注到杜尚，我建议你们不要只把他当成一个艺术家，而要当成一个思想者，他的工作给了我们思考的各种模式，给了我们思想的各种范式。这正是杜尚在今天如此有趣的原因所在。然后，你们需要一遍一遍地问自己一个问题，即当我们遇到杜尚时，是什么条件让我们觉得他有意思？为什么我会对杜尚感兴趣？

  我想描述一下我自己最初是如何对杜尚产生兴趣的。我在南非的德班（Durban）长大，那时的德班在许多方面都受到高度的审查。允许读的书或不允许读的书，允许看的东西或不允许看的东西，很大程度上都受限于种族法，不是说那里有什么文化审查制度，而是有一个种族的审查制度。尽管我们可能认为自己来自亚洲，在种族隔离制度中我们被归类进"有色人种"一类。中国人是有色人种，而日本人是"准白人"。因为日本人从未被允许一次超过百人进入南非，他们主要是以代表团的形式坐火车去。不过在大英帝国统治时期，有大批的中国人从中国南方比如广东、福建通过香港、台湾去到南非，从事采矿和蔗糖种植行业，这些中国人的数量几乎跟英国从印度移去南非从事这两个行业的人数相差无几。所以我们一定不能忘记在种族隔离制度下，中国人在南非出现这一历史维度。但我们印度人和中国人一样都不许使用图书馆，不许进入美术馆、博物馆，因为我们被归为异类、非公民，因此无权进入这些地方。

种族隔离制度最严苛时就开始隔离大学，那时候有九所隔离大学，各种不同肤色、不同种族的人被划分到这里。我进了一所南非有色人种亚裔大学，这校名真是名副其实。在那里，我们第一次得到允许学习在普遍法中不允许我们观看和学习的内容。例如，德班有温德姆·路易（Wyndham Lewis）画得很美的艾略特（T. S. Eliot）肖像，它的画家有点法西斯思想，所以当时英国没有买这幅肖像，却被德班买下。当时少年的我所看到的由一个现代主义者所作的第一件现代主义作品就是这张温德姆·路易所作的艾略特肖像。这件杰作就在路尽头的美术馆里，但我们作为有色人种只在周二下午三点到五点之间的两个小时允许去参观。当美术馆里没有白人的时候，我们这些有色人种——印度人、中国人、祖鲁人——才被允许在这两个小时里进入这个美术馆。所以说，我对杜尚的阅读是在使用所有这些材料的权利严格受限的情况下开始的。

那时我跟随一些非常优秀的白人艺术家学习，而他们也是对这个种族隔离制度首先进行批判的艺术家，他们引导我认识了马塞尔·杜尚的作品。他们企图公开反抗种族隔离制度，于是开设了一个暑期班，把我们所有人都邀请去上课，所有种族的人都受到邀请。他们给我们看的作品就是这件《泉》，这些伟大的激进艺术家也参与性别政治问题的探讨。那时候我们还不懂，我们只不过是年少的学生而已，对于政治一无所知。他们在一个叫作有色人种亚裔伊斯兰高中的学校给我们展示并分析了《泉》。请你们想象一下，我第一次看到《泉》的图像时有如此多的矛盾因素，那么这对艺术来说意味着什么？这为什么是一件艺术作品？或者，如果这不是一件艺术作品的话，它是什么？而且我们在非洲国民大会甘地的阅读课上已经开始阅读乔伊斯，并且最早的乔伊斯评论不是来自英国而是来自印度，对《芬尼根守灵夜》的首次批评性阅读来自印度，印度学者认为乔伊斯是对帝国进行一种爱尔兰式的批评。所以说，这种融合是跨越殖民地的。具有讽刺意味的是，是我来到英国首先开设关于乔伊斯和杜尚的课，而我却是一个基本上不被允许去研究他们的人。我在这里想说的是，产生对杜尚的兴趣可以基于非常不同的条件，而我对杜尚、乔伊斯以及其他激进的思想家的阅读来自帝国的边界，这与从美国和今天的英国的学术工业内部出发来阅读乔伊斯或杜尚形成对比。

杜尚总是在追问一个问题，我和瓦雷拉在好几个场合下也讨论过，他追问的是如何创作一件不是艺术作品的艺术作品，或者，如何创作一件作品而不会立即被归类为传统观念所认同的艺术作品的行列。关于这个问题，我可以说说我自己的情况。我第一次遭遇到这件作品的图像是一些激进的白人艺术家和戏剧表演家给我展示的，他们从剑桥大学到南非来，专门在我成长的甘地社区里创作戏剧《马拉之死》(Marat Sade)。所以大家想象一下，在一个封闭的社会里出现这么矛盾的画面，对种族法律、殖民地的封闭和种族隔离制度进行激进的反抗的情况下，遭遇到杜尚是一件多么重要多么具有解放意义的事啊！所以说，各个社会的人都有他们自己的通向杜尚的途径。

我总是喜欢强调一点，每个社会、每个人群、每个个体都必须有他们自己的通向杜尚的道路，大家真的不应该只通过阅读几本简化了的关于杜尚的书而去获得一个假的杜尚。我们要通过进入杜尚的作品去了解杜尚，通过与也在努力试图了解杜尚的艺术家合作而从内部去认识杜尚，然后进入到杜尚的作品的创作环境里去理解他。

讨论（节选）

高世名（以下简称"高"）：实际上对杜尚的解释最好的方式是成为杜尚主义者，或者杜尚分子，用你的作品，用你的工作去回应他，用你的工作去注释他。我们一直强调艺术史是倒叙的，从我身上倒叙，从吴山专身上倒叙，从英格身上倒叙……

为什么每次萨拉都要强调他的生命中是怎么遭遇杜尚的，他要强调殖民的氛围，这是很重要的一点。在现代主义内部，他提到英国对当年欧洲的现代主义的警惕，把它当成一种社会主义倾向的运动，以及他在殖民地的南非，在有色人种的学校里的隔膜、隔离，包括知识隔离。现代主义可以被各种方面来争夺和使用，这是它的政治性，它的政治是多重的、悖谬的、纠结的。这些是后面的问题，现在先不谈。我们现在希望英格和老吴用他们的理解来回应一下这个问题，因为他们专门做过跟杜尚有关的作品。老吴，尤其希望你谈一下当杜尚遭遇马克思这个话题。

吴山专（以下简称"吴"）：应该说我们不是"分子"，而是"杜尚迷"，是 fans。我在艺术这个职业中常常会感到沮丧，沮丧的时候你就会想到这个职业中曾经有一个杜尚，这个时候你就很轻松，对这个职业还是很骄傲。虽然我已经完全沮丧掉了，完全被击垮了，但一想到"啊！有一个杜尚在"，就很舒服。

高：杜尚是他以一个艺术家的身份继续进行工作的原因。

英格：杜尚对我们来说就像一个同志，当你感觉自己精疲力尽的时候，知道他曾经存在过，就觉得很好。萨拉，您谈了您的经

萨拉·马哈拉吉在中国美术学院举办杜尚工作坊　2010年10月29日

历，我们的经历是，吴来冰岛的时候，我还在画画。那时候绘画是一件非常古典的事情，我们被这样那样的要求所缚。有一次我去到巴黎的蓬皮杜美术馆，看了一个杜尚的展览，真的有了一次醍醐灌顶的切身感受。我没办法形容，不过这种冲动就来自对杜尚的反应，基本上就是使用他的现成品。我们俩最初相遇的时候就开始写信谈论这个问题，我们觉得有两个现成品比较容易利用，一个是断臂，一个是小便池。吴说："我们得做这个！我们得做这个！"所以我们就开始创作，这件作品后来被称为《物权》（*Thing's Right*），其实思路是那时候就形成了。我们第一次与杜尚对话的这个经历真是非常愉快。

高：或许我们多谈谈现成品和《物权》、艺术品与物品和现成品的关系，还有所有权的问题，因为昨天下午我们从策展谈到了所有权，再谈到作者权，以及这如何让我们想到你们的作品《物权》。

英格： 创造的问题是杜尚工作的驱动力。我猜所有严肃地进行艺术研究的人都要考虑这个问题——艺术要干什么？作为一个艺术家，我们的工作就是要让什么东西显现，要让作品显现思考的过程。就像我们往杜尚的小便池里撒尿那件作品一样，这是与杜尚的直接对话。至于《物权》，人们会问，物的权利问题从何而来？我们在寻找一种方法来谈这个问题，要把"物权"动词化。这就是为什么我们开始走到《人权宣言》，我们试图采用各种已经制定的乌托邦式的文本。我想，历史上《人权宣言》产生的时刻就是历史的一个转折点。高世名的问题很有探索性，我们探索创造问题的方法就是使用了购买，这就是后来的《买就是创造》(*To Buy Is to Create*)。作为一个艺术家来说，这也有点让人沮丧。但我们总是想起杜尚，想起他玩象棋并且不断保持思考。你不必生产，或者说，在我看来，这个社会最大的问题就是把艺术当成了生产。我们为什么需要生产呢？也许这就是物权，这就是对生产的非批判态度。吴在冰岛的一个同性恋酒吧做了一个展览，只用了现成品，都很便宜。他提出的问题就是"如何无所作为"（"如何做'不做'"，how to do nothing）。这是个很重要的问题。展览的标题叫"但仍然是红的"（But Still Red）。他来到冰岛，在超市里买了红色的颜料，这是从资本主义买的颜料，但仍然是红色的。我们就开始针对物来工作。后来我画了四年画，画得很好，没有任何心理包袱说要成名成家，或者说以古典绘画的标准留名青史。我想做很多东西，想做自己的东西。我意识到我想做粉化的事，大家知道，那也跟《物权》相关，我们在《物权》里经常使用粉化的作品，这样做需要涉及大量的劳动。我们粉化的第一件东西是我们到中国时带回的一个超市手推车。这是中国的第一个超市手推车，那时候北京上海都没有，就我们的行李箱里装着这么一个。

吴： 2003 年，而且是个大的手推车。

英格： 我们太傻了，偷了一个很重的，钢的，25 公斤重。我们在吴的老家舟山把它粉化了，打算把这些粉运回德国并展出。我们花了 300 多个小时来做这件事，实际上我明白这是第一件粉化作品。桌上另外还有一把椅子，我把它们全粉化了。我发明了一个粉化钢筋的机器，但后来第一把椅子和第二把椅子的粉末有点混淆，因为一把椅子的粉末比原来重了点，另一把轻了点。我付出了劳动，当然我不想撒谎，所以我的确没有把桌子和椅子混杂起来，而是把椅子和椅子混合了。所以就得到下面的等式：椅子就是椅子——椅子 = 椅子——粉化的椅子和一把椅子——"物权"。

高： "物权"它是从哪里来？是从艺术物的反思里来？它跟资本的关系如何，把钱放在银行里，以及后来老吴你那块金砖的设想，这很重要。除了现成品（ready-made），除了艺术品（artwork），除了艺术物（art things），还有一个是劳动（labor），还有一个是商品（commodity）。这是一条线索，这些跟物权（thing's right）之间的关系。你要谈谈这个问题。

吴： 有一个让我很震惊，也让英格很震惊的事情，就是不管一种什么事，即使是创造，只要做成了就总是成了"其中之一"。比如老邱是一个天才，他去了街上，他就成了街上的"其中之一"。这让我很震惊，最后都是"其中之一"。这个时候我们就会有一个想法，"其中之一就是多余吗"，忽然有这个想法，多余呀！你说爱因斯坦走在大街上就成了"其中之一"吗？"其中之一"不就是一种多余吗？所以我们后来就有一个"an extra for thing's rights all"（物权所有的例外物），是从这样一个状况下忽然爆出来的——哇，现在我们找到了，什么叫权利的所有，那就是一个多余者，是这样来的。然后这个时候才会引出一个"物权"的概念。就是说，你问这个人是谁，哦，不知道，但他是"其中之一"你总归知道。我们归类来说，这个是这样来的，就是说，什么是创造我们可能不知道，但是我们知道创造是"其中之一"，是这样的。

英格：因为萨拉昨天谈到版权和制造，我们其实也对此进行了不少思考，我们找到一个与此相关的词，就是后来的《二手水》（*Second-handed Water*）。我们觉得关注水很重要，我们选择使用过的价格不同的瓶子来装水，标上"二手水"的标签。我认为这触及了复制和版权的问题。

高：这也让我们大家想起了你们 1996 年的标语"买就是创造"和"复制的力量"。

英格："买就是创造"大概是 1992 年提出来的，然后我们就做了《二手水》。在 1990 年代，很多艺术家都想开公司，吴很早就开了他的公司，他的"国际红色幽默"。在《二手水》里，我们做了不少复制的工作。那时候在德国，人们也买水喝，其实是必须买，不用买的水水质是不好的。在宾馆，如果你用普通的水就会显得你是穷人，你没钱。我们想找个方式反对这一点，在那个时候，我们也用了复制，生产水，卖水。但这并不单指涉"复制工业"，这更多是关于"物权"与人。

高：追问这些问题很重要，我们现在可以做吴和英格和杜尚的交互的解读，至少我个人是这么做的，可能做得不对。但的确，想到物权的时候，我一下子想到了杜尚对于一个东西的做法，最有名的是《泉》这件作品，他签的是制造商穆特先生（Mr. Mutt）的名字而不是他本人的名字，很多艺术史家都在谈这个事，给出了很多的解释。但对我来说,当他签这个制造商的名字而不是杜尚的名字时,他就解放了这个东西的意义,如果它是一件艺术作品他签了杜尚的名字那就是杜尚的作品,也就是说这个意义被锁定在了艺术世界、艺术系统里。当他签制造商的名字时,这个事物就成了一个产品,是从创造(creation)到产品(production)的转换,这个产品就进入一个大的社会生产以及社会消费的场域里去了,它的场景完全改变了。这里不但有关于作者权的解放,也有所有权的解放。当理解《泉》的创作角度时,我们就想到英格和吴他们的工作,他们是如何来面对一个现成品的。把一个事物称作"现成品"本身也很暴力,所以"物权"是对这种暴力的克服。在这里我认为英格和吴的《物权》是对杜尚的一个回应,以及对由杜尚开始的这一个世纪的对于事物的态度的一个回应。

马哈拉吉: 围绕你们自己的经验和工作来思考和阅读杜尚,这很有意思,也非常重要。但是记住这条长长的途径是很重要的,看着邱志杰精彩的板书,从这件作品到这件作品(指邱在萨拉讲座之前所画作品草图),从开放到杜尚所谓的封闭,从事物到现成品,这条线索很重要。杜尚的现成品并不仅仅是一个事物,有多个不同的阶段来思考它。在早期,从他的笔记来理解现成品会很有趣。在他最早的笔记里,他说现成品真是很罕见的事件,当你头脑中有了某种知识形态的思考时它就发生了。我认为这是他的思想中受到消极神学影响的地方。你脑子里有个想法,但却还没明晰,然后某一天你发现了跟这个想法相关联的某个物,然后你就在这件物上写上日期、时间之类的,那么这个物就以不同的方式成了现成品。这简直就像禅宗所谓的在正确的时间找到了正确的物,然后题词其上。所以题词并非像是 1980 年代在市场上随便找到个东西然后在上面签个名，而是以一种崭新的开放的方式使用现成品，不同于其早先的元素，在某种程度上被"超现实主义者的物"之类的概念所取代。找到一个物是一回事，但杜尚说的是"注入"（injecting）。他用的词是题写（inscription）、刻写（inscribing）、语义刻写（semantic inscribing），就是说你基本上是往这个物中注入意义，像打针一样。

陆兴华（以下简称"陆"）： 萨拉说现成品里面注入了一种语义式的东西，意义流通了，意义还处在词汇、因素构成上。语义被一片一片注入进去，像打针一样。

马哈拉吉： 是的。这就是为什么杜尚那些不仅从男性的观点而且从女性的观点看上去都常常是色情的、性的内容在我看来却是创造性的艺术。看看 seminar（研讨会），insemination（使受精），semantic（语义的）和 semen（精液）这几个词，你就能从中看到与之相关的整个概念的关系。所以德里达就会说，现在我们坐在一起的这个时刻就是一个受精（insemination）的时刻，而精液的输送倒不一定非得跟男性相关，在这个意义上这是无性别的。我们采取超越性别的完整含义，那么你们就可以明白，对杜尚来说为什么小便池不是以男性的位置摆放，而是倒转过来处于去性别的位置了。

我明白邱志杰给我们画了一个阴茎与小便池之间关系无效的草图，但其实这里也可以画成一个女性器官，因为小便池是倒放的，人可以骑坐在上面。当然了，这再一次给我们引出好多关于身体与小便的问题，大家知道波洛克（Jackson Pollock），以及东方式小便、西方式小便，各种问题都被拿出来分析，还有长长的博士论文详细地写过这些问题。我们要记住，杜尚给我们开启了这些问题。但邱志杰所说的性或者色情问题也不是不对，我想某种程度上杜尚当时观看的那个世界对性的问题比现在远为封闭，当时对性更多是窥视，就像刚刚我们看到的，是从小孔往里窥探。或许墨西哥诗人奥克塔维奥·帕斯（Octavio Paz）在 1968 年写的那本关于杜尚的名著《马塞尔·杜尚：剥光表皮》（*Marcel Duchamp: Appearance Stripped Bare*）就是对关于创造性和艺术作品的概念的完美阐述。奥克塔维奥·帕斯是墨西哥派驻印度的大使，深受印度的各种色情艺术、寺庙艺术的感染。他非常感兴趣的问题是：这些寺庙里何以有这些情色雕像，通过性与色情感觉的培养如何获得私密的性与神的知识之间的关系。后来他就写了关于杜尚的一篇文章，这篇文章是我们能找到的最美的文章之一，结构优美，文笔畅达。在性问题已经在全世界得以开放的今天，我建议再来读一读这篇文章，跟奥克塔维奥·帕斯在 1968、1969 年间看到这件作品时所进行的思考做个对比。奥克塔维奥·帕斯也对米歇尔·福柯很感兴趣，福柯说过东方式的性与持续（duration）相关，是建构性能量的长时间的积聚，由此建立起关于性的意识，而西方的性概念是短期的简单的以时钟计时的性行为，因此这个非生产性的性爱时间段也就成了生产体系的一部分。

所以有许多重要的事情让我们要回到杜尚去厘清。人工受孕基本上将性整个简化成了一种重新生产的行为吗？我们可能要问，数码性交把性简化成了简单的奇观和再现吗？身体的性交还剩下什么？在中国、日本以及印度著名的《爱经》（*Kama Sutra*）这些性文学中发现的具有深度陶冶与持续特质的体验越来越少，这些体验不仅是关于性，更是关于创造意识与身体的关联的时刻。所以说，也许这正是"刻写"（inscribe）这个词伸发出来的精彩内容，孕育现成品，并在特定的时刻赋予它特定的意义。

我对你们围绕现成品的问题延伸出来的这些问题很感兴趣,但杜尚自己肯定从思考现成品的方式开始看到了各种转变,直到他的最后一件作品,当时几乎无人知晓他在做这件题为《给予》(Être Donné)的作品。从 1940 年代到 1968 年他去世,这一直是一个秘密。杜尚为什么要偷偷地做这件作品?他在现成品上题字时,现成品的概念就逐渐变得众所周知了。那个时候,他却沉浸于完成一件封闭的、模糊的、不透明的作品。这在我们今天来说价值何在?

高: 萨拉,您能再谈谈达达主义知识论吗?因为英格和吴的朋友乌苏拉(Ursula Panhans)曾经写过一篇文章,内容是关于他们的作品的,很优美,整个是一个无政府主义的结构。我借用/偷用了她的文字,作为我写的关于英格和吴的文章的标题"一个无政府主义的结构——吴山专、托斯朵蒂尔的物权及其他"。对杜尚的思考是与达达主义知识论或方法论密不可分的。

马哈拉吉: 我要从费耶阿本德的反方法论的角度来谈。费耶阿本德是奥地利人,年轻时候被迫参加德军,但他很快逃掉,最后到了英国,成为一位著名的科学哲学家。在他临终前,有人问他作为一位科学家他是否满足了,他回答说不满足,他终其一生就是想当布莱希特的助手,但一直没有能够做到,所以只好从事科学。但大家可以看到,这一点深深地影响了他的科学观念,即是否存在一个理解世界现象的完全客观理性的方法,这就是科学关心的知识论问题。伟大的科学家和科学哲学家如卡尔·波普尔(Karl Popper)从 1930 年代就开始探讨在很大程度上理论化了的加强知识能力的概念,论点如何推进,以及论点如何必须加强而非证明。科学地辩论什么算知识,什么是知识,我们如何证明这是知识,这些是非常复杂的领域。与波普尔的知识模式相反,费耶阿本德说:不,知识是混乱得多的东西，更加零散，更加碎片化，它并非我们所以为的单线进步的模式。知识可能前进，也可能后退，还可能旁逸斜出，我们得到的知识是零碎的、片段的，因此这些片段看上去就像是拼贴，而这个拼贴就是蒙太奇式的思想方法，是达达主义的。作为一个知识建构的模式，它与以卡尔·波普尔曾详细理论的理性观念为基础的线性构成方式相反，此或彼都是人逐渐达成理解的过程。所以达达主义的知识论质疑的是占统治地位的知识生产模式，后者的出发点就是认识是一个线性进步的过程，我们对世界的认识可以越来越多。达达主义知识论与这个过程相反，它可能与古代印度哲学中的梵语思想相关（我使用了这个词语，可能将之延伸多一点），认为知识与无知一样坏。所谓"很多知识"是说你对杜尚知道很多但你还没有进入到杜尚的思想里去，你对艺术了解很多但你没有进入到富有创造性的艺术之中，你能就艺术口若悬河地谈论但你却并未亲身体验艺术事件。在印度哲学来说这是一种很糟糕的知识，你只是身在历史之中，就像是哲学理论，而探究哲理正是直接探寻启蒙，身体所经验到的是一种醍醐灌顶之感。我们已经失去了这种体验。人们真正要寻找的是"非-知识"（non-knowledge），这在梵文中即 avidea。Avidea, videa，便是英语中的录像（video）一词最初的来源。Videa 的意思是看到，抓住。第三个时刻就是杜尚所说的"做一个艺术家是不对的，做一个反-艺术家也是不对的"。正确的态度是做他所谓的泛艺术家（pan-artist）。这就是第三种认知的方法，第三种态度，这就形成了达达主义知识论的第二条原则。我认为另外两条可以用来批判以资本积累概念为基点的知识积累的理性观念。这是知识的一种模式，是达达主义知识论所质疑的。第二点，知识到底是什么？是说认知的方式就是"我是知识的中心"

吗，还是说在某种意义上知识就是某种形式的无知，因为你并没有真的体验过、经历过创造和生产知识的过程（即第三种态度）？

高： 我本人最感兴趣的还有一个话题，就是达达的知识论和《尤利西斯》最后一段的关系，以及和蒙太奇的关系。

马哈拉吉： 以同样的方式来看，在《尤利西斯》的故事里读者没法累积出一个故事，它是一个人在24小时里的具体体验，小说最后一个时刻是最强烈的体验。最后一刻是《尤利西斯》的总结部分，即莫莉（Molly）那著名的高潮时的反复呼喊"对，对，对，对，对，对"（yes）。这是在性的欢悦、性的启蒙、性的完满时的高潮的"对"字。寺庙中的情欲雕塑显示了启蒙的时刻和高潮的时刻是多么紧密地相互联系。这个时刻时间变得具体，这个时刻我们完全进入到另外一个时空，这个时刻与这个世界如何排序毫不相关。所以说排除在精神性之外的性是一种非常具有犹太教、基督教、伊斯兰教等宗教观念的表达。亚洲的观念是性、身体、精神性、启蒙都是一条体验的征程的不同部分。对我们来说，很难把这当作一个主题带入世界，因为我们生活的世界很大程度上受这些宗教的影响，而把性当成禁忌来审查。如何超越这一点正是杜尚和乔伊斯之重要所在。杜尚回到梵语哲学（Sanskrit philosophy），乔伊斯的《尤利西斯》有许多地方借鉴梵语哲学和印度哲学对性的观念。性与精神相互联系的这个模式将会是对今天的宗教原教旨主义给出的一个伟大的答案。说到今天的宗教原教旨主义，如果大家读了袭击双子塔的自杀式炸弹爆炸者的最后一份报告就知道，其中一封信就显示出他在多大程度上认为身体和性完全不可接受，他认为这完全是生命中肮脏的一面。而在亚洲思想框架下，身体并非尘土，正是从身体出发我们才能开始呼吸与感知的征程。你不能把性当成能够割除掉的东西，不能在衣服遮挡之下移除感知。所以说，也许我们需要在我们的政治中重新思考性、启蒙与精神这几个在任何社会都一同发挥作用的方面，寻求富有创造性的生命，在这里所谓的创造性并非理论化的创造性，而是性的创造性、身体的创造性、情感的创造性、心理的创造性，然后当然就是使用这个政治的创造性的人们之间的关系。这就是我的答案了，但是你们得自己去读莫莉所引领的六个"对"字。或者你们可以听听乔伊斯自己朗诵最后一章的录音，听他用爱尔兰口音的朗读是一种很美的享受，但大家也要听听莫莉那伟大的庆贺式的欢呼，那献给宇宙的性的欢呼。

高：《尤利西斯》最后一段被称作意识流的典范，其实我不认为是意识流，我对这一段以及达达知识论的关系，以及和蒙太奇的关系非常感兴趣。我们都知道爱森斯坦一直试图跟詹姆斯·乔伊斯做点勾搭，一起来注释马克思。今天我们看到了邱老师从性的角度对杜尚的解读，我不是很认同，因为这是杜尚的症状而不是杜尚思考的追求。第二，我们听到了萨拉教授从知识生产的角度、从生产方式的角度对杜尚的阐述（这么说有点危险，有点简化，但是作为总结只能这样）。第三个角度我们看到了最优秀的艺术家，用他们自己的工作来对杜尚的工作做解释，因为历史从来都是在不断的回程之中被界定的，我们通过杜尚读吴和英格他们两个，又通过他们两个读杜尚，这是非常重要的。而我个人的工作，希望能够拉陆老师一起做我们下一步的工作，就是对杜尚的政治经济学进行解读，就是我们讨论过的马克思和杜尚的会面。

陆：我从哲学的角度稍微简单讲一下。法国的巴迪欧写过好多次对杜尚的看法，有两点：一个是说，一个艺术家重要的示范不要进入理论，不要进入哲学，要进入数学，刚才展示的东西很多都是用数学的角度来思考。对艺术家来讲这样就很简单了。第二点，从杜尚这个角度，巴迪欧认为艺术家可以学的东西要抛弃个人的身份，历史传统，这很重要。再一个就是说，他认为浪漫主义到现在为止要全然抛弃，杜尚是坚决地说"NO"，这两个立场在当代对中国艺术家还是很有用的。

高：我们对比文学史和艺术史就可以发现，最大的不同就是艺术史上出现了一个杜尚，他把艺术史一切为二，分成杜尚前的艺术史和杜尚后的艺术史，这是一个奇迹。实际上对这样一个奇迹的反复解读，我想是今天马哈拉吉教授一再建议我们的，他建议我们读的不是艺术史对于杜尚的解读和阐释，而是每年读一次杜尚的笔记，而且他提醒我们，杜尚的笔记不是在笔记本上线性书写的，而是在他生活中所遭遇的各种票据、各种信封上，各种事物上来书写，这个极端重要。这就是说他并不是在一个规划中的论述，而是他的个体的遭遇感和他整个的思考，整个的知识生产和艺术生产，是完全纠合在一起的。另外，他建议我们每年重新读一次杜尚的笔记，每年重新读一遍《尤利西斯》，这是他个人的方法论，这是很重要的，因为我们不应该任由称为经典的东西改变我们的感知领域。

资本论：电影行动

为了一部尚未出现的电影

我们的生产同样是反映我们本质的镜子。

——马克思

旧的电影从多种视角展现一个情节，
而新的电影以多种情节展现一个视角。

——爱森斯坦

让我们想象一部正在到来的电影。那是1929年后就存在于无数人脑海中的电影，一部尚未出现的电影。

对《资本论》致敬的最佳方式就是把马克思邀请到我们的境遇中来，正如"制作一部关于《资本论》的电影，基于马克思的文本，这是唯一可行的正式的解决方式"。该计划不是正常的学术研讨，而是一次performative和productive的"电影行动"。此"行动"邀请几个近百年前的传奇——马克思、乔伊斯、爱森斯坦，还有他们的作品《资本论》《尤利西斯》和《十月》——进入我们的排练场（历史的排练场、影像发生之现场）；用马克思的运思以及乔伊斯—爱森斯坦的"现代之感知"来检验和打开克鲁格所试图勾勒的

"当下"。这既是把可能性归还给历史，又是用过去激活现在，同时也是对我们生存境况的一次历史性解释。

阿甘本说：历史任务还在，人却消失了。人的消失恰恰是由历史的不断自我阉割造成的，排演作为一种"自我的政治学和历史学"，希望通过对克鲁格的历史性重访进行注释，让"人们"重新现身。本行动将导向 2012 年 10 月在杭州举办的"人民的名字：共同体的政治"国际学术工作坊。

3月11日 观片
《来自古典意识形态的新闻：马克思、爱森斯坦、〈资本论〉》（亚历山大·克鲁格导演）

3月12日 临时片场、访谈与工作坊
临时片场：回环——朝向未来的排演
研讨会：回复——把可能性还给历史

第一场　历史的回环
由本次活动开始向前回溯，从克鲁格的电影活动，经由爱森斯坦，到乔伊斯，直至马克思。讨论这个"连环案件"的艺术-历史-政治意蕴，重访 1848 年革命、巴黎公社、十月革命、1968 这些革命史的重要时刻。

第二场　我们的"资本论"世界
把马克思邀请到我们的境遇中来，检验和打开克鲁格所试图勾勒的"当下"。这既是把可能性归还给历史，又是用过去激活现在，同时也是对我们生存境况的一次历史性解释。在《资本论》书写一百五十年后，续写马克思未曾描述的资本主义世界，调查我们所处的"资本论"的日常生活现实——象征资本、文创产业、品牌

霸权、符号资本主义——重新思考生产、传播和消费循环中影像本身的"资本论"状态，同时也对克鲁格的电影方法进行检验。

第三场 资本主义症结

资本主义内在于我们，要超克资本主义不只需要体制和意识形态批判，更需要心理分析和精神治疗。从艺术与资本的关系出发，检讨我们时代的交换价值、展示价值、作者—品牌制度与景观统治，梳理我们自身的资本主义症结，以图重启和开放我们的历史观和社会想象。

参与者：高世名、卢杰、吴山专、汪建伟、秦思源（Colin Chinnery）、金锋、彼得·安德斯（Peter Anders）、莱纳·施托尔曼（Rainer Stollmann）、拉尔夫·欧博茂尔（Ralph Obermauer）、石青、高世强、郑波、姚大钧、孙善春、王一凡、胡介鸣、王家浩、MadeIn（徐震）、管艺、施勇、张鼎、陆兴华、赵千帆、黄建宏、牛大悟、周啸虎、杨振中、石可、鲁大东、身体力行戏剧舞蹈工作室（谢殊、盘伟信）等

"资本论:电影行动"现场 2012年

回复——把可能性还给历史（讨论节选）

高世名：《资本论》这个问题、电影这个问题，以及用电影回应《资本论》这样一种做法，应该绝对不仅仅是一个国家、一个民族的工作。

这个事情结合着卡尔·马克思的《资本论》的写作与乔伊斯对《尤利西斯》里所隐含着的对日常生活的表述。在1927年到1929年间，爱森斯坦拍完《十月》之后，有了要拍摄一部以《资本论》为题的电影的计划，这个计划一直都没有实现，还没有开始，他留给我们的只是十几页的笔记。2009年克鲁格完成了那部9小时的非常漫长的纪录片。这是一个非常漫长的故事，跨越了差不多一百五十年。

我对这个事情的两个态度：第一，我们要加入到这个传奇里面去，用一个电影行动，用一部可能出现的电影，来回应克鲁格的电影，回应1929年那部中断的未完成的电影，回应一百五十年前的马克思。第二，我们要把马克思邀请到今天，进入到我们的现实语境。假如这样，他可能需要写作《资本论》的第四卷、第五卷，要面对今天的一个全新的现实。因为，在今天，当代艺术以及整个艺术交往系统，已经处于我们这个资本论世界的核心。这是我们要聚焦的一个重点。要把马克思邀请到当代，邀请到艺术界里来讨论。艺术界本身是没有围墙的，它就编织在我们的政治、历史现实里，编织在我们的日常生活里面。

今天这一场活动只是我们工作的一个起点。未来，我们会从不同的角度专门组织工作坊，进行影像生产。我们对"电影行动"的一个界定，就是它必须是经验性的，它必须是生产性的。

现在我们请一位同学给我们读一段马克思的文本，但不是来自《资本论》，而是《路易·波拿巴的雾月十八日》的开篇。

施托尔曼：我现在对整个活动感到很震惊，不仅因为大家很有激情和活力，更因为现在有一种着魔的感觉。

克鲁格在影片中提到，马克思的书信里提到了艺术与资本的关系，他把资本看作是一个美学的结构。

克鲁格的老师阿多诺曾写过一本书叫作《启蒙辩证法》，这对克鲁格所有作品来说是最重要的启蒙书籍。其中有一个章节就名为"文化产业"，在这个章节里面，阿多诺就曾经尝试去解释资本主义怎么统治艺术与文化。这点也和马克思有关，涉及为什么资本主义如此具有统治性，使得在欧洲越来越没有革命的可能性。

克鲁格的片子里经常用类似戈达尔的手法，他也提到了维尔托夫。克鲁格现在这部资本论的作品更像维尔托夫，而不是爱森斯坦，他放弃了主线式的故事结构，而是用一段一段的方式来阐述他的思维。

爱森斯坦把马克思《资本论》电影化的想法，比起的克鲁格的想法，更加庞大而疯狂。克鲁格的电影一方面是想实现当年爱森斯坦的想法，但也呈现出了为什么爱森斯坦的电影计划会失败。因为《资本论》是一种很抽象的概念，他讲的不是直线式的人类历史的故事，而是把历史打碎再重新组合做分析，他展现的是人类怎么样无法面对自己的毁灭结局，而且无法与之斗争的状况。

高世名：爱森斯坦在他4月8日的笔记里面谈到：《资本论》这部电影，将会被正式献给第二国际；在形式上，这部电影会献给乔伊斯。在拍摄当中，对他来说，主题是马克思的方法。

施托尔曼：关于马克思，爱森斯坦是积极认可的，所以他当初打算拍这个电影，目的就是希望传播马克思关于资本的理解，传播这部书的内容。他最初的想法就是希望整体性地、一步步地向俄罗斯的大众传播，但这不是克鲁格的立场。

爱森斯坦和克鲁格做的关于《资本论》的电影最大的区别在于，爱森斯坦注重的是马克思的客观的关于资本主义的分析，克鲁格注重的是对资本主义的主观认知，以及客观和主观性的联系。

卢杰：马克思和第一国际、第二国际的终结，以及永远在场的马克思和此后托洛茨基和斯大林的第三国际和第四国际，这四者构筑的时间，也是一个很重要的话题。

我们面对一个"宏大叙事"的时候，要注意什么东西不在场。面对《资本论》的时候，《共产党宣言》是否不在场？面对第二国际的时候，我们怎么去思考第三国际和第一国际？

拉尔夫　欧博茂尔：现在为什么要重读《资本论》，因为历史上有一段时间和马克思的思想是脱节的。在西方资本主义兴起的时候，马克思主义是一种完全蓬勃的状态，但后来经历了东欧阵营的倒塌、苏联解体，这些事件证明了资本主义的正确性。而且还有马克思完全没有想到的一些新情况，比如美国罗斯福新政，比如国家资本主义。

高世名：刚才拉尔夫谈到历史的中断，这个中断是为什么？现在非常多的新自由主义者们所说的共产主义的失败，它到底是为了什么？是因为它本身吗？还是说它只是因为，对于马克思所留下的这份遗产，全世界的社会主义运动只是捡起了民族主义的旧鞋子？它只是重新恢复到了民族主义、民族国家这个旧的框架里面，然后进入国家联盟，进入到冷战的逻辑里面？

马克思的论述是解释全世界所有的文化、所有的文明的，但是后来它成为了一个阵营，一个国家的联盟。马克思主义的冷战化和意识形态化可能是我们今天重读马克思时要意识到的一点。我们要克服这种意识形态，要克服这种潜在的、依然还延续着的冷战逻辑。

卢杰： 克鲁格用他这个作品，这个非常规的作品，已经表达一个很清晰的态度就是：其实历史是没有终结的。

马克思的写作是寓言，不是预见的预言。

黄建宏： 克鲁格跟爱森斯坦之所以产生差异性，在于爱森斯坦设定用一天时间来拍摄《资本论》，而克鲁格要去谈这个笔记的时候已经不存在几天的问题，他已经把爱森斯坦原本设定的每个点都变成访谈，变成了演出，在访谈和演出里把观点开展出来，有一种多样而且个别的时间性。

第二，今天这个摄影棚里到底动用了多少资本？这些资本如何跟资本主义和市场逻辑之间产生差异？它在这里是景观的发电机还是想法的发电机？我可不可以假想，克鲁格企图用他的电影占领影院，或者占领电视——因为刚刚高世名介绍徐震时说到，是应该介绍他是艺术家呢，还是一位公司的老板。

第三，资本是一种美学结构，那么，朗西埃也是在粗略的资本关系里面去思考感性分享或感性分配。我们如何对它进行更确切的资本分析？

陆兴华：克鲁格自己写的电影介绍中说，马克思主义就像希腊神话一样。我们今天看的时候，不能把它与17世纪晚期的工人运动分开。马克思主义就像星星一样，是非常可靠的指引。我们在看马克思的时候，同时也看到了岸上的火光，这有可能是现实在引诱你上岸。所以，我们要更为古典地阅读马克思的《资本论》。文本要求我们更加老练，更多地把握结构，就像我们对待希腊神话一样。

克鲁格的电影名称现在翻译是"古典"，从词义来看，应该翻译为"古董"。关于古董，克鲁格反讽构思和用词恐怕也有深意，旧道具中也能变出许多新的东西来。我也把它推荐为我们今天看这部电影的一个态度。

赵千帆：克鲁格说过，电影是三重机器构成的：第一重是我们所有摄像装备；第二重叫作付钱的公共领域；第三重就是放在街头巷尾，让人随时可以瞅一眼的这样一种播放状态。所以电影不只是我们脑中的那个非常经典的大幅的画面。看图像的方式本身应该改变，不能把图像看成像是活动的画册。

我们是否可以考虑把电影当作当代的神话？神话要求的东西在电影里面都有，比如说，要牺牲，要血祭，要把什么东西给杀戮掉，奉献给神话中的神。电影中显然也有种东西被暴虐，被非常残酷地压迫。

汪建伟：我看到采访里有谈到，要跟《尤利西斯》对应起来，拍一天的时间，这是以前爱森斯坦的一个计划。现在克鲁格的片子其实是打乱了的。我还是比较好奇，如果是用一天的时候，像《尤利西斯》这样的方式来拍摄的话，是什么样的一种状态。

秦思源：克鲁格的作品，更接近于艺术家的作品。如果用爱森斯坦的语言，用多种视角看问题的话，片子可以无限长，也可以很短。它有点像影像的一个循环，你可以随时抽取再回来，进入另外一个谈话，这个谈话与上一个谈话能够接上，因为它是用另外一种视角来看同一件事情。比如吴山专的《今天下午停水》，不必从头看到尾，可以抽着看，从任何一个地方，你都可以进去，你可以从后面看到前面，然后再从前面看到后面，都是没问题的。从这个角度来讲，它不霸道。

欧博茂尔： 克鲁格不是从2008年才开始拍这部电影，其实他从很早就开始收集材料了，有些素材甚至有几十年了。这个电影不用从头看到尾，而是可以跳着看，对于克鲁格的任何一件作品都可以这样看。

郑波： 如果我们把自然和时间观加进来的话，就会发现自然时间不是一个线性时间。我们讲时间的时候，自然缺席了，时间和自然是被错开的。有一些工具能够帮助我们当下的思考，比如说酷儿理论，帮助我们去除线性的时间观，帮我们重新思考资本主义的时间观。

汪建伟： 时间永远是对应着事件，时间永远在事件中发生。循环与救赎不是一个概念，是两个概念。马克思的这个时间概念还是无限等待的。如何在一个想象的无限中飞跃，其实这就是艺术家的做法。艺术家看待事物不是以线性的眼光看。

吴山专： "好观念，坏图片"指的是马克思的《资本论》，营救他的办法是把它当成一个神话。任何一个时间的单数都会导致一个所谓的必然性，所以我们需要给时间复数。《圣经》里面有句话叫"任何事物都有它自己的时间"，这样看起来，有多少事物就有多少时间。

"资本论:电影行动"现场 2012年

"资本论:电影行动"现场 2012年

| 第四章 |

后万隆

"第三世界行动计划"杭州站:亚非拉文化艺术研究院启动筹备大会　2016 年

"后万隆"时代的愿景与方案*

高世名

一

2006年1月18日,多中心的"世界社会论坛"(World Social Forum)开幕的前夜,一大群知识分子、社会运动家在巴马科集会,纪念万隆会议五十周年。此后,根据会议精神,发表了《巴马科倡议》,主旨是催生一个民众的、多元和多极的历史主体,超越南北方对立,超越资本主义和帝国主义的规则与价值观,于多样性中建构共同性。

《巴马科倡议》提出了具体的十大主题:全球性的政治组织、世界体系的经济组织、农业社会的未来、建立劳动者统一战线、服务民众利益的地区化、真正的社会民主、性别平等、地球资源的友善管理、对传媒与文化多样性的民主管理、国际组织的民主化。

十年过去了,情况发生了怎样的变化?

在"世界社会论坛"上,萨米尔·阿明(Samir Amin)等人已经明确意识到——万隆精神已经不可避免地失效了。在北方各国,

---

* 本文为作者在2016年12月举办的"第三世界行动计划"杭州站"亚非拉文化艺术研究院启动筹备大会"的讲演,并为亚际书院学刊《人间思想第六辑 万隆·第三世界六十年》导言。

左右翼围绕经济自由主义达成共识，用美国式的低强度民主取代社会民主。在南方各国，政府甘愿放弃社会民主进程而听命于新自由主义，结果是，或者回到民粹主义道路，或者效力于帝国主义，无论哪种，都使民主失信于民。

2015 年正值万隆会议六十周年。我们在杭州中国美术学院举办了"万隆/第三世界六十年"纪念论坛。六十年前，万隆会议在殖民主义的废墟中、在冷战的意识形态对峙中，确立了亚非拉各国的独立姿态与国际连接，由此，"第三世界"集体现身，登上了历史舞台。六十年过去，亚、非、拉学界的数十位同仁齐聚一堂，循着历史的轨迹，在 21 世纪的复杂境况中重新认知万隆会议的历史遗产及其当代意义，重新探究"第三世界"在过去六十年中的知识积累与思想变化，从这些累积和变化中发展出多义的思想模式和知识系统，来直面今日生活世界的纠结繁复，并对之做出多层次的解释。

在那次会议的总结发言中，我专门提出，老的国际主义不够用了，代表现代初期的团结精神的《国际歌》，现在只是在酒酣耳热之后或者在卡拉 OK 的包房中唱起。"万隆精神"也已经被全球资本的生产/消费体系耗散殆尽，民众在国与国的利益之争中，在全球市场的供需关系中被割裂了，他们被转化成竞争者和敌人。人民在帝国与民族国家的双重结构中被重新切分，在殖民史和冷战史的纠缠交织中分断与离散，在全球化的生产消费网络中分配与整合——人民的命运，正如艺术家陈界仁所言，是"全球监禁，在地流放"。

在这种情况下，我们不禁要追问：21 世纪的新形势下，难道只有"发展"和依照利益计算出的"共赢"，才能把我们团结起来吗？萨米尔·阿明所期待的"第五国际"，那种新团结的依据与内核是什么？

2015年那次会议的结果是我们希望进一步创办"万隆书院",即亚非拉文化艺术研究院。我们有意识地旧事重提——重提亚非拉,重提第三世界,因为我们相信历史不容轻易放过。因为这个还未充分展开就已经被宣判失败的计划,是20世纪未完成的历史、被错过的历史。在第一世界/第三世界交织互换的历史现场的背后,是殖民—后殖民、冷战—后冷战、帝国与帝国主义同时并存、彼此交织的历史结构和动力场域。而作为历史的动能和势能,经过各种变异、覆盖和替换,万隆、亚非拉和第三世界在今天依然标识着我们日常生活和现实政治的根基,那不是琐屑而抽象的,而是具体地落实在社会现实的脉络连接之中——在巴马科与贝鲁特之间,金沙萨与开罗之间,或许,也在义乌、马德里与雅典之间,德里、墨西哥城与上海之间……

重提万隆和第三世界,我们不只是希望在当前这个复杂的结构场域中,重新生产出关于"第三世界"的知识,更重要的,是要通过连接性知识的生产,重新生产出新的"第三世界"。第三世界并不现成,在风云变幻的国际政治和外交博弈中,它随时闭合,方生方死,需要被无数次地重新开启和反复发明。对我来说,在这种反复的发明中,会出现一种转变之可能——从"第三世界"(Third World)到"第三种力量"(Third Power)。

第一种力量,是技术、资本和那些构造出 singular universality(单一普遍性)的企业及其金融王国,像 Microsoft(微软)、Google(谷歌)、Facebook(脸书),以及国际版权体系等。它们装扮成中立的、普世的甚至是自然的,因而是真正无远弗届的跨国力量;它们支撑、主导并宰制着我们日常生活的感知经验和感性结构。

这种力量是1970年代与1990年代资本主义重构的结果,也就是所谓的金融资本主义和资讯资本主义。

在过去的四十年中，信息经济、信息资本主义与全球性的社会不平等、两极化（polarization）和社会排斥（social exclusion）交错发展。金融资本主义和资讯资本主义所造就的，是曼威·柯司特（Manuel Castells）所说的"第四世界"——不再是第三世界，也不再分"南北东西"，财富、信息和权力的网络把各地连接整合在一起，地缘政治也被重组了。"第四世界"指的不是被剥削的无产阶级，而是被忽视、被排除在全球网络之外的民众与社会。

新世纪以来，财富—信息—权力的网络已经建立起一种总体性全球治理，统治与压迫的形式与主题改变了，变得更加隐形。技术／信息／权力的全球网络隐形了，统治和压迫的机器隐形了，我们不是在与某个外在于我们的"中心"斗争，甚至不是要与束缚禁锢着我们的某堵围墙较劲，我们再也找不到明确的敌人。脸书、谷歌、阿里巴巴这些公司和社会之间的边界越来越模糊不清，它们无限地隐身于社会，或者说，公司已然成功地装扮成社会本身，他们所构造起的全球治理装置没有外部。压迫和剥削隐于我们自身，消融入我们身处其中并且乐在其中的日常生活，迫使我们必须与我们自己的情感与欲望机制做斗争。

第二种力量，是知识界生产出的智性反思的力量，那些汗牛充栋的批判性思想和社会理论，尤其是1968年前后，从"文革"和越战这两个亚洲事件所激发的全球性社会运动中孕生出的批判性左翼，包括半个世纪以来所有的左翼话语、知识和运动。

今年是"文革"五十周年。五十年前，两个亚洲事件——"文革"和越战——撬动了西方的政治和社会想象，启动了1968年以来的文化、思想和政治进程。但是其冲击在西方语境中发展出的，却是一系列新社会运动的"修修补补"。1968年西方那些关于解放的宣称，经由新社会运动，竟然跟后来的新自由主义相安无事。在这个意义上，柏林世界文化宫、伦敦Iniva（Institute of International Visual Arts）等机构所宣称和实践的多元文化主义恰恰是第三世界失败的表征。此处有许多问题需要追问：为什么1960年代以来的社会运动要左派却不要社会主义？为什么当年宣称的社会革命变成了各种NGO式的社会工作？为什么社会运动绕过了最重要的社会政体变革，转而给现行体制"打补丁"？为什么冷战之后，1968所生产出的斗争性的社会意识如此轻易地兼容于资本主义的景观治理？半个世纪的社会运动究竟是壮大了人民主体还是壮大了主权体制？

近年来，基于西方激进哲学的知识左翼的危机已经逐渐显露出来，无论在华盛顿还是在纽约，在台湾还是在香港，知识左翼在日益复杂的现实政治中日益失语或者失据，在最新的一轮形左实右的社会运动中，他们被轻易地收编，又被无情地抛弃。简言之，知识左翼在现实政治中是没有用的，因为帝国同时是左中右。

那么，什么是"第三种力量"呢？

在国家体制的政治操作，以及学术界、知识界的观念操作之外，还有一个更为广阔深远的民众的思想与生活世界。这个世界，正是我所说的"第三种力量"得以生长的土壤；因为它的复杂，也因为它的平凡，这个世界在我们的知识和经验中还远未现身。就目前来说，现身的还只是民众的身体。

21世纪初各地民众的"占领"运动与1968年的运动全然不同，1968是文化的社会运动，是知识分子的运动，而新世纪出现的"占领"运动的主体，是被社会排斥的人群，是无名的多数，是被全球网络牺牲的众人。他们没有组织，因为没有计划，他们忍无可忍，却不知道去向何方。生活已经是"温水煮青蛙",他们不得不爆发,他们只能为爆发而爆发。这就是新世纪以来四处"占领"的人群,不同于19世纪和20世纪的工人运动或1960年代的学生运动,他们预先被原子化了,他们甚至称不上集体,他们走上街头,聚集到广场,只是为了一种展示,哪怕这种展示产生了明确的政治/社会后果,如所谓的"阿拉伯之春"或者"颜色革命"(称之为"革命"只是显示出我们语言的贫乏!)都只是一种非意图的副产品。集结的意义就是集结和展示本身,重要的是——我在这里,我存在。

当然,我们目前还没有能力去召唤出这"第三种力量",甚至还无法恰当地描述这种力量。要想激发出这种力量,须得像白乐晴先生多年来坚持的那样,把"第三世界"当作一个动词。这作为动词的"第三世界",恰可以称为"第三种力量"的源泉。白先生指出:我们讨论"第三世界",并不是要把世界一分为三,相反,是要把分离成各个阵营、不同层级的世界,在民众生活的意义上重新统合为一。为此,我们就必须暂时搁置既有的话语和知识,扎根各个世界(无论第一还是第三)的民众生活和现实经验,从不同区域的民众生活、现实感觉以及社会意识的联结中,去发掘出一种新的知行合一的力量——第三种力量。

万隆会议之后六十年的"再出发",给我们提供了一个机会,就是打通1950年代以来形成的多种"体制",接续起那些被错过的未完成的历史,这"第三种力量"的潜在历史。通过这"打通"和"接续",我们可以试着去理解这股自20世纪遗传下来的历史势能,这无名的诸众在场的力量,这被错过的、未实现的历史主体的力量。要真正理解这种力量,我们必须努力去"打通"和"接续",从十月革命到万隆,从"文革"到花朵革命,从1968直到今天,在这百年来的生活史、社会史、政治史和思想史的进程中，为复杂、矛盾而多变的20世纪补写一份宣言!

二

记得在2012年亚洲思想界上海论坛上，周莫·夸梅·桑达拉姆（Jomo Kwame Sundaram）的讲演标题是"帝国主义存活无恙，但依然在进化中"。我很认同这个标题所传达的信息。经过漫长的20世纪的演进，资本主义已历经几次迭代，呈现出新的升级版本和运作形态，简单地说就是——从剥削发展到剥夺，从压迫变成替换，从占有转为支配。

资本主义所代表的不止是意识形态-治理技术，而且还是生活方式-知识方式；从软体到硬体，从coding（编码）到governing（治理），它宰制着不同区域民众的日常生活，渗透社会肌体和生命政治，塑造着人们的行为习惯和梦想方式、欲望建制和情感结构。在最近的三十年中，资本经由生产关系对人之劳动价值的"剥削"，已经转化为生命政治层面上对人之能动性的"剥夺"。技术全球化加上跨国资本构造起全球性的占有和支配，我们每个人的现实处境都是"全球监禁，在地流放"。这种情况下，所谓"解放"不再是从禁锢与宰制中挣脱出来，也不再是惯常的反压迫和反控制。因为今天我们已经无法想象一个自由的外部，大卫·哈维（David Harvey）所说的资本的"空间再生产"、熊比特（Joseph Alois Schumpeter）说的"创造性破坏"，已然建构起了一种新的统治形式，在这种新形式的统治中，权力的领土逻辑和权力的资本主义逻辑完美合一，帝国主义与帝国同时并存。

在这种情况下，国家之间争夺的不再是占有权，而是支配权。

生命政治的根本问题不再是压迫，而是替换。从压迫到替换，就是用假肢替换并废除你的器官——不是我们缺失才做了假肢，相反正是这预先生产的假肢把我们变成残废。我强烈地感觉到——当代艺术、民间艺术、各种学科化知识以及大学建制本身，恰恰是我们当代人政治、伦理、感性的假肢。

全球资本主义的创新统治不再需要通过压迫和榨取，因为主宰者已然隐身，再也找不到可以反抗的敌人。在这新统治中，起作用的是消费主义政治的替换的逻辑：你要社会革命，就给你替换为社会运动；你要社会主义，就给你替换为知识左派；你要的生活发展的自由，被替换为自由市场的自由；你要媒体自由，却得到自媒体；你召唤民众的集结与现身，获得的只是社交媒体的朋友圈；你本来应该是文化的生产者，却很自然地变成了消费者；你想成为战士，却只是成为了演员……

在这种情况下，知识界与艺术界如何联手克服这一新统治的剥夺和替换？我并不相信法国哲学家斯蒂格勒（Bernard Stiegler）所说的——彻底地无产者化可能产生解放的潜能。我们必须学会真正去面对无数人的现实经验、情感与命运。我们无一例外，都是些被日常生活的生产和消费耗尽并替换的身体，被琐碎的日常生活磨平、击败了的个人。我们得在自己身上重新发掘出感情与智性，发掘出感受—理解—行动的能量，继而重新找回自我表达和自我改变的力量。这"第三种力量"促使我们去发明一种新的历史-技术哲学，一种新的政治经济学和新的生命政治，去发展出一种贯穿群我、打通身心的新的知行之学。

人类进入 21 世纪已经十六年了。从"9·11"，到全面"反恐"，从次贷危机到占领华尔街，从叙利亚到乌克兰，从"愤怒者"到

"黑夜站立",从欧洲移民潮到英国脱欧,从斯诺登事件到特朗普当选……通过这一系列令人眼花缭乱的事件,我强烈地意识到——21世纪已经逐步奠基,新世纪的"意境"已经初露端倪,然而我们对此意境却还没有清晰的理解和认识。媒介更新了,社会治理与社会运动的方式改变了,民众集结的方式改变了,散布和接受信息的端口改变了,民主、民粹甚至政治本身的意义改变了。

改变已经发生,改变的力量已经浮现,可是,我们准备好了吗?

以上这些,是我最近常常想到的,我期待着通过诸位朋友们的思考和论辩,更重要的是通过未来的长期合作,可以去思考这些改变,尝试着去理解这个正在自我奠基中的世纪。出于以上这些思考,我们为这个研究院增加了一个很矛盾的体制外命名——Another World Project: Bandung School——"万隆"的现实性(或者相反)和"异世界"的非现实性(或者相反)所构成的张力是其中关键所在。

作为艺术工作者,我更期待着我们可以联动思想界、艺术界的多方力量,在"讯息-景观-资本"的多重现实中为我们的感受力拓展出一片新的田野,为我们的创造力开辟出一个新的战略空间。在这片新的田野和空间中,让"第三世界"在当下的新现实中重新奠基,让"万隆精神"得以重新发明,并生长出"异世界"的花朵。

2016年12月

第一节

亚洲思想界上海论坛

变动中的世界 变动中的想象

2012 亚洲思想界上海论坛

这是一个长达一周的聚会,试图启动一个亚洲思界对话的平台。当前的世界正面临着剧变,无论是在经济、政治、社会与文化上。强烈的迫切感驱动着亚洲知识分子与思想者聚到一起,以全球为范围、以亚洲为焦点,分析现在、想象未来。

在过去的二三十年,诸如 Inter-Asia Cultural Studies: Movements(《亚际文化研究》)、东亚批判刊物会议和"西天中土"计划等不同的计划,都是想在知识生产的层次上促进亚洲内部区域性的对话,也透过实际操作将亚洲各地的思想界联结起来。在此基础上,我们希望通过本次论坛即将开启的"亚洲现代思想计划"来推动亚洲各地的知识界更深入的合作与互动,通过创造新的知识形式与思想方式,重新认识自己,也重新认识世界。我们希望这些努力能够有助于缔造全球性的和平与更具人性的生活。

"变动中的世界,变动中的想象——2012 亚洲思想界上海论坛"邀请了来自韩国、日本本土及冲绳、马来西亚和印度的六位杰出思想者于 2012 年 10 月 12 日至 19 日期间,在第九届上海双年展的平台上发表演讲,并与来自亚洲各地的四十余名知识分子展开对话。从中将浮现出亚洲内部复杂的历史与现实,以及亚洲知识界为了理解和介入各自的历史与现实所做的巨大努力。

"变动中的世界 变动中的想象——2012亚洲思想界上海论坛"海报

变动中的世界 变动中的想象——2012亚洲思想界上海论坛
① 与会者合影
② 从左至右：新崎盛晖、白乐晴、帕沙·查特吉、许江、陈光兴、板垣雄三、阿希斯·南迪
③ 从左至右：高世名、邱志杰、张颂仁、陈光兴

帝国主义存活无恙，但依然在进化中

"9·11"之后的全球化与东亚 *

周莫·夸梅·桑达拉姆（Jomo Kwame Sundaram）

李佳琳 译　蒋亦凡 校译

一个世纪前，主要围绕着英国自由主义者约翰·霍布森（John Hobson），就当代帝国主义问题曾有过一次热烈的讨论。虽然他对于帝国主义的看法随着时间而有所改变，但是在他关于这个主题的经典著作中，他发现之所以要反对帝国主义主要有两个原因：第一，帝国主义源自资本集中之后出现的寡头或垄断权力，它直接否定了竞争资本主义所倡导的自由理想；第二，这种强大的垄断实体所造成的过度的政治影响导致了帝国主义在国际范围内的扩张主义，违背了自由民主的理念。

列宁曾经吸收霍布森和希法亭（Rudolf Hilferding）关于现代金融资本（牵涉到银行与工业垄断者的联合体）的分析，发展出了自己犀利的论述，第三国际后来正是因此而反对第二国际社会民主主义者对国族忠诚的立场。延续马克思的说法，他指出，资本主义内在的集中化和中央化的倾向意味着霍布森所说的帝国主义其实是资

---

* 本文修订前的一个版本原题为"2001年9月11日之前和之后的美国和东亚"（The U.S. and East Asia, Before and After September 11, 2001），发表于日本亚洲政经学会（Japan Association for Asian Studies）的《亚洲研究》（*Aziya Kenkyu*）第50卷第2期，第24—33页。本文汉译已收录出版于陈光兴、张颂仁、高士明主编《后／殖民知识状况》，上海人民出版社，2012年。——编者注

本主义演进的结果，而非霍布森所认为的是资本主义的畸变。

后来，列宁继续指出，虽然帝国主义意味着在资本主义经济体中首要的斗争任务是社会主义，但是为了民族解放而反帝，却是那些殖民与半殖民地的首要任务。民族解放的斗争可能会带来各个阶层参与的反殖民同盟。[1]众所周知，经济学家熊彼特（Joseph Schumpeter）之后就提到帝国主义其实是前资本主义的返祖现象（atavism），它会随着资本主义的全面发展而消失。

在当代，讨论帝国主义和帝国的语境已经十分不同。从某些角度来看，"二战"后的帝国主义与战前殖民帝国已经相当不一样。虽然一些连续性体现在了"新殖民主义"的说法中，但非连续性的方面也被"后殖民主义"一词的早期用法所承认。

毕竟，战后的美国霸权始于布雷顿森林体系（Bretton Woods System）、冷战格局和马歇尔计划，而非"炮舰外交"或者是其同时代的，或是后来的对等物。美国在军事等方面的海外扩张历史长达两个多世纪，而从美西战争（Spanish-American War）开始的、直接的美国殖民主义本身，并不能否认美国霸权诸多随时间而变化的新的方面。近期学术界从后现代和后殖民主义的角度重新思考帝国主义——比如"网络霸权"（network hegemony）和跨国公司共谋——的尝试不应该掩盖美国霸权的不断变化的现实，尤其是从冷战结束后开始的变化。

19世纪英国的自由主义同时拥抱经济和政治自由主义。霍布森采用自由主义来反对寡头经济的后果和垄断所造成的政治影响，后

---

[1] V. I. Lenin, *Imperialism: The Highest Stage of Capitalism*, London: Lawrence & Wishart/ Foreign Languages Publishing House, 1939.

两者在经济和政治上都是对自由主义理念的否定。所以,从这样一种自由主义的角度来看,同时推行经济和政治的自由主义是两相一致的。绝大部分(虽然不是全部)当代经济新自由主义者的问题在于,他们坚持经济的放任主义(laissez faire),却不反对现代寡头企业的出现、整合和政治影响力——这常常是通过对私有产权的强调进行的。因此,从这样的一种自由主义视角而言,当代经济新自由者可以被认为是不连续的、自相矛盾的,甚至是机会主义的。

一些经济新自由主义者并非政治自由主义者,尽管近期很多政治的论述总体上倾向于把经济自由主义与政治自由主义联系在一起。很多人依然坚持政府应该逐渐退出其在经济和政治领域中的功能、权力和影响力。然而,很多主张经济自由主义的机构并不坚持自由的政治制度和过程,声称政治干预并非其职责所在。难怪经济自由主义在种种不自由的条件下被强加于人,结果往往增进了外国企业的经济利益。然而,对于当代经济帝国主义来说,非自由的政治状况并非必然的,而且很可能恰恰不是它的首选的政治方案。毕竟,基于共识的帝国主义(imperialism with consent),或者说葛兰西所说的霸权(Gramscian hegemony),通常被认为远比当代殖民主义成本低、问题少。

近期重燃的对于帝国和帝国主义的兴趣乃是受到了近期的事态发展的影响。它始于冷战中西方阵营的完胜和现存国家社会主义的显而易见的消亡。这种政治胜利通常与所谓的"新自由主义"经济意识形态相关联,其中包括对经济自由化的乐观态度,包括那种被称为"全球化"的跨国和跨境的组成部分。这些都会在后文进行讨论。但是,其中最紧迫的冲动则是来自"9·11事件"之后国际局势的变化。众所周知,这不仅成为军事入侵阿富汗和伊朗的正当借口，也使国际对峙更趋严峻，这部分地表现在美国在国际事务中的单边主义（unilateralism）之中。

需要明确的是，单边主义并不是一些评论家有时所说的孤立主义。布什政府也不是不受任何约束的，有时摇摆于可欲、可能和可行时的单边主义和不可避免或势在必行时的多边主义。一些人觉得这是一种"硬柿子、软柿子"的策略，正如唐纳德·拉姆斯菲尔德（Donald Rumsfeld）和科林·鲍威尔（Colin Powell）所采用的那样，而另一些人认为，这是为了联合支持第二届布什政府的不同派别所必须的。

而所谓"新保守主义"的阴暗的（即便不是凶恶的）崛起，常在这一语境中被提及。可以理解，"新保守主义者们"自称是政治自由主义者，因为他们拥抱自由民主的政治方案——至少对于中东是这样——并且试图撇清与法西斯主义者的贵族保守资助，以及其他亲美的独裁者和反动派（在里根和老布什政权那里常常见到）的关系。但众所周知，他们从不迟疑于与那些支持利库德党的内塔尼亚胡派的人士结盟。

很清楚，所有这些造就了一个很有意思的时代，许多旧的同盟正处于压力之下，联盟或被建起来或被抛弃，以适应新的发展。对于我们的论题来说，更为重要的是，这一新的局势给无论是以直接单边主义占领的形式（即便是以那种从未被充分说明的"自愿联盟"的形式），或是牵涉一些多边管理的形式（比如北约和联合国）进行的帝国主义支配提供了新的合理性。

毫无疑问，国际不平等和支配的借口久已有之，但在过去的二十年左右的时间里，随着在西方英语国家新右翼霸权的复苏（比如重新燃起的对于"社会达尔文主义"、"失败国家"、"吸血鬼国家"、"流氓国家"等说法的热衷),又有了一轮可觉察到的复兴。我们很明显可以看到,原先欢欣鼓舞的福山的关于"历史的终结"的论调很快就让位于伯纳德·刘易斯-塞缪尔·亨廷顿(Bernard Lewis-Samuel Huntington)关于犹太-基督教北大西洋西方(Judaeo-Christian North Atlantic West,这是一个近期的发明,我们假设它存在)和世界其他地方之间的"文明的冲突"的警告。[2] 所谓的其他地方当然主要是指当时经济发展迅速、表面上信奉儒教的东亚国家(先是由日本领衔,而后是中国),还有被自己的老亚伯拉罕弟兄轻易断绝关系的伊斯兰教。

我不想停留在政治和文化的领域之内,而是觉得有必要回到经济领域,考虑一下近期的经济全球化是否已经加强或者削弱了国际支配和国际剥削的关系。虽然在经济与政治之间并不存在想当然的、简单的关系,尤其是当安全问题的重要性似乎要大于经济考虑的时候,我们有充分理由相信,尽管经济帝国主义已经发生巨大变化,但依然存活无恙。

可以肯定的是,当代经济帝国主义要早于当今关于帝国的讨论,并且在此被理解为自19世纪后期以来世界范围内资本主义发展和重组的结果。这种关于资本积累的认识,考虑到了其不断变化的特性,它和科技和社会组织发展的关系。这样一种关于帝国主义的认识也很明显地受到了英国自由主义者约翰·霍布森的开创性作品的影响,它也影响了其他人,包括弗拉基米尔·伊里奇·列宁。

这种观点将帝国主义与垄断资本,或寡头资本主义联系在一

---

[2] Samuel P. Huntington, "The Clash of Civilizations?", *Foreign Affairs*, 72 (3), Summer 1993, pp. 22–46.

起，并且也认识到帝国主义发展的过程、机制和制度在所谓"漫长的 20 世纪"发生了多少变化。就是说，帝国主义不仅和当代的经济全球化相关，也与从 19 世纪末到第一次世界大战的更早期的全球化过程相关。通过把它确认为寡头资本主义，这一看法将现代帝国主义与早先的与其他经济制度相关的帝国主义进行了区分。殖民主义的结束，战后的黄金时期，国际经济专业化的巨大变化，各种致力于多边机构建设的严肃的努力，消除国际不平等和促进经济发展的举措，以及其他各式各样在更宽泛的意义上与全球化相关的各类发展，都深刻改变了作为当代帝国主义特征的国际经济和政治关系。我在文章的下一部分会谈到，很多我们现在所说的在国际层面开展的经济全球化和自由化是在加强并且深化当代帝国主义。早期的社会危机和劳工运动推动了先进的资本主义经济的改革，促进了非洲和亚洲的去殖民化进程，也拓展了福利国家的可能性和发展国家（developmental state）的干预，它们规制了资本积累，但从未破坏它。

现阶段的经济全球化并非是史无前例的。在 19 世纪最后三十年的初期，一些与被霍布森和列宁称为帝国主义的现象有关的跨境流动（比如劳工），其影响力即便不是在绝对的意义上，也是在相对的意义上要超越当代的流动。的确，这两个时期存在着许多其他重要的差异，但是没有一样能够从根本上否定现阶段仍然具有经济帝国主义特征这一论断。

帝国主义和全球化

我们很有必要简单回顾一下现代经济全球化是如何深化帝国主义的。必须指出，全球化对不同群体的意义完全不同。近期的经济全球化中至少有五个方面有助于加强外在的经济支配，其中包括：外国直接投资（FDI）的自由化、国际金融和国际贸易。事实上，这种经济自由化所涉及的是再管制（re-regulation），而非解除管制（deregulation）。而在知识产权和新的制度性经济治理两个领域，管制被清清楚楚地，而且是毫不含糊地得到了加强。

外国直接投资（FDI）

外国直接投资的高额回报率被普遍看作是帝国主义的一个重要的方面。这些巨额的回报通常被新自由主义者解释为包括了给予在国外投资的高风险的回报。另一种观点则认为，这类投资能够确保高回报是因为它们常与垄断权力和政治影响力联系在一起。用主流经济术语来说，就是外国直接投资能更好地捕获租金（Khan and Jomo, 2000），或者换种说法就是：它能获得更大的盈余或者超额利润。这取决于你喜欢使用什么术语。

随着战前的殖民帝国在战后的消亡，以及相应市场渠道的不断开放，对公司的微观经济分析被拓展到对国际、多国和跨国企业的考量。于是，对 FDI 的分析也开始在公司扩张的利益和动力，以及对不断变化的资本积累迫切性的回应的角度得到拓展和重估。这些分析包括了从"市场势力"（market power）和（生产的）"成本考虑"的角度对竞争和竞争力的分析。

在经济学文献中，关于 FDI 的优点和缺点的争论长期无法达成共识。但是大家基本认同，相比于公司合并、收购和利润再投资等 FDI 形式，"绿地投资"（green-field FDI）更容易带来经济发展。然而，人们常常夸大 FDI 在促进经济发展方面的作用，无论是历史上还是在近期。比如，这种 FDI 在东亚奇迹中扮演的角色是不大的，在日本、韩国和中国台湾地区经济快速发展的时期，它仅仅贡献了不到2%的本地资本形成总额（gross domestic capital formation），相比之下，它在发展中国家平均占5%—6%，而在马来西亚则高达两位数的百分比。

在1997、1998年东南亚经济危机之后，人们承认，由于变得更加依赖于FDI并受其主导，这一地区的工业实力被大大削弱了。外国工业主导的经济模式也意味着当地的公共政策不得不受制于金融食利者的利益诉求，这导致了整个金融体系变得更加脆弱和不堪一击。[3]

1999年联合国贸易和发展会议（UNCTAD）的《世界投资报告》（World Investment Report）显示，1990年代绝大多数的FDI投资是在企业并购上（M&As），而非那些可以促进新兴生产力和经济能力的"绿地领域"。在发展中国家，并购偏重于收购领域，且尤其集中在不景气的时期，特别是近些年来越来越频繁的货币与金融危机时期。这种"甩卖式的FDI"降低了在合并和收购过程中出现优质管理的可能性。

国际金融自由化

国际金融自由化的倡议者所吹嘘的三个益处根本无一兑现。首先，除了从1990年代早中期到1997年、1998年大规模的和突然的资本外逃期间的东亚，并没有出现从富裕国家向贫穷国家的资金净流入。在其他地方，其他发展中国家和转型期国家的资本外逃愈演愈烈。第二，人们所期待的更低成本的资金也没有实现。虽然一些利润降低了，但金融深化（financial deepening）——包括新型金融工具的开发及其所导致的更多层次的金融中介——增加了食利

---

[3] Jomo K. S. (ed.), *Tigers in Trouble*, London: Zed Books, 1998.

者利益的纷繁种类。第三，虽然金融深化无疑消解了一些旧的金融波动和脆弱性因素，但这也同时带来了新的因素（比如对冲基金），而导致更加频繁、破坏性更大的货币和金融危机。

同时，金融利益的政策影响力也大于以前，尤其是随着央行越来越独立，宏观经济政策越来越倾向于通货紧缩，而战后的历史证明，适量的通货膨胀有利于经济增长。金融自由化也伤害了金融政策工具加速发展的能力，甚至世界银行也承认后者帮助推动了增长，及东亚的结构性调整。[4] 比如，尽管为了鼓励对优先部门和活动的投资而给予特殊优惠和导向的"定向信贷"（directed credit）在几乎所有的"后期工业化"（late industrialization）案例中都十分重要，但是许多这样的金融机构、金融设施和金融工具却在金融自由化的过程中被破坏和取消，据说这样做的目的是为了抵制"金融抑制"（financial repression）和"克制"（restraint）。

世界贸易组织（WTO）通过它的金融服务协议，从1980年代开始就助长了国际货币基金组织（IMF），及国际金融自由化的市场推广。但结果是，从1990年代初出现的一连串国际货币和金融危机却用事实证明国际金融导致了更大的不稳定性和脆弱性。到了2003年，连国际货币基金组织和颇具影响力的《经济学人》周刊也不得不勉强承认：国际金融的自由化带来的经济发展微乎其微，而危险却是巨大的，尤其是在资本账户方面。卡明斯基和施穆克勒发现，尽管不少经济学文献宣称放松管制将会促进增长，因为金融的自由化会降低资本成本，而有关经济危机的文献却指出，金融市场

---

4 World Bank, *The East Asian Miracle*, New York: Oxford University Press, for World Bank, Washington DC, 1993.

的严重的波动处在货币危机的最核心位置,而这种波动正是由放松金融管制所造成的。[5]

国际货币基金组织研究员普拉萨德等人指出,"在1990年代的新兴市场经济中,平均而言,与收入增长相关的消费增长的波动获得了增长,而这个时期,金融全球化正快速发展。"[6] 这个表述明显与金融自由化的呼吁者的观点相矛盾——他们声称"随着金融一体化的加强,相对于产量的消费波动将会下降,因为全球金融多元化的本质是一个国家能够在世界市场上卸下其部分收入风险"。最荒唐的是,普拉萨德等人观察到,"对迄今海量的研究的客观解读显示,并不存在显著的、有力的和统一的对于金融全球化本身会带来更高的经济增长率的理论立场的支持。"[7]

国际贸易

关于国际贸易是否属于经济帝国主义范畴一直存在争论(比如 Gallagher and Robinson; Emmanuel)。[8] 李嘉图(David Ricardo)的比较优势理论常被不诚实地用来证明国际贸易的正当性,而即便后来的赫克舍-奥林(Heckscher-Ohlin)和斯托尔珀-萨缪尔森(Stolper-Samuelson)的新古典主义经济学详述/歪曲,也无法被诚

---

5 Graciela Kaminsky and Sergio Schmukler, "Short-Run Pain, Long-Run Gain: The Effects of Financial Liberalization", in *IMF Working Paper* No. 03/34, International Monetary Fund, Washington DC, 1 February, 2003.

6 Eswar Prasad and Kenneth Rogoff, "The Emerging Truth of Going Global", *Financial Times*, September 2, 2003.

7 Eswar Prasad, Kenneth Rogoff, Shang-jin Wei and M Ayhan Kose, "The Effects of Financial Globalization on Developing Countries: Some Empirical Evidence", International Monetary Fund, Washington D. C. 17 March, 2003. 参见:www.imf.org/research.

8 John Gallagher and Ronald Robinson, "The Imperialism of Free Trade", in *The Economic History Review*, Second series, 1953, 6 (1).

实地用来解释国际贸易所造成的不公。虽然我并不想在这里批判地梳理国际贸易理论和国际贸易自由化的借口，但人们对于什么是"不公平贸易"已经有了普遍的认识。一些已被观察到的长期趋势无疑参与了这种不公平贸易的形成，它们常常与可以追溯到殖民时期的国际经济交换的规律与方式，以及现下持续进行着的贸易伙伴之间不平等的经济权力相关，与帝国主义也并非没有关联：

20世纪中叶保罗·普雷比什[9]（Raul Prebisch, 1950）和汉斯·辛格[10]（Hans Singer, 1950）发现：与制造品相比，初级产品的贸易条件逐渐恶化；

W. 亚瑟·刘易斯（W. Arthur Lewis, 1977）发现：和温带初级产品相比，热带初级产品的贸易条件逐渐恶化；[11]

由新兴工业国家的工厂制造的"通用制造品"近期的价格与具有牢固的知识产权（即技术垄断）的产品相比处于下跌态势，而这在现今又被世界贸易组织的《与贸易有关的知识产权》（TRIPs）协议所强化。

或许由于国际专业化，贸易的确能带来潜在的利好，而现存的相当大的一部分保护对于发展来说，都是负担而不是有利条件。然

9　Raúl Prebisch, "The Economic Development of Latin America and its Principal Problems" (1950), reprinted in *Economic Bulletin for Latin America*, 1962 (7).

10　Hans W. Singer, "The Distribution of Gains Between Investing and Borrowing Countries" (1950), in *American Economic Review*, 40. Reprinted in David Greenaway and C. W. Morgan (eds.), *The Economics of Commodity Markets*, Cheltenham: Edward Elgar, 1999.

11　W. Arthur Lewis, *The Evolution of the International Economic Order*, N.J.: Princeton University Press, 1977.

而，贸易自由化的倡导者忽视了"转型成本"（即贸易自由化带来的就业和收入损失，包括对现有产业、就业岗位等的摧毁），以及并不存在新的就业岗位将替代失去的就业岗位的保证——正如那些在非现实主义的和常常过分乐观的假设下建立的经济模型所显示的那样。"即便富裕国家完全开放了从发展中国家进口农业、纺织业和其他制成品的渠道，这也不会给出口国家增加多少收入。"[12] 维斯布罗特和贝克引用了世界银行的数据[13]，预测当 2015 年所有这些改变都得到实施后，这些贸易只会给低收入和中等收入的国家增加 0.6% 的 GDP。

关于发展中国家将成为北方国家（特别是欧洲和日本）农业贸易自由化的主要受益者的神话，因为召开于"9·11"事件之后，2001 年晚些时候的"世界贸易组织多哈发展回合谈判"而获得新生。虽然许多发展中经济体会从更易获得的、更多的渠道进入北方受到保护的农业市场，但是事实上主要的受益者却来自那些富裕的农业出口国，北美和澳洲的殖民定居地，而并非发展中国家。[14]

或许最重要的是，从发展兴旺的、有可能破坏帝国主义霸权的国家资本主义的角度来看，贸易自由化也会有破坏发展受到临时保护的"婴儿产业"的可能性。虽然进口替代工业化（import substituting industrialization）当然成败不一，但东亚奇迹毫无疑问主要是得益于旨在促进出口的有效保护（effective protection conditional

---

12　Mark Weisbrot and Dean Baker, "The Relative Impact of Trade Liberalization on Developing Countries", in *CEPR briefing paper*, 2002.

13　World Bank, *Global Economic Prospects and the Developing Countries*, World Bank, Washington DC, 2002.

14　Kym Anderson, "Agricultural trade and rural poverty reduction: Market access", in *Paper at Fourth Asia Development Forum on Trade and Poverty Reduction*, 4-5 November, 2002.

on export promotion），而不是像新自由主义经济学家所声称的那样，是贸易自由化或开放经济体。有观点认为发展有力的国家资本主义可以削弱帝国主义的霸权，贸易保护不仅已成为发展策略的一个重要工具，正如保护婴儿产业的观点所指出的那样，它也是一个福利政策的工具，尽管未必都周密规划和特别有效，但还是对于现代社会的凝聚力具有重要意义。

技术

技术优势对于企业的经济主导地位越来越重要，尤其是在国际层面上。其中，知识产权和由此获得的经济利益基本上是一种20世纪的现象，只是在过去的几十年中才获得了其当前的重要性。结果是，近些年来，得到强化的知识产权抬高了获得技术的成本，降低了技术转移的可能性，强化了跨国公司的垄断权力，给发展和工业化带来不利后果。如果知识产权被更早确立的话，在过去两个世纪中，技术扩散和学习的步伐将会减慢很多。

1980年代中期，即自第二届里根政府开始，以美国为首的西方政府成功地在国际层面主张保护知识产权。后来，美国国务卿舒尔茨（Schultz）成功地取得了很多友邦政府对知识产权的支持，而这主要有利于美国跨国公司。由于关贸总协定/世界贸易组织的《与贸易有关的知识产权协定》（TRIPs），建立和执行很多双边协定的交易成本大大降低。于是TRIPs强化了垄断性知识产权主张，而这是世界知识产权组织（WIPO）不曾规定的，后者从未十分成功地主张这些权利。由于世界贸易组织的争端解决机制，现在知识产权可以像任何其他世界贸易组织承认的贸易争端一样解决，比通过世界知识产权组织远为有效。

这一形势的重要性可以从以下事实中看出：得自知识产权的收

入现在构成美国最大的单一外汇收入来源。然而，为了确保发展中国家会支持"世界贸易组织多哈发展回合谈判"，美国承诺大幅度地降低治疗艾滋病的药物的价格，这意味着可以重新全面评估和修订知识产权和世界贸易组织《与贸易有关的知识产权协定》的执行体制。多哈回合之后的形势则显示：这种预期是不现实的，美国的示好仅仅是为了引诱发展中国家参与多哈回合——它被欺骗性地称作"发展回合"。

新的国际经济治理

布雷顿森林机构（国际货币基金组织和世界银行）正日益被视为发展的障碍，因为它们自 1980 年代以来教条地推进经济自由化，而不顾所谓"华盛顿共识"（Washington Consensus）的经验和理论依据的可疑性。[15] 它们也被认为利用经济不景气来推行促进经济自由化和全球化的政策，以服务于跨国公司的利益。以美联储领导的 80 年代早期的货币紧缩和债务危机作为肇端，南方国家被以新自由主义手段置于从属地位，这常常是通过国际货币基金组织领导的稳定化（stabilization）和世界银行领导的结构性调整项目，及世界贸易组织在过去十年中的规则和章程来进行的。

最近，世界贸易组织扩大的项目不仅加速了制成品的贸易自由化的议程实施，也将其扩展到农业和服务业。然而，实际的进展并不均衡，主要向拥有权力的企业利益倾斜。在服务业中，比如对于建筑业和航运业的自由化微乎其微，而这些产业中发展中国家拥有巨大的份额。而由美国和英国利益主导的金融服务业却在多条前线上被自由化，包括世界贸易组织。

15　J. E. Stiglitz, *Globalization and Its Discontents*, New York: Norton, 2002.

更值得警惕的是，如上文所指出，世界贸易组织强化了被称作"知识产权"的跨国企业垄断，并将经济自由化议程拓展到超出贸易自由化的其他许多领域。当前世界贸易组织内的一大斗争是关于扩大"贸易相关"的议题的范围，发达国家政府几乎是毅然决然地站到一起，试图将所谓的贸易议题拓展到投资、政府采购等等。

必须得承认，相比于国际货币基金组织和世界银行，世界贸易组织有着更为民主的治理结构。在前两者中，除了创立者（尤其是美国）拥有过度的决定权之外，一美元意味着一票。近几年，有证据表明，这种多边路径正越来越被布什当局边缘化，而转而青睐更加单边主义的和具有潜在不平等性的双边安排，其伙伴觊觎的是政治利益而非经济利益。然而，世界贸易组织现在普遍被看作是在推广华盛顿共识的新自由主义方案。它也比它的前身关贸总协定更有权力，而更具偏向性。它在以发展为代价推行贸易的同时，推进经济自由化方面，已经积累了一套记录。

全球化和美国霸权

伴随着全球化和自由化，过去二十年的经济增长速度要远低于"二战"后第一个二十五年。有充分证据表明，经济波动在加剧，国际经济不平等在扩大，援助资金流在减少，以及其他自相矛盾的偏向于跨国企业（尤其是金融企业）的上升的经济发展方案在被制定和实施出来。在一个美国的超级权力不受挑战——而且是不可挑战——的时代，许多现存的多边机构，包括联合国系统，甚至是北约，都在被重新定义。

正如之前所提到的，从 2001 年 9 月 11 日美国受到恐怖袭击之后，整个世界的政治形势对经济全球化有着严重的影响。最重要的是，更加坚决的美国单边主义（明显受到所谓"新保守主义者"的影响）持续地对国际关系和国际机构造成巨大的改变。这包括国际货币基金组织、世界银行、世界贸易组织这些参与国际经济治理的机构。而"新保守主义者"的锡安主义（Zionist，另译为犹太复国主义）和有所选择的自由民主议程昭然若揭，而他们对布什保守阵营的实际影响及其经济后果尚不清楚。

现在，有越来越多的人认识到经济全球化和国际经济自由化的承诺的虚假性。来自富裕国家的官方发展援助总额（total official development assistance）所占国民生产总值（GNP）比重从1992年的0.49%持续下降到去年的0.29%，而非上升到早在三十年前就已制定的0.7%的目标。与此同时，美国的付出在2001年已经跌至0.09%，只是到了2002年3月在蒙特雷，乔治·W.布什总统才承诺在未来五年中将其贡献提升一半，亦即达到0.13%。[16]

尤其是在入侵伊拉克之后的近期的事态发展，表明这种开支将比过去任何时候都更加政治化和附带更多的条件。众所周知，以色列长期以来都是美国援助的最大受益国，自从戴维营以来，埃及一直位居第二。塔利班政府垮台之后，最近的美国政府预算一开始都没能给阿富汗留出任何援助，直至一笔三亿美元的援助在美国国会被仓促通过，而这笔钱是给予一个自从1970年代以来一直处于战火中，并在"9·11"之后被大规模轰炸的国家。

美国的支配和脆弱性

大卫·达皮斯（David Dapice）说："没有一个国家可以在其经

---

16 考虑到以色列和埃及至今位于美国援助接收者名单的顶端，人们不应该吃惊于美国让日本去支付上一次海湾战争的成本，或是在十年前重建柬埔寨的开支，或者让其他人为去年在喀布尔的阿富汗政权更替买单。

济实力——更不用说是其施展权力的能力——是以与那些据说被它支配的国家的合作为基础的时候,还能长期保持的。"他总结道,缺乏强有力的经济支持,美国霸权的未来要么不会长久,要么至少比美国的盟友和批评者所意识到的更加微妙。[17] 尽管他的观察十分重要,然而他似乎忽略了整个的帝国主义的经济史,其中霸主的经济力量并不总是强盛的。

他可能清晰地记得英国的资本输出,尤其是对其殖民地的资本输出,但这忽视了从帝国其他地方输送来的大量财富。[18] 二战后不久,英属马来西亚的出口收益超过了帝国的其他地方,而英国自身却依赖于净资本流入。虽然战后的情形毫无疑问是特殊的,但越来越多的证据表明,大量的财富从其帝国各地的活期账户和资本账户流出,包括英属印度、西印度群岛、撒哈拉以南非洲和东南亚。换言之,殖民主义是有利可图的,虽然存在地区差异。

无疑,美国的经济较之它的两个主要竞争对手来说仍然保持着强健和活力。日本在其灾难性的金融大改革之后,十多年来一直处于停滞状态。与此同时,欧洲日益被其《稳定与增长公约》所束缚,人们越来越相信,该协定已经剥夺了欧洲反通货紧缩的货币政策工具。然而,将美国视为"超级强国"(hyper-power)的看法没能充分考虑到该国的经济脆弱性。比如,美国的财政和经常账户余额的"双赤字"和选举考虑,已经让美国在贸易自由化上的立场大打折扣,比如其 2002 年的钢铁关税和农业补贴使共和党得以主导国会和参议院。即便美元在 2002—2003 年大幅贬值,即便它们被世界

---

17 David Dapice, "Does the 'Hyper-Power' Have Feet of Clay?" in *YaleGlobal* (Yale Global online), 3 March, 2003.

18 Jomo K. S. (ed.), *Malaysian Eclipse*, London: Zed Books, 2001.

贸易组织的争端解决程序所否决，这些关税和补贴依然持续着。这进一步加深了人们对美国的单边主义和它不愿服从（国际）法治的印象。美国同时也依赖于平均每天逾13亿美元的资本流入，以支持其进口，并导致经常账户赤字。美国的外汇收入主要来自知识产权版税，其次是金融服务。

随着金本位制的终止，美元越来越被广泛地作为普世的价值载体和交换媒介，而事实上的"美元本位"（dollar standard）的出现和巩固并不是一帆风顺的。出现自1960年代，尤其是越南的"春节攻势"之后的欧洲怀疑主义，给美元造成了巨大的压力，致使尼克松单方面拒绝承认美国在布雷顿森林体系（该体系于1944年在对"美国统治下的和平"的展望之中确立）中的义务，美元于1971年贬值。后来，1985年9月的广场协议（Plaza Accord）导致的美元贬值——追随沃尔克（Volcker）的美联储高利率的通货紧缩干预，这场干预导致了1980年代的一系列主权债务危机——并没能成功地缩小美国对日本的巨额经常账户赤字。反而，随后流入美国的包括来自东亚的资本，自此支撑着美国对东亚的经常账户赤字。

在最近数十年中，美元的币值越来越多地是被从世界其他地方输入的资本所支撑，而不是依靠美国本身的出口实力（今天，"知识产权"是美国最大的出口增长点）。讽刺的是，许多这类资本流入来自东亚，也就是说东亚出口商一直在赚取美元，并被他们的政府用来购买美国国债。几乎一半的美国国债被外国央行作为外汇储备所持有，它们主要集中在东亚。在1990年代，许多央行被鼓励出售黄金储备，结果却是用更多的美国国债取而代之。大部分外国央行不太可能出售这些国债，因为它们害怕这会削弱本国货币。

布雷顿森林体系的与黄金和美元捆绑的固定汇率在1970年代初

期被一个弹性汇率体系所替代。但是布雷顿森林体系在1971年的消亡并不意味着美元国际化、将美元价值与黄金挂钩所意味着的事实上的"美元本位",以及美国外债的堆砌的终结。离开了布雷顿森林体系的框架,政治霸权和自信变得前所未有地重要。在此背景下的全球化和其他替代性制度(主要是苏联体系)的消亡也同时固化了新的安排。

美元霸权意味着海外的经济增长提高了对美元资产的需求。随着各国央行发行更多货币,他们同时也希望持有更多美元资产储备以支撑本国货币。而全球化进程中,大幅增加的跨国交易也需要更多的美元来进行买卖。因此,世界经济日渐被美国的货币政策所挟持,因为美联储能够决定全世界的流动性。美联储总体上的紧缩立场,与欧洲《增长和稳定公约》和日本央行史无前例的紧缩货币政策相结合,一起图谋对抗全球更快的经济增长,及其相伴随的通胀。

但是,这个体系的发展也意味着,全球流动性取决于双方同时接受外国人持续增加对美国资产的持有。毕竟,美钞或美国国债意味着美国财政部对最终偿付的承诺。而同时,这种债务的积累可能最终会损害对其价值的信任。但是,讽刺当然在于,世界无法承受美国逆转这个潮流,这必然造成一场全球性的流动性紧缩。自然的,美国债权人从这种事实上的美元本位中获益。全部美元中已然有一半是在海外流通。我们最终创造了这样一个世界:世界其他地方都向美国出口,情愿接受较少的回报,好换回拥有足够多的美元以承担国际流动性的"特权"。

理解帝国主义

这篇短文论述了帝国主义延续至今的现实相关性。将近一个世纪前，19世纪英国自由主义者约翰·霍布森以如下理由反对帝国主义：它反映出商业利益的集中化（与自由的、放任的资本主义相抵触），以及它对公共政策施加影响，特别是以殖民扩张的形式。列宁继而将此与希法亭对当时新兴的以银行－产业联合体（bank-industry nexus）的形式出现的金融资本支配的认识相联系，认为当时的社会民主主义运动应该反对民族沙文主义，这种沙文主义表现为在第一次世界大战中支持其各自的国家，而"一战"在他看来，是一种欧洲内（intra-European）的帝国间（inter-imperialist）战争。那一时期的很多其他著作，包括卡尔·考茨基（Karl Kautsky）的关于"超帝国主义"（ultra-imperialism）的讨论，对于当代也都大有意义。但是，霍布森－列宁帝国主义观未能对马克思的洞见予以充分的注意，这一洞见后来被约翰·加拉格尔（John Gallagher）和罗纳德·罗宾逊（Ronald Robinson）详细阐发为"自由贸易的帝国主义"（imperialism of free trade）。

世界经济的组织方式的很多其他变化也必须被纳入对当代经济帝国主义的分析中去。关于金融资本在过去的四分之一世纪中的上升，目前存在着广泛的共识。这部分体现在对一种盎格鲁－美利坚式的资本主义改革常规的推广中。在另一方面，其他人夸大了近期的后福特主义、国际转包和组织革新的重要性，他们认为这些正在不可阻挡地创造出一个去中心化的网络帝国，在其中，国家权力无关紧要。[19]因此，哈特呼吁统治阶级认识到他们的命运并不取决于

---

19 Michael Hardt and Antonio Negri, *Empire*, Cambridge: Harvard University Press, 2000.

美帝国主义，它仅仅是返祖现象，而不是他们的最大利益——与他之前的熊彼特[20]并无区别。

最近美国国内的帝国主义讨论最初产生于关于美国在越战溃败和第一次海湾战争之后其海外干预的佯装的必要性的公共讨论中。正如19世纪欧洲和20世纪初在美西战争之后对菲律宾实施再殖民的美国的那些话语，高尚的动机——最近是"人权"、"民主"、"善治"——再一次被端出来，在2001年9月11日后开始的"反恐战争"之前就是这样。

人们也越来越经常地将布什表面上的单边主义与其前任所谓的多边主义相比较。但人们逐渐认识到，虽然美国军方鼓励前者，华盛顿当局还是认识到后者更大的合法性和更低的成本——只要它不会妨碍自己的利益。多边主义机构和制度对霸权国进行牵制的可能性是华盛顿所害怕的，但多边主义对实现美国目标的低成本和高合法性的优点背书，却没有被任何一届坐在不断增长的双赤字上发起自己的多边项目——比如"自愿联盟"（coalition of the willing）和"美洲自贸区"（Free Trade Area of the Americas）——的政府所遗忘。虽然在2002年，美国可能是被它自己的英国盟友拽到了联合国安理会以获得其入侵伊拉克的合法性，但是在2004年初，它却是出于自愿走向北约的，拼命寻找从伊拉克退出的策略，因为那时占领伊拉克的成本持续攀高，而2004年1月的总统选举却又步步逼近。

哈特正确地指出："反美国主义"（anti-Americanism）只能走入政治上的死胡同。[21]虽然面对美国的傲慢、军国主义和单边主义，

---

20 Josef Schumpeter, *Imperialism and Social Classes*, New York: K. M. Kelly, 1926.

21 Michael Hardt, "A trap set for protesters", in *The Guardian*, 21 February, 2003.

反美国主义和多边主义都是可以理解的,但是它们都不能形成一个反帝国主义策略。当代南方启示录中的骑士——布雷顿森林机构和世界贸易组织——都是多边机构,一如联合国安理会和数不尽的其他机构,它们都曾被成功地用来推行、保护和合法化当代经济帝国主义。但是今日在国际关系中反美国主义的主要任务必定是尝试制衡霸权国,特别是考虑到现有多边主义和其他机构在这方面均告失败。但是,从欧洲和日本在2003年9月坎昆世界贸易组织部长级会议中各自的立场来看,南方国家也不能期待它们采取更加富有同情心的立场。

但是,哈特向全球精英提出的反抗美帝国主义,而选择一个去中心化的网络帝国("多边主义的平方"[22])的呼吁显然没有理解资本主义、帝国主义和国家权力在当代的本质。这不是想调用对帝国主义国家的功能主义观,而仅仅是强调,在这个全球化时代更加密集的跨国经济流动的背景下,这个国家除了保护和增进具体的利益之外,在实现资本主义改革方面扮演的中心角色。当前世界贸易组织的多边主义的知识产权体制,要比舒尔茨花费如此多的时间、精力和资源所建立的诸多双边安排要廉价和有效得多。当然,世界贸易组织对美国钢铁关税的驳回让布什政府难堪。而2003年9月的所谓"坎昆的失败"鼓励了美国与自愿的伙伴之间的单边主义"自由贸易协定",重新启动了它建立一个美洲自由贸易区的尝试。

但这不意味着可以得出美国就教条式地成为了"单边主义"或者"军国主义"国家的结论。事实恰恰是:美国总体上倾向于多边

---

22 Michael Hardt, "Folly of our masters of the universe: Global elites must realise that US imperialism isn't in their interest", in *The Guardian*, 18 December, 2002.

主义，只要它足够方便，但是如果找不到别的出路，布什政府更乐于退回到单边主义。只要"法治"足够方便就把它捡起来，而不必严肃地、一贯地专注于它。或者可以说是只要方便就多边主义，而如有需要就单边主义！但这些关于帝国主义细节的辩论不应该干扰我们对这个体制之核心的关注，即那个不断改变和显现自身的帝国主义。

帝国主义从未被透过功能主义视角，或是通过对每一个国家的行动和干预进行成本-收益分析和计算来得到很好的理解。帝国主义必须被历史地理解，充分看到它充满了矛盾的特点，而不是用一种功能主义的视角，或者是以一种清晰的、理性的、一致的和所有人（哪怕仅仅是精英）都共有的支配性的观点来看待。特别是当前对政治和军事维度的关注遮蔽了经济帝国主义的演变和持续。"全球化"（指各种各样的跨境流动）这个含糊不清的术语的流行导致了它的支持者和反对者之间的伪辩论，这无异于盲人摸象。

最后，需要注意的是，对哈特来说，"帝国主义对于商业来说是有害的，因为它给全球流动设置了障碍"[23]。这样的观点源于一种19世纪仅仅与殖民主义相关的帝国主义观点，它暗示帝国主义已经和殖民主义一起消亡了。尽人皆知，国际货币基金组织、世界银行和世界贸易组织所做的正是哈特以为帝国主义会反对的，这意味着这三位"骑士"是支持帝国，而反帝国主义的！只有官样文章的绕口令——搬出反帝国主义的帝国概念——才能产生这种分析和结论。

2012年

---

[23] Michael Hardt, "Folly of our masters of the universe: Global elites must realise that US imperialism isn't in their interest".

第二节

亚洲思想运动报告

《人间思想》发刊词

高世名

《人间思想第一辑 作为人间事件的1949》贺照田、高士明主编　金城出版社　2014年

在今日林林总总的汉语写作中，我们总能发现一些无法被当今学术和学科打捞起来的东西，一些溢出理论、话语、知识生产的思想与情感的剩余物。这些难以被命名的剩余之物，往往让人百感交集、一言难尽。清人况周颐说："吾听风雨，吾览江山，常觉风雨江山外有万不得已者在，此万不得已者，词心是也。"这词心之根基，此"万不得已者"，亦是人间思想持存之基础，探讨之目的。

"人间思想"希望承接陈映真先生《人间》杂志的精神脉络，扎根现实，深耕社会，呈现当代人的思想与情感、困惑与怀抱。它不是要导向文人化的世情咏叹和人生感悟，也不欲唤起那筑基在市民社会和现代个体基础上的民粹与人道，其运思写作之基础，是人心世道，是所谓"人间"。

所谓"人间"，不是社会学家"田野调查"的场所或对象，也不是公共理论的外在化的"社会"和日益空洞的"公共空间"。人间是有我之境，人间思想，乃有我之见。它牵系着乡土，无论城乡市镇；它趋向民众，而非人民或公众；它怀抱家国而非国家，无论父国、母国抑或祖国；它期待着唤起一种新的写作方式，一种久违的思想姿态。

人间思想，是感同身受的思想。人在其中，身心俱足，故感同身受。人间思想，是有情有义的思想。人在其中，因缘牵引，故有情有义。人间思想是"在人间的思想"，也是"为人间的思想"，在我们的思考、写作和创作中，它从未失却，又尚未到来。

2013 年

亚洲思想运动报告

2014 人间思想论坛

"人间思想论坛"旨在逐步梳理亚洲范围内诸种具有长期学术累积的社会思想脉络,邀请在亚洲多年开展思想运动的核心参与者和代表人物进行阶段性总结;透析这些思想运动与其社会现场的关系,追问其起伏转折的现实脉络与思想根源,对其问题意识、历史线索、发言位置进行深度理解与反思。通过这些来自不同社会现场的报告与回应,我们希望在亚洲思想界切身/返身的交互辩证中,以心灵感知社会,用情义连接他人;以民间社会的现实关怀和人间情味,去激发出更真切的历史解释力、更人性的政治决断力、更开放的社会创造力。"人间思想论坛",正是为了那正在缓慢浮现中的"人间思想",搭建起一个思想发生和意见交锋的平台。

"2014人间思想论坛:亚洲思想运动报告(一)"由亚际书院、中国美术学院、北京民生现代美术馆共同主办,于2014年10月24日至26日在北京成功举办。论坛邀请了陈光兴、许宝强、刘志伟、樱井大造、温铁军、贺照田六位学者作为主讲人,分别就"《台湾社会研究季刊》、《岛屿边缘》、Inter-Asia Cultural Studies: Movements(《亚际文化研究》)、《人间思想》:知识活动与社会实践","游走于大学体制内外的批判思想与社会运动:1990年代至今的香港左翼文化研究"、"在历史中寻找中国：'华南研究'三十年"、"帐篷剧场：迁徙与运动"、"乡村建设的中国道路"和"启蒙与革命的双重变奏——从如何理解现代中国革命说起"这几个议题展开详细陈述。论坛同时邀请了包括白永瑞、王晓明、陈冠中、孙歌、牟森、吕正惠、徐进钰、郑振满、程美宝、杨念群、沈林、丸川哲史、铃木将久、白池云等来自亚洲各地的三十余位具有深厚的学术涵养与蓬勃的思想动能的学者、思想家莅临现场，担任主持或回应。论坛上，各位思想行动者分享多年深耕现实田野和知识田野所累积的切身经验和智慧，同时坦承其间遭遇的困难和困惑，不断开阔思考界面，进而更加迫近问题核心，他们的发言充满了锐利的思想机锋，也饱含了丰富的人间情味。论坛之后，高世名、贺照田二位学术主持以"亚洲思想运动报告"为专题，在《人间思想》集刊（简体版）的第四辑正式出版了此次论坛的成果。

亚洲思想运动报告：2014人间思想论坛现场

①

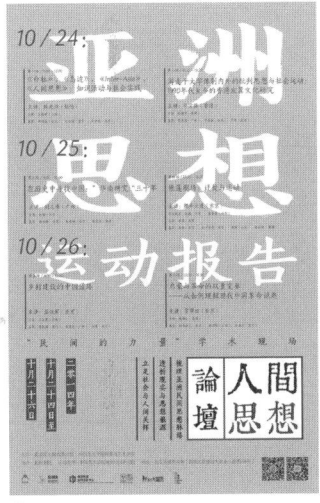

②

① 《人间思想第四辑 亚洲思想运动报告》高士明、贺照田主编　人间出版社　2016年
② 亚洲思想运动报告：2014人间思想论坛海报

在思想中运动,在运动中思想*

高世名

2014年10月我们在北京举办首届"人间思想论坛",希望通过这个两年一届的论坛,搭建起一个思想发生和意见交锋的平台,为了那正在缓慢浮现中的"人间思想"。

首届论坛的主题是"亚洲思想运动报告",旨在一步步梳理亚洲范围内诸种具有长期学术累积的社会思想脉络,邀请这些思想运动的核心参与者和代表人物进行阶段性总结;透析这些思想运动与其社会现场的关系,追问其起伏转折的现实脉络与思想根源,对其问题意识、历史线索、发言位置进行深度理解与反思。通过这些来自不同社会现场的报告与回应,我们希望在亚洲思想界切身/返身的交互辩证中,以心灵感知社会,用情义连接他人;以民间社会的现实关怀和人间情味,去激发出更真切的历史解释力、更人性的政治决断力、更开放的社会创造力。

左右为难

在步步紧逼的现实面前,我们左右为难。

---

* 本文为《人间思想第四辑 亚洲思想运动报告》(高士明、贺照田主编,人间出版社,2016年)导言。

左或者右，在不同的社会、时期和领域中自有其全然不同的内涵和价值指向。而过去两年东亚场域中发生的几场社会运动，更使得"左右"之间更加模糊难辨。在最近的文章中，我谈到：现实政治中的右翼正颇为顺手地操持着左派话语，而知识左派在现实政治中的主张与右翼却越来越难以区分，这使得他们在现实斗争中日益失语或者失据。为此，我们邀请台湾知识运动的重要参与者陈光兴教授，从解严以来几份关键性思想刊物出发，勾勒出台湾知识左翼的运动路线图。通过对《台社》《岛屿边缘》《亚际文化研究》以及《人间思想》四种杂志的办刊理念、知识经验和现实矛盾的详细剖析，陈光兴试图追索三十年左翼运动中那些难以说清的"世代的心情"，以及那弥足珍贵的"心/情的历史"。陈光兴坦言，他所面对的问题首先是，在当下处境里，这些心情与历史如何承继？

来自香港岭南大学的许宝强教授则分析了香港大学体制内外的批判思想与社会运动之间动态的历史关系，至于这些思想与运动究竟属左还是归右，他抱有较多的迟疑。联系到他的切身经验，从他的迟疑中，我们可以感受到一种在社会运动现场被遮蔽、扭曲甚至变形了的政治经济学感知，以及这种感知所可能导向的一条隐含批判性的身心脉络。

在郑鸿生教授充满忧心的回应中，我们看到，无论是在香港还是台湾，知识左翼在最近这一轮社会运动中被轻易地收编，又被无情地抛弃——香港发明了"左胶"，台湾抹黑了"左统"。然而，"进步的左翼社会运动被分离运动收编"，"左翼的失败"，这些近来颇为流行的说法或许只是表面现象，跟这些年左翼知识话语在全世界"学院知识界"的大行其道同样可疑。真实的运动中，既然有人左右为难，也就有人左顾右盼，甚至左右逢源；而这些左或者右，掩盖的是远为复杂纠结的现实，尤其当我们从政府话语-知识话语-民众话语的多层动力机制中、在官方媒体-大众媒体-自媒体的多重映射关系中进行考察的时候，问题更显得错综幽邃。

所以，无论陈冠中对"名词的左派"和"形容词的左翼"做怎样的区分，人间思想既不是左派，也不做右派。这绝不是妄自尊大到要超越左和右，而是希望停留在一个特定的思想位置上，就是"左右为难"。左右为难，且安居其位。在这里，左右为难不是为了取其中道，不是为了最终找到那条适中的路，正确的路，或者妥协的路，而是要始终处在左和右的紧张关系中，从这种关系里面保持一种思想的活性。在左右为难的境地，思想之张力愈巨，思想之动力愈足，困惑与思辨也最能够彼此辉映、交相滋长。

深入人间现场，安居于左右为难之际，一些问题与观察随之现身，例如：1960年代席卷东亚乃至全世界的"革命／运动"与这十几年来的社会运动之间有怎样的关联和差异？

我们看到，在中国大陆、香港、台湾包括日本之间的复杂的动力关系中，存在着一种日常生活的政治化。更明确地说，在港台地区，前一段轰轰烈烈的社会运动似乎无意于1960年代人们所宣称的"日常生活的革命"和"人的解放"，反而造成了现实中日常生活的政治化。那些来自"市民社会"的种种期许，带来的只是一个"政治社会"。在政治社会中，族群分裂、斗争频仍，公共性表面打开实则冻结，表现为形异实同，同而不共，共而不公，众而不公。中国大陆激发了港台知识话语和日常生活的自我政治化倾向，与此同时，港台社会运动也加剧了大陆人身上"国家自我"的复兴。1980年代以来在大陆逐渐养成的社会意识的复杂性反而被削弱了，许多话语重新开始被政治化、绝对化。

结合港台同仁们的陈述，贺照田针对新时期以来中国社会的政治情感处境进行了一系列深入细腻的分析。他的文章中，对革命和后革命的双重结构中衍生出的后文革话语、新启蒙话语进行了抽丝剥茧式的分析，而他对这些话语所激发的情感意识和心理感觉的分析，更进一步解析出了过去四十年中大陆知识分子社会意识的复杂性与矛盾性。许多习以为常的观念由此显示出其情理交错的现实机理。

吾土吾民

中国在现代百年里所经历的一系列巨大变化，是从乡土社会千千万万个升斗小民们的生活层面开始发生的。然而在三十年来激进的城镇化过程中，这个乡土社会的真实内涵却在形形色色的政策与规划中迅速流失。国在山河破，已经成为今日中国的现实。若要修复中国农村日益被掏空的乡土社会，就需要真正调动起民众自身的需求与能量，重新建立一种有情有义的社会伦理，更重要的，是重建一种足以抵抗资本主义欲望机制的生活生产方式。

作为当代"乡建运动"的旗手，温铁军教授在文章中系统梳理了20世纪此起彼伏、前赴后继的乡村建设运动，同时对当代中国城乡发展的现实状况进行了深入的政治经济学分析。其文着重讨论了中国发展中的"成本转化"问题，即在全球化、城镇化过程中，农民是如何沦为最大程度上承受了发展成本转嫁的群体。文章提醒我们，从社会的最低处开始反转，依旧是当代中国一个非常重要的思想和实践策略。温铁军指出，乡村建设要"去意识形态化""去精英化""去激进化"，由此才能够在乡建过程中赢得民众的自我赋权。

同样面对乡村问题，在本专辑中我们也可以看到另一种方法和路径，这就是刘志伟、郑振满、赵世瑜、程美宝四位学者所代表的"华南研究"。他们长达三十年的历史人类学实践，在当代中国各类社会思想实践中显得非常独特而动人。他们不只在做历史解释和知识生产，与他们那些民国时期的前辈们一样，其工作中隐含着一种对于社会进程的理解和愿景，而这种理解和愿景他们往往并不宣之于口。在郑振满对温铁军的回应中，我们可以感受到，乡民的生活中依旧存在着某种很积极的东西，一种生活的和生产的原动力，一种比知识分子所倡导的自我赋权更持久、更强大的日常的力量。"华南研究"三十年，其重要目的就是要捕捉和呈现这种日常的力量，以建立起一种自下而上的，从人的行为出发，从民众生活史出发的对中国社会历史的结构性认识。

其实，这种意识也始终渗透在孙歌、赵世瑜等人的讨论中。对他们来说，乡村面对的不止是在所谓"三农"问题上与政府话语的博弈，更值得倾注心力的是乡村所牵系着的吾乡吾土、吾土吾民的生活世界。孙歌追问——作为"社会机制"的乡村意味着什么？其背后蕴涵的中国社会的原理是什么？在历史上，乡村社会的宗法伦理、互助自治……使中国人在国民社会中保留了天民/生民的本质，这使得每个村落都同时是一个历史性的生命共同体。乡村建设的核心问题是：如何在当代社会激进发展的过程中守住那块土地，让每个村落的生命共同体能够继续生生不息？

随着全球化整合过程的加深，民间生活的景观化、群众文化的匮乏，已经逐渐瓦解了乡土社会的生活世界和精神品质。由知识分子主导的乡村建设实践中，有必要强调一个反向学习的维度。知识分子需要思考的是：如何超出当代知识生产的全球性运作场域，从吾土吾民的真实生活出发，去实践、建立一个自我教育、自我生产的系统；从乡土社会中去体验、去重新学习另一种言说与创造的方式，另一种对待事物的态度，另一种交往伦理，另一种对生活的理解？

这导向人间思想所关心的一个核心问题，即民众的思想和精神世界如何呈现？思想如何转化为民众生活的研究、写作与实践？就此，自1960年代以来始终坚持帐篷剧创作的樱井大造，在其文章中非常坦率地展示了他对民众与精神、运动与表现的理解。论坛期间，我曾经问樱井大造，知识分子和民众在帐篷剧中究竟占有何种位置？樱井回答得非常彻底和干脆，他说帐篷剧中的人要同时具有高度的知识分子性和高度的民众性；甚至通过帐篷剧，知识分子要生产出超越民众的民众性。

这就涉及本专辑的一个关键词，运动。樱井大造对1960年代的社会运动并不陌生，事实上他本人曾深度参与其中。然而他的工作正像程凯在回应中所指出的——把戏剧和社会运动同时相对化了。或者说，他的帐篷剧是在用另一种方式，一种置身于运动之外的方式来做运动。

他的运动路线有二：一是彻底的业余主义，他这些年始终在跟新人、跟业余表演者合作；二是彻底的底层主义，他的运动一直在"往下走"。从这彻底的业余主义和彻底的底层主义中，我们看到，他所瞄准的是三种现象——消费社会、庸俗智性以及文化享乐。在帐篷剧实践中，他试图用集体行动抵抗消费社会，用身体劳动抵抗庸俗智性，用自主稽古抵抗文化享乐。帐篷在他这里，不只是要建立一个内部，而且要制造一个外部；帐篷在包裹起内在的同时，把外在的世界也包了起来，内与外之间形成了"一对一的平等关系"。就像沈林教授所指出的，樱井的帐篷剧其实是在舞台小世界、世界大舞台的内外辩证结构中，去寻找和建构"我"与"我们"。

在樱井大造的工作中，重要的其实不是运动。他要去面对的东西不是任何现实苦难，而是人类史层面的"共同体的沉默"。这共同体的沉默存在于所有的神学文本和政治文本的字里行间，要面对这一沉默，不能从运动出发，而是要从他所谓的"表现"出发。在他那里，所有展露在外的部分都只是表演，而非表现。表现是与那无法表演的隐藏部分进行的个体化的格斗。然而，帐篷场中的个体格斗如何促成共同体层面的反省？个体的自我赋权、自我解放如何发展成为社会过程？这是本次亚洲思想运动报告的根本关切。对我来说，要深入这一问题，就必须做到"在人间思想"，即从生活人的角度去理解民众的思想与生活，继而从民众生活史的层面去重新经验乡土与历史、国家和社会。

重新连接

"亚洲思想运动报告"的重要意义，是将来自亚洲各地的问题意识和思想境遇连接在一起。当代"景观治理"的重要特征，是把人的存在变得单元化、琐碎化。在全球资本主义的肥皂剧中，我们都是"本土"或"在地"。我们"在地"，却失去了根源和团结。因为在全球化的拼盘里，众多的"本土/在地"不过是被分配的差异性单元。没有共同关切，各种在地叙述就只是被分割开来的无生产性的差异之景观。而共同关切，并不意味着某种空洞的世界主义的企图，而首先是要用真实的现实经验去清理和批判那个被分割、分配的"在地性"，是要重新建构起一种呈现共同关切的思想的连接。

近年来，20世纪后半叶从冷战到后冷战的断裂中形成的历史地形图正在崩溃，崩溃过程中出现了众多不同的声音和理解。这些声音和理解促使我们彼此连接在一起：被分割为各类"在地"叙述的现代性的故事，以及当代思想-政治的故事应该连接在一起；海峡两岸、南北韩、南北越、印巴……这些历史的残局，这些被封闭在帝国治理与国族幻相中的叙述，以及这些区域的抗争与失败的历史应该连接在一起；中国大陆、台湾、日本、冲绳乃至两韩，东北亚的现代史与当代史，应该真实地连接在一起；甚至，"文革"、越战与西方1968社会运动以来的历史也应该连接在一起……

把这些景观碎片连接在一起，不是为了获得什么普适性或者国际主义，而是为了思想视野与画面的拓展。这连接不是静态的Local的拼合，而是在Edge的刀锋上，在内与外的边缘，在不断反转之中的生活经验与命运感的集结。由此而生的，是一种内在于亚洲历史状况的思想经验。这种思想经验在既内在又外在的纠结中自我反转，在现实运动中不断地抵抗知识化的倾向，在反复的自我解释和自我发明中展开我们共同理解的视野。这种思想经验要求我们在思想中运动，在运动中思想，在亚际共同体的命运中，从人间出发，在人间思想，为人间思想。

2016年

第三节

亚际双年展论坛

2014—2017 亚际双年展论坛

"亚际双年展论坛"是由亚洲知识界联合组织亚际书院发起的跨界学术项目，旨在联合亚洲各地当代艺术双年展的公共平台与当代亚洲的批判性思想。系列论坛将基于亚洲现实语境，回应各双年展的学术主题，以期促进亚际艺术界和思想界的交流与反思。发起人：张颂仁、高世名、陈光兴。

六届亚际双年展论坛：

2014 年上海站：诸众之貌（召集人：黄孙权）；

2014 年台北站：生产艺术（召集人：黄建宏）；

2015 年科钦-穆兹里斯站：思想-实践的流通与公众的形成
（召集人：张颂仁、哈马德·纳萨尔［Hammad Nasar］）；

2016 年光州站：亚际与其他世界：疯狂的联结
（召集人：金素荣［Kim Soyoung］）；

2016 年上海站：通过南苏丹去学习（召集人：陈光兴、张颂仁）；

2017 年科钦-穆兹里斯站：当下历史转换的节点：对亚洲未来的解殖（召集人：孙歌、阿迪蒂亚·尼加姆［Aditya Nigam］）。

亚际双年展论坛现场　2014年

生产艺术

2014亚际双年展论坛之台北

召集人：黄建宏

日期：2014年10月11—12日

地点：台北市立美术馆视听室、清华大学月涵堂

亚际双年展论坛在台北论坛，以"生产艺术"作为切入点，一方面以东亚的艺术创作面貌积极回应策展人伯瑞奥德（Nicolas Bourriaud）在此次双年展中提陈的"共活性"与"共相关性"；另一方面企图从生产艺术的思考面向上，将人、物及非人之间的支配关系与创造方法，开展为一种亚洲的思想场域。

议题：

1. 物与体制（召集人：张颂仁）

"物"既是被资本机制审查的资源，是等待被宰割的"他者"，也是通过生产制度左右着社会关系的枢纽。在生产关系里的物，既有被约化为阶级支配的载体，也有不能被这种关系完全涵盖的"他者"特质和他力。例如，从生产过程中转化过来的"物"，最后化身为污染和环保问题，正呈现了这种他力的发挥。物不能被彻底约化、抽象化，表示不同历史文化的技艺对物的品性发挥了多种可能。无论在何种文化中，物从未脱离过人的支配，同时也成为人支配他人的重要媒介。在"现代"亚洲，物究竟被置放在什么样的体制框架中？人在不同权力体制中又如何支配物或为物所支配？如果"解放"依然是有效的历史目标，那么人的解放最终或许也有赖于物的解放。

2. 精神生产与物之盛墟（召集人：高世名）

半个多世纪以来，人民在帝国与民族国家的双重结构中被重新切分，在殖民史和冷战史的纠缠交织中分断与离散，在全球化的生产－消费网络中被不断地分配与整合。在殖民/冷战这双重历史动力的作用下，亚洲的日常生活早已被纳入全球资本主义的生产和消费网络中，在"物体系"的意义建构和符号循环中，物（无论日常物还是艺术物）的全球流动背后是日益残酷的宰制与剥夺，代工体制与发展逻辑在亚洲留下的只是一片片生产的废墟。在这不断滋长的物之盛墟之上，我们是否可以发明出一种文化斗争与精神生产的新方式？

3. 技艺的协商与叙事的支配（召集人：黄建宏）

技艺是一种作用在物件与材料上的文化调节，在历史发展与事件发生中常保持着一种静默，仿佛技术无关政治，而技艺与历史的关系也似乎仅作为文化特征或文明的证据。然而，无论是工艺技术、艺术手法与科技，其延续常是一连串文化的翻译、协商、改写和误读。事实上，技艺之物往往涵盖了多层次的殖民痕迹与文化调节融合的状态，这个部分的讨论也就希望着眼于进步之物、科技产品或艺术作品在这静默历史中的痕迹。

思想—实践的流通与公众的形成

2015 亚际双年展论坛之科钦-穆兹里斯

召集人：张颂仁、哈马德·纳萨尔

时间：2015 年 2 月 7—8 日

地点：印度克拉拉邦科钦堡阿斯皮沃大楼内

2015 亚际双年展论坛（科钦-穆兹里斯）聚焦于"思想—实践的流通与公众的形成"。亚洲迅速崛起的各种当代艺术双年展见证了艺术创造动态现场并促生新兴公众群体的巨大力量。本论坛检视亚洲历史和当代案例中，围绕思想和文化实践的流通而形成公众群体的各种途径，并考察它们在建立亚洲社会和政治空间中的角色。

当下历史转换的节点：对亚洲未来的解殖

2017 年亚际双年展论坛之科钦-穆兹里斯

召集人：孙歌、阿迪蒂亚·尼加姆

日期：2017 年 3 月 17—18 日

地点：印度克拉拉邦科钦堡阿斯皮沃大楼内

联合主办：亚际书院、科钦-穆兹里斯双年展

本次双年展的学术讨论主题为"转型中的印度与中国"，意在通过印度与中国学者之间的对话，揭示这两个文明古国在现代转型过程中各自遇到的基本现实问题，以及围绕着这些问题所产生的各自不同的思想课题和思想资源。由于印度与中国学界缺少密切的互

动和深度的相互理解，本次学术讨论意在尽可能地碰撞出各自历史脉络的基本差异，并尽可能地传递当代印度与中国社会最迫切的现实课题。

第一场：政治思想与跨文化讲述

1. 孙歌 / 梁治平：历史转折期的中国政治与法律思想

2. 普拉迪普·达塔（Pradip Datta）/ 丽塔·科塔里（Rita Kothari）：泰戈尔的亚洲与全球生存问题的挑战 / 翻译与民主

第二场：现代性：接受与批评

1. 张志强 / 江湄：晚清思想界对"现代性"的接受与批判：以章太炎为中心

2. 桑贾伊·帕尔施卡（Sanjay Palshikar）/ 尼韦蒂塔·梅农（Nivedita Menon）：雅努斯双面现代性 / 让"我"能理解于"他"

第三场：伦理视野与政治转型

1. 刘志伟 / 吴重庆：共产革命与中国社会的变与不变

2. 安萨里（M. T. Ansari）/ 萨蒂亚纳拉亚纳（K. Satyanarayana）：穆斯林政治思想 / 安倍卡的革命性佛教伦理

第四场：马克思，资本与社会

1. 杨春宇 / 吴晓黎：中国社会的组织：历史与合法性问题

2. 德维卡（J. Devika）/ 阿迪蒂亚·尼加姆：共产主义国–民性 / 资本的"外部"

"生产",作为艺术批判性的关键词 *

黄建宏

我们如何能够谈论亚洲当代艺术,或说不同于现今全球化中流于再生产之国际模式(意即只有商品形式上的调整)的全球当代艺术?首先,或许需要面对的问题是为何国际上对于亚洲当代艺术的指称总是极化为"国族"与"国际"的两端,也因此,为何可以假装天真地用"中国当代艺术"、"印度当代艺术"等方式来限定其美学的可能性?又为何能够以去脉络的"采样"方式宣称各大双年展的批判性与全球代表性?如何在国际知名知识分子与文化人的三缄其口下,面对这些荒谬的艺术文化现况?"指称亚洲"的困难或许是突破这个困境的一个核心提问,这个提问延续着"以亚洲作为方法"来聚焦今天全球当代艺术与知识生产的问题。事实上,这项指称的困难并非局限在地理亚洲上的特定状况,而是涉及整个西欧知识生产与北美政经文化策略的历史性问题,这段批判性论述始于第二次世界大战后"犹太问题"与"人权/人性问题"的重新塑造,从彼时至今的这段时期,知识分子努力地清除所有涉及"集体性"与"认同"的不同体制;但这种历史单向性(意即亚洲国家或其他

---

* 本文为 2013 年 10 月《新美术》"思想"专题"生产艺术"导言。

第三世界国家的历史并没有相对协商的空间）的国际化运作，制造了今天指称"亚洲"就身陷于保守主义的新国族意识形态与个体解放的民主意识形态的两难之间。

因为我们自身关于艺术与美学的失语症，以及身处国际预言家和评论家的监控之下，这个我们相信足以构成"场域"的当代艺术世界，变成了一种个别化的破碎宇宙，或说特别适合采样的混沌商场。这个长久以来悬置其美学协商（或斗争）的可能性，并倚赖国际双年展、基金会和市场的选样，延续至今的混沌世界，不正迫切需要在我们长久以来的理论选样和他人的艺术家作品选样之外，回返关照我们的切身经验（历史经验）并发展足以爬梳这些经验的论述书写吗？这就是我为何在这个历史处境与民主状态底下，坚持对于"生产"的政治经济学的重新思考、重新整理，并通过历史意识与书写重新编织我们的经验。因为，只有生产者重新掌握生产的足迹与过程，才有可能描绘出与世界时时保持联系的"经验"，这些匿名的、失语的经验都是因为生产机制的制约而变成断裂不堪的碎片、历史瓦砾（碎裂的生命时间与个体）。如果伯瑞奥德将20世纪后半至今的当代艺术总结为一种"瓦砾"（碎片）的能动性宇宙，那么我们甚至可以提出亚洲当代艺术就是一个极端的、未知的未来废墟。在其中生成着一种倾斜观看，贯穿现今的全球现象以及亚洲的例外状态（赤裸生命）。

从2008年这五年来发生在台湾当代艺术与台湾社会的事情来看，难以确定应该要为这越来越严苛的环境枯坐等待，还是要为面对这个问题浮现的关键时刻而感到幸运。这些问题在我的体认和思考中，在其各自不同与复杂的脉络下，潜藏着一个沉疴，这个紧紧缠绕甚至我都怀疑已经内化到我们生命组织中的古老问题：殖民式

亚际双年展论坛现场：黄建宏

的他治（受制他人）。这个受制他人的宿命，意味着台湾当代艺术的发展与对话受制于一个抽象的外部，一个跟我们真实的社会经验、内在感受与政治处境脱离的外部。

但在问这个问题之前，为了能够回避掉被工具化的投机式后现代思辨（意即齐泽克所谓的"诡辩"），我要先提出一系列问题：这些关系在今天全球民主化与资讯网络中还可以被称为殖民吗？如果一定要用殖民来指称，那被殖民有什么不好？我们可不可以称这种异文化之间的关系叫作国际联结？从这些问题中可以看到一些征兆，就是这些所谓的殖民关系在今天利己主义与灵活思辨的碎片诠释下，可以是极为冠冕堂皇的国际接轨与国际联结，是符合潮流的、自愿的、自决的、积极参与的无形契约。就像今天最野蛮的经济剥削都被称为平等贸易协定了！

上述悖论在现实发展中的主要基础，不是道德与不道德的界限，而在于不平等的文化经济关系如何被延续与再生产。国际接轨与国际联结是一种与生存之道紧密相连的生命想象,这种生命想象是为了能够跟欧美共享同一种世界想象。意即欧洲从资本主义与殖民时代开始,为了延续理性启蒙与浪漫主义对于普世性与世界的想象,而完成一种整合想象、理念与生存利益的实践理性:一种旨在满足本能性欲望的理性操作。在这种实践理性两百多年来的运作成果与变化发展中,我们面对的是各种政治、社会、经济与文化的快感幻象,其中足以作为物质性判准(现实判准)的几乎只有利润与宰制。

台湾当代艺术最感痛苦与尴尬的,正是在利润与宰制的评判下源源不断的"卑属感"(feeling of deferent)。这种"卑属感"不仅仅是表面上理解的心理感受,更是一种以现代性为名的内在生产机制(production mécanique d'immanence),决定着价值与再现的次序。我们在此讨论的也是后者。"卑属"意味着先于生产并决定生产的他治性"部署",它同样具有能动性,甚至是资本主义全球发展中最核心的能动性;但却同时自发地压抑自创生产机制,而自愿地归属于外部的支配性生产机制。从历史上来看,可见到蒋渭水的书写迫切地企图以市民的平等和参与式世界观来跨越"卑属感",尽管当时的殖民情境跟我在此所要谈的比较没有直接关系,但"卑属感"并非偶然出现于特定时空,而是不连续历史中的流变。因为日据时代的殖民是一种混杂民族对立的经济宰制,日本成为一种极具体甚至过于具体的外部与他者。这种具体可见的殖民形式随着"二战"后国际权力的重新分配,也被替换为冷战结构,殖民者转化为超级大国的友好"老大哥",以及国际生产线上的上下游宰制关系。此时的"卑属感"完全被生产模式与生活模式的现代化所掩盖,大家为了未来单一化的幸福生活而打拼,殖民关系也被盟国友好关系所遮掩。此时被剥夺的可能不是民族情感或国族认同，而是牺牲市民生活所造就的血汗劳动。

标志为冷战结束的1989年，世界被资本主义进一步推向更为巨大的全球架构，许多进行社会结构甚至国际关系重组的国家或地区，摇身变成更有效率与弹性的运作单元。在这新自由主义时代中，民主的最大贡献就是将过往宰制者原本同一化的身份、象征、权力与资源，拆解开分布在所谓"合乎法治"的体制，也就是连有机会成为宰制者的人都必须被牵制在体制中；可是这种朝向动态平衡的激进民主，让不同的权力不再以占领象征和建立机构为目的（诠释与批判就在这样的状况下失效），而是将所有形式的宰制在合法条件下内化到生产流程中，以生产流程这一无关乎意识形态的机器左右公共议题的协商与决断结果。后现代思想相当程度解决了意识形态框架对我们的控制，但其流动性与吊诡论述却有助于权力对生产机制的占夺！宰制者因为自己也抛弃意识形态的同一化而获得除罪化，也因此变得更为灵活、更为绝对地进行垄断。

国际强权转而鼓励平等与合作，但这些平等与合作必须以跨越地域性意识形态、无止尽的国际接轨与自由竞争为前提。在意识形态上，满足着过往被宰制国家渴望国际合作的需要，在实际生产上更理所当然地进行着国家竞争，并以"全球"为说辞，成功地将竞争导引到更赤裸的状态。过往的殖民关系为文化臣服与崇拜打下基础，豢养着国际联结的欲望，而国际联结的开放虽然看似一种释权，但事实上是将权力移转到生产机制上。生产机制不仅在自由意志下与意识形态撇清关系，也相对地保证了殖民关系的有效性；但同时间，意识形态所决定的价值阶序制（价值有阶级之分），虽然已被这些国家的文化代理人所放弃（但并非政治经济结构的释权），

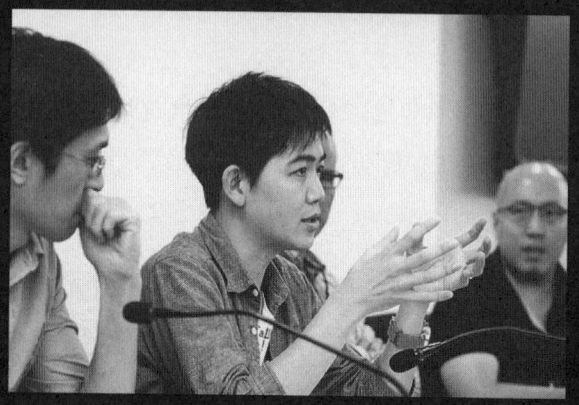

历次亚际双年展论坛现场

却被内化到被殖民者的社会中，毕竟延续这价值阶级对于掌握公共资源作为利己之用是最迅速的。

1990年代的台湾专注在迎接解严后未来的开放社会，这价值阶级的内化随着当时尚不为台湾人熟悉的新自由主义，一方面以国际化和国际接轨之名进行着，另一方面确实伴随着进口的各种科学系统对旧有威权体制进行革新。事实上，当时"价值阶级的内化"主要以另一个名称来翻译，即"现代化"；也因为外部关系中现代主义改革的启蒙和内在关系中后现代主义解构的内容在台湾共时发生，因此出现了一种摆置方式：以解构内容完成启蒙行动。自此，解构内容成为消费性的启蒙商品，大量的台湾知识分子以消费者的位置进入现代主义式的价值阶序制。此时进入该全球生产框架的知识分子，一面是支持与推广欧美学术的忠实消费者与代理进口志工，一面则在政治正确下在台湾获得其作为知识分子的社会象征价值与权力。

形塑出这一层历史的概略认识之后，我们也就可以推进到面对西方知识分子理论成果的吊诡之处。这吊诡之处就是他们极尽可能地描述出各式各样的解构思维，但这些打开更多可能性的思维模式或工具，却大多在立基于各自明确的历史社会脉络的同时，停留在一种抽象的市民社会的暗示，而几乎不面对明确的国际关系与彼此异质之文化间的现实关系。他们有权不面对这种外部关系，但这种不面对使得解构思想与解放思想成为以文化或人文思想延续这些过往殖民国的国际优势，并以另一种方式维持其治理关系。换言之，这些思想与理论仍然以一种普世性的型态，辅以学术权力的国际网络，通过交易与流通的形式完成新的国际阶序制的普世形式。

一般而言，这种被殖民所换取的利益，就是摆脱国族主义的威权统治与生活的现代化，但同时付出的代价是延续并协助过往强权国家朝向帝国的转型，换言之，台湾作为帝国边界的意义就在于此，我们从未是单纯的被压迫者，我们同时模仿着压迫者并与压迫者合作作为被压迫的补偿。"边界"意味的并非界限，而是整个合谋网络的末端。这种潜在殖民的面向更广袤地"碎形化"到许多更为内部、更为细部的关系里；而且这关系因全球化的进展而生成各式各样的国际合作，彼此支持。自此，"生命政治"的意涵在台湾人身上就变成为更复杂的问题（这也是为何谢德庆有可能成为有效的例外状态的范例），我们每个人在台湾的地域范围内都可能以国际接轨或国际合作而成为"殖民代理人"，但这代理人要贡献的代价就是完全服膺远方权威（政治经济关系的切身者）的理论与方向：完全被殖民。只有完全被殖民（其中"殖"的意涵已经是内在性的），才能在自身的社会中成为殖民他人的优势者。

以国际接轨为名的内部生产资料与生产工具的占据，并以脱离社会脉络为代价的"艺术反思"，延续对虚拟之价值阶级系统的依赖，这两个内外嵌合的关系使得新兴发展的"他地"艺术（台湾当代艺术也是其一），容忍着畅谈政治与责任的欧美几乎不面对不讨论他们所掌控或赖以生存的当代艺术的政治经济结构。今天全球化的帝国似乎在管理理性的普遍化中化为无形，但事实上，以国家利益为依饭的考量却无处不在，且变得更为赤裸可见；甚至我们应该说，批判理论的诠释世界再一次地包裹了居伊·德波描绘的景观资本主义社会，即使是霍米·巴巴与斯皮瓦克都以诠释学出发，并开启了后殖民研究的盛况，但这盛况却也同时掩盖了一个重要面相（政治经济学），并暴露出另一个矛盾的面相（相对主义化）；于是后殖民论述自此变成了帝国的某种补充，也因此，我们可以领会到

关注生产的政治经济学（而不是诠释学）可能才是面对潜殖民的关键面相。

上述的爬梳说明了"生产艺术"——面对生产关系进行思考与实践的艺术行为——的发展脉络与其必要性。而且在这潜殖民与殖民关系内化的脉络中，代工经验丰富——甚至成为我们内在宿命——的中国台湾地区与亚洲其他国家，就如本雅明所言需要面对"生产艺术"的问题，因为唯有通过对生产关系的激进提问，才能够翻转出"现代性"的另一面：

> 对于可以通过今天的生产条件进行思考的作者而言，就不会再期待或渴望那种推陈出新的作品。他的作品永远不会仅仅是开发产品，而总是同时在生产自身的手段上进行创作。换句话说，除了在它们作为作品的特色之外甚至之前，他的生产必须具备的是功能的组织。

本雅明在上述段落中所指名批判的就是法西斯主义式的创作，与此相对的就是作为生产者的作者。事实上，从现代、现代化到现

亚际双年展论坛现场，从左至右：安萨里、孙歌、陈光兴、阿迪蒂亚·尼加姆、张志强

代性的界定与讨论中，"现代……"作为某种特殊指称时，是一个与资本主义生产和资本景观现象学密切相关的概念，而且伴随着这个概念的系谱学所牵引出来的，便是各种殖民关系的永续生成。可惜本雅明当时的批判尚无法意识到殖民（解放）关系与世界（政经结构）之间的本质性矛盾，无法意识到他的批判依然局限在现代性之中。

自此，生产艺术与无意识地或功利地进入生产机制的专业艺术不同，它面对生产、思考生产、回应生产。这里指称的生产已经超出本雅明限定在"生产技术"与"品质"的范畴，而更接近阿多诺交缠精神分析与政治经济学的辩证法，这也是法农早在《黑皮肤，白面具》中就清楚地说到的——讨论文化殖民问题，必须从精神分析与经济学（生产关系）着手。换句话说，不同时转化生产关系（政治经济结构）的诠释与批判，只是在既有的经济结构中扩增其治理范围与诡辩修辞，诠释（特别是精神分析式的诠释）与批判需要有政治经济学的对质作为基础，才有运作功能的可能性，不然就只会是自由市场中标新立异的诡辩知识分子（齐泽克）与具备灵活人格的文化批评者（霍姆斯）。而生产艺术中的"艺术"，无疑地就是质变的生产性（productivité altérée）。

在新自由主义与晚期资本主义突穿许多贸易障碍后（包含着艺术市场往亚洲的移动），会发现自由（至少是作为消费者的自由）"变质"了，这个变质就是平行世界的分化被再次地统一化为一个世界（全球），这个距离的简化与拉近使得现代性幽灵再次现身，系统中的殖民关系变得更为具体，这就是我所谓的"变殖"：流变为殖民。在这流变中粉碎掉空间障碍和物质惯性的，几乎就是对前卫性的刻意误读，从达达、超现实、杜尚、沃霍尔到后现代，吊诡性的操作——如"反—"、"非—"、"这不是……"——只是让异质性的诠释变成琳琅满目而且越来越廉价的商品。这就是为何德勒兹会成为占夺式资本主义的最佳说辞，就连"生产"一词也被资本主义占夺为对应利润的"功能性指称"，也是朗西埃为何有必要一再商榷解放如何可能的原因：如何扭转阿多诺在1968年即预告出的"生产关系决定生产力"的困境。

新兴国家的历史性战略就是让生产关系对于生产力具备绝对的支配权，而这个权力生产利润的狂喜必须相当程度地接受对于全球政治经济结构的臣服。朗西埃描绘出的民主之恨，事实上就豢养着潜殖民的权力欲望，然后再用一系列的危机场景和创世记式的趋势说，强固这种自愿式殖民的合谋结构：不断碎形化地生产出各种供予剥削的底层。这种被阶序制绑架的碎形化（多样化）需要横向发生的质变来扭转，因为质变会让阶序关系变得倾斜而难以度量：意即"殖变"。用"变殖"与"殖变"来描述今天新自由主义与当代艺术全球关系，主要在于跟"解殖"这样的观点保持距离；因为单从诠释层面投入生产的良善文化人，已经天真地以为没有殖民的关系，甚至应该将殖民视为历史性的特殊指称；然而为了翻转潜殖民的政治经济关系，是不能在一开始就被排除在合法语境之外，因此，以殖变（殖民关系的变化）来回避被历史诠释框定的解殖，或许能够保留既有的协商空间。

概念创造与历史案例的同一化，强化着单一世界史的合法性，即使概念与历史之间保持着双向互动，也仍是封闭的，这正是文化强权论述的致命伤。而这个同一化便是国际（全球）现代主义的沉疴弊病，用特定的历史范例来形塑普世性概念，这种尺度格局上的落差就是操控文化经济阶序制与潜殖民的主要基础。

我们所面对并抗争的是模式，而不再是意识形态，这正是生命政治与一般政治之间的差别。生产艺术旨在于通过艺术创作与计划直接触及生产关系背后的政治经济结构，任何的批判性诠释都必须以此思考为基础，并将其视为质问与质疑的核心标的，我们才有可能"参与"，就像陈界仁必须改变他创作的生产机制，吴山专从观念与生活的关系重新出发，苏育贤尝试整合民俗制作法、政治记忆与艺术生产，而咸良娥（韩国）亦切入到当代生活的景观生产中重寻创造性的时刻。如此，才有可能出现政治经济结构中的参与空间，才有可能重新夺回生产的意涵：我们没有比欧美人离马克思更远。这个专题尝试以生产的问题在今天的当代艺术世界中打开一个激进的时刻，这个激进的时刻并非专指亚洲或中国，它是全球性的，也是历史性的。但推进这个论题还需要多方的参与（亚洲的、国际的），从最切身的问题出发提问，再发展成可国际联结的协商空间，这或许是重新翻转"现代性"问题的可能性之一。如何构筑这一个新的问题意识，高世名和我历经了许多讨论，然而在一连串紧贴历史、地域甚至国际的经验比对与认知辩证后，形成了一个我们可以与本雅明《作为生产者的作者》再次对质与更新的专题，而这个对抗性对质与延展的基底与朗西埃密不可分。对此，我们很有幸编纳并邀请了相关的重要文章，每个论者在各自的脉络中发展论述，但他们皆尝试面对并批判生产的问题，包含有黄孙权对于台湾社会运动与知识生产之关系进行脉络性的批判；林其蔚从台湾现代性脉络讨论艺术家的生产，正好能够与之形成对话；周诗岩则尝试通过更精确的文献讨论重新看待包豪斯的创意思维，其中的辩证莫不让读者意识到，长久以来华文在欧洲研究中的知识生产关系；如此而能够与哈特尔企图在比较文化的方法下重新看待历史学的概念相对照，这自然也是讨论知识生产的另一种操演；梁日明则以本雅明作为起点，以盗版的全球亚生产模式对质艺术这一源自欧洲的生产模式。这个深刻涉及文化政治性的新论题还尚未能够在亚洲或国际上聚焦讨论，但希望借此专题的引介能够打开讨论生产关系的可能性。

2013 年

第四节

万隆·第三世界六十年

万隆・第三世界六十年：杭州论坛

2015 年正值万隆会议六十周年纪念。六十年前，万隆会议在殖民主义的废墟中、在冷战的意识形态对峙中，确立了亚非拉各国的独立姿态与国际连接，由此，"第三世界"集体现身，登上了历史舞台。过去这六十年间，世界的格局几经变幻。殖民与冷战纠结缠绕，全球化裹挟着无远弗届的资本接踵而至；审视六十年来风云变幻、波澜壮阔的历史，我们看到：在新殖民/冷战/资本全球化等多重历史动力的作用下，当年的"第三世界"愿景早已支离破碎，我们只能从民族国家的缝隙处、在全球治理体系的阴影下，从全球资本的生产消费网络中拼凑起"第三世界"的历史剪影。

放眼当下，"金砖五国"（巴西、俄罗斯、印度、中国与南非）据说已成为世界经济的制动引擎；而印度尼西亚，这个当年万隆会议的召开之地，已然位列东南亚地区经济发展的第一线。前/殖民地以及前/第三世界的国家和地区似乎都步入了全球资本主义浪潮的前端。

值此万隆会议六十周年之际，亚际书院联合亚、非、拉学界的列位同仁们，意欲循着历史的轨迹，梳理世界格局的更替变幻。这些"前第三世界"的正在崛起的经济体，它们曾历经革命，反抗帝国。它们会否创造一个新型的体制来突围资本主义占有与剥削的惯常逻辑？抑或只是一味地复制它们曾反抗过的体制，即使以"发展"的名义？倘若当前的复杂境况要求我们在两者间有所抉择，我们就需要重新认知万隆会议的历史遗产以及它在当代的意义，重新探究"第三世界"在过去六十年中的知识积累与思想变化，从这些累积和变化中发展出多异的思想模式和知识系统，来直面今日生活世界的纠结繁复，并对之做出多层次的解释。

为此，我们邀请来自世界各地的三十余位重要的学者与思想家齐聚杭州，以彼此的思考与实践，沟通基于前"第三世界"思想经验的关键领域，追问"第三世界"在 21 世纪的新意涵，从万隆会议之后的世界史脉络中寻找团结的新形式，在全球新语境中为"万隆精神"、"第三世界"找到重新奠基的土壤。

论坛讲者包括：萨米尔·阿明（Samir Amin）、鲁珀特·路易斯（Rupert Lewis）、希尔玛·法里德（Hilmar Farid）、周莫·夸梅·桑达拉姆、特贾斯维莉·尼南贾纳、阿迪蒂亚·尼加姆、马哈茂德·马姆达尼（Mahmood Mamdani）、罗伯托·比西欧（Roberto Bissio）、萨姆·莫约（Sam Moyo）、白永瑞、吉见俊哉、池上善彦、王晓明、孙歌、张志强等。

独立自主：作为一种思想的方法 *

许江

1955年迄今六十年。六十年，一个甲子，中国传统纪年符号的一个循环。如果我们以这样的刻度审视历史，很短；审视人生，却很长。但无论历史还是人生，当它与一个大事件相连，而这个事件的历史既难以被捕捉，又往往以几个不同的面貌同时呈现，以不同的方式牵连着今天，那么这种回眸与审视就成为一份难以释怀的纠结，一种寻踪探秘的挑战。我们今天在这里纪念万隆会议六十年，就属于这样的难忘与纠结。

我并不能确知出生的那一年，在大洋的彼岸发生了什么。在我童年生长的侨乡，从印尼、马来来的人，被称为南洋客，那个时候，他们被视为财富的象征。后来，出现了许多印尼归侨，在我就读的中学中，几乎占到10%的生源。黝黑的皮肤、歌唱一般的中文，让他们与本地闽人迥然区分。那时我们并不知道地缘政治的诸多博弈，只知这是帝国主义反我中华的所为。我真正意义上了解"第三世界"的提法，是到了"文革"。当时，这种思想的叙述与毛泽东关于世界革命的宏大视野联系在一起。"一切反动派，都是

---

* 本文为"万隆·第三世界六十年"国际论坛开幕致辞。

许江为"万隆·第三世界六十年"论坛致开幕辞 2015年4月

纸老虎。看起来,反动派的样子是可怕的,但实际上并没有什么了不起的力量。从长远的观点看问题,真正强大的力量不是属于反动派,而是属于人民。"这种豪言壮语是以歌谣的方式种在我们心里。很难说,我们后来的成长与诸事判断,不受到这种观念的影响。这种思想的叙述还与印尼归侨的迁徙联系在一起,以宗亲的方式,深入各种观念的缝隙之中,来感受"第三世界"和亚洲国家之间分分合合的关系。

大概在1968年,一批来自非洲的青年在北京受到毛主席的接见,并赠送了48只芒果。毛主席将芒果转赠给英雄的首钢工人。首钢工人以天下宏观的视野,将其中几个赠给东海前线的福建人民。芒果送来的那天,福州万人空巷,沿街载歌载舞,翘首期盼。当车队徐徐开来,首钢工人托着金光灿灿的芒果,让我们感觉是天神降临。直至今日,我看到芒果,依然视为天物。这天果从非洲来到北

第四章 后万隆

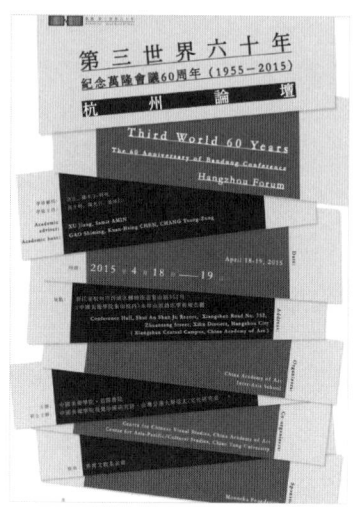
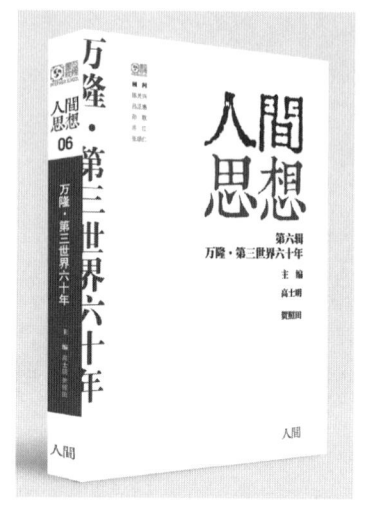

"万隆·第三世界六十年"海报

《人间思想第六辑 万隆第三世界六十年》
高士明、贺照田主编 人间出版社 2017年

京,从西南半球来到东半球,带着最典型的"第三世界"的理想,在大地上巡游。这可能是一次纯粹的思想的巡礼,今天关于它的记忆已成碎片,我们却依然可以从中看到曾经澎湃的国际主义的革命浪潮、"第三世界"的提法为反殖民主义与后殖民主义提供的跨越体制的思想方式、置身资本领域之外的奋斗模式等相叠映、相纠结的历史剪影。

中国人记忆中最为严峻的冷战时期与中国的"文革"几乎交叠在一起,"第三世界"构成了那个严峻时期中国立身国际的一种形象,这种形象中隐含着跨越地缘的国际关怀,隐含着跨越不同国家体制的发展联盟,隐含着跨越异同、大小的平等愿景。这种形象在革命风起云涌的年代,很容易被理解成国际性的革命浪潮,理解成抵御列强的斗争武器。所以,"第三世界"的语境中始终激荡着一种"斗争"的底色。"独立自主"作为"万隆精神"的思想基础,为众多"二战"之后陆续从殖民主义的历史阴翳中走出来的民族国家提供了宣言与口号，其立足本土的自立自强也成为"第三世界"国家发展的长期与有效的策略方法。1970年代末，中国开启了改革开放新时期，历经1980、1990年代的努力，逐步实现经济的锐变与腾飞，文化上也走向自主性的开放。2002年4月，一组非欧人种组成的德国文献展策展小组来访中国，却在我们的学院遭遇学生们的激辩。他们思想中的诸多后殖民色彩，被中国学生们归入欧美的权力话语。2001年深秋，在新加坡国家美术馆举办的亚洲论坛上，我与第11届卡塞尔文献展策展人、尼日利亚裔艺术活动家奥奎·恩维佐就"全球化潮流与本土性关怀"进行了演讲与对话，奥奎·恩维佐针对后现代语境深刻反省，面对跨国的移民群体提出了文化的"放逐空间"的观念，并对这种跨文化的力量寄予希望。我的演讲则立足本土自新的信念，来确立当代文化的多元价值，同时质疑那种跨文化空间对于异质文化的感受经验。

实际上，从2000年第三届上海双年展到2010年第八届上海双年展的策展思路，从某种意义上说都是这场论争的延续和艺术当代的验证。上海双年展多届的策展宗旨是以上海的城市母体来演练东方城市的诸多命题，这种"本土—全球"的思路正是从骨子里来延续和验证立足本土的自强自立的思想，也正是这一思想成为多年来我们与后殖民思想交锋的精神底色。2010年10月，上海世博会开放的最后几天，上海双年展举办了"从西天到中土：印中社会思想对话"系列。在最后一场对话中，后殖民话语的核心人物霍米·巴巴发表讲演，他深度解构了西方殖民主义经典神话，对"文明内部的野蛮性"进行了深刻的批判，对"间隙的力量"及"第三条路"寄予希望。我在评议中指出后殖民理论对中国的误读及其在中国受到的误读，前者是对中国历史经验的误判，后者是我们将之与"第三世界"的传统愿景混淆，进而单方面地视之为"走向世界、重返家园"的简易策略。我之所以做这样一个较为冗长的回溯，是想说明"第三世界"作为一种思想方法，在我们这一代身上形成的长期而深刻的影响，及其所构成的某种"独立自主、本土更新"的思想模式。这种模式甚至在我们眼下的这个校园——它的可见与不可见处都可以被真切地感受到。

今天，中国提出"一带一路"——即"丝绸之路经济带"和"21世纪海上丝绸之路"，无疑这是一个关于中亚和东南亚进而亚欧各国改善地缘政治、促进经济互惠共荣的构想，也是新型国际关系背景下具有战略意义的结构愿景。与"第三世界"的国际战略思想相比，"一带一路"具有更强的现实基础和更为直接的利益关系。在这样的背景下纪念万隆会议六十年、回溯"第三世界"思想的历史积淀与世界格局的深刻变幻，将有特别的意义。亚、非、拉学术界、艺术界的三十余位重要思想者齐聚杭州，举办这次别开生面的学术论坛，不仅能够深入梳理历史的轨迹，重新认知渐被遗忘的历史遗产，而且能够重访历史的感性现场，从那里感知跨越性的文化脉搏，进而得以叩问某种软实力发展的新模式，为推动新时代的文化合作提供一个具有影响力的历史维度。

2015 年 4 月 18 日

从万隆（1955）到2015

亚非拉国家、民族和人民面临的新旧挑战

萨米尔·阿明（Samir Amin）

王立秋 译

一、全球的框架，更长远的眼光

1. 万隆和不结盟运动国家

万隆会议宣告了亚非国家的意志：要通过一个真正独立的、与所有劳动阶级利益一致的发展进程，夺回其主权并完成独立。1955年，大多数亚洲和中东国家都在"二战"结束后夺回主权，而在其他地方，尤其是在非洲，解放运动正为实现这一目标而展开斗争。

正如万隆会议的领导者们所回忆的，这次会议是第一个"非欧洲"（所谓"有色"）国家举行的国际会议。这些国家的权利曾遭欧洲、美国和日本的历史殖民主义/帝国主义的否认。虽然在大小、文化和宗教背景以及历史轨迹上存在差异，这些国家一致抵制西方列强专为自身利益而建立起的殖民和半殖民的全球化模式。但万隆会议也宣告了这样的意志，即亚非诸国要通过进入一个真正的、加速进行的内向型发展进程，夺回它们的主权：这正是它们与历史上的帝国主义中心国家一起平等地参与塑造世界体系的条件。

正如苏加诺总统（Soekarno）在其致辞中所说，这次会议把选

择不同方式和手段以实现各自发展目标的各个国家联合到一起。一些国家（中国、北越、朝鲜）选择了它们所称的受马克思主义启发的"社会主义道路"；另一些国家则构想了具有国族和大众特色的发展道路，与社会进步改革相结合（可称之为"国族/大众"计划：苏加诺的印尼、尼赫鲁的印度、纳赛尔［Nasser］的埃及，以及其后许多其他国家均为例证）。所有这些国家都优先考虑经济的多样化和工业化，以摆脱仍是农业和矿业商品生产者/出口者的限制。它们都认为，国家必须承担起控制这一过程的主要责任。它们也认为自己的目标（特别是进入工业时代这一点）在根本上可能与全球体系的统治逻辑相冲突；但它们所处的位置，又允许它们成功地迫使全球体系做出调整，以适应其需求。然而，许多加入不结盟运动的国家在这个问题上并未采取确定的立场，以为有可能在全球体系的配置框架内寻求发展。

在这里，我们需要记住的是，所有亚非国家都得益于不结盟运动的存在，无论它们的选择如何。用经济学术语来说，万隆首倡的政治团结带来了回报。倘若没有石油输出国组织（OPEC）和不结盟运动，例如加蓬这样一个国家就无法获得石油租金中的很大一部分。因此，重点在于政治团结，而不结盟运动国家也都一直支持余留殖民地（葡萄牙殖民地，津巴布韦）民族的斗争（包括武装斗争），并反对南非和巴勒斯坦被占领地区的种族隔离。

截至1980年代，不结盟运动的历史，是围绕上文界定的那个主轴，在各国内部展开政治与社会斗争的历史，而那个主轴就是：另一种在政治、社会和经济上有意义的有效发展策略是什么？这些斗争也和国际舞台上的冲突，特别是和东西方的冲突，结合在一起。然而，我们绝不能认为，万隆会议上的提议，及不结盟运动对这些

陈光兴主持"万隆·第三世界六十年"论坛　2015年4月

提议的展开，是冷战带来的意外事故，就像昨天和今天的西方媒体所呈现的那样。苏联站在不结盟运动这边，并在不同程度上支持了在亚洲和非洲进行的斗争，特别是那些针对西方在经济上，时或军事上的侵略。其原因仅仅在于，苏联和中国也被排除在参与一个真正平衡的多中心模式的全球体系的利益之外。与此相比，西方列强千方百计地与不结盟运动相斗。因此，西方媒体所表达的认为随着冷战结束、1990年苏联解体以及中国脱离毛泽东思想的道路，不结盟运动也失去了它的意义这种观点，是毫无意义的——不平等的全球化所表现的挑战依然存在。万隆会议和不结盟运动遭到帝国主义国家的攻击。在外国干涉的支持下，国内反动势力所组织的政变终结了许多受万隆会议启发的国家体制和民族民众运动经验（如印尼、埃及、马里、加纳和许多其他国家）。过去就有的针对苏联和毛派的社会主义概念的内部矛盾的日益增长，以及针对形形色色的

第四章　后万隆　　459

民族民众运动经验中的每一个所持有的矛盾，为美、欧、日帝国主义三巨头的反攻铺平了道路。

在万隆和不结盟运动时代取得的成就是巨大的，并且具有历史性的积极作用，即使难免存在自身局限和缺陷。那种认为"万隆失败了"的看法，恰如西方媒体所表达的那样，纯属一派胡言。在这方面，我们应该说的是，万隆和不结盟运动体系，尽管有成就，却也无法克服其局限，并因此逐渐失去了生命力，被侵蚀以至最终丧失了内容。

2. 一个没有万隆和不结盟运动的世界（1980—2010）

1974年，不结盟运动在阿尔及尔制定了一个一致且合理的计划——新国际经济秩序，请北方国家做出调整，以适应南方追求发展所要求的那些需要。这些提议遭到了西方列强的全盘否决。帝国主义三巨头的反攻目标，在1981年坎昆举行的七国集团（G7）会议上得以明确表述，当时里根宣布"我们比他们更清楚他们需要什么"。他的意思是进行单边的结构调整，拆解国民生产体系，实行私有化，并对财政掠夺与自然资源劫掠保持开放，也就是说，（要求他们接受）"华盛顿共识"。

三个大陆的社会对这种与帝国主义全球秩序部署相关的战略后果还记忆犹新：一方面是多国控制的离域工业和地方所有的外包工业及服务业中对廉价劳动力的超级剥削；另一方面则是对当地自然资源的掠夺，专门利于维持北方社会的持续富裕与浪费。这些资源不止包括石油、燃气和矿产，还包括日益增长的农耕地（"土地抢夺"）、森林、水、空气和阳光，挑战的生态维度已走上前台。这样一种"失业发展"的模式已经造成了严重的社会灾难：日益严重的贫困与排斥，乡村无业者向贫民窟的转移，以及悲惨的、非正式的生存活动，失业，尤其是青年的失业，以及对女性的压迫，等等。在万隆时期开始构建的连贯的国民生产体系被系统地拆解了，合理的公共服务（健康、教育、住房、交通）的胚胎也被摧毁。

但是，我们对这些灾难进行抗议还不够。我们需要理解制造这些倒退的过程，如果不对体系中心的资本主义的转变，即资本的集中与资本控制的集中化、金融化的进程有所了解，并展开严密的分析，就无法形成对挑战的有效回应。在这样的环境中，衡量发展的常规手段已失去意义：一个遭受此种破落流氓式的发展模式打击的社会，依旧可以在某些情况下，依靠对资源的掠夺，通过一种只利于极少数人发财致富的涓滴效应，享有很高的发展速度。同时，金融垄断资本对生产体系的集中化管理，也导致了其对政治生活的寡头控制，这又抹除了代议制民主的意义。

然而，在全球性灾难的框架内，一些南方社会已有能力利用深度全球化的新全球秩序，甚至似乎还以成功的制造业商品出口者的身份从那个框架中"脱颖而出"。这些成功反过来又滋生出幻觉，让人以为这样一种尊重资本主义积累和全球化市场基本法则的进程，是可以维持下去的。这些成功的新兴经济体和帝国主义三巨头之间日益增多的冲突（特别是在自然资源的获取上），以及与此种进程相关的内部不平衡，都需要加以分析。

社会的灾难也带来了一场同样巨大，或者说更加巨大的政治灾难。过去，不结盟运动成功地在国际政治的管理上维持了一定程度的多中心状态，而这已被全球化的新自由主义摧毁。以联合国（UN）、不结盟运动、77国集团（G77）以及中国为代表的国际共同体的合法性已遭废黜，这样就有利于一个自我任命的所谓"国际共同体"，其规模仅限于七国组织和少数几个被挑选出来的"朋友",特别是沙特阿拉伯和卡塔尔,它们可不符合民主共和国的模型!这个所谓的"国际共同体"精心策划金融、经济以及最终的军事干涉,再次否定了所有亚非拉民族的主权权利。

3. 走向万隆精神的复兴和不结盟国家反全球化战线的重建

亚非的国家和民族复兴的第一次浪潮形成了人类史上的重要转变,它是针对当时殖民主义和新殖民主义的全球化模式,秉持着万隆会议的精神在不结盟国家的框架内自我组织起来的。如今,同样的这些民族国家,以及拉美和加勒比海地区的那些民族国家,遭到了新自由主义全球化的挑战,而后者在本质上仍然是不平衡的。因此,这些国家必须联合起来,像它们过去所做的那样,成功地面对挑战。从这个角度来说,它们将创造一次三个大陆的复兴与进步新浪潮。

不结盟运动只把亚非的民族国家联合了起来。拉美国家,除了古巴,并未加入该组织。这一失败的原因有案可稽:(1)拉美国家自 19 世纪初起就一直在形式上保持独立,未共享亚非民族国家夺回主权的斗争;(2)美国通过门罗主义对该大陆的支配并未遭到当时的任何一个执政的国家政权的挑战(古巴除外);美洲国家组织(Organization of American States)包括了主子(美国),因此被古巴称为"美国殖民地部";(3)统治阶级是"欧洲精英后代",把欧洲和美国看作有待复制的模型。出于这些原因,建造一个"三大陆"的尝试没有成功:它只通过斗争(经常是武装斗争)中的运动才结合在一起,但被当时该大陆的所有国家政权所排斥。

那种情况已经发生了变化:(1)近来拉美和加勒比国家已经成立了它们自己的组织(The Community of Latin American and Caribbean States,CELAC,拉美加勒比共同体),把美国和加拿大排除在外,因此也在形式上拒绝了门罗主义；(2) 新的民众运动已经创造了一种对其社会的多民族特征的意识（美洲印第安人、欧洲精英后代、非洲裔）；(3) 这些运动也提出一些摆脱新自由主义束缚的解放策略，并取得一些成功，在若干方面可以说超过了在南方其他地方已取得的成就。因此，不结盟运动的复兴如今必须将其纳入，并使之为一条三大陆的前线。

在斗争中，三个大陆的国家应围绕一个轴心团结起来，即建造一条共同战线，对抗新自由主义的不平衡的帝国主义全球化。

我们已经看到，参加万隆会议的国家在如何战胜帝国主义统治以及推进建设本国社会方面持有不同的见解；然而它们却能够克服那些差异，以成功地面对共同的挑战。今天依然如此。三个大陆的统治力量和尚在斗争中的民众运动，面对同一个更新了的挑战时，在方式和手段上存在相当大的区别。

一些国家发展所谓的"主权计划"，即结合积极的国家政策，以系统建构一个以积极进取的出口能力为支撑、全国性的整合一致的现代工业生产体系。关于对外国资本和各种资金流动（外国直接投资、有价证券投资、投机性的金融投资）的开放程度、方式以及最终的管制，不同国家在不同时段的观点又有所不同。在开放土地和其他自然资源的准入方面，各国奉行的政策也提供了广泛的不同选择和优先次序。

在反对执政权力体系的民众运动的计划和行动中，我们发现了类似的差异。不同的优先考虑涉及范围广阔：民主权利、社会权利、生态关怀、性别、经济政策、农民对土地的获取等。在少数情况下，人们也试图把这些不同的要求纳入一个共同的战略行动计划。在大多数情况下，这方面的成就乏善可陈。

如此广泛多样的处境和态度确实给所有人制造了各种问题，它们甚至可能使国家之间和／或斗争的各方之间产生冲突。

二、于 2015 年 10 月在印尼举行会议的提议

于 2015 年 10 月在印尼举行的庆祝万隆会议六十周年的会议，为讨论本文第一部分所提出的问题提供了一个绝佳的机会。如果讨论可以涉及所有的大难题就好了。讨论应该对不同的见解和提议保持开放，牢记我们的目标是秉持建设的精神，为反全球化的不结盟运动的复兴做出贡献。

以下提议当然没有涵盖所有的问题，而只是有选择地涉及其中的一些大问题。

在另类实践世界论坛（World Forum for Alternatives）和第三世界论坛（Third World Forum）的框架中达成的网络将在 10 月底组织三次圆桌会议，每次圆桌会议将邀请五位发言人（发言人依其能力以"主题发言人"或"受邀发言人"的身份被邀请）。我们应在适当的时候选出这些发言人。除了参加我们的圆桌会议之外，当然也欢迎这些发言人应邀参加在印尼组织的其他讨论。

讨论的问题应考虑对万隆时期的相关回叙，并从过去吸取经验教训。尽管如此，讨论的焦点应集中在当前的挑战和有助于前进的可能回应上。我们应把注意力集中到近期的不结盟运动会议所表达的立场上，尤其是 2014 年 5 月在阿尔及尔举行的会议。尽管每次圆桌会议所提议题的具体内容仍有待确定，我们将在下面提供一些与这些问题相关的提议。这里只是提出问题，并不试图将它们纳入一个整体的行动计划。此类演练可以为期待中即将到来的丰富讨论所得到的结论做一个预估。

"万隆·第三世界六十年"杭州论坛与会者 2015 年

从左至右，前排：张颂仁、阿迪蒂亚·尼加姆、许江、罗伯托·比西欧、周莫·夸梅、桑达拉姆、马哈茂德·马姆达尼、萨姆·莫约、鲁珀特·路易斯夫妇、白永瑞；后排：孙歌、黄建钢、张志强、周展安、若林千代、王中忱、希尔玛·法里德、王智明、陈清侨、高世名、白池云、池上善彦、张翠容、陈光兴、江湄、程凯、魏月萍、严海蓉

圆桌 1：建构亚非拉和加勒比国家、民族和人民之间的政治团结

（1）不结盟运动的历史已经证明，南方国家展开的政治团结是富有成果的。在万隆会议上遭到谴责的殖民遗产除巴勒斯坦之外已经被清除。因此，有必要努力重建与巴勒斯坦人民的团结阵线。

（2）如今的主要挑战来自美国 / 北约（NATO）/ 日本的战略部署，其目的是确立对全球的军事控制——为此它们不惜进行军事威胁和干涉，并通过事实上仅限于帝国主义列强的所谓"国际共同体",把这些干涉虚假地"合法化"了。除了分析这些导致全社会毁灭的干涉外（伊拉克、利比亚、叙利亚是这些结果的悲惨例子），我们还应进行讨论以评估三个大陆的国家共同体对此核心挑战的回应（或回应的缺失）。挫败全球军事控制战略是得以成功重组另一种世界政治体系的条件，这个新体系将保证各个民族国家有权自由选择自己的发展道路，并确保它们之间的和平共存。许多问题与这个核心问题相关，比如为废除美国军事基地而进行的斗争，对所谓"反恐斗争"、国家恐怖主义的含义的评估等等。

（3）不结盟运动和77国集团以及中国，已经成功地使联合国采纳了表达人民权利及发展权利的章程。旨在使那些权利得以切实贯彻的强化方式与手段的提议是必不可少的。

（4）不结盟运动和77国集团以及中国也应该考虑系统地致力于重建联合国作为国际共同体之代表的合法性。

（5）不结盟运动、77国集团、中国、拉美加勒比共同体和非盟应该齐心协力。我们欢迎使上述各方的合作制度化（成立共同的秘书处？特别工作组？）的提议。

（6）我们也不应忽视三个大陆的国家之间在陆海边界问题上的冲突。我们的讨论或许应该集中于创造一个制度框架，提供方式和手段以清除这些冲突，以免它们为意图破坏我们团结的帝国主义列强所操纵。

圆桌2：推进三个大陆的主权、民众和民主的另类计划的建设

（1）我们首先应从不结盟运动国家努力建设内向型的国/民经济——正如这篇文稿的第一部分中提到的那样——的历史经验中吸取教训。所有这些经验（以及20世纪的社会主义经验）的一个大缺陷在于，它们忽视了如下措施的基本重要性，即发明种种方式

来确保更高级的民主形式能够进步发展，后者反过来是经济和政治领域一切有意义的有效管理的条件。这个缺陷滋生出去政治化的倾向，并为种种怀旧主义的幻想所吞没，正是那些幻想构成阻碍，使我们无法达致所需的以与我们当今世界的挑战相适应的、更新了的、"主权计划"概念为基础的另类方案。

（2）"主权计划"这个概念本身必然是讨论的一个主题。考虑到跨国投资对所有国家的所有部门的渗透程度，我们不可能回避这一问题：这里所说的是何种主权？

为获取自然资源而进行的全球斗争，是当代资本主义动力机制的一个主要决定因素。北方对各种资源的依赖，以及中国日益增长的需求，对南美、非洲和中东那些资源尤为丰富而历史上又常遭掠夺的国家，构成了一个挑战。我们能够在这些领域发展出一种国家与区域政策，以此开始对资源采取一种理性公平的、惠及所有人的全球管理吗？我们能够在中国和南方各国之间发展出一种与此视角一致的关系，从而把中国获取这些资源的机会，与对相关国家的工业化的支持关联起来吗（这是国际经济合作与发展组织［OECD］那些所谓"捐赠者"拒绝做的）？

如果没有真正得到民族与民众的支持，一个独立的国家政策依然脆弱不堪，而那些支持又要求政策的基础是确保各阶级民众能够从"发展"中受益的。这就是主权计划取得成功所需的社会稳定性条件，它可以抵制帝国主义计划在政治上造成的动荡影响。因此，我们必须考察现存的或潜在的主权计划与权力系统的社会基础之间的关系之本质：它是一个民族的、民主的和民众的计划，还是一个国家资本主义的虚妄计划？

非大陆国家能发展主权计划么？它们的局限是什么？何种形式

的区域联合有利于这方面的进步?

(3)对即便十分遥远的未来所做的准备,始于今天。我们想要什么样的社会模型?基于什么原则?是个体之间的毁灭性竞争,还是对团结之优势的肯定?是把不平等合法化的自由,还是与平等相关的自由?是对全球资源进行罔顾未来的掠夺,还是把地球生命状况的再生产所需的那些确实措施也纳入考虑?未来必须被视为普世人类文明之更高阶段的实现,而不仅仅是我们所认识的那种更加"公平"或更加"有效"的文明模型(即"现代"资本主义文明)。为了避免停留在一厢情愿的境地,为了避免重走19世纪乌托邦社会主义的老路,我们应该确保回答以下的主题:1)今天,什么样的人类学和社会学知识在追问过去所表达的"乌托邦"?2)关于地球生命的再生产条件,我们拥有哪些新的科学知识?

(4)总而言之:目标是追上今天的富裕社会,比如说美国(中国的目标)、德国、日本甚或欧洲的富裕小国(其他国家的目标)吗?这样的目标是值得要的且可能实现的吗?还是说这目标更具野心:要创造条件让我们三个大陆的社会为开创人类文明之更高阶段做出贡献?

圆桌3:回归农业问题;应对日益增长的土地获取不平等所提出的挑战

(1)我们认为,必须给予亚非拉的农业问题以特别的关注。理由是,新自由主义的全球化大举进攻三个大陆的农民农业(众所周知的"土地攫取"过程)。顺从这一当前全球化的主要构成是死路一条,只会导致三个大陆上数亿人的大规模贫穷化/排斥/赤贫化。这将进而终结我们社会在全球民族社会中上升的一切努力。因此,任何有意义的另类发展模式必须基于相反的原则,即尽可能平等（或至少尽可能不那么不平等）地让所有农民获得土地，以使之成为建造一个连贯的、结合了工业生产与食品主权的主权生产现代体系的一部分。

（2）以富有的家庭农业和/或农业公司为代表的现代资本主义农业，如今正意图对第三世界的农民生产发起大规模的进攻。北美、欧洲、拉美南部和澳洲的资本主义农业，受资本收益原则支配，只雇佣几千万农夫，但它们的生产力却达到了全球最高纪录。另一方面，人类中的近一半人——即三十亿人——依然在农作体制中求生。如果"农业与食物生产"被当作另一种生产形式，在一个放开监管的市场上服从竞争的法则，那么，会发生什么？这些原则会促进生产么？确实，我们可以想象：五千万左右的新增现代农民能够生产出当前三十亿农民在确保他们自身（可怜的）生存以外为市场所提供的一切。但这样一种另类方案取得成功的条件，必然让好的土地流向新的农业从业者（我们不得不从当下的农民社会中夺取这些土地），并开放市场（以购买设备）以及消费者市场。这样的农业从业者确实能够与当前的数百万农民相"竞争"。但对那些农民来说，会发生什么呢？数十亿"无竞争力"的生产者将在短短几十年内被消灭得干干净净。

已提出的使替代性的"竞争"学说合法化的主要论据是，这样的发展在19世纪的欧洲确实发生了，并且最终也带来了现代富裕的城市-工业-后工业社会以及能够养活国民甚至还有余力出口的现代农业。为什么当代的第三世界国家就不能重复这一模式呢？这一论证没有考虑到以下两个因素，它们使那种模式的生产在今天的第三世界国家变得几乎不可能。第一个因素是，欧洲的模型是在一个半世纪里与劳动密集的工业技术一起发展起来的。现代技术则远非如此。所以如果第三世界的后来者要使它们的工业出口在国际市场上具有竞争力，它们就不得不采用那些技术。第二个因素是，欧洲在漫长的转型期内因其"剩余人口"可以向美洲大规模移民而受益匪浅。

我们能够想象其他以所有农民获得土地这一原则为基础的另类方案吗？这个框架意味着在维持农民农业的同时，还要参与一个持续的技术/社会变革和进步的过程。这一定程度上允许我们在逐步建设一个连贯的现代工业生产体系的同时，渐进式地向非农业雇佣转型。

这一战略目标也意味着我们要保护农民食品生产不受现代化的农业从业者——国内外的农工联合企业——的不平等竞争的危害。它对工业-城市发展模式提出了质疑，认为后者不应过多地优先考虑出口，不应以出口为导向，这本身就是在利用低工资的优势（低工资反过来又意味着食品的低价格），而更应关注用一种社会平衡的方式来拓展国内市场。同时，选择这样一个原则，也有利于在总体方案中整合那些确保国家食品主权的政策模式，后者是一国成为全球共同体活跃成员、享有必不可少地自主保证与谈判能力的必要条件。

（3）在这方面，万隆时期的记录提供了一个混合的图景。中国和越南秉持这种精神，保证所有农民获得了土地。但其他地方则不然。一些更为激进的民族/民众经验确实实行了土地改革，以限制农民农业体系的毁灭进程。但总体上，尤其是在拉美，这个令人悲哀的进程还是继续下去了。

2014年7月1日

第五节

第三世界行动计划

2016 第三世界行动计划

地点：北京 杭州 上海
时间：2016 年 12 月 18—25 日
主办：亚际书院

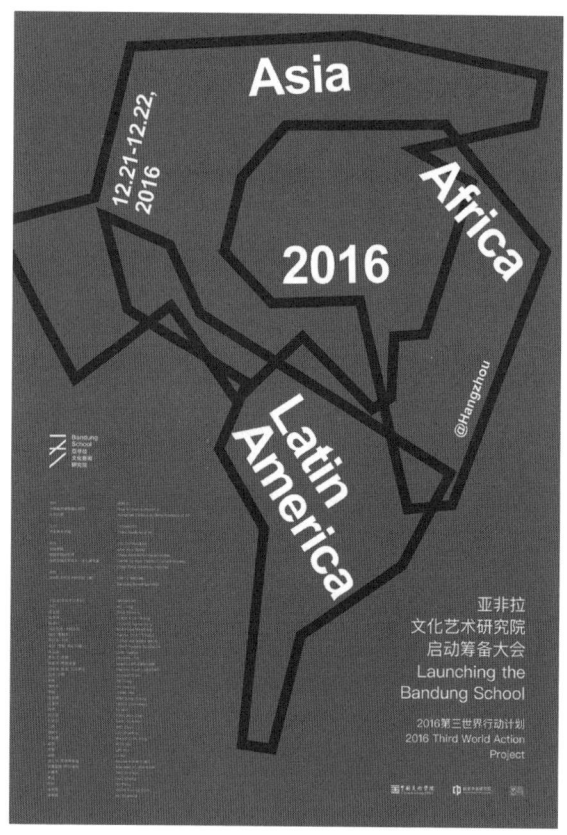

2016 第三世界行动计划杭州站"亚非拉文化艺术研究院启动筹备大会"海报

1980年代末期,随着全球冷战的逐渐式微,我们承继前辈们筚路蓝缕的工作,试图在亚洲邻近地区(南亚、东南亚、东北亚),将分散的思想界重新联结起来,克服殖民、帝国与冷战所造成的多重分化与阻隔,寻求新的团结与连带之可能。通过 *Inter-Asia Cultural Studies: Movements*(《亚际文化研究》)国际刊物近二十年的运作,我们在小范围内慢慢搭建起一个松散的知识网络,以学术讲座、会议、暑期班等形式,推动持续性的思想分享和知识积累。2006年,东亚批判刊物会议正式启动,这是第一个亚洲批判知识分子的思想联动平台。2010年我们更进一步启动"西天中土"计划,推动印度与中国之间的社会思想对话。两年后,我们发起"亚洲现代思想"计划,将亚洲各地一起工作的知识机构连接起来,成立亚洲思想界连带组织"亚际书院"。

2015年,适逢万隆会议六十周年,亚际同仁们共同推动了"万隆·第三世界六十年"系列论坛,将亚非拉的思想家们聚集在一起,循着历史的轨迹,梳理过去六十年间世界文化格局的更迭变幻。审视六十年来风云变幻、波澜壮阔的历史,我们看到:在新殖民/冷战/资本全球化等多重历史动力的作用下,在当年的"第三世界"框架中,新的发展模式和历史动力正在形成。放眼当下,"金砖五国"已成为世界经济的重要发动机;而印度尼西亚,这个当年万隆会议的召开之地,已然位列东南亚地区经济发展的第一线。前/殖民地以及前/第三世界的许多国家和地区都已步入了全球化经济浪潮的前端。传统的东/西、南/北、发达国家/发展中国家的分野,在新的国际发展形势下正变得越来越难以为继,而中国正以"一带一路"为中心,与欧亚非各国共同探索新的国际合作和协同发展模式。

这一切为我们开启了一次由历史纵深回头眺望的契机，更重要的是，这让我们体会到，当年的"亚非拉"想象在思想连带与知识互动的层面上并未充分展开。我们的知识生产要超越"中西"二元结构的局限，避免沉溺于内部的割裂感与情绪性感伤，就有必要主动编织在世界史层面进行自我理解的多元参照体系，有必要分享半个世纪以来我们在各自历史现场中累积起的思想经验，重新认知亚非拉的思想遗产以及它在当代的现实意义，重新探究"第三世界"文化在新世纪语境中的思想变化，进而从这些累积和变化中发展出多异的思想模式与知识系统，来直面今日政治状况和生活世界的纠结繁复，并对之做出多层次的解释。在既往的交流中，我们感受到亚非拉各地的思想者对中国的善意与期待，大家都期待中国的和平崛起能够为世界的多元发展开辟一条另类道路，在冷战之后的世界史脉络中寻找到国际团结的新形式，在全球新语境中为"亚非拉"找到重新奠基的土壤。

接续 2015 年"万隆·第三世界六十年"系列论坛所初步搭建起来的交流平台，亚际书院进一步推出"2016 第三世界行动计划"，邀请非洲当代思想家马哈茂德·马姆达尼来中国做 2016 亚际书院年度讲座，并与中国学界进行深入讨论，同期开启"亚非拉现代思想文丛"出版计划；举办"亚非拉文化艺术研究院"启动筹备大会，分别以亚非拉具有重要影响力的学术思想刊物和社会研究机构为载体，展开实质性的联结；并就"一带一路"与全球化新模式、中国在非洲等议题展开讨论，共同为亚非拉文化艺术研究院构建问题库与未来工作规划。"2016 第三世界行动计划"以流动的形式，先后在北京、杭州、上海展开为期近十天的学术活动。

瓦解殖民大地

2016 年 12 月 18 日

主办：人民出版社、亚际书院、北京·当代中国史读书会

地点：人民出版社

第一场：《界而治之》新书发布暨研讨会

主持：林敏　致辞：陈鹏鸣、马哈茂德·马姆达尼、陈光兴

推介：田立年

第二场：《界而治之》：回应与研讨

主持：李娜　发言：蒋晖、刘卓、陈思

自由讨论：北京当代中国史读书会　翻译：赖立里

2016 年 12 月 19 日

主办：亚际书院、亚非拉文化艺术研究院（筹）

协办：台湾交通大学亚太／文化研究室

地点：首都师范大学（北一区文科楼 302 教室）

第一场：后万隆时代的第三世界方案——纪念萨姆·莫约与陈映真

主持：陈光兴

发言人：帕沙·查特吉、莫妮卡·布鲁克曼（Monica Bruckmann）、白元淡（Paik WonDam）、蒋晖、魏然

第二场：马姆达尼与汪晖对谈：知识分子的双重身份，去殖民化过程中的正义与复仇

亚非拉文化艺术研究院启动筹备大会

2016 年 12 月 21—22 日

主办：中国美术学院

协办：亚际书院、视觉中国研究院、台湾交通大学亚太／文化研究室

承办：亚非拉文化艺术研究院（筹）

地点：中国美术学院象山校区

12月21日

第一场："后万隆"语境中的亚非拉连带及其愿景

主持：陈光兴

发言人：马哈茂德·马姆达尼、帕沙·查特吉、周莫·夸梅·桑达拉姆、丹尼尔·马托（Daniel Mato）、莫妮卡·布鲁克曼

第二场："万隆书院"：问题意识与工作方法

主持：高世名、张颂仁

发言：朱云汉、普拉文·杰哈（Praveen Jha）、陆兴华、胡大平、拉赫米·迪亚·拉拉萨提（Rachmi Diyah Larasati）、尼尚·沙阿、陈光兴、周莫·夸梅·桑达拉姆、帕沙·查特吉、马哈茂德·马姆达尼、丹尼尔·马托、莫妮卡·布鲁克曼

12月22日

第一场：期刊连带：亚非拉的知识框架和思想运动

主持：王智明（《亚际文化研究》）、延光锡

发言：白池云（《创作与批评》）、帕沙·查特吉（《南亚、非洲及中东比较研究》[Comparative Studies of South Asia, Africa and the Middle East]）、马哈茂德·马姆达尼（《马凯雷雷大学社会研究中心评论》[The MISR Review]）、白元淡（《黄海文化》）、倪伟（《热风学术》）、卫纯（《读书》）、高世名（《人间思想》简体汉语）、郭佳（《人间思想》繁体汉语）、徐书鸣（《文化纵横》、林敏（人民出版社）

第二场：提案演习：关于"异世界中心"的思想规划

主持：陈光兴、高世名

2016亚际书院年度讲座
暨亚际双年展论坛（上海）
暨第十一届上海双年展理论剧院项目
2016年12月24日

主办：亚际书院

承办：亚非拉文化艺术研究院（筹）、台湾交通大学亚太/文化研究室、第十一届上海双年展理论剧院项目

地点：上海当代艺术博物馆

亚际书院年度讲座：超越刑事正义：通过南苏丹去学习

演讲：马哈茂德·马姆达尼

主持：张颂仁

回应：吉见俊哉、若林千代、帕沙·查特吉、拉赫米·迪亚·拉拉萨提、金圣敬、蒋晖、李娜、倪伟、郭春林、朱善杰等

同声传译：王智明

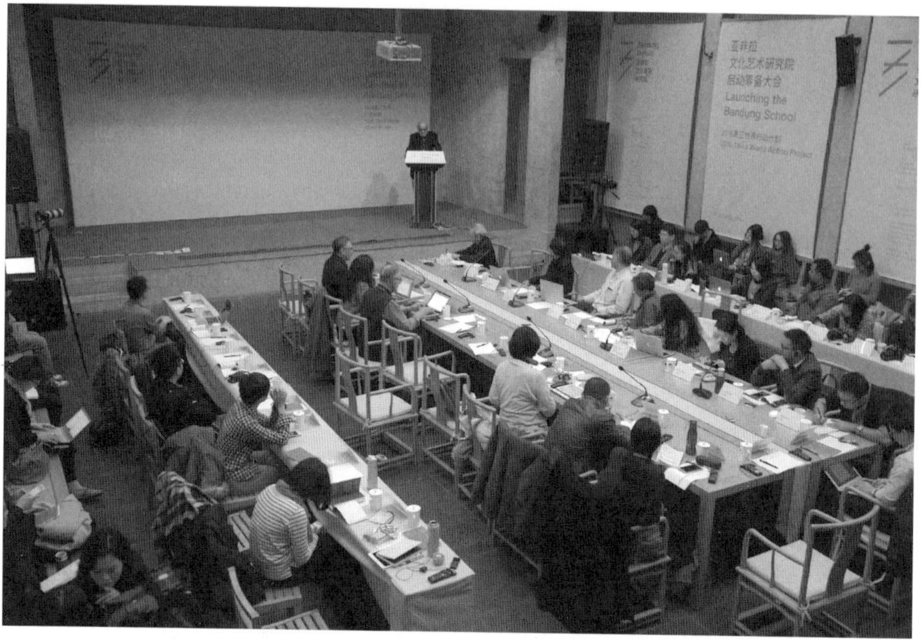
亚非拉
文化艺术研究院
启动筹备大会
Launching the
Bandung School

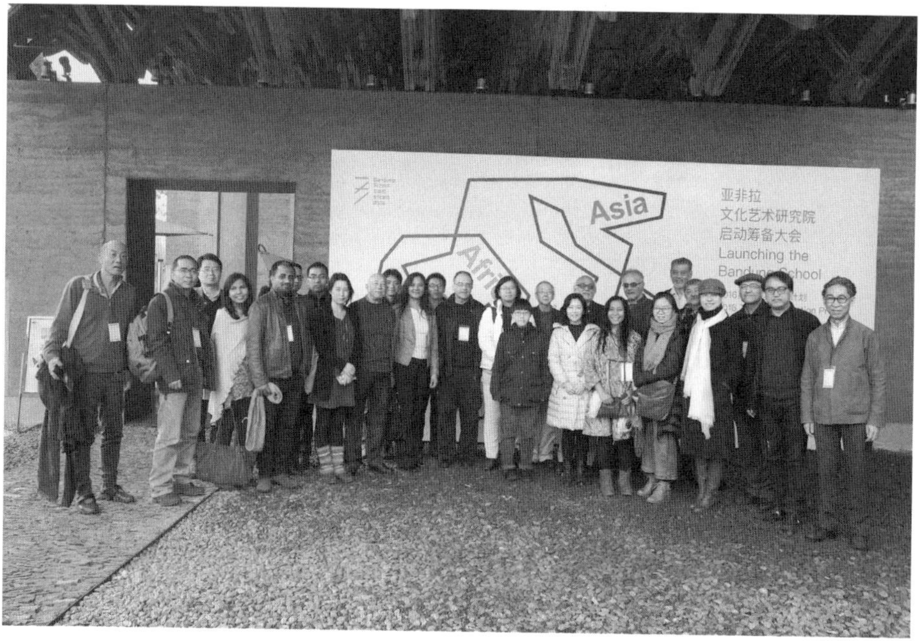
Asia
亚非拉
文化艺术研究院
启动筹备大会
Launching the

"亚非拉文化艺术研究院启动筹备大会"现场 2016年12月

在公共知识分子与学者之间

瓦解殖民与非洲高等教育在独立后的行动方案*

马哈茂德·马姆达尼（Mahmood Mamdani）
陈毓飞 译

一个多月前的3月9日，邱玛尼·马科斯威乐（Chumani Maxwele），一个大学政治学专业四年级的学生，把一盒粪便扔到坐落于南非开普敦大学校园的赛西尔·罗兹（Cecil Rhodes）雕像上。马科斯威乐声称这是抗议开普敦大学依然存在的"殖民统治"。他的行动标志着一系列事件的开始，包括一群学生占领开普敦大学的布雷姆纳（Bremner）大楼。一个月后，校委会投票表决移除这尊雕像。邱玛尼·马科斯威乐对媒体说："这从来就不只事关这尊雕像，而是关于转变。""罗兹必须倒下"运动散发的请愿书中讲道："我们要求赛西尔·罗兹的雕像从开普敦大学校园中移除，这是整所大学走向脱殖民的第一步。"[1]

每当民众的不满找到有组织的表达，"转变"就已经浮现为南

---

* 论文发表于由亚际书院于2015年4月18—19日在中国杭州主办的"万隆·第三世界六十年"论坛。我要感谢本次论坛的与会者对这篇文章提出的建议，他们是东京大学的吉见俊哉（Shunya Yoshimi）、香港的陈清侨（Stephen C. K. Chan）、上海的王晓明，以及南非西开普大学的苏伦·皮拉伊（Suren Pillay）和加州大学圣克鲁兹分校的罗伯特·迈斯特（Robert Meister）。

[1] https://www.change.org/p/th-south-african-public-and-the-world-at-large-we-demand-that-the-statue-of-cecil-john-rhodes-be-removed-from-the-campus-of-the-university-of-cape-town-as-the-first-step-towards-the-decolonisation-of-the-university-as-a-whole. 也可参考：*Cape Argus*, Cape Town, April 10, 2015.

马哈茂德·马姆达尼在2016第三世界行动计划上海站举办讲座 2016年12月

非院校中的抗争口号。对于独立后不久的林波波省（Limpopo）以北地区，"改变"还有着另一个名称，那就是"瓦解殖民"——在政治、经济、文化上，以及确确实实在认识论层面上。我关注的是后者，知识生产及其机构所在地——大学。

非洲的大学

现代大学在两极的张力中发展起来，一方面是基于单一的人的概念的普世主义，另一方面是对前者的民族主义反应。我们面对的挑战——我在本文中未及详述，只在结语中提及——是反思民族国家与大学之间的关系。这么做是为了达成我们自己在殖民主义之后一段时间对于现代及其可能性的理解。

对作为权威的知识生产中心的一所大学进行瓦解殖民，这是什么意思？这一问题已经以不同形式处于非洲各大学的争议中心。

第四章 后万隆

马哈茂德·马姆达尼著　田立年译　《界而治之》　人民出版社　2016年

我将关注发生在以下几所大学中的一些讨论：达累斯萨拉姆大学（the University of Dar es Salaam）、坎帕拉的马凯雷雷大学（Makerere University in Kampala）、开普敦大学（UCT），以及位于达喀尔的名为"非洲社会科学研究发展委员会"（以下用缩写 CODESRIA）的泛非组织。

这些讨论已经演变成一系列问题的连续争鸣：工作人员的非洲化、学科性与跨学科性、知识分子的角色及其与社会的关系。非洲化的要求，独立之后不久即在更为古老的殖民时代建立的大学里，通过正义与权利这两大主要理念针锋相对的辩论得到明确表达。对于学科与跨学科的讨论是在两种极为不同的脉络下发展起来的：在达累斯萨拉姆大学讨论的是以学科为基础的教育的适当性，在开普敦大学讨论的是关于理解人类经验的两种不同方式的一系列问题——研究白人经验的学科和关注于白人观察者所见之本土经验的区域研究。与此相关的是对于知识分子角色及其与社会关系的不同理解。这又进一步引发出更多问题——比如关于特殊与普遍的关系、本地与全球的关系。推动这些讨论的是两种相关却不相同的职业之间的张力：一类是公共知识分子，另一类是学者。公共知识分子作为有机力量出现在反殖民运动中，既是民族主义运动不可或缺的一部分，又是民族主义斗争的受益者。而学者是最早对民族主义掌权者做出批评的人，他们受到指导无差别的人类研究的一系列普世价值的启发。这看起来有点反讽，依附于政府或大学官僚机构而得以快速上升的学者——例如阿里·马兹鲁伊（Ali Mazrui）——会表现出对新的独立政府持批评态度。要理解学者与权力之间的这种关系变化，我们应该审视反殖民知识分子与民族主义之间的关系变化，首先是作为民众运动，其次是作为一种权力形式。

非洲的大学与殖民现代性的遗产

大部分关于非洲大学的著作首先会将一连串前现代的机构确认为现代非洲大学的先驱。联合国教科文组织的网页上提及了这些前殖民和前现代时期值得尊敬的机构。著名者包括：亚历山大博物馆和图书馆（the Alexandra Museum and Library）、开罗的阿兹哈尔（al-Azhar）、突尼斯的宰图纳（al-Zaitounia）、菲斯的卡鲁因（al-Karaouine）、廷巴克图（Timbuktou）的尚克尔（Sankore）等。它们是否可称为大学是一个长期争论的焦点。

我先在欧洲与非洲的不同语境中，将大学这一概念及其机构的历史作为问题提出来。我的观点重点强调我们所知的大学的现代特征及其在后文艺复兴的欧洲之起源。欧洲大学出现在12、13世纪的西方基督教之中，在19世纪的柏林得以制度化，成为无差别的人类的研究家园。

拉丁语的 universitas 一词意思是"团体"（corporation），源于这一机构得以生成的背景。前现代的大学是学生与教师组成的一种"团体"，他们的地位分别是由一种特权和一种豁免权确定的。教会批准"团体"进行教学，而国家给予其在财务和兵役上的豁免权。在北非和西非，和其他非西方世界一样，没有天主教会这样的对等机构。尤其是当掌权者把教授的特权或礼物授予重要的学者，受益者是个人或家族，而非教师或学生团体。这么说是为了陈述一个明显的事实：体制化学习（即我们现在所知的"大学"）在非洲的这些地方发展的整体语境与在中世纪的欧洲不一样。这一差异导致一个更大的问题：我们可以在多大程度上将例如"大学"之类的现代范畴跨越时间进行翻译？

要点在于，现代大学的制度形式或课程内容均非源自殖民时代之前的机构；它们是受殖民现代性的激发而产生的。该模式是一个以学科为基础的分门别类的社区，里面的群体（管理者、学者和付学费的学生）界定明确，区别清晰。初创者是柏林大学，该校成立于德国被法国打败后的 1810 年。经过一个世纪，大学模式传播到欧洲许多地方，又从那里传播到世界各地。不仅是大学的制度形式，而且包括塑造了现代社会和人文科学的知识分子传统，都是欧洲启蒙经验的产物。欧洲经验提供了原材料，从中打造出人类这一范畴。虽然这一范畴是抽象的，但它从欧洲内外实际的在地斗争中汲取出意义。

打造出人类这一范畴的经验具有两面性，自相矛盾。内在上，人类这一概念是文艺复兴对教会正统的回应。人类成为基督徒这一概念的替代。法国与欧洲的革命者想要将他们的视野投掷到比基督教更为久远的历史中，有意识地精心制作了一份欧洲遗产，把人类这一范畴的源头定在古典希腊和罗马帝国时期。人类大于基督徒，至少理论上，它包括那些基督徒之外的人。外在上，人类的概念是对完全不同的一系列环境的回应——表现为，不仅是一个自省的革命的欧洲形象，同时还是一个不断扩张采取行动征服世界的欧洲形象——从那个新世界开始，然后是亚洲，最后是非洲——欧洲按它自己的设想让世界"变得文明"。[2] 欧洲帝国把欧洲人理解为人，而把被殖民的诸民族看作各种不同的亚人种。

这一双重起源导致了欧洲遗产的自相矛盾。在它们的普世影响中，人文科学和社会科学都声称人性具有统一性，并从一种特殊经验以及同样特殊而傲慢的视野这一有利的角度来定义统一性。诞生于欧洲启蒙运动的普世主义不是承认经验与视野的多样，而是力求精心制作一种世界文明来表达同一性。被这种独特的视野加强了的线性历史理论，以及由此产生的权力，正是我们所知的欧洲中心主义。[3] 也正是这种视野及其制度形式被移置到殖民地。瓦解殖民因此必须对付无差别的人类这一视野，它是从欧洲历史经验中提炼出的，并通过课程设置渗透到了我们所知的现代大学这一制度形式中。

我们只能谈谈非洲殖民地时期现代大学的出现。殖民地的大学是在两个不同阶段建立的。第一阶段见证了大学在大陆两端的建

---

[2] 西班牙神学家曾提出亚里士多德对"自然的"和"社会的"奴隶的区别，以此来强调西班牙王室对美洲印第安人的殖民统治历史的、道德的重要性。参见：Anthony Pagden, *The Fall of Natural man: The American Indian and the Origins of Comparative Ethnology*, Cambridge: Cambridge University Press, 1987; *Lords of the World: Ideologies of Empire in Spain, Britain and France, c.1500–c.1800*, Yale University Press, 1998.

[3] 参见：Samir Amin, *Eurocentrism*, New York: Monthly Review Press, 2nd Edition, 2010.

立。在南端，金山大学（University of Witwatersrand）和开普敦大学，大学是由外移植而来的。而在北部，诸如阿兹哈尔是既有机构被"现代化"，依照现代西方大学形象进行学科设置和院系分类。[4]

而到了非洲中部，撒哈拉以南和林波波以北的大陆中间的高地，被殖民至19世纪末期的那部分非洲，一直到20世纪才有现代大学建立。非洲这两个部分之间的差异跟两个历史时期之间的差异有关：18世纪与19世纪早期殖民主义有着"开化使命"的自我形象，而接下来的世纪标志着这种充满自信的使命后退到对前占有时期作为"习俗"的秩序的保护。大学在早期被视为"开化使命"的标志，而在随后的时期，它们则被看作不守规矩的中产阶级知识阶层的前兆。[5] 英属非洲的学者型行政官员卢吉爵士（Sir Frederick Lugard）制定政策命令，他警告受过教育的本地人小心"印度病"，并说必须尽可能防止这种病进入非洲。[6]

无论是就其制度特征还是其课程设置而言，殖民地大学借助的是现代欧洲大学模式，而非前殖民地和前现代的非洲传统。殖民现代性的特殊经验塑造了大学的内在动力和外在视角。同时，非洲中部的那些大学主要是独立后所创建的。它们是反叛的民族主义的产

---

[4] Dahlia El-Tayeb M. Gubara, *Al Azhar and the Orders of Knowledge*, PhD thesis, Columbia University, 2013.

[5] 原因是遭遇反殖民主义，既有民族主义者也有原始伊斯兰教徒。英国的情况是爆发1857年的印第安人起义，1865年牙买加的莫兰特湾叛乱，和1881—1898年苏丹的艾尔-马哈迪亚。所有这一切造成了帝国19世纪中叶的百年危机。这导致以取消前殖民地习俗为目的的"开化使命"开始让步，并以习俗法的形式保护当地风俗。知识界的转变始于官方人类学家亨利·迈因爵士（Sir Henry Maine）。更多讨论参见：Mahmood Mamdani, *Define and Rule*, Harvard University Press and Makerere Institute of Social Research Press, 2013; Mahmood Mamdani, *Citizen and Subject*, Princeton University Press, 1996, and Fountain Press, Kampala.

[6] Sir Frederick Lugard, *Dual Mandate in Africa*, London: Routledge, 1965.

物。1961 年尼日利亚（Nigeria）独立时只有一所大学，而在三十年后有三十一所大学。[7] 东非的数量也没有太大不同，马凯雷雷曾是该地区殖民地时期唯一一所大学。作为现代大学的助产士——现代国家，目光短浅：大学应当培养使国家和社会去除种族差别所需的人员。受制于此，在大学内部和更广阔的社会中，这种眼界都未能给制度形式或课程设置带来活力。

正是在此背景下，我们才能够理解随后要求大学改革的举措。

后独立时代的知识分子、国家和社会

独立后的改革由两波浪潮展开。第一波浪潮是关于入校权（access），即非洲化，而第二波是关于制度改革。鉴于种族排斥是每个殖民地都有的特征，非洲化是独立之后席卷殖民地大学的普遍要求。入校的要求引发了权利和正义这两个普遍观念之间的论辩。种族歧视的受益者在独立后立即提出一切事务权利平等的要求。而其受害者则要求如果歧视是种族化的，那么正义也应该是种族化的。无论是在 1960 年代初的马凯雷雷大学或者种族隔离时期南非的大学，权利保护总是转变成最低限度的改革话语，同时提出保护历来的特权、呼吁关注当下忘记过去（进一步就是让过去的过去）。与此相反，正义为那些以彻底改变现状为目标的人提供了话语，他们呼吁以积极的行动纠正过去造成的后果。权利和正义这两种话语都在后殖民的背景下被种族化了。

同时，入校权的斗争依据现实背景有着两个非常不同的历史。

7　Sabo Bako, "Education and Adjustment in Nigeria: Conditionality and Resistance", in Mahmood Mamdani and Mamdou Diouf, eds. *Academic Freedom in Africa*, Dakar: Codesria, 1993, pp. 150–175.

在欧洲人口聚集数量不大的地方，本土大学几乎没有欧洲学生，这与在没有殖民定居者的大学情况一样，入校权事关加入师资和最高管理，因此相对容易实现，甚至不需要改变课程设置。但是在驻领殖民地（settler colonies），大学被分成两个截然不同的体制范畴，"白人的"和"黑人的"，白人大学的种族融合有可能是爆炸性的。这是由几个原因造成的。首先，"白人"和"黑人"教育机构的系统性分裂，无论是大学还是大学预科机构，都是入校权利不平等而导致教育质量参差不齐的现实之一部分。这意味着当历史上的白人学校响应社会正义的要求，通过积极的入学许可政策来录取更多"黑人"学生，后来失败的也同样是这些学校——开除了超出比例的一批黑人学生以保持质量。对那些就读于历史上是白人大学的黑人学生而言，这导致了强烈的疏远感，学生们愈发意识到需要改变课程内容，产生一个可以稳定黑人的（本土的）经验的课程设置，而不是将其归入区域研究的领域。这种差异有着更深远的后果：非驻领地的情况下，入校权可以被改造大学的要求屏蔽掉，这对于驻领殖民地的情况就没那么容易，正如开普敦大学"罗兹必须倒下"运动所引发的几轮斗争所证明的。虽然改革课程的要求是在非驻领地先提出的——毕竟，政治独立是随着1950年代中期开始的改革浪潮来到非驻领殖民地——但这一要求没有种族焦虑，这点与驻领地的情况不同。

1960年代的改革运动在非驻领殖民地展开。运动的两个大本营位于两个大不相同的校园——马凯雷雷大学是标准的殖民地大学，而达累斯萨拉姆大学在运动中迅速崛起为反殖民民族主义的旗手——领导这场运动的两位捍卫着两种截然不同的观点：阿里·马兹鲁伊呼吁大学应忠实于其传统观念，是"沉迷于理念"的学者的家园;沃尔特·罗德尼(Walter Rodney)则把大学看作公共知识分子的家园,一个坚定的知识分子扎根于他身处的地方与时代,并深度地投入更广阔的社会。这些截然对立的视野会产生两种同样片面的关于高等教育的理念:一种强调精英,一种强调普及。

马凯雷雷是一所由殖民政府建于1922年的公立大学,最初是一所职业学校。由新独立的政府任命的主要管理人员来规定改革的方向与步骤。第一轮改革为泛民族主义阵营获得了极大的成功,他们要求学者和最高管理层的"非洲化",这样大学才既在名义上又在构成上是属于民族的。这一改革易见成效。争论的内容也随之发生了改变。当执政党开始致力于以一党制政体来巩固权力,大学又一次变成了一个绿洲,在这里学术实践的自由同时保证了与执政党意见不一致的人士的政治言论自由。这又反过来造成了民族主义力量和国立大学知识阶层之间关系的日益紧张。反叛的民族主义的一个结果就是,大学与掌权的民族主义之间发生了冲突,如同在非洲多数国家中一样。

"非洲化"使得年轻学者的事业青云直上。其中最为知名的是阿里·马兹鲁伊。刚刚携牛津大学博士学位回国,阿里便被晋升为马凯雷雷大学最年轻的教授和政治科学与公共管理系的负责人。马凯雷雷大学的转折点是《转型》(Transition, 1961—1968)的诞生,它由拉贾·内奥吉(Rajat Neogy)主编,一批学者和公共知识分子参与其中。《转型》是期刊和杂志这两种不同媒体的融合,给以大学为基地的知识分子提供了空间为大众写作,这大众既包括精英也包括平民。《转型》被设定为非洲东部的作家和知识分子的文学器官,很多人把它当作非洲的引领性知识刊物。《转型》的作者涵盖了从重要小说家(纳丁·戈迪默[Nadime Gordimer]、钦努阿·阿契贝［Chinua Achebe］、詹姆斯·鲍德温［James Baldwin］、保罗·泰鲁［Paul Theraux］）到国家领导人（朱利叶斯·尼雷尔［Julius Nyerere］）的各色人物。[8]

《转型》刊登了几篇超越其时代的文章。马兹鲁伊的写作指责左翼知识分子陷入了亲近一党专政国家的歧途，在那些国家里，由于怯懦和无力，政权采取了"左"的立场。尤其是他的两篇文章，《坦桑费里亚》（Tanzaphilia）是关于坦桑尼亚的左翼学术界和朱利叶斯·尼雷尔之间的关系；马兹鲁伊认为达累斯萨拉姆的山上那些"坚定的"知识分子已经失去了他们的批判眼光，无法清醒认识朱利叶斯·尼雷尔。另一篇文章《恩克鲁玛，列宁式沙皇》（Nkrumah, the Leninist Tsar）嘲弄了另一位左翼偶像。保罗·泰鲁写了《流放者泰山》（Tarzan was an expatriate）和《厌恶亚洲人》（Hating the Asians）。第一篇是对于文学角色泰山和珍妮的政治解读，把他们作为流放者的原型，在宜人的气候下穿最少的衣服，完全沉浸于肉体的欢愉，坚持左翼的选择——但是后果也是最小化的。第二篇关注反殖民斗争是如何以殖民者与被殖民者之间轻易的妥协而告终的：那些位于东非的由于殖民而形成的种族等级的高端（白人）与底层（黑人）时不时地聚到一起，把少数亚裔社群当作好用的替罪羊。创办《转型》的同一团体还在城里的钟楼旁就公共利益事务展开公开辩论，辩论双方是政府知识分子与马凯雷雷大学的教师，尤其是在司法部长阿多克·内基翁（Adoko Nekyon）与阿

---

[8] 拉贾·内奥吉1968年被乌干达总统米尔顿·奥博特（Milton Obote）以煽动罪入狱。《转型》1971年在加纳复刊，1973年起由沃莱·索因卡（Wole Soyinka）主持编辑。1976年由于财务原因停刊，1991年复刊后小亨利·路易·盖茨（Henry Louis Gates Jr.）将其带到哈佛大学非洲和非美研究的迪布瓦学院（W.E.B.Du Bois），它重新成为一本以大学为基地的，但是观点和地点都脱位的刊物。

里·马兹鲁伊教授之间。

这就是达累斯萨拉姆大学的沃尔特·罗德尼和马凯雷雷大学的阿里·马兹鲁伊之间，先后在马凯雷雷和达累斯萨拉姆进行的一系列值得纪念的辩论的背景。这些辩论给持续进行的公共辩论带入了两种不同立场的对话与对抗。罗德尼呼吁知识分子加入斗争以巩固民族独立，那个时代的殖民主义虽已终结，帝国主义统治却依然称雄。与罗德尼全心关注外部世界相反，马兹鲁伊呼吁关注内部，关注在一个新权力正日益巩固的时代里争取民主的斗争。如果说罗德尼关注的是民族主义的外层，马兹鲁伊呼吁关注其内部。如果说罗德尼呼吁知识分子团结在巩固民族独立的需求周围，进而实现反殖民主义未完成的目标，那么马兹鲁伊呼吁警惕掌权的民族主义的独裁倾向。双方的辩论反映了更大的社会进程，民族主义与民主之间的紧张关系，以及国家与社会之间的尖锐竞争。在这层意义上说，马兹鲁伊是第一位站在民主立场针对民族主义的批评者。

学科与跨学科性

围绕学科性的辩论在两个不同的语境下展开：1970年代的达累斯萨拉姆大学和1990年代的开普敦大学。需要牢记的是这些辩论之间的差别。跨学科性的要求在达累斯萨拉姆大学是被作为改革的前沿提出的，然而在开普敦大学却是被看作遗留问题的一部分。

达累斯萨拉姆大学的讨论是在政治局势急剧变化的情况下展开的，由1966年10月22日的学生示威引发，这场示威抗议政府所提出的强制所有中学毕业生服役这一决定。政府声称原本的决定对于"让受教育的年轻人做好为国家服务的准备"是必要的，便把所有334名抗议学生遣送回家，并取消了他们的奖学金。几个月后的 1967 年 2 月 5 日，总统朱利叶斯·尼雷尔发表声明，即《阿鲁沙宣言》(The Arusha Declaration)，宣布了官方政策的巨变。随之而来的是一项民族化-社会主义计划。达累斯萨拉姆大学的反应是在 1967 年 3 月 11—13 日期间组织了一场会议，主题是"大学的角色——达累斯萨拉姆大学在社会主义坦桑尼亚"。会议结束时呼吁"相关性"(relevance)问题，指出"各类学科与相关科目（不是）在东非尤其是坦桑尼亚的社会经济发展的愿景、关怀和问题之语境中（进行研究的）"，其中的一条建议就是进行"持续的'课程审核'"。[9]

会议引发了校园中教学人员和学生轰轰烈烈的辩论。纵观这些讨论可以分辨出三种不同观点。激进派想要的是在课程和管理结构上进行彻底的改革；总之是想要废除以学科为基础的院系。温和派是大多数，包括大多数坦桑尼亚籍员工，他们同意对课程进行彻查，但不应废除院系。保守派抵制对课程或学科为基础的大学组织进行任何激进改革。

之后进行了两轮改革。第一轮始于"发展研究所"引进一个跨学科项目。但是发生的变化是临时的，而且自相矛盾：跨学科的"职业串流"(career streams)结构被引进，但是在原有的院系内部。反响很混杂，反对意见很明显。法律系的一位卡尼万尼教授(Kanywanyi, 1989)回忆起"政治集会像是上课"，"演讲者主要是从学校外面拉进来的"，包括"政府部长和其他各界公众人物"。课程"在学生中变得不受欢迎了"——确实，学生们在 1969 年否决了

---

9 Isaria N. Kimambo, "Establishment of Teaching Programmes", in Isaria N. Kimambo, ed., *In Search of Relevance: A History of the University of Dar es Salaam*, Dar es Salaam University Press, 2008, p. 147.

新课程。[10]可能最为敏锐的观察来自1970年11月接受任命来检查项目的校董下属委员会。[11]它一开始就指出在原有的院系中引进职业串流这一妥协就是自相矛盾的："一些院系在试图回应市场状况的时候，就已经严重偏离了串流结构。"这导致的张力"恰好证明了那些反对串流与院系共存的人的忧虑是正确的，二者共存使得各学科以跨学科项目为代价，重新树立自己的地位"。更为重要的是，校董下属委员会要求的是对问题的解决是否可能着重于减少高等教育中的学术性内容，与其培养"理性的毕业生"，不如培养"技术专家"。[12]对此持反对意见的教学人员要么用脚投票，要么被逐出大学。从1971年6月至11月，有28名教学人员辞职，46份学术合同未得到续签。所设86席学术职位中，42%的人离开了。鉴于此，校董下属委员会要求"仔细筹划"，招聘新的教学人员。

第二轮改革始于双轨制的机构重组。艺术和社会科学系建立了自己的跨学科核心课程，由自己的教员来教。发展研究所（IDS）被建立起来，在包括科学与其他专业在内的所有其他院系教授跨学科核心课程。1973年至1990年间发展研究所聘用了30多名教员。院系得到了保留，职业串流和子流也保留下来。课程进行了修改，跨学科必修课程在各年级实行。艺术和社会科学系的跨学科核心课程称为"东非社会与环境"（EASE），第一年重点教授历史学、生态

10　J. L. Kanywanyi, "The Struggles to Decolonize and Demystify University Education: Dar's 25 Years Experience Focused on the Faculty of Law, October 1961–October 1986", *Eastern Africa Law Review*, p. 15; cited in Isaria N. Kimambo, "Eastablishment of Teaching Programmes", in Isaria N. Kimambo, ed., *In Search of Relevance: A History of the University of Dar es Salaam*, pp. 107–132, see in particular, p. 120.

11　除特别注明外，这里及下一段的具体细节均来自：Isaria N. Kimambo, ed., *In Search of Relevance: A History of the University of Dar es Salaam*, pp. 124, 125, 118.

12　Isaria N. Kimambo, "Introduction", Isaria N. Kimambo, ed., *Humanities and Social Sciences in East and Central Africa: Theory and Practice*, Dar es Salaam University Press, 2003, pp. 5, 7.

学和政治学，占用学生40%的课时（2—5门课程）。在第二和第三年，投入跨学科核心课程的时间减少到五门中的一门，第二年的重点在科学技术史，第三年则是发展规划。

课程内容的瓦解殖民得以发展是由于两个平行但相关的举措。除了正式的课程改革，尤其是引入跨学科必修课程，还有由持激进改革观点的人员实行的更多非正式举措，把教学人员与学生汇聚到同一屋檐下。有两个举措尤其值得一提。第一个是所谓"意识形态班"，特意安排在每周日上午十点。它所宣称的目标是世俗的，给学生们提供去教堂礼拜之外一个替代选择。第二个是成立一系列课余学习小组，多年来大量增长。我想起1975年那时候，参加了6个学习小组，每个小组有2—8名左右成员，每周一会，都要求做大约一百页左右的背景阅读。各个小组关注的主题如下：

1.《资本论》；

2. 三个国际；

3. 俄国革命；

4. 中国革命；

5. 土地问题；

6. 乌干达社会与政治——昌贡贝（Changombe）小组。

除了最后一个小组由来自大学内外的乌干达流亡者组成，没有哪个团体关注坦桑尼亚、东非或非洲。

那是知识分子骚动剧烈的时期，标志为两条不同的路线，各由不同的著作引发。第一部是沃尔特·罗德尼以依附理论模式写的《欧洲如何限制非洲》（*How Europe Underdeveloped Africa*），与《阿鲁沙宣言》极为一致。第二本书将《阿鲁沙宣言》的语言及承诺与之后的社会政治发展现实进行对比。依萨·史维吉（Issa Shivji）所著的两本书,《沉默的阶级斗争》(The Silent Class Struggle)和《坦桑尼亚的阶级斗争》(Class Struggles in Tanzania),反映了内部进程的重点。史维吉著作的出版引发了达累斯萨拉姆学术界关于帝国主义与国家的辩论。[13]如果说阿里·马兹鲁伊是第一个重要的对掌权的民族主义进行批判的自由知识分子,那么依萨·史维吉是对其进行批判的重要的左翼知识分子。

达累斯萨拉姆大学的课程改革运动需要放在以《阿鲁沙宣言》为标志的更为广阔的政治背景下解读。同时,这一运动不是自上而下进行改革的结果;它是由自下而上的知识分子社会运动所塑造并维持的。这一社会运动还包括广泛的社会角色,从大学学术界到学生活动家,从像执政党青年团这样的正式团体到诸如《麻吉麻吉》(Maji Maji)和《切切》(Che Che)这样的学生杂志。

值得注意的是,二十年后在开普敦大学展开的关于学科的辩论与此在背景上存在差异。开普敦大学的辩论是在种族隔离结束后作为课程改革举措的一部分出现的。大学创设了一个非洲研究教席若尔丹教授(A.C. Jordan),并提议由担任这一教席的学者为大一学生开设一门非洲研究的跨学科课程。[14]这门课将是所有进入这所大学的学生所必修的。随之发生的辩论关注的是该课程的内容:南非应不应该成为这门非洲研究课程的内容之一?学科与区域研究的跨学科特征之间应该是一种什么样的关系?

关于南非的内容是否应该成为非洲研究课程之一部分这一问

---

13 参见: D. Wadada Namudere, *Imperialism Today*, Dar es Salaam: Tanzania Publishing House, 1976; Yashpal Tandon, *Imperialism and the State in Tanzania*, Dar es Salaam: Tanzania Publishing House, 1979.

14 笔者是这一教席的首任。

题，针对的是南非学术界广泛认同的一种假定，即认为南非经验是特殊的。南非学术界的传统做法是在涉及南非研究时，在教学上把"本地"经验与"殖民定居者"的经验分开。1996年11月，开普敦大学非洲研究中心的讨论一开始，这一问题是这样提出来的："要开创真正的非洲研究，必须首先接受南非特殊论和广为接受的偏见，认为南非虽然地理上属于非洲，但在文化和政治上并非如此，更勿论经济方面。据我所见，这种观点是南非知识界多数人的认识，不分黑人白人、左翼右翼、男性女性。"[15] 我至今仍坚持这些观察，但是事后发现，它们的影响在当时只不过是池中微澜。主要是因为做这番分析的学者是从外部空降的，与开普敦大学的学者群体（也包括学生）以及校园外的社会运动都几乎毫无联系。

围绕入门必修课程的辩论聚焦在南非特殊论的问题，以及学科与跨学科区域研究分野的问题。"我们所面对的关键问题在于：如何在一个后种族隔离的学术界教授关于非洲的知识。[……] 在历史上，非洲研究是在非洲之外而非其内发展起来的。这是关于非洲的研究，却不是非洲人做的。"其发展语境是殖民主义、冷战与种族隔离。这一时期形成了西方学术界的社会科学研究组织。学科与区域研究之间有着关键性的区别。研究白人经验的学科是普遍性的、关于人类的、经验性的；区域研究则是把有色人民的经验作为种族经验来研究。非洲研究主要关注班图（Bantu）的行政管理、习俗法、班图语和人类学。这一导向就开普敦大学的非洲研究而言

---

15 Mahmood Mamdani, *Social Dynamics*, University of Cape Town, Summer, 1996, pp. 3-4.

是这样的，其他区域研究中心也如出一辙。"[16]

把非洲作为"区域"对待的研究中心起源于西方学术界，然后输入到驻领殖民地大学。非驻领殖民地的大学，无论是像马凯雷雷这样的建于殖民时期的几所大学，还是在民族主义权力之下成立的许多大学，都认为自己是在延续西方学术界的传统，是人文研究的中心，虽然是在非洲背景之下。对于非洲背景的重视，也并不意味着非洲大学将自身局限于非洲研究；它毫无疑问是全球研究的中心。

知识分子与社会：学者与公共知识分子

南非问题的辩论在民主大学职员联合会（UDUSA）内部展开。辩论集中于如何回应两个决定性的不平等，二者均源于南非大学制度中的种族隔离，其一存在于过去只收白人的大学和只收黑人的大学中，其二存在于高等学校中白人学生和黑人学生之间。辩论的双方又一次集合在相似的旗帜下，维护精英和追求普及。

在一篇论"民主南非的高等教育"（1991）的文章中，南非劳动历史学家范·昂赛雷恩（Van Onselen）追溯了教育系统中种族经验之间的不平等：当白人大学已经在与核心经济生活的关系中得到了"合理的、有机的发展"，外围的黑人大学仍是社会引擎"人为"发动的结果。开普敦大学前任副校长斯图尔特·桑德斯（Stuart

---

[16] Mahmood Mamdani, "Is African studies to be turned into a new home for Bantu education at UCT", Seminar on the Africa Core of the Foundation Course for the Faculty of Social Science and Humanities, 收入 *Teaching Africa: The Curriculum Debate at UCT*, Centre for African Studies, University of Cape Town, 1998. 跨学科研究的"土著"经验与学科研究中的"殖民者"经验，这种二元的种族化区分遭到破坏，激进的学者——跨种族的学者——将工人阶级和贸易联合会的斗争也包含在内。接下去的工人阶级组织和动员研究则与主流科目合办，比如南非金山大学的社会学与历史学系。

Saunders, 1992）阐述了这一观点："白人大学受益于与核心政治经济的关系，而发展成各种精英的中心，通过声誉排名、资源享有、优质毕业生、英才发展或研究与发表中反映出的'附加价值'来标识。相形之下，历史上的黑人大学仍是初创时的样子，外围院校各类指标也都排名很低。"[17] 与"核心政治经济"的关系无疑发挥了作用，而关键的政治权力在此一关系中却奇怪地缺席。

我第一次接触这一辩论是在 1992 年 7 月受邀于民主大学职员联合会德班（Durban）年会的时候。随着讨论的展开，我理解到，精英与普及已经成为正在进行的辩论的密码：批评者把对追求精英的呼吁看作对种族隔离时期特权的暗暗维护；他们指望普及（和入校权）来挑战专有权。然而白人与黑人大学之间的差异不仅仅是维护特权。

白人大学的话语具有两面性。一方面，他们辩解说特权源自优异——号召人人都来维护他们获取资源的特权，以维护为了推进优秀学术所必需的学术标准。另一方面，他们为追求学术精英所必需的管理和知识自主权——学术自由——进行了一场持续的成功斗争。

黑人大学的经历却大相径庭：黑人大学曾作为诸多种族隔离国家的管理延伸机构来运行的。缺乏行政自主，黑人大学中任何重大的斗争都会迅速带上政治含义，使学术团体直面种族隔离的官僚机构。黑人大学的知识分子要求全面的学术自由，不论白人大学还是黑人大学。否则，都是在掩饰对在温室中孕育的知识分子特权

---

17 引自：Harold Wolpe, *A Perspective on Quality and Inequality on South African Tertiary Education*, The Education Policy Unit (EPU), University of the Western Cape, February 1993.

的维护。当白人知识分子加入反种族隔离运动（很多人确实这么做了），他们把上述信条传播到大学之外。在这一竞赛中，双方形成了对比鲜明的自我设想：白人"学者"和黑人"公共知识分子"。

CODESRIA 和公共知识分子

CODESRIA1973 年由捐赠者鼓励和资助始建时，原由非洲的经济与社会研究发展理事会的一些委员组成，随后几年再变成非洲社会（与经济——按原本的构想）研究发展委员会。尽管采用了这个名称，CODESRIA 主要变成了两种研究者群体的家园。第一种来自小国家，这些国家的典型是一个政府——一所国立大学。这一背景导致政府与学者之间剑拔弩张的对抗，学者们在 CODESRIA 找到了跨越国界的自由。第二种由来自正在经历激烈的社会与政治变革的国家的流亡学者构成，比如埃塞俄比亚和埃及。代表性最小的学者来自大学数量最多的国家，那里的大学数量大到足以建立全国性的职业联合会和学术期刊。这一群体包括尼日利亚和南非。

CODESRIA 更像是拥有很多听众、由小版块组成的一系列专题讨论会和会议，使围绕公共利益事务的公共辩论借助自身来得以展开。对公共知识分子来说，这是一个现成的论坛。同时，各种其他论坛——多国研究团体、全国工作组、小型的博士生研究补助计划——为培养年轻学者提供了空间。

没有哪部伟大的书是在 CODESRIA 的支持和赞助下写就的。而写出重要作品的学者，萨米尔·阿明、阿齐·马佛杰（Archie Mafeje）、克劳德·阿克（Claude Ake）、塔迪卡姆坎达维尔（Thandika Mkandawire）、伊菲·阿马蒂姆（Ifi Amadiume）、依萨史维吉、万巴-迪亚-万巴（Wamba-dia-Wamba）、萨姆莫约，借助

CODESRIA发起了能够改变非洲大陆的公共话语的辩论，比如关于依附与民主，以及之后关于性别的辩论就属于这种情况。

由于任命刚离开美国常春藤大学教职的阿吉尔姆本贝（Achille Mbembe）担任执行秘书，公开辩论的传统在1990年代后期遭到了尖锐的批评。这位新任执行秘书决心在公共辩论与学术讨论之间划出清晰的界限，并进而将CODESRIA重新定位为一个学术机构，从公共辩论舞台撤离，他决定对新鲜的思想敞开机构的大门。这一行动的标志性方案是1998在约翰内斯堡召开的社会科学会议。持国际立场的许多西方学者被邀请提交论文——而非洲学者被要求作为本地讨论者做出回应。如果说目标在于震动非洲后殖民学术界的守门人，那么它取得的成功是巨大的。不仅仅是震动了这些独立后的第一代知识精英，它还以一种傲慢的殖民主义式的种族尊卑秩序回归的幽灵使他们震怒。同时，如果意在开启一个新的更为学术化的研究议程，这一过程尚未起步。

当辩论日益白热化之时，双方互称对方为"全球主义者"和"泛非主义者"。"全球主义者"批评CODESRIA热衷于召开大型专题研讨会和会议，将知识分子工作政治化，裁制奖学金以满足公共论争的需求。"泛非主义者"呼吁保护CODESRIA，将它作为一个全部由非洲人组成的机构，一个打造非洲研究与智识议程的受保护的空间。受新任执行秘书厚颜的干涉所引发的"全球主义者"和"泛非主义者"之间的辩论在他离任后没有继续下去。但是它也预先阻止了一场没有开始的更为重要的知识讨论。

CODESRIA作为一个无学科的空间发展起来，在那里我们都可以摆脱自身的学科特色，接受非学科的观点；从退步的一面来说，所有人都继承了政治经济学的衣钵。政治经济学越是成为学术界的主要学科，它就带上越多不同倾向的标记；无论是左派还是右派，都把人宣称为"经济人"。在美国，对政治经济学霸权野心的不满给文学研究让路，对有形物的关注让位于表现研究。这一背景有助于我们理解姆本贝从 CODESRIA"被驱逐"的意外后果，即知识分子的退步。政治经济学的霸权镌刻在后殖民学术界大多数新建的和革新的部门：名为"东非社会与环境"的跨学科课程的实质与达累斯萨拉姆大学的发展研究课程都是政治经济学的；甚至连达累斯萨拉姆历史学院也因坚持政治经济学的视角而为人所知；并且，最重要的是，CODESRIA 是激进学者的家园，他们坚信政治经济学，简直如同宣誓效忠一般。毕竟，正是姆本贝试图使 CODESRIA 摆脱政治经济学，转向关注话语和表现。当这种自上而下的努力疏远了所有人，它也推迟了一场围绕 CODESRIA 的政治经济学和认识论问题展开的辩论。

瓦解殖民、公共知识分子与学者

我们对瓦解殖民的理解随时间改变：从政治的，到经济的，到话语的（认识论的）。对瓦解殖民的政治理解，已经从先前的局限于从外来统治下获得政治独立，转移到更为广阔的体制改革，尤其是针对种族隔离制度下合法实行的种族与民族主体性再生产的批评。对瓦解殖民的经济理解也已经从地方对地方资源的所有权，扩展到内部和外部制度的改革，这些制度维护着不平等殖民形式的经济关系。瓦解殖民的认识论维度集中在我们对世界进行建造、拆解、再造，进而理解的那些范畴。它与我们的一些观念紧密相关，如什么是人，什么是特殊的，什么是普遍的。这一辩论未能在 CODESRIA 找到空间。至少目前，它局限于个别学校和课程之内，比如马凯雷雷社会研究所的社会研究博士课程。

认识论上的瓦解殖民所面对的挑战与政治和经济方面的瓦解殖民不同。如果说政治和经济领域的瓦解殖民不仅适于而且召唤广泛的公共动员，那么认识论上的瓦解殖民则不同，它被隔离于实践和日常的世界不止一步之遥。当然，它并未与这个世界分离。这就是为什么认识论上的努力根本地挑战了公共知识分子与学者之间的界限，使他们互相要求对方接受自己的立场。

公共知识分子与学者并非两类不同的人。他们是两种不同的观点，甚至是成见，一方从学术世界中汲取灵感，另一方是从公共辩论中获得启发。但是他们之间的区别并非固定不变；二者之间的边界总是在不停移动，而且在任何时候都是模糊不清的。双方之间的紧张关系在独立后初期是很明显的。一开始，如果说公共知识分子希望更贴近现实进行工作，尽可能地落地以便与当地社群合作，那么学者则有着"普世主义"的志向，这一志向来自声称自己是一个普遍的知识分子，交易的是一种全球性的商品、理论。二者之间的裂痕也往往蕴含着政治意义：公共知识分子选边站派，而学者则声称作为旁观者的客观性，是黑格尔主义的证人——"密涅瓦的猫头鹰"——在某一事件刚发生时就明智地认识到他/她自己必须作为证人而非派别成员。

然而，由于国际资助机构试图重塑非洲学术界，今天这两种身份背后的基础都在发生转变。在这种新的语境下，不是大学，而是大学内外的智库，正在崛起为新自由主义时期公共知识分子的新家园。这意味着对公共知识分子进行去政治化，同时将公共知识分子和学者一并固定在一个官方议程上。与六七十年代不同，21世纪初的公共知识分子不能预设为进步知识分子；在这个时代，"公共"

不再只是指"人民",它也包括政府、资助者和日益受到政府依赖的金融机构。新型的公共知识分子是受这些组织的雇佣和资助,在"问责制"的名义下,对公共体制进行内外持续监控。同样的程序——结合了"问责制"和"透明度"——反过来以持续地监管这些新型公共知识分子为目标。事实上,立足于智库的公共知识分子是被期待作为"实证政策"的保证人,首先为政府服务的。

在智库的背景以及受国际捐赠者及金融机构资助的背景下,新型知识分子必须从战略和战术两方面思考,既要回应非由他/她制造的形势,又要成为政策的女仆的候补。以这种方式思考就是把游击队的想法移置到知识分子领域,也就是重新定义斗争的领域,这是因为如果我们把基础研究与公共政策联系起来,但同时要重新定义制定公共政策的方法,以此挑战公共政策必须"自上而下"制定的看法,从而使公共政策的制定,无论是"自下而上"还是"自上而下",都能走向民主化。这是呼吁公共知识分子与其作为女仆、顾问来参与制定官方政策,不如承担双重任务:一方面,使官方政策服从批判性的评估;另一方面,制定带有使政策制定过程民主化的确切目标的替代性政策。就此而言,政策制定不再只是专家事务,它事关民主选择。这一视角的改变也是瓦解殖民的关键。

在独立以来的半个世纪里,在世界各处,公共知识分子和学者之间的辩证经历了许多重要的转变。第一次重大转变的发生与独立相关。那时几乎没有人认识到后殖民背景下发生变化的公共知识分子观点与角色。殖民主义的大学中公共知识分子的角色相对模糊:公共知识分子在民族运动的阵营中找到了舒适的家园。当民族主义者掌握了权力,他们就在政治上发生分化,分成满足于现存国际秩序的温和派和呼吁对其进行改革的激进派。不过,无论是温和派还是激进派，掌权的民族主义者对国内的批评家毫无耐心，尤其是如果这些人说本地方言，并尝试与社会运动相联系的话。这在激进知识分子之中制造了紧张，对于现在已经掌权的过去的"同志"，该如何与之相处：作为大阵营的同盟，还是作为新权力的批判者？这种紧张关系在达累斯萨拉姆大学最为明显。

第二次大转变当前正在发生，它紧跟着扩大的非政府组织（NGO）运动发展，多数非政府组织已经被改组为大量的内部检举者，他们必须保证掌权政府的"问责制"和"透明度"。如果非政府组织表现得好像新自由主义秩序的哨兵一样，那么新公共知识分子就被期望脱去旧公共知识分子的派系特征，以发挥犹如当下政府的诸多内参的作用。目的是将那些受过训练的人变成提供专业的、独立的意见的"学者"来加以利用，不过这次是用他们来隔离民族主义动向。其效果在于驾驭新的"公共知识分子"，以便不仅"评估"那些据说包含民族和群体双重偏见的"政治"效果，这偏见被视为有效的政策制定的负面影响。

我在这里提及的许多辩论都以两个关键词为标志：普及和精英。他们提出了两个问题：片面追求普及的愿望是否会产生，如达累斯萨拉姆大学的校董委员会所言的"技术专家"而非"可以论理的毕业生"？另一方面，强调不纯粹的学术精英是否会产生，诸如马兹鲁伊自我定义的知识分子——"沉迷于观念"的，但又负责批评的，没有社会责任的，因此任由权力摆布的人？历史上，普及和精英作为密码发挥作用，各自传递着大学历史性发展的不同轨迹：精英是把大学的学术追求当作人类研究的普世-帝国机制，普及是把大学的追求当作民族主义的机制，并且锻造为更大的反殖民主义计划的一部分。

如果说公共知识分子与学者之间的紧张关系揭示了知识分子作为社会批评者的公共角色，那么学科性与非（或"多"、"反"）学科性之间的紧张关系解释了知识分子作为知识生产者的角色，并进而揭示了公共知识分子和／或学者作为瓦解殖民的主体的角色。在殖民主义的背景下，学者与公共知识分子之间的紧张关系反映了理论生产者与应用者之间更大的分歧。殖民主义不仅从西方学术界引进理论，而且假定理论是在西方生产的，而西方以外的学术界的目标必定是应用这一理论。其中的含义是重大的：如果理论制造在西方的确是一个创造行为，其在殖民地的应用则反过来，是一个建成使用项目。这对左翼和右翼而言都是真实的，不管学生下工夫研究的是马克思、福柯，还是韦伯、亨廷顿。一个又一个学生像学习一门新语言一样学习理论——有的学得很出色，其他人则没有那么好。而正是这些学得不那么好的其他人，当他们结结巴巴地翻译时，我们意识到，"做一个学生就是做一名技术员，学习应用一套别处生产的理论"这种想法是错的。

　　正如马克思所说，羞耻会成为一种革命性的情感。我们冒险制作了一幅代价高昂的讽刺漫画，在新时代里还有更多的滑稽男女。取而代之的是，我们应当反思我们的抱负，不再是仅仅从外部进口理论，当作另一个建成使用的发展主义项目，而是树立不同的不仅仅是更高的目标：将我们的现实理论化。

　　知识分子的努力应该是对广为接受的思想内容进行反思，形成适用于理解和规定特定历史与经验的新内容，可能这方面最好的榜样是尼日利亚伊巴丹大学（University of Ibadan）和阿玛杜·贝洛大学（Ahmado Bello University）的历史学家们的工作。我想到的是为前现代历史书写所做的口述档案工作，以及关于族群认同的历史性的工作，这些是从戴克（Dike）到阿卜杜拉·史密斯（Abdullahi Smith），尤其是玉素甫·巴拉·乌斯曼（Yusufu Bala Usman）等历史学家所做的。[18]

有没有一条带领所有人往前的大路？抑或有许多条路，每条引出一种不同的历史性，由不同的变化着的各方社会力量的平衡来想象和实现？这种历史性又反过来是多种二元倾向的交织之网——普遍与特殊、帝国与本地，国际主义与民族主义——头绪如此繁多，既不可能回到过去那个逝去的时代，也不可能摆脱它并融入普世中去。如果未来是不断地再造，那么过去亦然，二者之间的衔接处亦然。这个未来和这个过去的制造，属于认识论的领域和知识生产的过程，并仍是知识生产去殖民的中心。

2015 年

18　简要讨论可参见：Mahmood Mamdan, *Define and Rule*, ch. 3.

异世界中心 / 另一个世界中心 *

高世名

我们所有人都意识到：我们处在一个关键的时刻，一个历史进程的转折点，充满着困惑、焦虑与希望。在这个时刻，结局即开始。对来自亚非拉的我们来说，旧大陆或许就是新世界。

怒吼吧，中国——曾经与今天的故事

2008年，我发现了一条有趣的线索，那是一个发生在1920—1930年代的苏联—纽约—上海—西班牙的曲折故事：

1924年苏联未来主义作家铁捷克创作了诗歌 *Roar China!*（《怒吼吧，中国！》）

1926年苏联左翼群体在莫斯科演出同名戏剧 *Roar China!*

1930年10月27日前卫戏剧 *Roar China!* 在纽约马丁·贝克剧院上演

1935年上海的革命–前卫版画家李桦创作黑白木刻《怒吼吧，中国！》

---

* 本文为2016年万隆书院启动筹备大会闭幕致辞。

高世名做亚非拉文化艺术研究院（万隆书院）启动筹备大会闭幕致辞　2016 年 12 月

1937 年兰斯顿·休斯在《自由先锋》发表了一首反法西斯的诗，题为 Roar, China!

这个八十多年前的跨度极广的故事，或许可以为我们提供一个角度，重新检讨一下——前卫与革命、革命与国际、国际与民族国家、国家与暴力、暴力与政治、政治与艺术、艺术与革命……这些在全球资本主义时代被丢弃、蒸发了的复杂问题，今天对我们意味着什么？在八十多年前，对这些话题来说，中国是什么？而在今天，在这个全球资本-政治-经济网络中，中国又是什么？

在经济民族主义弥漫的今天，"中国是全球化的最大的赢家和领导者"、"中国是一种新自由主义力量"。这种观点在国际社会运动中很有市场，我们还记得，"太阳花"运动的一个重要特征就是把"反中国"和"反全球化"、"反新自由主义"结合在一起。诚然，中国正在从剩余资本的最大吸收者转变为输出者，但是在我看来，不能简单地把中国归入所谓的"新自由主义"。一方面，冷战名义上结束之后，中国没有采用华盛顿共识所推崇的"休克疗法"，即野蛮私有化；另一方面，新自由主义的一个特点是资本主义与国家配合，国家不断放松政策，市场推动不断私有化，加速社会熵化，而中国没有遵从市场原教旨主义，因为中国始终是强政府而非弱政府；更重要的是，强政府主导力强，以市场为治理工具，带来的首先是企业、资本家的相互竞争，而非劳工之间的竞争，因此，资本利润不是无限膨胀的，工人福利得到一定程度的保证。当然，这也是中国进入"经济新常态"的一个原因，各种形式的公有制经济仍然存在，为了社会稳定，目前存在许多僵尸企业；优先发展国内市场和内地市场。一年前，在"万隆/第三世界六十年"的视频讲演中，萨米尔·阿明表达了他对中国一贯的善意：中国正在发展一种"有社会的资本主义"，也可以被理解为一种"有市场的社会主义"。同样，在今年首尔的一次会议上，中国台湾学者徐进钰对中国主导的"一带一路"也给出了足够善意的理解，他还有许多朋友们期待着，"一带一路"可以形成一种更善好、平等的发展道路：注重本土化、适应性、合作与共享，而不要以"租借地"或"特区"的模式搞"圈地"；推动多边政治和多极的全球化，推动一种更具包容性的发展主义，一个高度共享性的"世界市场社会"。如果大家以后有时间去义乌，看看那里来自六十多个国家的几万国际住民，就会了解，那里是 another world center（异世界的中心），一个亚非拉世界。这个世界形成和发展的基础是一种低版本的市场，"小商品"的市场，这个市场所包容的，是"生意"，在中文世界的"生意"不完全等于 business，更贴近生活、活着的意味。这一点非常重要，关乎帕沙·查特吉所说的大学系统之外的"社会的知识",关乎陈光兴展示的那些民众生活的画面,关乎我们做的"人间思想",我希望也能够关乎马哈茂德·马姆达尼所追问的"人民主权"。

人民的名字

2011年在上海,我参加了一场"东亚批判思想会议",会议上的发言令我激动,所有的话题今天依然在延续:世界资本主义体系的危机,超克分断体制视野中的"回归"问题,民众的思想与精神世界如何现身,"国家-主权-领土"争端背后的思想史与社会史问题,冷战-后冷战中的帝国与帝国主义,亚洲的转型与团结?

会后当晚我与台湾的赵刚一起回到杭州,在拱宸桥广场上看到了巨大的人群。上万人在这个巨大的广场上活动,广场舞、滑旱冰、放风筝、抖空竹、地书……十几种游乐同时在进行。看着这幅画面,我很着迷,甚至是迷惑——这难道不是另一张清明上河图,一幅太平盛世的画卷吗?虽然我知道,眼前只是复杂现实的一种征象,这里是杭州,中国最富庶的城市之一,从这个广场出发再过五公里,就是城乡结合部,再远处,会有更多不同的现实,而到了内地、西北,甚至是全然不同的画面。然而,尽管这只是现实之一种,依然让我留恋忘返,我站在那里,回想起前几日研讨会上的书生意气、书空咄咄,突然觉得有些乏力、惭愧甚至有些虚伪,我们有何权利去改变这些人们的生活,哪怕是以自由或者正义的名义?哪怕这只是现实之一种?

其实,最平凡的百姓生活中存在着很积极的东西,一种生活和生产的原动力,一种比知识分子所倡导的"自我赋权"更持久、更强大的日常的力量。捕捉、呈现、呵护这种日常的力量,我认为对真正想要做出改变的人都是至关重要。这种力量孕生之所，恰恰是现有的知识语言、学术概念和理论话语无法抵达之处。在我看来，这就是"人—民—群—众—我"纠结构成的所在，无数普通人的日常生活的集合，是活生生的众人的链接。这无数人的生活现实才是一切知识、方法和勇气的根源和土壤，也正是我们思考的主体性根基。

前一阵子读了刘震云的《一句顶一万句》。这本书可以说既是彻底的现实主义，又是极端的形式主义。此书的好处是以实写虚，以现实见空幻。在拉拉杂杂的讲述中不动声色地埋伏着"百家姓"的精密结构，它的形式结构是"百家姓"，主题是"百姓"。不是人民，也不是群众，更不是公众，而是百姓。数不清的人，理不清的事，在书里满满的，同时又空落落的。书中的百姓正如同《清明上河图》里那些无名的身影——那些在同一个时空、各自的命运中熙熙攘攘又自行其是的芸芸众生。刘震云写的是这些升斗小民尘埃里的生命史，是他们生命里的意义与无意义、恩怨与寂寞、奈何与悲悯、超脱与羁绊……这种东西至深至重。这种复杂深邃的现实感受又岂是学院知识分子们的理论话语和学术论文所能触及？现行的知识生产和历史叙述无法帮助我们进行历史定位和自我理解，我们必须自己尝试着构造从民众精神和真实生活出发的历史解释。

义乌，卡斯特罗的阿迪达斯

一个月前我认识了一位研究《资本论》的老先生，已经七十四岁了。在1990年代初，他与吴敬琏先生有场争论，他反对吴先生倡导的"社会主义市场经济"，认为"社会主义商品经济"更为适合中国的现实。我们知道，后来他输了，1993年，"社会主义市场经济"成为中国的国策。同样是1993年，在浙江的一个小城市义乌，开始形成一个小小的国际市场，一个小商品市场。于是，这位教授主动去义乌兼职工作，成为市政府的顾问，一做就是二十三年。上个月初的一次课堂上，他告诉我们一个秘密，当然现在是过期的秘密——在11月9日前，义乌人民都知道特朗普一定会赢，因为义乌市场上接到的支持特朗普的宣传品的订单是希拉里的1.7倍。

义乌市场预测了美国大选，多么奇妙的连接！下面我想讲另一种连接。

菲德尔·卡斯特罗（Fidel Castro）去世前，一直固执地穿着阿迪达斯。他会见教皇，会见习近平，会见日本首相，接受各种采访，都穿着阿迪达斯，以至于2010年《时代》周刊将他评为着装最古怪的领导人之一。

菲德尔·卡斯特罗的阿迪达斯，很可能是离这里一小时车程的嘉兴工厂里的产品。我们可以想象它是通过怎样复杂的全球贸易路径，从嘉兴的工厂，到义乌的小商品市场，或者通过更便捷的方式，就是通过阿里巴巴，远渡重洋，几经周转，才穿在了卡斯特罗的身上。

可是，卡斯特罗为什么要穿阿迪达斯？在我的印象中，他永远穿着军装。可是，老年的卡斯特罗，穿着阿迪达斯，这美国下层、劳工阶级的品牌，曾经在发展中国家代表着美国的时尚。老卡斯特罗，不可能再穿军装，因为他知道，他如果再穿军装就是在撒谎，因为他与他的古巴已经无法再战斗，他和他的古巴，斗争已经全盘失败，他败给了时间，也败给了这个世界。然而，他仍然保持了这种古怪、诚实而倔强的姿态。通过阿迪达斯，我亲爱的老卡斯特罗，你与拉美那些踢足球的穷孩子们在一起，与美国的劳工们在一起，也与亚洲、非洲众多国家的众多劳动民众建立了一种象征性的连接——那些默默生活的民众，而不是战斗着的人民。然而，这是多么无奈的连接啊！我感到伤感，悲哀，一言难尽。

Another World is possible.

请原谅我以这样有些伤感的调门结束，因为现实比思想走得更快，理解现实比我们知识分子、艺术家想象的更是远为困难。这两天所讨论的是"万隆 / 亚非拉 / 第三世界"，它不但是历史 / 政治方案，还是历史 / 社会事实。我们所谈的"万隆"，有正资产也有负资产，但无论如何，它不是当年那些立国者们（无论他们是伟大导师、独裁者，还是野心家）的万隆，而是几十亿亚非拉人民的生活世界，是一个人间世界，对大学动物们来说，是 another world。面对这个世界——它经历了殖民 / 后殖民、革命 / 后革命、冷战 / 后冷战，它直到今天，还在帝国 / 帝国主义的双重结构的宰制之中——讨论"万隆 / 亚非拉 / 第三世界"这个历史方案是成功还是失败并不重要，重要的是思考它为什么无疾而终，同时，为什么它依然存在于今天的社会意识之中。更重要的是，经过这两天的讨论，我深切感到，我们还需要探寻一种合适的、有意义的感觉、思考和谈论"万隆 / 亚非拉 / 第三世界"的办法。这两天的会议表明，我们依然还处在探寻这种方法的途中。

毕竟，我们已经出发了，上路了。我们出发上路，是因为我们相信：Another world is possible。

无论多么困惑，无论多么困难，只要我们上路了，Another world, is possible。

2016 年 12 月 22 日

第六节

思想第三世界

思想第三世界：
艺术、翻译与媒体国际工作坊

作为政治想象的第三世界至今已存在六十多年了。最初由法国历史学家阿尔弗雷德·索维（Alfred Sauvy）所提出，第三世界是对应着法国的"第三政体"而来的，以说明其人民受压迫、要反抗的政治性格。第三世界是1950年代不结盟运动的代称，并在1955年的万隆会议上表述了追求自主与解放的精神，而达到高峰，但它很快在1970年代成为政治经济学家口中的未开发国家。尽管第三世界一词仍然象征着弱小民族团结与追求自主的精神，但在1989年后由资本主义全球化所主导的国际秩序中，它更处边缘，因为第三世界国家都想发展经济，摆脱第三世界的污名。然而，中国的崛起挑战了第三世界未开发的迷思，也透过"一带一路"倡议等作为，为第三世界的想象与反思创造了新的契机。

本次的国际工作坊就想紧紧扣住中国崛起的契机来追问：我们今天是如何思想第三世界的，如此的思想方式又意味着什么？不同于地缘政治将第三世界视为结盟的思考，或是资本主义将之视为市场的逻辑外，本次工作坊更想强调思想第三世界的时间性与媒介，亦即第三世界是如何，以及何时，出现在我们的知识与感觉系统里，又是透过什么样的文字与视觉再现向我们现身？我们相信，

思想第三世界国际工作坊海报　2018 年

《人间思想第十辑　思想第三世界》
高士明、贺照田主编　王智明专题主编
人间出版社　2019 年

艺术、文学以及媒体在形塑第三世界的意义与形象上，扮演了重要的角色，而现在正是我们记录与反思这些意义与形象的时候，特别是以一种追索其现形的历史的方式。我们希望，这样一种翻译的视角，即翻译是一种跨文化、跨媒介的操演，可以赋予我们更多的批判工具，在这个历史巨变的时刻，来拆解与重构第三世界。这么做不只可以深化我们对于自身与世界的理解，也可以揭示形塑我们政治无意识的艺术、文学与社会机制。

此次工作坊包括四场内容，即主题演讲：今日的中非关系：艺术视角；第一场：当代艺术与纪实摄影；第二场：文学翻译与思想引介；第三场：媒体与社会。参加者包括：高世名（中国美术学院）、王智明（台湾"中研院"）、茹斯·辛包（Ruth Simbao，南非罗德斯大学）、程莹（北京大学）、魏然（中国社会科学院）、许芳慈（新加坡国立大学）、麦尔坎·科瑞高（Malcolm Corrigall，南非约翰内斯堡大学）、王硕（北京大学）、张伟劼（南京大学）、陈韵（亚际书院"西天中土"计划）、唐晓林（亚际书院，杭州）、林怡廷（台北《天下杂志》）、苏颖欣（亚际书院，新加坡/吉隆坡）、梁捷（上海财经大学）。

  本次工作坊是由杭州中国美术学院的亚非拉文化艺术研究院与视觉中国研究院组织承办。亚非拉文化艺术研究院成立于2016年12月，是一个想要促成与深化亚非拉比较与关系的知识平台，而艺术与思想正是其主要的关切。透过这次工作坊，我们不只希望打响亚非拉文化艺术研究院的名号，更期待邀集关切第三世界的年轻学者、艺术家和社会行动者——透过艺术、翻译和媒体的视角——来构思一套问题意识，挑战形塑第三世界及其多重形构的知识地缘政治学，因为正是这套知识地缘政治学使得第三世界，在今天，成为一个中断的计划以及未来的承诺。如何恢复这个计划，完成这个承诺正是我们的承担。

站在万隆的肩膀上思考中国与世界

王智明

"第三世界不是一个地方，而是一个方案"[1]，印度裔美国学者维贾·普拉沙德（Vijay Prashad）在他的著作《较黑的国度》（*The Darker Nations*）如此宣告。仔细梳理历史上曾经发生过的亚非拉集会——从1928年在布鲁塞尔召开的反帝国主义联盟会议，经1955年的万隆会议，再到1961年在贝尔格莱德召开的不结盟运动会议和1966年在哈瓦那召开的三洲会议，乃至1970年代末在新德里、金斯敦、新加坡和麦加发生的反挫——普拉沙德勾勒了一个世纪以来，第三世界团结合作的历史图景及其挫折，突显了第三世界改造世界的努力，至今未竟全功。然而，尽管第三世界方案在1970年代遭受顿挫，它毕竟埋下了一颗追求和平、面包与正义的种子，在国际体系中逐渐发芽与茁壮。在姐妹作《较穷的国家》（*The Poorer Nations*）里，普拉沙德就强调，从1957年成立的国际核能委员会，到1964年77国集团（G77）的创设，乃至于1967年恢复运作的东南亚国协，再到联合国理事会在1973年提出的新国际经济秩序决议和2009年出现的金砖四国——这一连串的体制性建设，形成了

---

1 Vijay Prashad, *The Darker Nations*, The New Press, 2007, p. xv.

冷战后对单极化全球秩序最主要的抵抗力量。这个今日所谓的"全球南方",虽然无可避免地也掺和在新自由主义全球化的发展当中,但在普拉沙德看来,它仍然代表了正义之声,一个"抗议的世界",抗议西方对人类共有资源、尊严与权利的窃夺,以及对民主体制与现代性承诺的弱化。[2] 换句话说,从第三世界到全球南方,虽然修辞改变了,但追求全世界的和平发展与民主公义仍是不变的期待。这也是后冷战全球化三十年后,尽管不少当年的发展中国家已迎头赶上,万隆精神仍在发散、召唤的原因之一。

毫无疑问,后冷战全球化以来,发展最为迅猛、成就最为耀眼的国家,当属中国。即令当前国际处境难险,正深陷贸易战的泥沼当中,中国仍然在一定程度上代表着不同于西方的另类发展道路,并为全球南方的崛起与世界秩序的变化提供经济与政治的动能。不论喜不喜欢中国,视之为威胁或相信它必然崩溃,中国对全球政治与经济的影响力早已不容忽视,其意义也不仅仅止于大国崛起这般的争霸想象,而是更为深刻而悠长的文明轴心转移以及普世价值的重构。如果说,中国崛起代表的不只是自身的复兴,而是第三世界/全球南方的苏醒,那么中国崛起的成败就不在于自身的霸业能否长久,而在于全球去殖民化的宏图最终是否成功:能否改造新自由主义全球化的体质,使得竞争能够服务于和平与平等?能否改变全球财富与资源不均的状况,以民主分配取代个人积累?能否在全球永续、平等互惠的基础上重新打造现代性的结构与意义,让地球也能休养生息,让万物黎民同享生机?因此,不论是"一带一路"的战略,或是便携通讯技术的发展,还是物联网与大数据商务的推

2　Vijay Prashad, *The Poorer Nations*, Verso, 2012, p. 9.

王智明主持"思想第三世界"国际工作坊　2018 年

进,中国发展的问题都必然与全球南方和国际秩序的变化产生关联,乃至造成关键性的影响。作为一个有幸在全球结构转移过程中扮演关键角色的国家,中国愿意与否,都必须接受考验,认真思考自己与全球南方的关系,交出一份令人信服的答卷。近百年前,孙文在神户对崛起日本的提问,如今似乎已经来到了中国的面前。

在这个意义上,如今再提第三世界,绝不是为了重回冷战对抗的老路,或是再提依附发展的陈腔,而是希望在中国崛起这个新的历史条件底下,重新思考与启动去殖民方案。所谓"去殖民",并不是一种义和团式的反西方口号,而是对当代世界生成的一种深刻认识:它不仅强调当代世界的构造源于五百年前西方的资本与领土扩张,更体认到权力运作的本质乃是殖民——以强凌弱——的动力,以及我们对于现代文明的认识往往通过了殖民历史与意识的折射,隐含一种进化论思维的两极反应——要不崇尚西方、贬低自身（所谓全盘西化），要不就是在已然枯朽的传统中寻找自我的镜像与抵抗的安慰（所谓自我东方化）。前者是殖民下的自卑，后者是反殖民的自大与自溺，两者透露的都是自我的丧失。第三世界的去殖民方案所期待的，恰恰是透过知识与认识论的解放，松动殖民历史与结构对第三世界主体的挟持，从而打开一个平等多元的视野（文化虽然不同，未必有高低之别）：一方面将自我从西方与传统的镜像中释放，转向多元他者的参照，另一方面重新审视那些形塑现代自我的价值与教条——既要重新打开那些被西方现代文明所闭锁的文化和思想，更要批判地检视支撑这些文化与思想的历史条件与话语权力，让那些被"现代/进步"打为"封建落后"，乃至"反革命"的过去得以重新回到当前，作为自我主体与思想再发展的资源。同时，借着彼此参照与认可，建构一条不同于西方的发展路径，并在发展进程中，警醒与克服自身权力的殖民性质。我们相信，从第三世界到全球南方的集结，尽管多受顿挫，但就其历史与现实——从政治结盟重构地缘政治的板块，到援助合作改变资本市场的体质——都饱含去殖民的精神。在中国深入世界、改变世界的当前，我们更需要对其历史实践以及精神内涵予以关注和反思，作为反求诸己的前提。"思想第三世界"这个专题，正是一次这样的尝试。

从亚际文化研究到万隆书院

这个专题从构思到成形，既不是凭空而生，更非少数人力能及，而是内在于第三世界去殖民运动的发展。因此，在讨论专题的内容之前，有必要对专题背后的思想动力与机构发展做一记述。

1990 年代的东亚，在冷战结束与 1970 年代经济发展的基础上，进入了一波思想解放的高潮。大量的思潮从西方涌入东亚，东亚知识圈也开始得以突破意识形态的边界，彼此交往。2000年创刊至今的《亚际文化研究》就是在这个脉络中出现的国际思想群体，以学术刊物为连接东亚知识圈的平台，创造了一个以文化研究为名，开启彼此参照与介入的思想运动。创办人陈光兴（台湾交通大学社会文化研究所的退休教授）正是这个运动的核心人物。长年以来，他不只推动了台湾与东亚知识圈的联系，更于2010年与中国美术学院的张颂仁、高世名展开合作，推动"西天中土"计划，促成印度与中国思想界以及艺术界的互访与互动。在"西天中土"的基础上，他们借2012上海双年展之便，举办了"变动中的世界，变动中的想象——2012亚洲思想界上海论坛"这个长达两周、召集亚洲四十余名学者的大型学术活动，并且顺势在来年成立了名为"亚际书院"的民间组织，推动中国思想界与国际思想界的互动与串连。透过出版、会议与翻译，亚际书院成功扮演了一个串连东亚知识共同体的桥梁，尤其促成了年轻世代学者的互动与合作，为深受新自由主义学术体制规训的年轻学者打开了一个彼此认识、重新学习的空间。

2015年适逢万隆会议六十周年，在亚际书院的推动下，于4月在中国美术学院举行了"万隆：第三世界六十年"纪念大会，邀请到包括帕沙·查特吉、马哈茂德·马姆达尼以及萨米尔·阿明在内的许多重量级国际学者齐聚象山校区，研讨当前重提万隆会议与第三世界主义的意义与作用。会议的结论之一，便是为了因应这个变动的时局和中国崛起的态势，中国思想界有必要进一步地挖掘第三世界主义的历史与作用，特别是在中国走向世界的这个当口，中国的知识界必须认真思考崛起的中国将为世界——尤其是第三世界国家——带来什么样的改变与挑战；思想界与学术界又应该如何参与到中国崛起的进程中，以创造另一个世界。因此，成立学术团体与平台深耕第三世界思想，挖掘被遮蔽与掩藏的未来想象与历史可能性，并展开多方面的比较研究和学术合作，便成为当务之急。透过这个活动，亚际书院进行了一波第三世界转向，试图扩大东亚知识圈的知识范畴，建立并强化东亚与非洲、拉丁美洲以及南亚和东南亚的联结，以打造一个全球南方的跨国知识平台。

正是在这样的期待下，2016年冬，中国美术学院再次假象山校区举行了"亚非拉文化艺术研究院启动筹备大会"，邀集来自亚非拉等地近三十位学者共同商讨该研究院的目标与愿景，并展开相应的安排、设置以及活动。自成立之初，亚非拉文化艺术研究院就以思想与现实为主要的关怀，将视角关注在当前。是故，万隆会议六十周年不过是一个契机，主要目的还是希望在当前的语境中思考第三世界主义的思想传统、南南合作所面临的条件与挑战，以及建立全球南方思想与知识体系连动的可能，以打开想象另一个世界的空间与资源。因此，在设置上，亚非拉文化艺术研究院（又名万隆书院），在初期阶段，主要是作为一个思想与学术连动的平台；它的主要作用在于向华文世界引介第三世界思想、在中国崛起的现实中思考南南合作的可能性方案，以及建立机构性的交流与合作。据此，如何有系统且持续地译介第三世界思想、建立国内与国际的学术交流与合作、介入当前华文世界中的亚非拉论述和想象，就成为它的工作核心。

2018年6月初举行的"思想第三世界：艺术、翻译与媒体"国际工作坊，就是亚非拉文化艺术研究院成立后的第一个学术活动，也是这个专题的起点。这个工作坊的目标是在艺术、翻译与媒体这三个场域中思考第三世界如何被呈现，又引进了什么样不同的思想资源。除了邀请南非罗德斯大学的茹斯·辛包教授发表基调演讲外，工作坊的主体其实是视野涵括三大洲的年轻学者、策展人、译者与媒体工作者——包括北大亚非系的程莹、北京航空航天大学新媒体艺术和设计学院的王硕、中国美术学院的唐晓林、中国社科院外文所的魏然、南京大学西语系的张伟劢、南非罗德斯大学的麦尔坎·科瑞高、台湾出身的时在新加坡国立大学攻读博士学位的独立策展人许芳慈、马来西亚媒体《当今大马》的苏颖欣以及台湾《天下杂志》的记者林怡廷等人。我们希望来自不同地缘脉络的年轻学者，可以透过工作坊，共同思考与面对第三世界视野的意义与局限，以带进各地不同的思考脉络与问题意识，互为参照，一方面开掘第三世界自身的第三世界历史，另一方面使之"落地"，成为各地知识界思考当前问题的批判性视角。

透过工作坊的研讨与交流，我们获得以下观察：一、在"一带一路"倡议的带动下，虽然国内的非洲研究与拉美研究获得了显著的提升，陆续成立的研究中心与团队也更多聚焦在这些地区，但这些研究中心或智库主要还是以区域研究为主要的视角和方法，从国际关系与外交经贸结构来理解中非和中拉关系，而较少从思想的角度来进行研究设计，遑论试图将三大洲的发展放在一个连动与互动的关系框架中来理解。二、虽然国内对非洲、拉美与亚洲各地的研究高速增长，相应的翻译工作也有不少的成绩，但是对于既有的研究成果并没有很好的整理与反省，也很少注意到翻译机制本身的问题，从选题选材、译文质量到市场机制的干预等都影响了我们对于这些地区文化与社会的理解；换言之，如何从翻译政治这个角度去切入与思考亚非拉研究中的"中国主体性"是一个仍未展开的话题，而如何展开这个话题关涉到中国面对第三世界的态度。三、海

① 高世名为"思想第三世界"国际工作坊致辞　2018年
②③"思想第三世界"国际工作坊现场　2018年

外华人在中国与世界的接触中向来扮演重要的角色，但是除了在海外华人研究这个特定的范畴中，他们并不在亚非拉研究的主流视野里。因此，如何将亚非拉华人社群的历史、思考以及他们与当地居民的互动，置于中国与第三世界关系的前景中，也是一个重要的课题，以扩大我们的问题意识，进而与第三世界的中国想象"嫁接"。

四、亚非拉研究隐含洲际的视角，但是这个视角亦有局限，毕竟亚洲、非洲、拉丁美洲的内部歧异性高，仅仅以"洲"的角度来理解难免过于化约，不但看不到内部的差异，就分析上也有大而无当、隔靴搔痒的嫌疑；但同时，跨洲性的思考又是一个不可放弃的前提，因为它暗示连动、团结与比较的可能性基础。所以，如何在研究上保持平衡，既注意到地方差异，又保持洲际连动的思考，将是一个挑战。

因此，在设计这个专题的时候，我们特别希望，专题除了呈现工作坊的成果之外，还应该扮演一个引进第三世界思想的桥梁角色，不只是在知识上翻译第三世界的著作，以丰富华文世界对于亚非拉历史思想与社会的认识，更要引介他们的思考，接引南南思想碰撞与交流；同时深入反思翻译本身隐含的主体性问题，思考翻译如何对知识体制进行转化。后者尤其关键，因为知识的产生有其脉络，这个脉络是历史的，也是体制的。就好像人类学知识的发展与转化，与殖民主义的发展与衰退，有着深刻的关联一样，当前华文世界对于第三世界的兴趣，如果有的话，也与中国崛起的地缘战略脱不了关系。因此，我们不但应该要认识与理解亚非拉的过去与现在，更要将认识与理解的条件和体制置于思考的前景，进而提出足以改变既有学院体制与思想状态的问题与方向。比方说，中非当代艺术的遭逢所仰赖的是什么样的全球艺术机制（双年展、拍卖会、现代艺术),我们的研究又如何能够揭示这些机制的运作与布局,并予以适度的改造?当年智利总统阿连德所实验的"大数据乌托邦"又可以为今天的互联网经济与数字控制技术及美学带来什么样的启示?此外,中国国企是如何思考在亚非拉各地的全球布局与在地经营的?国家、外交与国际经贸体制在这其中扮演了什么样的角色?亚非拉人民会怎么看待中国崛起的意义?行动支付、社群媒体,乃至维稳体系的输出,又将如何影响第三世界社会的发展,带来哪些可能,造成什么问题?同时,人口的跨国流动(例如在华人世界生活的第三世界人民以及生活在第三世界的华人)以及产品(包括影视文艺等文化产品)的跨国生产与营销,如何塑造第三世界的想象亦是重要的课题。换句话说,我们要做的不是重复区域研究的范式、盘点外交和经贸的成果,而是要以第三世界的在地知识和历史经验为基础,重新构想世界的可能,锻造通往另一个世界所需要的感性与理性。

关系的政治与权力的殖民性

这个专题分为两个部分,前半部"专题论文"是原先发表于工作坊的部分成果,后半部"思想翻译"则是第三世界重要文献的翻译。前者集中呈现了中国与非洲、拉美、马来西亚之间复杂的纠葛,从主流媒体的呈现与当代艺术的介入、文学译介与艺术交往,到马来西亚华人在中国崛起下面临的认同困境,形成了一种关系政治的多元想象,既要在现实处境里应对全球南方内部的不平等关系,又要在第三世界的理想中,寻找理解与团结的可能。

辛包的文章,《超越万隆的侧向接触:当代视觉艺术中的无畏团结与偶然的"中非"脚本》,提供了这个专题一个非常重要的起点,那就是如何在万隆的肩膀上思考中国与世界的关系,既不放弃当年强调的精神(团结与尊重),又不昧于当前的实际处境,以一种"侧向接触"(sideways reaching)的实践,去探索亚非拉联结与互动的可能。其目的,不是为了重唱团结的老调,而是去揭示一个从下而上,以民众感受为根基的第三世界互动。所谓"侧向",一方面是绕过国家与主流媒体的宰制,去观照与开发其他互动的形式;另一方面亦是以艺术、文学为接口,去寻找团结与尊重的实践,如何落实在人民之间,而非国家之间的日常交往。"侧向"的观点,同时意味着交往中实质存在的矛盾与困难,及其代表的意义。程莹和王硕的文章,分别分析了非洲艺术家如何挪用中国产品以响应自身对中非关系的观察和感受,以突显当代艺术的侧向实践如何面对全球化流动所制造的种种矛盾;不论是中国编织袋,还是中国外销品,它们的跨国流转暗喻了中非关系的变化,也指向中非团结的物质基础,不能仅由国际关系与经贸数字来解释,也要仰赖感性的理解与自我的转化。这也是王智明讨论中国旅途书写与非洲想象的核心要旨,亦即将中国在非洲与中国的非洲联系起来,以揭示政经作为与主观感知的关联,借着文化再现的分析展开对当前中非关系的深度审视,进而铺垫一条非洲在中国与非洲的中国的侧向思路,作为双向研究开展的基础。

张伟劭的文章借着对比加莱亚诺和略萨两位知名拉美作家的思考,作为中国自身发展的参照。而唐晓林的文章则介绍了中国与墨西哥艺术界交往的一段不为人知的重要历史,提醒我们民族形式与现实主义——这两个第三世界艺术实践的重要方针——其意义远比我们理解的更为深刻与复杂,因为它们不只是来自或对应于西方的美学原则,更是源于第三世界革命的需要而浮现的政治方案。借此参照，我们得以窥见万隆时代的第三世界交往，不只是口号，更是改造世界的切实行动；这也提醒我们，当前中拉关系的发展或许更需要从发展模式与文化互涉的思考入手，以面对去殖民运动最核心的认同、土地与主权问题。苏颖欣与许芳慈的文章分别展现了去殖民运动的核心焦虑就是认同，以及形塑认同背后一整套的权力话语和文化资源。苏颖欣对马来西亚华人认同焦虑的历史分析，突显了中国之于华人既是资源也是包袱；中国文化一方面赋予大马华人一种主体的特殊性，另一方面主体的特殊性亦使之处于马来西亚与中国的文化边界之间，无处着根、时时飘零。马华主体性的讨论，因而不只是大马华社，尤其是知识分子的困扰，更是中国与其离散群体之间一种幽微的关系政治；它可以成为第三世界团结的助力，也可以变成海外华人在追求主体性道路上的不可承受之轻。虽然脉络不尽相同，许芳慈对菲律宾导演塔西米克生平与作品的讨论，同样揭示了一种主体性的艰难。借着突出英语和泰加洛语之间平行却不对称的关系，许芳慈试图展现去殖民挣扎中的菲律宾主体，如何在隐而未显，却又挥之不去的语音幽微中屡屡现身。如此"附身着魔"的主体状态，一种为求发声而未得的焦灼，标示了殖民历史仍然完而未了，以及文化霸权最为深刻的权力殖民性。

"思想翻译"引介的六篇文章正是对关系政治与权力殖民性最为深刻的批判和剖析。这六篇文章（除了最后一篇外）在后殖民研究领域里都是奠基性作品，并被广泛引用，然而它们却一直没有被正式译为中文，引入华文世界。对中文读者来说，这不仅是个遗憾，更是第三世界思想认知上的一大欠缺。不过，我们这次选取翻译的期待，并不仅仅在于引入第三世界的思想资源，更看重这些文章所提出的问题——权力的殖民性、知识帝国主义和另类实践——至今是否依然有效。如同阿尼瓦尔·基哈诺（Anibal Quijano）指出的，自美洲的征服开始，权力的殖民性就是以种族劳动划分与欧洲中心主义为核心，前者以资源取得和资本积累为重心，后者则围绕着原始与文明二元一体的轴线发展；权力的殖民性指的不只是欧洲（普世）现代性的打造依赖殖民主义作为底层结构，更意味着资本主义的运作本身不是仰赖自由主义，而是打着自由主义旗号的暴力，以控制劳动、资源和产品。基哈诺的研究源于1980年代拉丁美洲知识分子对于全球化的批判，他的观察不仅广为西方知识界所接受，对当前的新自由主义全球化亦仍具洞察力。

基哈诺对欧洲中心论的批判，在非洲和亚洲，都有强烈的呼应。肯尼亚作家恩古吉·瓦·提安哥（Ngũgĩ wa Thiong'o）这篇（收录在他的专著《心灵的去殖民》[Decolonising the Mind]里的第四章）便具体地从大学英文系课程改革方针的辩论向欧洲中心论发出檄文。所谓"相关性的追求"要强调的，便是非洲人文知识的养成，必须抛开西方文明的压制，转向关注自身与第三世界文明的生成，因为唯有如此，我们的知识、主体，乃至于品味与偏好，才不至于成为西方的谐仿。当然，这并不意味西方自此不再重要，而是要求对西方与现代性的一切抱持批判的态度，并在这个批判的过程当中，追求与自身主体重建相关的资源。提安哥的这篇文章不只是对非洲大学课程改革的一个记录，更启动了整个后殖民世代与世界对文化去殖民运动的思辨。菲律宾学者温迪吉·康斯坦蒂诺（Vintage Constantino）和马来西亚学者赛·胡先·阿拉塔斯（Syed Hussein Alatas）两人的文章亦可以如是观。前者感性地梳理了菲律宾人民如何受到美国殖民教育的影响，而丧失了主体发声的能力，后者则提出了知识帝国主义的命题以及超克的方向；前者强调教育和语言之于去殖民运动的重要性，后者则指向超克知识模仿与帝国主义的连续关系，必须从解放知识与打倒知识买办阶级着手。

费尔南多·索拉纳斯（Fernando Solanas）与奥克塔维奥·赫蒂诺（Octavio Getino）合撰的《朝向第三电影》和英国控制论学者斯塔福德·比尔（Stafford Beer）的演讲《民族发展的控制论：智利经验》，从实践经验中提供了两个重要的去殖民例证，一是第三电影在拉丁美洲的发展，二是智利总统阿连德当政时所进行的经济实验。这两个例子清楚地显示了，第三世界国家从未束手就擒，而是不断在知识与实践上寻求突破殖民主义的可能。不论是将第三电影视为一种地下放映与组织传播的行动形式，还是以控制论为理论基础所进行的民主经济和产业改革，第三世界反抗的火苗于今依然炽烈，因为大地上受苦的人民仍在仰望民主变革为他们带来更好的生活。诚如比尔在演讲里提到的，重点不在于物质享受与民主投票的形式，那未必代表了"进步"，而在于人民是否能够掌握"幸福"的可能。作为一个方案，第三世界追求的不仅仅是万隆会议所代表的平等、反抗与尊严——那诚然是个重要的起点，更是对生命意义与价值的追索和"幸福"生活的具体实践。朝向这个目标，道阻且长，但我们仍要上路、并肩而行。

2018 年